中国自由贸易试验区研究丛书

中国自由贸易试验区发展蓝皮书

（2017——2018）

李善民　主　编

毛艳华　符正平　林　江　副主编

·广州·

版权所有　翻印必究

图书在版编目（CIP）数据

中国自由贸易试验区发展蓝皮书（2017—2018）/李善民主编.—广州：中山大学出版社，2018.8
（中国自由贸易试验区研究丛书）
ISBN 978-7-306-06407-3

Ⅰ.①中… Ⅱ.①李… Ⅲ.①自由贸易区—经济发展—研究报告—中国—2017—2018　Ⅳ.①F752

中国版本图书馆 CIP 数据核字（2018）第 175355 号

中国自由贸易试验区发展蓝皮书（2017—2018）
ZHONGGUO ZIYOU MAOYI SHIYANQU FAZHAN LANPISHU（2017—2018）

主　　编：李善民
副 主 编：毛艳华　符正平　林　江

出 版 人：王天琪
策划编辑：曾育林
责任编辑：曾育林
封面设计：曾　斌
责任校对：付　辉
责任技编：何雅涛
出版发行：中山大学出版社
电　　话：编辑部 020-84110283，84111996，84111997，84113349
　　　　　发行部 020-84111998，84111981，84111160
地　　址：广州市新港西路 135 号
邮　　编：510275　传　真：020-84036565
网　　址：http://www.zsup.com.cn　E-mail：zdcbs@mail.sysu.edu.cn
印 刷 者：广州家联印刷有限公司
规　　格：787mm×1092mm　1/16　25.25 印张　575 千字
版次印次：2018 年 8 月第 1 版　2020 年 10 月第 4 次印刷
定　　价：98.00 元

如发现本书因印装质量影响阅读，请与出版社发行部联系调换

《中国自由贸易试验区发展蓝皮书（2017—2018）》编委会名单

主　编：李善民

副主编：毛艳华　符正平　林　江

编　委：（按姓氏笔画排）

　　　　　毛艳华　艾德洲　史欣向　冯宗宪　朱　煜
　　　　　刘恩专　杨　柏　李胜兰　李善民　沈桂龙
　　　　　陆剑宝　陈　波　林　江　郑　蕴　姜玉梅
　　　　　耿明斋　徐世长　黄先海　黄茂兴　黄新飞
　　　　　符正平　彭　曦　靳继东

前　言

不忘初心，持续推进自由贸易试验区制度创新

李善民[*]

一、自由贸易试验区建设的初衷：制度创新

党的十九大及中央多个重要会议反复强调"要推动形成全面开放新格局"。我国自由贸易试验区建设经过近五年的探索，取得了一批改革成果。但较多地方政府干部和工作人员反映出一个共同声音："深层次改革推进难度较大。"可以说，自由贸易试验区发展到现在，陷入了"迷茫期"。习近平总书记在 2017 年 12 月的中央经济工作会议上指出："形成全面开放新格局，更好地以开放促改革，以开放促发展。要继续推进自由贸易试验区改革试点，发挥其先行先试的作用。"笔者认为，现在自由贸易试验区改革发展之所以遇到阻滞，原因在于各地的推动与当初建设自由贸易试验区的初衷发生了偏差。我们应该不忘初心，持续推进自由贸易试验区制度创新。

自由贸易试验区建设的初衷是什么？是制度创新。中央一直强调自由贸易试验区是制度创新高地，而不是政策洼地。不妨回

---

[*] 李善民，男，中山大学副校长、中山大学自贸区综合研究院院长、粤港澳发展研究院港澳与内地合作研究中心主任，管理学院教授、博士生导师。

顾一下2013年设立自由贸易试验区时党和国家的"初心"。从习近平总书记在多个重要场合的讲话可以看出自由贸易试验区的建设初衷，就是要坚持以制度创新为核心。

2014年3月5日，习近平总书记参加第十二届全国人大第二次会议上海代表团审议时指出，"上海继续当好全国改革开放排头兵和科学发展先行者，坚持以制度创新为核心，推进中国（上海）自由贸易试验区建设"。

2015年3月5日，习近平总书记参加第十二届全国人大第三次会议上海代表团审议时强调，加快实施自由贸易区战略，是我国新一轮对外开放的重要内容。要进一步解放思想、大胆实践，重大改革要坚持摸着石头过河，披坚执锐、攻坚克难，加强整体谋划、系统创新。要加快转变政府职能，发挥好试验区辐射带动作用，着眼国际高标准贸易和投资规则，使制度创新成为推动发展的强大动力。要加大金融改革创新力度，增强服务我国经济发展、配置全球金融资源的能力。

2015年3月24日，在中央政治局会议上，习近平总书记强调，推进自由贸易试验区建设，是我国经济发展进入新常态的形势下，为全面深化改革、扩大开放探索新途径、积累新经验而采取的重大举措。上海自由贸易试验区运行一年多来取得了积极进展，形成了可复制可推广的经验。广东、天津、福建自由贸易试验区和扩展区域后的上海自由贸易试验区要当好改革开放排头兵、创新发展先行者，继续以制度创新为核心，贯彻"一带一路"建设、京津冀协同发展、长江经济带发展等国家战略，在构建开放型经济新体制、探索区域经济合作新模式、建设法治化营商环境等方面，率先挖掘改革潜力，破解改革难题。

2016年3月5日，习近平总书记参加第十二届全国人大第四次会议上海代表团审议时指出，自由贸易试验区建设的核心任务是制度创新。要深化完善基本体系,突破瓶颈、疏通堵点、激活全盘,聚焦商事制度、贸易监管制度、金融开放创新制度、事中事后监管制度等,率先形成法治化、国际化、便利化的营商环境,加快形成公平、统一、高效的市场环境。

2018年4月13日,习近平总书记在庆祝海南建省办经济特区30周年大会上的讲话时指出,海南全岛建设自由贸易试验区,要以制度创新为核心,赋予更大改革自主权,支持海南大胆试、大胆闯、自主改,加快形成法治化、国际化、便利化的营商环境和公平、开放、统一、高效的市场环境。

习近平总书记关于自由贸易试验区建设的讲话中,无一不强调坚持以制度创新为核心,自由贸易试验区的初衷就是制度创新。自由贸易试验区的实践者要走出"迷茫"的方向,必须坚守"制度创新"这个"初心"。

二、"1+3+7"自由贸易试验区制度创新的进展

中山大学自贸区综合研究院连续三年发布"中国自由贸易试验区制度创新指数"。2016—2017年,研究团队总结了"1+3"的两批自由贸易试验区的制度创新成效。研究团队亦于2018年年初走访了辽宁、浙江、河南、湖北、四川、陕西等第三批自由贸易试验区,与地方自贸办、管委会进行了较为充分的交流,总结了第三批自由贸易试验区在推进制度创新方面的经验。

政府职能转变的制度创新成效显著,可以从"放管服"三个方面来看。首先是行政审批改革取得进展,审批流程优化、权力下放和审批减少;其次是事中事后监管开始加强,社会信用体系开始建设,综合行政执法开始试行;最后是政府服务能力得到提升,"互联网+政府服务"建设取得成效等。例如,前海蛇口片区

的最大特色是政府职能市场化,建构了"管委会政府职能+前海管理局法定机构+招商局集团企业机构+咨委会社会机构"的立体式管理架构;武汉片区率先推出了"马上办、网上办、一次办"的政务服务工程;舟山创新推广商事登记注册的"容缺受理"服务,52%的事项允许"容缺受理";大连片区推行24小时电子政府服务模式。

在贸易便利化方面,南沙片区、上海自由贸易试验区、前海蛇口片区处于综合改革的第一梯队,在贸易效率提升、贸易辐射带动效能和国际贸易新业态发展上有明显的成效。如南沙片区在全国复制推广"全球质量溯源体系",上海自贸试验区的国际贸易"单一窗口"建设,前海蛇口片区率先推出了"深港陆空联运"改革。

在投资便利化方面,上海自由贸易试验区和前海蛇口片区处在领跑地位,如上海自由贸易试验区率先实施"证照分离"改革;平潭片区也实施了投资管理体制"四个一"改革。

在金融开放方面,上海自由贸易试验区在金融创新上引领全国,前海片区深港金融合作和天津自由贸易试验区融资租赁各有特色。

在法治化建设方面,前海蛇口片区和厦门片区在法治环境改革上取得一定进展,如前海的商事法庭、"一中心两基地"建设。

三、自由贸易试验区制度创新遇到的困惑

制度创新虽然取得了不小的进展,但仍然是浅层次的,没有涉及深层次改革。从商务部公布的两批自由贸易试验区的12个最佳实践案例可以看出,制度创新领域主要集中在审批制度改革、事中事后监管和政府服务模式创新,对体制机制的创新还不多;

贸易便利化创新案例居多，主要是通关模式整合、通关效率提升、通关成本降低等形式的创新，涉及体制机制创新也不多；金融开放和法治化建设两个制度创新维度还没有实践案例入选，由此可以看出目前自由贸易试验区改革的"痛点"。自由贸易试验区制度创新的困惑可以归纳为以下三点。

（一）两头热、中间冷

自由贸易试验区在各自的总体方案中都列举了大量的改革任务，但只提供了制度创新的总体框架以及政策创新的方向和任务，具体政策落地还需要实施细则的制定和各部门的配合。通过对多个自由贸易试验区管委会的调研可以发现，地方政府制度创新的积极性很高，但受制于授权不足。从系列重要讲话中可见中央全面深化改革开放的决心很大，在多个重要场合都强调了自由贸易试验区的战略重要性。党的十九大报告明确提出"赋予自由贸易试验区更大改革自主权，探索建设自由贸易港"。但在国家各部委和省级政府层面，热情度明显低于两头。各部委之间存在的权力边界使得整合性改革措施的推出缓慢，部门之间的协调成本很高；省级政府亦不愿意全部授权。这导致自由贸易试验区的改革试验处于一种死循环之中，"下级埋怨上级不授权，上级担心下级接不住"。西部某自贸片区负责人反映："争取到省里的31项管理权限是不够的，希望下放更多的管理权限，但省里有关部门担心我们接不住。"

比如，投资医疗机构，国家发改委、卫生健康委到现在还没有放开；又如，横琴片区管委会多次申请的"一地联检"，在监管安全性和操作上都不具有难度，但迟迟得不到相关部委的支持；再比如，事中事后监管体制创新需要建设社会信用体系，但各部门都有各自的信息系统，工商、央行、税务、海关都有，但都不愿意开放信息接口，根本无法建立适应事中事后全面监管所需要的社会信用体系。调研中某自贸片区监管部门负责人说："有第三方机构找到我说，500万元以下的企业每个收费1000元，500万元以上的另计。"此外，建筑工程项目的审批，在涉及与澳门合作的时候，受到内地行政审批制度的规制而无从改革；南沙片区的融资租赁不能收外币，不能实施启运港退税等。

（二）大门开、小门不开

首先，服务业投资限制较多。投资行业限制以服务业为主，而服务业中金融业限制最多。上海自由贸易试验区金融改革"40条"难以落地，银行、证券、保险行业外资股比限制较多，开放力度小、进程慢。文化、电信服务等均类似。

其次，小门虽开，又设玻璃门。有些逐渐放开的服务业，尽管行业放开了，但相关的行业管理办法并没有配套落实。如广东对香港开放了合伙联营律师事务所的设置，但香港律师要到广东执业，还遇到资质须重新认定、工作时长和股份占比规定等"软性"限制。

（三）鼓励改革、没有容错

首先，自由贸易试验区制度创新要求中央部委层面、省（市）级层面和地方管委会层面都要进行体制性、突破性的改革，而深层次改革的风险性较高。目前，我国尚未具有权威性的容错制度设计，改革失败的保护机制缺失，也就大大降低了各级职能部门改革创新的积极性。

其次，尽管有些自由贸易试验区自行推出了"容错机制"，但这些"容错机制"并不合法，没有上升到法律的高度。因此，也就达不到"尚方宝剑"的效力。

最后,即使有了"容错机制",但传统地方政府领导依然是"地方财政"的"晋升锦标赛"体制下的生存法则:"错误还是少犯为妙。"

四、持续推进自由贸易试验区制度创新的突破点

自由贸易试验区制度创新的目的是促进经济发展。要达成此目的,需采取有效措施降低制度性交易成本,减少信息不对称,建立激励相容的治理机制。突破的重点在以下几个方面:

(一)大胆放权,在自由贸易试验区基础上试验自由贸易港政策

在自由贸易试验区基础上试验自由贸易港政策,赋予自由贸易试验区更大改革自主权。从思想上一定要清楚认识到不能离开自由贸易试验区谈自由贸易港建设,自由贸易港的制度设计一定是沿用自由贸易试验区"政府职能转变""投资便利化""贸易便利化""金融放开""法治化建设"这几个核心领域,不能舍弃。通过自由贸易港的改革探索反哺自由贸易试验区建设。现行的自由贸易试验区实质上仍是"境内关内",并非实现真正的"境内关外"。自由贸易港必须借助此次"新海关"机构整合的契机,建立健全口岸管理体制和区域通关一体化运作机制。升级现有自由贸易试验区的海关特殊监管区域。

(二)立法护航,用自由贸易试验区专门立法保障权责清晰

综观世界高水平自由港实践,各国通常基于自由贸易园区的特殊经济地位制定专门立法。我国自由贸易试验区(港)待发展

成熟后,可采用中央立法模式。当然,统一制定中国自由贸易试验区(港)立法不可能一蹴而就。依据《立法法》规定,可按照如下途径逐步进行"立改废释"。在建设自由贸易试验区的过程中,全国人大及其常委会应承担健全法制保障体系的责任:第一,对于能够通过法律解释为改革举措提供法律保障的情形,全国人大常委会应及时解释相关法律规则;第二,对于现行立法对自由贸易试验区改革造成重大法律障碍的情形,全国人大及其常委会应及时决定授权国务院暂停相应法律规则的适用,保障自由贸易试验区的权力空间;第三,对于经过自由贸易试验区实践检验,制定、修改或废止相关法律条件成熟的情形,全国人大及其常委会应当及时"立改废"。

此外,对标国际自由贸易园区的管理惯例,对设有物理围网的区内特殊区域,在法律地位和功能定位上统一实施更加开放的政策,从法律层面真正明确其在关税、配额领域"境内关外"的法律地位,探索"免于海关惯常监管"的更开放的管理办法。

(三)完善和充分利用好负面清单

首先,在国家层面,统一发布适用于全国自由贸易试验区的负面清单。将"开放为原则、限制为例外"的理念注入投资管理制度之中,在制度层面保障自由贸易港各区域的投资自由程度。国家统一发布的负面清单,需要针对目前我国市场开放的基本情况,在深化制造业开放的同时稳步有序地推进服务业开放。具体而言,除极少数敏感领域外,其他制造业还要进一步开放,股比、业务范围等限制也要逐步放宽;扩大服务业对外开放,重点推进金融、教育、文化、医疗等服务业领域有序开放,放开育幼养老、建筑设计、会计审计、商贸物流、电子商务等服务业领域外资准入限制。

其次,在地方层面,削减负面清单。各地应根据自身资源情况,在国家统一发布的负面清单基础上依照围绕自由贸易试验区内外的产业聚集区的产业规划与开放优势,依法律程序向国务院提出削减负面清单内容的政策请求,为其地域内各自由贸易试验区的产业功能提供保障。

最后,对特色鲜明的自由贸易试验区给予正面清单。如舟山油品全产业链、武汉光电子全产业链可以给予"正面清单"的配套文本,以便地方政府给予"精准式"产业政策支持。

(四)建立"容错机制",为大胆试大胆闯自主改保驾护航

首先,从中央层面出发,统一协调各部委,制定实施"中国自由贸易试验区(自由贸易港)容错机制"。将自由贸易试验区改革中因缺乏经验先行先试出现的失误、国家尚无明确规定的探索性试验、为推动改革而产生的无意过失列为容错的三大原则。通过科学设置容错认定程序,结合容错制度出台具体的配套细则。改革错误发生后,要组织相关部门评估,找出原因和提出修正意见,完善容错细则。

其次,选定特定区域特定行业作为"容错机制"试验点。对一些风险可控又有较大改革效应的领域设立"容错清单",对改革成功者进行奖励,对改革失败者进行鼓励。官员考核和评价除了经济指标外,还要加大对民生(教育、医疗、公共安全)的考核权重。此外,还要着力加强第三方机构或社会人士对地方领导的事中事后监管。

最后,实施自由贸易试验区公务员招录"双轨制",培育试错人才。从1994年6月颁布《国家公务员录用暂行规定》后,我国公务员招录制度相对固化,导致公务员队伍并不能适应新时代要

求，不能适应扩大改革开放的要求。自由贸易试验区在"容错机制"的保障下，可以采取"双轨制招录模式"。一是率先在自由贸易试验区内推行公务员招录改革，淡化传统的公务员考核的应试写作模式，重点考查其专业水平、从业经验以及创新胆识和能力。二是适度推广前海管理局的市场化招聘模式，通过灵活的薪酬机制吸引专业人才加入公共管理队伍中。

李善民

2018 年 8 月

目　录

总　论

第一章　高质量推进自由贸易试验区进一步深化改革开放
　　一、自由贸易试验区制度创新的框架与总体特点 / 4
　　　　（一）制度创新的基本框架 / 4
　　　　（二）制度创新的总体特点 / 6
　　二、自由贸易试验区五年来的改革创新成效 / 8
　　　　（一）自由贸易试验区成为营商环境高地 / 8
　　　　（二）自由贸易试验区成为市场主体和要素集聚区 / 11
　　　　（三）形成了可复制可推广的经验 / 12
　　三、自由贸易试验区制度创新的不足与问题 / 16
　　四、自由贸易试验区深化改革和扩大开放的总体思路 / 18
　　五、建设自由贸易港区推动自由贸易试验区高质量发展 / 21
　　六、海南自由贸易港建设突出"自由化"探索 / 24

专　题　编

第二章　探索建设中国特色自由贸易港功能定位
　　一、自由贸易港设立的历史背景及现实意义 / 31
　　　　（一）从历史规律来看，"开放则兴，闭国则衰" / 32

（二）既然有了自由贸易试验区，为什么还要建自由贸易港 / 33

（三）探索建设自由贸易港是构建开放型经济新体制的重要战略
工具 / 34

二、自由贸易港国际经验借鉴 / 36

（一）迪拜自由区发展模式及经验借鉴 / 36

（二）新加坡自由贸易港建设模式及经验借鉴 / 38

（三）香港自由港建设模式及发展经验借鉴 / 39

三、中国特色自由贸易港的功能定位 / 40

（一）中国特色自由贸易港是服务"一带一路"建设的
重要工具 / 41

（二）各类特殊经济区发展的"催化剂"，产生联动效应 / 42

（三）自由贸易港吸引国际高端资源，特别是科技创新资源
突破口 / 42

（四）对接各项自由贸易协定，进一步推动高端服务业对外
开放 / 43

四、中国特色自由贸易港的体系构建 / 45

（一）以物理围网和保税功能为"港"，进一步解决贸易便利化
问题 / 45

（二）由"港"到"城"和"产"，突破物理围网的限制 / 46

（三）发展与实体经济配套的金融、保险、商业服务和专业
服务 / 46

（四）形成"自上而下"的制度创新体系，完善税收和法律
制度 / 47

（五）实现最高水平的对外开放战略，服务"一带一路"建设 / 48

五、可率先在自由贸易试验区内落实自由贸易港政策 / 48

第三章 中国自由贸易试验区在"走出去"战略中的价值与作用

一、自由贸易试验区与"走出去"战略的相互支撑作用 / 52

（一）现实意义 / 52

（二）实践价值 / 52

二、自由贸易试验区"走出去"的现状分析 / 54
　　（一）总体情况 / 54
　　（二）第一、二批自由贸易试验区的情况 / 55
　　（三）第三批自由贸易试验区的情况 / 57
三、自由贸易试验区"走出去"面临的主要问题 / 58
　　（一）宏观整体层面的问题 / 58
　　（二）自由贸易试验区层面的问题 / 60
四、自由贸易试验区"走出去"的经验借鉴 / 63
　　（一）经验借鉴之一：上海自由贸易试验区 / 63
　　（二）经验借鉴之二：前海自贸片区 / 64
　　（三）经验借鉴之三：天津自由贸易试验区 / 66
五、自由贸易试验区打造"走出去"重要平台的对策建议 / 68
　　（一）充分发挥自由贸易试验区的制度创新优势，打造服务
　　　　对外开放新格局的先行地 / 68
　　（二）充分发挥自由贸易试验区国际化营商环境的优势，打造
　　　　全生命周期的"走出去"专业服务平台 / 69
　　（三）充分发挥自由贸易试验区的高起点、强规划的优势，构建
　　　　共建共治共享的"走出去"风险防控体系 / 70

第四章　中国自由贸易试验区贸易便利化改革成效与方向
一、贸易便利化改革的基本概念 / 73
　　（一）贸易便利化改革的内涵 / 73
　　（二）自由贸易试验区贸易便利化改革的责任主体 / 74
　　（三）自由贸易试验区"一线放开、二线安全高效管住"的
　　　　内涵 / 74
二、自由贸易试验区贸易便利化改革的主要成效 / 75
　　（一）上海自由贸易试验区改革成效 / 80
　　（二）广东自由贸易试验区改革成效 / 83
　　（三）天津自由贸易试验区改革成效 / 87
　　（四）福建自由贸易试验区改革成效 / 89
　　（五）辽宁自由贸易试验区改革成效 / 90

（六）浙江自由贸易试验区改革成效 / 91

（七）河南自由贸易试验区改革成效 / 92

（八）湖北自由贸易试验区改革成效 / 93

（九）重庆自由贸易试验区改革成效 / 94

（十）四川自由贸易试验区改革成效 / 96

（十一）陕西自由贸易试验区改革成效 / 97

三、自由贸易试验区贸易便利化改革的问题与对策 / 98

（一）创新措施碎片化现象突出 / 98

（二）改革系统集成有待提升 / 99

（三）自由贸易试验区"境内关外"的法律依据尚未明确 / 100

四、深化自由贸易试验区贸易便利化改革的对策建议 / 100

（一）实现"境内关外"性质下的"一线放开" / 100

（二）依托大数据监管建立海关事中事后监管体系 / 101

（三）基于经济功能需求推进口岸监管制度创新 / 101

（四）利用机构改革契机推动全国通关一体化改革 / 101

第五章　中国自由贸易试验区金融市场国际化的实践及发展方向

一、我国金融市场国际化迎来战略机遇期 / 103

（一）中国经济呈现持续稳定增长趋势 / 104

（二）人民币币缘政治影响力加速提升 / 105

（三）"一带一路"倡议需要我国金融市场国际化水平的提升 / 105

二、自由贸易试验区探索金融市场国际化的主要成效 / 106

（一）上海自由贸易试验区金融国际化改革"树标杆、立潮头" / 107

（二）广东自由贸易试验区金融改革聚焦"港澳跨境金融合作" / 108

（三）天津、福建自由贸易试验区的跨境金融各有特色 / 109

三、自由贸易试验区金融市场国际化的"四大面向" / 111

（一）金融开放要面向"新科技、新产业、新服务、新风险" / 112

（二）金融开放要面向"跨境金融基础设施"的完善 / 112

（三）金融开放要面向"高标准的国际金融规则" / 113
　　（四）金融开放要面向"民生金融"需求 / 113
四、自由贸易试验区金融市场国际化的原则与重点抓手 / 113
　　（一）自由贸易试验区金融市场国际化的原则 / 114
　　（二）自由贸易试验区金融市场国际化的战略抓手 / 115

第六章　中国自由贸易试验区政府职能转变的深化改革路径

一、引言 / 120
二、自由贸易试验区政府职能转变的理论依据 / 123
　　（一）政府内部组织 / 123
　　（二）府际关系 / 125
三、自由贸易试验区政府职能转变的改革方向 / 126
　　（一）自由贸易试验区地方政府体制创新与机构重组 / 127
　　（二）自由贸易试验区地方政府的角色定位与职能体系 / 127
　　（三）自由贸易试验区地方政府流程再造与管理方式改进 / 128
　　（四）自由贸易试验区地方政府对新业态监管模式创新 / 128
四、国外自由贸易园区政府职能转变的经验启示 / 129
五、自由贸易试验区的政府职能转变经验 / 130
　　（一）简政放权 / 130
　　（二）政府架构优化与重组 / 131
　　（三）加强事中事后监管 / 133
　　（四）优化政府公共服务方式 / 133
六、制约自由贸易试验区政府职能转变的因素 / 133
　　（一）传统行政架构的"权"与"责"限制 / 133
　　（二）自由贸易试验区政府职能转变仍处于"浅水区" / 135
　　（三）自由贸易试验区的"新"对传统公务员体系提出挑战 / 136
　　（四）自由贸易试验区的"政企不分"现象回流 / 136
　　（五）第三方机构及 NGO 对自由贸易试验区改革的监管缺乏 / 137
七、赋予自由贸易试验区更大改革开放权 / 137
　　（一）优化和重组政府行政架构 / 138
　　（二）打造与自由贸易试验区改革匹配的管理队伍 / 139

（三）自由贸易试验区政府要退出市场／139
　　（四）强化第三方监管的法律地位／140

第七章　中国自由贸易试验区法治化营商环境与商事仲裁制度改革
　一、商事仲裁制度的概述与对自由贸易试验区改革的意义／143
　　（一）商事仲裁制度的概述／144
　　（二）自由贸易试验区现行商事仲裁制度／145
　　（三）商事仲裁制度对自由贸易试验区改革的意义／147
　二、自由贸易试验区商事仲裁制度改革的进展／148
　　（一）不断完善现行仲裁程序／149
　　（二）逐步承认临时仲裁／152
　　（三）探索构建"一带一路"国际商事法庭／154
　三、国际仲裁规则对自由贸易试验区商事仲裁制度改革的要求／155
　　（一）与商事仲裁相关的重要国际公约与规则／155
　　（二）自由贸易试验区商事仲裁制度改革的不足之处／157
　四、自由贸易试验区商事仲裁制度的改革思路／159

区　域　编

第八章　中国（上海）自由贸易试验区全面深化改革开放的成效与政策创新方向
　一、全面深化改革的制度安排与政策方案／163
　　（一）建设综合改革试验区／164
　　（二）建立风险压力测试区／165
　　（三）打造提升政府治理能力的先行区／167
　　（四）服务"一带一路"建设／167
　　（五）形成可复制推广的制度创新成果／168
　二、主要成效评估／169
　　（一）经济指标／169
　　（二）投资贸易便利化程度／170
　　（三）开放性经济发展／171

（四）政府治理能力改革／172

（五）服务国家"一带一路"建设和推动市场主体
"走出去"／174

三、存在的问题及原因分析／175

（一）金融开放服务企业的优势尚未充分发挥／175

（二）企业集群式对外投资的规模效应尚未显现／177

（三）对外投资管理与服务便利化水平有待提高／177

四、政策创新方向／178

（一）探索自由贸易试验区资本项目进一步开放／178

（二）完善自由贸易试验区服务对外投资的体制机制／179

（三）充分发挥自由贸易港的引领作用／179

（四）争取"一带一路"人民币债券市场落户自由贸易
试验区／180

（五）打造"一带一路"金融机构集聚区／180

（六）打造"一带一路"科技合作的枢纽节点／180

（七）探索创新"一带一路"教育合作机制／181

第九章 中国（广东）自由贸易试验区建设三周年成效与深化改革开放方向

一、广东自由贸易试验区三年以来建设进展／186

（一）经济体量实现快速稳步增长／186

（二）制度创新工作全面开展／187

二、各片区改革成效与发展亮点／191

（一）营商环境持续优化／191

（二）口岸通关效率持续提升／193

（三）对外开放水平全面提高／193

（四）创新型金融蓬勃发展／194

（五）创新生态不断优化／195

（六）粤港澳区域合作不断深入／195

三、广东自由贸易试验区面临的主要问题与原因分析／196

（一）经济总量还不够大，辐射带动作用不强／196

（二）区域创新能力和产业核心竞争力有待增强 / 197
　　（三）改革的系统性、整体性、协调性有待加强 / 197
　　（四）城市建设管理标准和精细化程度还不高 / 197
　　（五）政府部门依法履职的水平和服务效率仍有提升空间 / 197
四、广东自由贸易试验区深化改革方向 / 198
　　（一）在粤港澳大湾区协同发展中发挥辐射带动功能 / 198
　　（二）继续发挥好深化粤港澳紧密合作示范区作用 / 199
　　（三）服务企业面向"一带一路"沿线国家"走出去" / 199
　　（四）构建自由贸易港推动形成全面开放的格局 / 199
　　（五）发挥制度创新优势打造一流营商环境 / 199

第十章　中国（天津）自由贸易试验区建设三周年成效与深化改革开放方向

一、天津自由贸易试验区的战略定位与任务安排 / 202
　　（一）天津自由贸易试验区的战略与功能定位 / 202
　　（二）天津自由贸易试验区的任务安排 / 203
二、天津自由贸易试验区建设三周年成效评估 / 204
　　（一）以转变政府职能为重点的行政高效化改革创新 / 206
　　（二）以外商投资负面清单为重点的投资准入改革创新 / 206
　　（三）以"一线放开、二线管住"为重点的贸易便利化改革创新 / 208
　　（四）以打造特色产业、服务实体经济为重点的金融国际化改革创新 / 211
　　（五）服务京津冀协同发展 / 214
三、天津自由贸易试验区发展存在问题与原因分析 / 216
　　（一）与国际先进自由贸易试验区存在较大差距，开放程度有待提高 / 216
　　（二）现代服务业不发达，要素聚集程度不高 / 218
　　（三）制度创新与经济发展结合程度有待提高 / 218

四、天津自由贸易试验区深化改革开放方向 / 218
    （一）积极申建"京津冀自由贸易港"，打造自由贸易试验区升级版 / 219
    （二）进一步服务好京津冀协同发展，服务雄安新区建设 / 220
    （三）积极融入"一带一路"倡议，强化合作 / 221
    （四）继续深化政府职能转变、贸易与投资管理创新、金融开放创新 / 221
    （五）加强法治保障，培育法治化营商环境 / 222

第十一章　中国（福建）自由贸易试验区建设成效与深化改革开放方向

一、引言 / 224
二、福建自由贸易试验区三周年成效分析 / 225
    （一）加快政府职能转变，大幅改善营商环境 / 225
    （二）持续深化投资管理体制改革，有效激发企业创新创业活力 / 226
    （三）积极培育新型贸易业态，有效转变贸易发展方式 / 226
    （四）加快推进与台湾地区投资贸易自由，闽台深度融合发展 / 228
    （五）推进金融领域开放创新，金融服务实体经济能力显著增强 / 230
    （六）推进平潭国际旅游岛建设，平潭开放开发新优势成效显著 / 231
    （七）深化改革试点任务，创新举措复制推广成效显著 / 232
三、福建自由贸易试验区建设中存在的问题 / 235
    （一）与国际高标准投资贸易规则仍有差距 / 235
    （二）深化对台合作任务艰巨 / 235
    （三）已有的产业基础制约明显 / 236
    （四）法制法规制约有待于进一步突破 / 236
四、进一步深化福建自由贸易试验区改革的方向 / 236
    （一）进一步完善投资管理体制 / 237
    （二）进一步深化行政管理体制改革 / 237

（三）进一步推动贸易通关便利化／237

　　（四）进一步推动金融开放创新／238

　　（五）进一步深化两岸融合发展／238

　　（六）进一步健全保障机制／239

　　（七）探索建设自由贸易港／239

第十二章　中国（辽宁）自由贸易试验区建设成效与改革路向

　一、辽宁自由贸易试验区的改革任务／243

　二、辽宁自由贸易试验区建设进展／245

　三、辽宁自由贸易试验区制度创新成效／246

　　（一）积极复制落实上海等自由贸易试验区先进经验／246

　　（二）深化"放管服"改革，探索建立现代化服务型政府管理模式／247

　　（三）推进投资便利化措施实施，建立与国际通行规则相衔接的投资管理制度／249

　　（四）加快推进贸易便利化措施，探索形成与国际通行规则接轨的贸易监管制度体系／250

　　（五）推进金融领域开放创新，探索实体经济金融支撑服务体系／252

　　（六）健全法治保障，探索建立公平、透明、规范的法治环境／253

　四、辽宁自由贸易试验区发展特色与亮点／254

　　（一）辽宁自由贸易试验区发展特色／254

　　（二）辽宁自由贸易试验区发展亮点／255

　五、辽宁自由贸易试验区发展面临的问题与挑战／256

　　（一）制度创新还需进一步加大力度／256

　　（二）制度创新中的"天花板"效应无法突破／257

　　（三）制度创新中政府和监管部门间的联动不够／257

　　（四）企业对自由贸易试验区的认识需要进一步提升／257

　　（五）政府职能的转变力度仍有待进一步加强／258

六、加快辽宁自由贸易试验区创新发展的方向 / 258
    （一）加强制度创新的前瞻性引导 / 258
    （二）争取自由贸易试验区更大的改革自主权和先行先试权 / 259
    （三）加快探索辽宁面向东北亚，面向日本、韩国开放
         合作的新内容、新平台和新机制 / 259
    （四）加强自由贸易试验区与科技创新的联动 / 260
    （五）对标国际营商环境标准，建立与国际接轨的市场监管
         体系 / 260

第十三章　中国（浙江）自由贸易试验区建设成效与改革路向

一、基本情况 / 261
    （一）战略定位 / 262
    （二）发展目标 / 262
    （三）空间布局 / 263
    （四）任务安排 / 263

二、一年来的建设进展 / 264
    （一）转变政府职能领域 / 265
    （二）推动油品全产业链投资便利化和贸易自由化领域 / 266
    （三）拓展新型贸易投资方式领域 / 268
    （四）推动金融管理体制机制创新领域 / 268
    （五）推动通关监管体制机制创新领域 / 268

三、改革成效与亮点 / 269

四、存在的问题 / 271
    （一）系统集成型能力需进一步提升 / 271
    （二）国际高标准规则借鉴能力需进一步提升 / 272
    （三）相关配套保障能力需进一步提升 / 272

五、下一步的改革创新方向 / 272
    （一）利用赋予自由贸易试验区更大改革自主权这一契机，完善
         产权制度，推进要素市场化配置 / 273
    （二）对标与引领国际高标准贸易投资规则，探索建设中国特色
         自由贸易港 / 274

第十四章　中国（河南）自由贸易试验区建设成效与改革路向

　　一、基本情况 / 277
　　　　（一）方案提出 / 277
　　　　（二）战略定位 / 278
　　　　（三）发展目标 / 278
　　　　（四）区位布局 / 278
　　　　（五）主要试点任务和措施 / 282
　　二、一年来的建设进展 / 285
　　　　（一）制度创新措施密集出台 / 285
　　　　（二）入驻企业每天新增百家 / 286
　　　　（三）交通物流综合枢纽地位进一步提升 / 287
　　　　（四）投资贸易便利化水平迅速提高 / 288
　　　　（五）金融服务实体经济能力显著增强 / 288
　　三、改革成效与亮点 / 289
　　　　（一）切实转变政府职能 / 289
　　　　（二）加快形成高效便捷的监管新模式 / 291
　　　　（三）建设一流的国际交通综合枢纽 / 291
　　　　（四）培育高能级产业集群和贸易新业态 / 292
　　　　（五）大力吸引国际创新要素集聚 / 292
　　　　（六）增强区域辐射带动功能 / 293
　　四、存在的主要问题 / 294
　　　　（一）部门联动协调机制还需进一步理顺 / 294
　　　　（二）法律法规与权限落实仍存在阻力 / 294
　　　　（三）对国际创新资源吸引力不足 / 295
　　　　（四）满足企业发展诉求需求仍存在很大空间 / 295
　　五、下一步的改革创新方向 / 295

第十五章　中国（湖北）自由贸易试验区建设成效与改革路径

　　一、引言 / 297
　　二、一年来的建设进展 / 299
　　三、改革成效与亮点 / 303

  （一）自由贸易试验区改革成效评价 / 303

  （二）自由贸易试验区改革亮点介绍 / 309

四、存在的问题 / 312

五、对湖北自由贸易试验区下一步改革的建议 / 314

  （一）关于建立政策协调机制的建议 / 314

  （二）关于推进产业聚集的建议 / 315

  （三）关于建立金融支持机制的建议 / 316

  （四）关于建立绩效考核体系的建议 / 317

第十六章　中国（重庆）自由贸易试验区建设成效与改革路向

一、引言 / 320

  （一）战略定位和发展目标 / 320

  （二）实施区域与功能划分 / 321

二、重庆自由贸易试验区一年来的建设进展 / 323

  （一）以服务国家战略为中心，明确目标定位 / 323

  （二）以政策制度创新为灵魂，加快改革试点 / 324

  （三）以项目落地为关键，增强发展动能 / 324

  （四）以个性化探索为着力点，形成特色经验 / 325

  （五）以协同联动为保障，凝聚发展合力 / 325

三、重庆自由贸易试验区一年来的改革成效与亮点 / 326

  （一）深化"放管服"改革，事中事后监管体系更加完善 / 327

  （二）提升投资自由化便利化水平，市场更加开放透明 / 328

  （三）深入推进贸易便利化，监管体系更加符合国际标准 / 329

  （四）加快金融领域开放创新，实体经济支撑更加坚实 / 331

  （五）立足国家发展战略，"一带一路"和长江经济带联结

     更加紧密 / 332

  （六）强化法治保障工作，法治框架体系更加完备 / 334

  （七）打造创新创业新业态，产业集聚效应更加凸显 / 335

四、存在的问题及下一步改革创新方向 / 336

  （一）存在的问题 / 336

  （二）下一步改革创新方向 / 337

第十七章 中国（四川）自由贸易试验区建设成效与改革路向
  一、四川自由贸易试验区基本情况 / 339
    （一）实施范围 / 339
    （二）战略定位 / 339
    （三）发展目标 / 340
    （四）功能划分 / 340
    （五）保障机制 / 341
  二、四川自由贸易试验区总体形势 / 342
    （一）四川自由贸易试验区挂牌运行一年取得的成绩 / 342
    （二）四川自由贸易试验区制度创新情况 / 347
    （三）各片区建设进展 / 348
  三、四川自由贸易试验区下一步展望 / 353
    （一）总体展望 / 353
    （二）各片区下一步展望 / 354

第十八章 中国（陕西）自由贸易试验区建设成效与改革路径
  一、前言 / 357
    （一）建设陕西自由贸易试验区的重大意义 / 357
    （二）陕西自由贸易试验区肩负的历史使命 / 359
    （三）陕西自由贸易试验区的战略定位、发展目标和实施范围 / 360
    （四）陕西自由贸易试验区的主要任务、重要措施和保障机制 / 361
  二、陕西自由贸易试验区一年来的建设进展 / 362
  三、改革的成效与亮点 / 366
  四、陕西自由贸易试验区建设存在的问题及误区 / 368
    （一）存在的问题 / 369
    （二）转变几个观念的误区 / 370
  五、陕西自由贸易试验区下一步的改革创新方向 / 371
    （一）探索内陆型自由贸易港建设 / 371
    （二）深化顶层设计，强化改革力度 / 372

（三）构建具有产业特色的服务业开放空间布局 / 373

（四）制度引领，量质并进，共促金融创新开放 / 373

（五）强化人文交流和现代农业合作交流特色 / 374

总论

ZONGLUN

·总论·

第一章　高质量推进自由贸易试验区进一步深化改革开放

毛艳华[*]

自由贸易试验区是新时期全面深化改革和扩大开放的"试验田"。党的十八届三中全会提出探索建设自由贸易试验区，并依托海关特殊监管区域先后设立了3批共11个自由贸易试验区。五年来，自由贸易试验区紧紧围绕国家战略，以制度创新为核心，在投资管理制度、贸易监管制度、金融制度、事中事后监管制度和法治化环境建设等各个方面开展了一系列改革创新，营造了优良的营商环境，进一步解放了生产力，形成了一批可复制可推广的重要成果，充分发挥了自由贸易试验区作为改革开放先行地和"试验田"的作用。在2018年4月13日庆祝海南建省办经济特区三十周年大会上，党中央决定支持海南全岛建设自由贸易试验区，支持海南逐步探索、稳步推进中国特色自由贸易港建设，分步骤、分阶段建立自由贸易港政策和制度体系。这彰显了我国实行更加积极主动的开放战略、推动形成全面开放新格局、积极推动经济全球化的决心。

改革开放四十年来，我国经济已由高速增长阶段转向高质量发展阶段。党的十九大报告提出坚持新发展理念，发展更高层次的开放型经济，推动外贸从量的增长走向高质量发展，实行高水平的贸易投资自由化便利化政策，加强创新能力开放合作，推动建设开放型世界经济。在当前国内外经济贸易形势出现重大变化的大背景下，自由贸易试验区深化改革应主动顺

---

[*] 毛艳华，男，中山大学自贸区综合研究院副院长、粤港澳发展研究院、港澳珠江三角洲研究中心教授、博士生导师，主要研究方向为国际贸易、区域经济和港澳珠三角经济。

应全球经济治理新趋势新格局，主动对接国际投资贸易新规则、新要求，主动塑造我国以开放促改革、发展新优势等各项开放试验任务，在投资、贸易、金融、事中事后监管、法治化环境建设等领域开展制度创新，实现重大突破，努力探索开放型经济新体制。在现有部分自由贸易试验区开放条件优越的海关特殊监管区域建设自由贸易港区，推动自由贸易试验区成为高质量发展的先行区。海南建设自由贸易港要突出对"自由化"的探索，推动海南成为新时代全面深化改革开放的新标杆。

一、自由贸易试验区制度创新的框架与总体特点

（一）制度创新的基本框架

自由贸易试验区设立五年来，以新发展理念为引领，聚焦投资、贸易、金融和事中事后监管及法治化环境建设领域，形成了一批基础性和核心制度创新，不断探索和实践自由贸易试验区的基本制度框架，率先建立同国际投资和贸易通行规则相衔接的制度体系，在率先形成法治化、国际化、便利化的营商环境上取得重大进展。

一是确立了负面清单管理为核心的投资管理制度。自由贸易试验区率先制定和实施外商投资负面清单，负面清单由2013年上海第一版的190条、2014年第二版的139条，压缩到2015年统一适用于4个自由贸易试验区的122条，2017年第四版95条，2018年第五版45条，外商准入政策透明度和可预期性大幅提升。在完善市场准入负面清单的基础上，全面深化商事登记制度改革。优化营业执照的经营范围等登记方式。推行全程电子化登记和电子营业执照改革试点。探索建立普通注销登记制度和简易注销登记制度相互配套的市场主体退出制度。开展"一照多址"改革试点。全面实现"证照分离"。深化"先照后证"改革，把涉及市场准入的许可审批事项适时纳入改革试点。

二是确立了符合高标准贸易便利化规则的贸易监管制度。建成国际先进水平的国际贸易"单一窗口"。其中，上海国际贸易"单一窗口"已经扩展到涵盖中央和地方的22个部门和单位，企业申报数据项在船舶申报环节

缩减65%，在货物申报环节缩减24%，累计为企业节省成本超过20亿元。建立安全高效便捷的海关综合监管新模式。深化实施全国海关通关一体化、"双随机、一公开"监管以及"互联网+海关"等举措，进一步改革海关业务管理方式，对接国际贸易"单一窗口"，建立权责统一、集成集约、智慧智能、高效便利的海关综合监管新模式。深化"一线放开、二线安全高效管住"改革，强化综合执法，探索设立与"港区一体"发展需求相适应的配套管理制度。深入实施货物状态分类监管，研究将试点从物流仓储企业扩大到贸易、生产加工企业。

三是探索了适应更加开放环境和有效防范风险的金融创新制度。上海自由贸易试验区创设的自由贸易账户体系，建立了"一线审慎监管、二线有限渗透"的资金跨境流动管理基础性制度。上海自由贸易试验区金融开放与上海国际金融中心建设联动发展，金融资源市场化配置能力显著提升，有效地服务了实体经济发展，完善了宏观审慎和风险可控的金融监管体系，极大地提升了金融市场能级，增强了上海资金、资产、资源价格的国际影响力。加强京津冀跨行政区金融合作的经验探索，推进粤港澳和海峡两岸金融合作的制度和业务创新。加快建立金融监管协调机制，提升金融监管能力，防范金融风险。

四是确立了以规范市场主体行为为重点的事中事后监管制度。加强自由贸易试验区建设与转变一级地方政府职能的联动，系统推进简政放权、放管结合、优化服务改革，在行政机构改革、管理体制创新、运行机制优化、服务方式转变等方面改革创新，全面提升开放环境下政府治理能力。从"放、管、服"出发，健全以简政放权为重点的行政管理体制，深化创新事中事后监管体制机制，优化信息互联共享的政府服务体系。建立了诚信管理、分类监管、风险监管、联合惩戒、社会监督"五位一体"事中事后监管体系，以及社会信用信息共享的事中事后监管基础性制度，实现由规范市场主体资格向规范市场主体行为转变。

五是法治化建设为自由贸易试验区经济建设提供了法治保障。成立自贸区法院、自贸区检察院和自贸区知识产权法院等，为自由贸易试验区经济建设提供了法制保障。自由贸易试验区积极探索通过地方立法，建立与试点要求相适应的试验区管理制度。强化自由贸易试验区制度性和程序性的法规规章建设，完善公众参与法规规章起草机制。完善知识产权管理和执法体制，完善知识产权纠纷调解和维权援助机制。对涉及法律法规调整的改革事项，及时强化法治保障，做好与相关法律立改废释的衔接，推进相关体制机制协同创新，并注意加强监管、防控风险。深圳前海自贸片区批准成为中国特色社会主义法治建设示范区，最高人民法院在深圳前海设立中国港澳台和外国法律查明研究中心、最高人民法院港澳台和外国法律查明研究基地、最高人民法院港澳台和外国法律查明基地。

（二）制度创新的总体特点

自由贸易试验区共同探索开放型经济体制机制，又开展对比试验、互补试验，达到了通过差异化探索，形成更多元化、更高水平的制度创新成效。根据中山大学自贸区综合研究院对全国自由贸易试验区各片区的制度创新进展开展的测度评估结果显示，我国"1+3+7"自由贸易试验区的制度创新呈现三个方面的特点：

第一，沿海地区的自由贸易试验区制度创新探索在总体上走在全国前列。不论总指数还是分项指数，排名靠前的都是位处东南沿海的第一和第二批自由贸易试验区。其中，广东自由贸易试验区前海蛇口片区在政府职能转变、法治化建设等国家治理制度创新领域的探索走在全国自由贸易试验区（或片区）前列，如前海商事法庭对接香港专业调解机构，积极开展商事案件诉前调解，并试行港籍陪审机制，在体现司法公正的同时兼顾国际化的法律准则，建立了国内唯一的"一中心两基地"，即中国港澳台和外国法律查明研究中心、最高人民法院港澳台和外国法律查明基地、最高人民法院港澳台和外国法律查明研究基地。上海自由贸易试验区在投资便利化改革、金融开放创新等方面领先全国，在FT账户功能拓展和金融要素平台建设方面卓有成效，成为全国金融市场化改革的引领区、国际化对接的先行区、金融新业态的聚集区和产融结合的示范区。广东自由贸易试验区南沙片区在贸易便利化改革方面名列前茅，以推动新业态集聚发展为目标，推出整合一系列口岸监管创新措施，全球质量溯源体系领先全国，"单一窗口""互联网+易通关""智检口岸""智慧海事"等多项改革创新成果形成品牌效应。

第二，投资贸易便利化改革力度强于其他重点领域的改革。在投资、贸易、金融、政府职能转变和法治环境5个制度创新领域中，投资管理体制和贸易监管制度的制度创新指数较高，说明中央各有关部门及各自贸片区高度重视投资贸易便利化、自由化的制度创新，在各自权限内大力推动改革创新措施。由于投资便利化改革是中央和地方两级政府事权叠加的领域，地方自主改革的空间较大，各大片区也推出了多项制度创新措施。贸易便利化改革的主导部门如海关（包括原出入境检验检疫）、海事均为中央垂直管理部门，事权关系较为清晰。金融创新具有敏感性、系统性和风险性特征，其改革措施容易受到国家宏观调控的影响，进程相对缓慢。法治环境指数总体分数较低，表明自由贸易试验区法治化建设的创新力度明显不足，法治体系尚待健全。政府职能转变的指数最低，表明在推动"放管服"改革的优化流程、下放权限后，政府在一些涉及行政管理体制和事权配置等深层次改革尚有很大的突破空间。如前海蛇口片区建立的"管委会政府职能＋前海管理局法定机构＋招商局集团企业机构＋咨委会社会机构"的市场化政府管理运行新模式，为行政管理体制改革进行了大胆的创新试验，在推动市场化改革和加快政府职能转变方面走在了全国前列。上海自由贸易试验区在大部门制改革、推进"社会共治"的大监管格局、进一步完善自贸区市场监管综合执法体制、企业年报公示制度、异常名录制度、信用分类监管以及"互联网＋政务服务"模式等方面也进行了"先行先试"。

第三，第三批自由贸易试验区已推出一批具有全国显示度的创新措施。制度创新不分时间早晚，而在于改革决心和创新力度，充分吸收和复制了已有创新成果的第三批自由贸易试验区正在迎头赶上，在短短的一年时间便推出了一批具有全国显示度的高质量创新成果。例如，大连自贸片区的"保税混矿监管创新模式"，浙江自由贸易试验区的"聚焦油品全产业链"改革创新，武汉片区的"马上办、网上办、一次办"，重庆自由贸易试验区的"一带一路国际物流大通道"，成都区域的"科技金融生态链"等制度创新成果都具有引领性和开创性。

第四，各自由贸易试验区结合当地特色开展了具有很强创新意义的试点任务。各自由贸易试验区根据发展定位，结合当地发展特点，形成了一批具有很强的创新意义和当地特色的试点经验。比如，在生物医药领域，上海自由贸易试验区围绕加强与建设科技创新联动,率先探索推广了"低风险生物医药特殊物品行政许可审批改革";广东自由贸易试验区聚焦促进内地与港澳深度合作,先行试点了"扩大内地与港澳合伙型联营律师事务所设立范围";福建自由贸易试验区着眼建立21世纪海上丝绸之路核心区,在国际航运领域进行了深入探索,推广的"船舶证书三合一办理"等船舶领域的改革试点经验具有明显的地方特色。这些改革试点经验来自地方,但服务于全国,较好地体现了对比试验、互补试验的成果,达到了通过差异化探索,形成更多元化、更高水平的制度创新成效,更好地释放自由贸易试验区的改革红利和开放红利。

二、自由贸易试验区五年来的改革创新成效

自由贸易试验区是制度创新高地,不能像传统的开发区那样,单纯以招商引资的数量衡量制度创新的成效。但五年来中国自由贸易试验区各片区在要素集聚方面的巨大成绩无疑部分体现了投资者对自由贸易试验区制度创新的巨大信心,以及自由贸易试验区各项制度创新改善营商环境的巨大成效。具体来看,从中国自由贸易试验区营商环境改善情况、市场主体和要素集聚情况、制度创新可复制推广情况三个方面,大致可以直观评估自由贸易试验区设立五年来开展创新试验的成效。

(一)自由贸易试验区成为营商环境高地

在全球化时代,营商环境逐渐成为衡量一个国家或地区经济软实力的一个重要因素。自由贸易试验区开展制度创新就是要探索建设公平、透明、可预期的市场环境,促进营商环境国际化、法治化、便利化。自由贸易试验区设立以来,各种制度创新的综合作用确实推进了更优的营商环境建设,自由贸易试验区已率先打造成为"营商环境高地"。

一是外商投资管理体制改革提高了市场透明度和可预期性,大大降低了企业开办成本。以负面清单管理为核心的投资管理体制改革持续深化,大大提高了市场透明度和可预期性。外商在负面清单以外领域设立企业,适用快捷的备案程序,一般3个工作日内可以办完设立手续,备案的企业数

占到外资企业总数的97%以上；注册资本实缴改认缴、"三证合一"、"先照后证"、"证照分离"、年度报告制度、放宽住所登记条件等改革举措不断推进，大大降低了企业开办成本。福建自由贸易试验区平潭片区推出的"四个一"投资管理体制改革，把投资项目建设涉及的116项审批事项合并成26项，从最初的项目选址到竣工验收，只需要4个步骤，每个步骤都只需在一个窗口提交材料，只填写一张申请表，规划、国土、发改、城建、交通、环保等职能部门在后台联合审查、最终出具一份批准文件。改革前，工程投资项目从招商引资到竣工验收，企业需要提交的各种申请材料累计可多达250项，有的仅身份证就要提交10多次。改革后，投资者提交材料减少到19项左右，精简幅度超过90%，行政效能提高近3倍。

二是贸易监管制度创新大幅提高了自由贸易试验区贸易便利化水平，通关效率平均提高约40%，同时，促进了跨境电商、保税维修等新兴业态发展，相关企业普遍具有较强的"获得感"。自由贸易试验区海关特殊监管区域稳步实施"一线放开、二线安全高效管住"监管模式。例如，上海自由贸易试验区推出了"一区注册、四地经营"模式，企业在区内任一海关特殊监管区域注册并取得海关编码，即可在区内其他海关特殊监管区域办理海关业务；广东自由贸易试验区推动智能化通关模式改革，实施自助报关、提前归类审价、互动查验等9项业务创新，一般货物进出口平均通关时间减少42.6%；天津自由贸易试验区推出"保税货物自行运输""进口货物预检验"等措施。自由贸易试验区在全国率先建立了国际贸易"单一窗口"，一家外贸企业需要进出口货物，不用再拿着材料四处跑部门，只要登录一个网络"窗口"，在线一次性提交电子数据，就可以办完报关报检等手续。在福建自由贸易试验区，企业进出口货物申报时间从4个小时减至5～10分钟，船舶检验检疫申报时间由50分钟缩短为5分钟。一般货物贸易出口时间从16天缩短至8天，船舶进境时间由36小时缩短至2.5小时，出境时间由36小时缩短至1小时。据福建自由贸易试验区厦门片区统计，该片区"单一窗口"平台日处理3.5万票，数据申报简化率可达32.7%，申报效率提升50%以上。时间就是金钱，这种效率的提高、办事时间的缩短一样可以转换成"真金白银"。同时，贸易监管制度创新还促进了跨境电商、保税维修等新兴业态发展，推动了贸易发展方式转变。因此，贸易便利化改革为企业带来实实在在的好处,相关企业普遍具有较强的"获得感"。

三是自由贸易试验区金融开放创新和金融业集聚发展,让企业融资更加便利、渠道更宽、成本更低。围绕有效服务实体经济发展的出发点,相关部门出台了多项支持政策推动自由贸易试验区金融开放创新。比如,上海自由贸易试验区创设自由贸易账户系统,截至2018年7月,累计开立7.07万个自由贸易账户,业务涉及110多个国家和地区、2.7万家境内外企业。向全国推广外商投资企业外汇资本金意愿结汇、跨境双向人民币资金池业务等举措,让企业融资更加便利、渠道更宽、成本更低,有力地支持了实体经济发展。上海自由贸易试验区管委会出台《关于扩大金融服务业对外开放进一步形成开发开放新优势的意见》,推动上海国际金融中心与自由贸易试验区建设联动,积极为外资金融项目落地开展相关协调服务。比如,建立了上海自由贸易试验区外资金融机构落户服务团队,为外资金融项目办理工商注册和税务登记提供绿色通道;建立上海自由贸易试验区与金融监管部门的精准招商工作例会制度;为外资金融机构提供长期政策支持。

四是深化"放管服"改革加快政府职能转变,营造了更为公平竞争的市场环境。各地向自由贸易试验区下放省级管理权限超过1000项,实现企业办事不出区,并不断清理规范审批事项,为企业经营松绑清障。同时,积极打造以信用为基础的事中事后监管体系,强化政务公开、推行"互联网+政务"服务、优化服务模式和流程,实现对市场"放得更活、管得更好、服得更优",政府治理能力显著提升,营造了更为公平竞争的市场环境。比如,广东自由贸易试验区打造"数字自贸区",率先在全国建立企业专属网页,实现投资项目审批、贸易通关等涉企事项"一网通办",70%以上行政事项到现场跑1次以下,60%以上行政事项实现网上办结。浙江自由贸易试验区为实现"打造东北亚保税燃料油加注中心"的目标,承接中央下放权限,先后向5家企业颁发保税油经营资质,不同性质的市场主体被允许进入保税燃料油供应市场,打破了几十年来的市场垄断。

（二）自由贸易试验区成为市场主体和要素集聚区

更优的营商环境推动了自由贸易试验区的生产力发展。五年来，自由贸易试验区的开放创新及改革举措，进一步激发了市场创新活力和经济发展动力。截至 2017 年 10 月，自由贸易试验区新设企业将近 37 万家。自由贸易试验区引领全国外资增长，吸引外商投资设立企业 2.3 万家，实际使用外资金额 2371.7 亿元人民币，占全国实际利用外资的 1/10 左右。仅 2017 年，11 个自由贸易试验区新设外资企业 6841 家，实际使用外资 1039 亿元人民币，同比增长 18.1%，高于全国增幅 10 个百分点。

从第一、二批自由贸易试验区发展成效看，上海自由贸易试验区挂牌五年来新注册企业 5.4 万家，月均注册企业数量是挂牌前的 5 倍，新注册企业活跃度超过 80%；累计吸引 1 万多家外资企业落户，外资企业占上海自由贸易试验区企业的比例已由五年前的 5% 上升至 20% 左右。截至 2017 年年底，广东自由贸易试验区累计新设企业 21 万家，其中，新设外商投资企业 9639 家，实际利用外资 128.5 亿美元，占全省的 1/5 左右。天津自由贸易试验区三年来，累计新登记市场主体 4.5 万户，是自由贸易试验区设立前历年登记市场主体户数的 2 倍，注册资本（金）1.6 万亿元人民币，用占全市 1% 的面积创造了全市约 12% 的地区生产总值、近 10% 的一般预算收入、1/4 的实际利用外资及 1/3 的外贸进出口额，改革开放的红利充分释放，有效地促进了天津经济高质量的发展。福建自由贸易试验区挂牌三年来，区内新增企业 7 万多户、注册资本 1.5 万亿元人民币，分别是挂牌前历年总和的 4.6 倍和 6.8 倍，新增外企 3400 家，合同利用外资 240 多亿美元，分别是挂牌前历年总和的 3.03 倍和 3.2 倍。

在第三批设立的自由贸易试验区中，辽宁自由贸易试验区一年来新增注册企业 2.5 万家，注册资本 3626.1 亿元，截至 2017 年年底新设立外商投资企业 274 家，合同外资 33.2 亿美元，实际利用外资 1495.9 万美元，目前已有 80 多家东北亚地区外资企业入驻辽宁自由贸易试验区，合同外资额 2.6 亿美元。浙江自由贸易试验区新增外资企业 74 家，实际利用外资 3.35 亿美元，带动舟山全市利用外资同比增长 93%。河南自由贸易试验区累计入驻企业 3.8 万家，其中，内资企业 3.77 万家，注册资本总额 4657.2 亿元；外资企业215家，实际利用外资7.82亿美元。湖北自由贸易试验区一年来新增市场主体10697家。重庆自由贸易试验区挂牌一年来，全域新增企业注册13055户，占全市同期新增企业注册的9.5%，其中，新增外资企业注册240户，占全市的23.3%；落户重大项目799个，协议投资总额达3086.5亿元。四川自由贸易试验区2017年新设企业2.2万家，注册资本3100亿元，新设外商投资企业204家，占全省总数的1/3强。自由贸易试验区片区所在的成都、泸州两市2017年进出口增长49.1%。陕西自由贸易试验区截至2018年3月底新增注册市场主体14811户（占自由贸易试验区揭牌前市场主体总数25558户的58%），其中，企业数12420户（含外资企业164户），新增注册资本3478.05亿元（含外资企业注册资本9.56亿美元），新增注册资本1亿元以上企业306家。2017年4月至2018年2月，陕西自由贸易试验区进出口总额1983.58亿元，占全省进出口总额2714亿元的73.1%，其中，进口757.21亿元，占全省进口1019.53亿元的74.3%；出口1226.37亿元，占全省出口1694.47亿元的72.4%。

（三）形成了可复制可推广的经验

中国自由贸易试验区承担的使命之一就是要形成可复制可推广的经验，实现改革红利共享、开放成效普惠。自2013年上海自由贸易试验区设立以来，各自由贸易试验区深入探索、大胆尝试，形成了123项可复制推广的改革试点经验分4批次向全国推广移植。此外，国务院自由贸易试验区工作部际联席会议办公室还先后发布了2批共12个"最佳实践案例"。

1. 第一批复制推广的改革事项

上海自由贸易试验区设立一年后，在建立以负面清单管理为核心的外商投资管理制度、以贸易便利化为重点的贸易监管制度、以资本项目可兑换和金融服务业开放为目标的金融创新制度、以政府职能转变为核心的事中事后监管制度等方面，形成了一批可复制、可推广的改革创新成果。经党中央、国务院批准，上海自由贸易试验区的可复制改革试点经验共计28项在全国范围内推广，6项制度创新举措在全国其他海关特殊监管区推广。2015年1月29日，国务院印发《关于推广中国（上海）自由贸易试验区可复制改革试点经验的通知》（国发〔2014〕65号）。

（1）投资管理领域9项：外商投资广告企业项目备案制、涉税事项网上审批备案、税务登记号码网上自动赋码、网上自主办税、纳税信用管理的网上信用评级、组织机构代码实时赋码、企业标准备案管理制度创新、取消生产许可证委托加工备案、企业设立实行"单一窗口"等。

（2）贸易便利化领域5项：全球维修产业检验检疫监管、中转货物产地来源证管理、检验检疫通关无纸化、第三方检验结果采信、出入境生物材料制品风险管理等。

（3）金融领域4项：个人其他经常项下人民币结算业务、外商投资企业外汇资本金意愿结汇、银行办理大宗商品衍生品柜台交易涉及的结售汇业务、直接投资项下外汇登记及变更登记下放银行办理等。

（4）服务业开放领域5项：允许融资租赁公司兼营与主营业务有关的商业保理业务、允许设立外商投资资信调查公司、允许设立股份制外资投资性公司、融资租赁公司设立子公司不设最低注册资本限制、允许内外资企业从事游戏游艺设备生产和销售等。

（5）事中事后监管措施5项：社会信用体系、信息共享和综合执法制度、企业年度报告公示和经营异常名录制度、社会力量参与市场监督制度，以及各部门的专业监管制度。

（6）在全国其他海关特殊监管区域复制推广的改革事项6项：海关监管制度创新包括期货保税交割海关监管制度、境内外维修海关监管制度、融资租赁海关监管制度等措施。检验检疫制度创新包括进口货物预检验、分线监督管理制度、动植物及其产品检疫审批负面清单管理等措施。

2. 第二批复制推广的改革事项

2016年11月10日，国务院印发《关于做好自由贸易试验区新一批改革试点经验复制推广工作的通知》（国发〔2016〕63号），总结出广东、天津、福建自由贸易试验区挂牌设立以及上海自由贸易试验区扩展区域运行一年多后在投资、贸易、金融、事中事后监管等多个方面进行的大胆探索所形成的新一批改革创新成果。其中，在全国范围内复制推广的改革事项12项，在海关特殊监管区域复制推广的改革事项7项。

（1）投资管理领域3项：负面清单以外领域外商投资企业设立及变更审批改革、税控发票领用网上申请、企业简易注销。

(2) 贸易便利化领域 7 项：依托电子口岸公共平台建设国际贸易"单一窗口"，推进"单一窗口"免费申报机制、国际海关经认证的经营者（authorized economic operator，AEO）互认制度、出境加工监管、企业协调员制度、原产地签证管理改革创新、国际航行船舶检疫监管新模式、免除低风险动植物检疫证书清单制度。

(3) 事中事后监管措施 2 项：引入中介机构开展保税核查、核销和企业稽查、海关企业进出口信用信息公示制度。

(4) 在海关特殊监管区域复制推广的改革事项 7 项：入境维修产品监管新模式、一次备案，多次使用、委内加工监管、仓储货物按状态分类监管、大宗商品现货保税交易、保税展示交易货物分线监管、预检验和登记核销管理模式、海关特殊监管区域间保税货物流转监管模式。

3. 第三批复制推广的改革事项

2017 年 7 月 26 日，商务部、交通运输部、工商总局、质检总局、外汇局五部委联合发布关于做好自由贸易试验区第三批改革试点经验复制推广工作的函，向全国范围内复制推广自由贸易试验区第三批改革试点经验，包括会展检验检疫监管新模式、进口研发样品便利化监管制度、海事集约登轮检查制度、融资租赁公司收取外币租金、市场主体名称登记便利化改革 5 项内容。

4. 第四批复制推广的改革事项

第三批自由贸易试验区挂牌一周年后，商务部会同 11 个自由贸易试验区及公安部、交通运输部、海关总署等 40 多个单位，积极挖掘各自由贸易试验区制度创新实践，通过分析评判各举措的创新性、针对性、风险可控性、普适性等进行了总结评估，提炼形成了第四批 30 项可复制的改革试点经验。其中，在全国范围内复制推广改革事项 27 项，在特定区域复制推广改革事项 3 项。2018 年 5 月 23 日，国务院印发《关于做好自由贸易试验区第四批改革试点经验复制推广工作的通知》（国发〔2018〕12 号）。

(1) 服务业开放领域 5 项：扩大内地与港澳合伙型联营律师事务所设立范围、国际船舶运输领域扩大开放、国际船舶管理领域扩大开放、国际船舶代理领域扩大开放、国际海运货物装卸、国际海运集装箱场站和堆场业务扩大开放。

（2）投资管理领域6项：船舶证书"三合一"并联办理、国际船舶登记制度创新、对外贸易经营者备案和原产地企业备案"两证合一"、低风险生物医药特殊物品行政许可审批改革、一般纳税人登记网上办理、工业产品生产许可证"一企一证"改革。

（3）贸易便利化领域9项：跨部门一次性联合检查、保税燃料油供应服务船舶准入管理新模式、先放行、后改单作业模式、铁路运输方式舱单归并新模式、海运进境集装箱空箱检验检疫便利化措施、入境大宗工业品联动检验检疫新模式、国际航行船舶供水"开放式申报+验证式监管"、进境保税金属矿产品检验监管制度、外锚地保税燃料油受油船舶"申报无疫放行"制度。

（4）事中事后监管措施7项：企业送达信息共享机制、边检服务掌上直通车、简化外锚地保税燃料油加注船舶入出境手续、国内航行内河船舶进出港管理新模式、外锚地保税燃料油受油船舶便利化海事监管模式、保税燃料油供油企业信用监管新模式、海关企业注册及电子口岸入网全程无纸化。

（5）在特定区域复制推广的改革事项3项。其中，海关特殊监管区域"四自一简"监管创新、"保税混矿"监管创新2项举措将在海关特殊监管区域复制推广。"先出区、后报关"举措将在海关特殊监管区域及保税物流中心（B型）复制推广。

此外，由商务部会同相关部门总结了自由贸易试验区设立以来探索的创新性强、市场主体受益多、反响好的做法，撰写形成了12个"最佳实践案例"，经国务院自由贸易试验区工作部际联席会议审定发布。其中，2015年2月发布的8个"最佳实践案例"包括：国际贸易"单一窗口"（上海自由贸易试验区和福建自由贸易试验区各一个）、京津冀区域检验检疫一体化新模式、跨境电商监管新模式、投资管理体制改革"四个　"、以信用风险分类为依托的市场监管制度、政府智能化监管服务模式、推进信用信息应用加强社会诚信管理。2017年7月，商务部发布自由贸易试验区新一批4个"最佳实践案例"，包括"证照分离"改革试点、"企业专属网页"政务服务新模式、集成化行政执法监督体系、关检"一站式"查验平台+监管互认。这些实践案例主要分布于投资贸易便利化和政府职能转变领域的制度创新,金融开放创新、法治化建设尚无案例入选。

三、自由贸易试验区制度创新的不足与问题

五年来,中国自由贸易试验区在制度创新方面取得了巨大的成就。但是,在自由贸易试验区制度创新实践中也暴露出一些矛盾和存在一些不足。

第一,自由贸易试验区制度创新的亮点主要体现在体制机制创新方面,这与国际典型的自由贸易园区或自由港区的创新特征存在较大差异。探索政府与市场关系的改革是我国自由贸易试验区开展试验的重要内容,虽然在转变政府职能和探索体制机制建设上取得了一批重要成果。但是,在市场经济运行规范、运行秩序以及维护和监督机制建设等方面仍然与成熟的市场运行秩序存在差距。与国际典型自由贸易园区或自由港相比,自由贸易试验区的贸易投资自由度不足,自由贸易试验区建设五年来,整体上与"具有国际水准的投资贸易便利、货币兑换自由、监管高效便捷、法治环境规范的自由贸易试验区"这一建设目标还存在差距。与国际典型自贸区相比,我国自由贸易试验区现行税率偏高,缺乏具有竞争性的税收政策,不利于吸引国际优质资源。迪拜自贸区50年免征企业所得税,没有个人所得税,进口完全免税;新加坡17%的所得税税率,中国香港16.5%的所得税税率。我国自由贸易试验区没有税收优惠政策,企业所得税税率25%,与全国企业一样,综合保税区的企业按照17.5%的税率。要建设具有国际水准的自贸区,显然需要重新思考自由贸易试验区的税率设计。

第二,自由贸易试验区所推动的政府职能转变仍然没有摆脱原有的政府体制和行政架构的制度约束,与现代市场经济所要求的"运转高效的机构设置和治理体系"仍有不少差距。首先,自由贸易试验区管理机构设置基本沿用现有的一级政府行政框架,与国际典型自贸区单一化或企业化的管理运作体制存在差距,导致自由贸易试验区的行政管理创新受原有体制的制约明显。其次,对自由贸易试验区没有设立明确的权力清单、责任清单,中央和地方的权责不清晰。自由贸易试验区自主权明显不足,进行改革创新都需要报批,自由贸易试验区的管理体制没有自我更新和升级的能力,管理体制与"先行先试"的定位存在较大差距。最后,政府职能转变

后，对企业的事中事后监管有待进一步加强，各片区企业信用信息公示平台还有待进一步完善。

第三，自由贸易试验区的服务业开放不足。首先，自由贸易试验区的负面清单内容很多，不利于"高度开放"。自由贸易试验区既然聚焦服务业开放试验，而且自由贸易试验区运行五年来的实际也不涉及矿区和农业等领域。因此，负面清单中根本不需要矿区和农业的内容，这样可以突出服务业的开放措施，提高透明度。其次，许多现代服务部门仍未开放，如金融类、文化类、电信与互联网类、社会服务类等敏感服务业的开放不足。最后，自由贸易试验区外资安全审查制度还不完善，信用体系还没有完全建立起来。当前，全球经济服务化推动服务贸易快速增长，服务贸易自由化和便利化在很大程度上决定着全球自由贸易进程，服务贸易规则重构将成为全球贸易规则重构的核心与重点所在。服务业开放不足导致自由贸易试验区在涉及服务贸易与投资领域内的监管、非关税壁垒以及市场开放度的压力测试开展不足。

第四，自由贸易试验区贸易便利化的改革创新从数量来看成果不少，但有质量和突破性的制度创新成果不多。通过信息技术使用和优化流程设计，包括"智检口岸"平台建设、海关快速验放等创新成果，促进了自由贸易试验区港航物流降本增效。例如，上海自由贸易试验区自成立以来，通关效率大为提升，进出境时间较全关区平均水平分别缩短78.5%和31.7%。目前，95%的海运货物可实现两天内入关，95%的空运货物可实现12小时内入关。但是，与中国香港港、新加坡港等自由港相比，自由贸易试验区的通关效率水平还存在差距。国际贸易"单一窗口"建设还难以适应开放型经济新体制要求，没有全面覆盖口岸执法和贸易管理部门，各类许可和资质证明未全面纳入，未全面贯通口岸物流环节，信息互换共享水平偏低。海关特殊监管区域未形成高标准的"一线放开、二线管住"的贸易监管制度，自由贸易试验区的贸易监管制度跟不上贸易主体业务创新的需求，尤其是保税港区的国际中转便利性与国际典型港口有很大差距。

第五，自由贸易试验区金融改革与开放创新进展偏慢。首先，自2015年年末以来，国际国内经济金融环境发生了复杂变化，国际收支和结汇形势出现了波动，由于金融改革创新对环境和条件的依赖度高，出于风险防范考虑，有限额内可兑换、本外币境内外拆借等多项涉及资本账户开放的自由贸易试验区创新政策或细则均未出台实施。其次，货币自由兑换和资本项目开放是一个系统问题，利率市场化、汇率市场化这样的宏观金融改革不可能在有限的空间中完成，自由贸易试验区仅仅可以探索一些开放经验。最后，因担心过度激进和冒险行为，自由贸易试验区金融改革创新又缺乏容错机，导致自由贸易试验区金融创新政策实施效果欠佳。例如，在FT账户方面，截至2017年12月底，上海自由贸易试验区虽然累计共有56家金融机构通过分账核算系统验收，开立7.02万个FT账户，累计融资总额1.1万亿元，但由于FT账户的适用范围窄，导致使用账户的企业比例极低，FT账户的功能仍有待拓展。

四、自由贸易试验区深化改革和扩大开放的总体思路

自由贸易试验区是新时期全面深化改革和扩大开放的"试验田"。2017年3月30日，国务院《关于印发全面深化中国（上海）自由贸易试验区改革开放方案的通知》（国发〔2017〕23号）提出，"坚持全方位对外开放，推动贸易和投资自由化便利化，加大压力测试，切实有效防控风险，以开放促改革、促发展、促创新；进一步加强与上海国际金融中心和具有全球影响力的科技创新中心建设的联动，不断放大政策集成效应，主动服务'一带一路'建设和长江经济带发展，形成经济转型发展新动能和国际竞争新优势；更大力度转变政府职能，加快探索一级地方政府管理体制创新，全面提升政府治理能力；发挥先发优势，加强改革系统集成，力争取得更多可复制推广的制度创新成果，进一步彰显全面深化改革和扩大开放'试验田'作用。"

2018年5月4日，国务院分别印发了广东、天津和福建3个自由贸易试验区进一步深化改革开放的方案（即《深改方案》）。其中，广东自由贸易试验区《深改方案》提出，围绕打造开放型经济新体制先行区、高水平对外开放门户枢纽和粤港澳大湾区合作示范区，提出了建设公正廉洁的法治环境、建设金融业对外开放试验示范窗口和深入推进粤港澳服务贸易自由化等18个方面的具体举措。天津自由贸易试验区《深改方案》提出，围

绕构筑开放型经济新体制、增创国际竞争新优势、建设京津冀协同发展示范区，提出了创新要素市场配置机制、推动前沿新兴技术孵化和完善服务协同发展机制等16个方面的具体举措。福建自由贸易试验区《深改方案》提出，围绕进一步提升政府治理水平、深化两岸经济合作、加快建设21世纪海上丝绸之路核心区，提出了打造高标准国际化营商环境、推进政府服务标准化透明化和加强闽台金融合作等21个方面的具体举措。

总体上看，无论是上海自由贸易试验区的《全改方案》，还是广东、天津和福建的《深化方案》，虽然根据自身特点优势，制定了各具特色、各有侧重的试点任务，但仍然强调制度创新是自由贸易试验区深化改革开放的核心任务，要求继续解放思想，聚焦当前深化改革开放的若干核心制度和基础性制度，注重系统集成，加大压力测试，加强与国家战略的联动，切实有效防控风险，探索更高水平的对外开放和更深层次的改革创新。

首先，强化制度创新的系统集成，建设开放型经济新体制先行区。《深改方案》要求自由贸易试验区率先对标国际投资和贸易通行规则，紧紧围绕商事登记、外资管理、贸易监管、金融开放创新等领域进行系统性制度创新，建设开放型经济新体制先行区。在深化商事制度改革方面，要开展"证照分离"改革试点，健全事中事后监管体系，完善信息公示系统和公共信用信息平台。深入推进"互联网+政务服务"，优化信息互联共享的政府服务体系。在外资管理改革方面，要求建立更加开放透明的市场准入管理模式，提高自由贸易试验区外商投资负面清单开放度和透明度，着力构建与负面清单管理方式相适应的事中事后监管制度。清理和取消资质资格获取、招投标、权益保护等方面的差别化待遇，实现各类市场主体依法平等准入相关行业、领域和业务。在贸易便利化和综合监管方面，提出要加快建设国际贸易"单一窗口"，探索推动将国际贸易"单一窗口"拓展至技术贸易、服务外包、维修服务等服务贸易领域。深入实施货物状态分类监管，试点开展高技术含量、高附加值项目境内外检测维修和再制造业务。在金融创新发展和监管体制方面，提出推动建立与自由贸易试验区改革开放相适应的账户管理体系。构建金融业综合统计体系，加强金融信用信息基础设施建设。提出地方政府要在坚持金融管理主要是中央事权的前提下，按照中央统一规则，强化属地风险处置责任。通过强化制度创新的系统集成，有利于建立与国际航运枢纽、国际贸易中心和金融业对外开放试验示范窗口相适应的制度体系。

其次，加大改革开放的压力测试，成为参与全球投资贸易规则重构的试验平台。自由贸易试验区要成为参与全球投资贸易规则重构的试验平台，为国家更好地推动协议开放开展压力测试，推动提升我国参与全球经济治理的影响力和话语权。为了更好地跟踪测试国际投资贸易新规则，《深改方案》就知识产权保护、法治环境、人才管理、劳动者权益、环境保护等新议题提出了明确的制度创新方向。在知识产权保护方面，推进知识产权综合执法，建立跨部门、跨区域的知识产权案件移送、信息通报、配合调查等机制，建立包括行政执法、仲裁、调解等在内的多元化知识产权争端解决与维权援助机制，探索互联网、电子商务、大数据等领域的知识产权保护规则。在法治环境方面，进一步推动在民商事等重点领域和关键环节改革的配套立法，广东自由贸易试验区加快完善港澳陪审员制度，扩大合伙联营律师事务所业务范围，支持外国法律查明中心发展，建立公正高效便捷的经贸纠纷解决机制，加强商事法律综合服务。在人才管理方面，提出要开展外国高层次人才服务"一卡通"试点，创新人力资本入股办法，鼓励地方政府设立高层次人才创业引导基金，扩大财政科研资金对高层次人才创新创业的资助，支持在自由贸易试验区内工作的高层次人才享受快速通关便利。在劳动者权益方面，提出推进劳动保障监察综合行政执法，强化以随机抽查为基础的日常监管，健全分类监管机制。加强最低工资、工时、职业安全与卫生及工作条件方面的政策研究与执法。全面推行企业劳动保障监察守法诚信等级评价制度，对严重失信的用人单位实施联合惩戒。在环境保护方面，提出创新环境保护管理制度，实施企业环保承诺制，探索分类管理、同类简化、试行备案的建设项目环评管理模式，建立环境保护联防联控协作机制。探索开展出口产品低碳认证。推进海洋生态文明和海绵城市建设。

最后，加大联动国家战略的制度供给，形成推动经济转型发展新动能和国际竞争新优势。服务国家战略是自由贸易试验区建设的根本原则。党的十九大提出了推动形成全面开放新格局和加快区域经济协调发展，自由贸易试验区深化改革开放要加强与"一带一路"建设、长江经济带发展、京津冀协同发展、粤港澳大湾区合作等战略联动。上海自由贸易试验区《全改方案》提出创新合作发展模式，探索搭建"一带一路"开放合作新平台，建设服务"一带一路"的市场要素资源配置功能枢纽，发挥自由贸易试验区在服务"一带一路"倡议中的辐射带动作用。广东自由贸易试验区《深改方案》创新性提出携手港澳参与"一带一路"建设，实现自由贸易试验区、"一带一路"建设、粤港澳大湾区三位一体、互动联动，推动广东自由贸易试验区在实施国家战略上发挥更大作用。天津自由贸易试验区《深化方案》提出积极参与和服务"一带一路"建设，建设京津冀协同发展示范区，积极服务京津冀协同发展，推动京津冀地区金融资源、创新政策、要素市场之间的开放与共享。福建自由贸易试验区《深化方案》提出进一步聚焦对台合作，为在新的历史节点上进一步挖掘两岸合作提供了更大的作为空间。同时，加快推进与"一带一路"的联动发展，进一步聚焦海上丝绸之路，为在新形势下推动与海上丝绸之路沿线国家大交流大合作提供新经验新模式。围绕与国家战略的联动开展制度创新的差异化试点任务，有利于各个自由贸易试验区更好地服务国家战略，加快形成全面开放新格局，形成转型发展新动能和国际竞争新优势。

五、建设自由贸易港区推动自由贸易试验区高质量发展

党的十九大报告提出，"赋予自由贸易试验区更大改革自主权，探索建设自由贸易港。"这是中国特色社会主义进入新时代征程中加快构建全面开放新格局的重要举措。探索建设中国特色的自由贸易港，打造开放层次更高、营商环境更优、辐射作用更强的开放新高地，对于促进开放型经济创新发展具有重要意义。为什么要探索建设自由贸易港？时任国务院副总理汪洋于2017年11月10日在《人民日报》上发表的署名文章中指出，自由港是设在一国（地区）境内关外、货物资金人员进出自由、绝大多数商品免征关税的特定区域，是目前全球开放水平最高的特殊经济功能区。那么，自由贸易试验区与这里讲的自由贸易港二者之间有哪些区别，存在何种关联性？自由贸易试验区依托海关特殊监管区域设立，不仅要探索货物贸易

便利化，还承担了探索服务贸易开放、金融开放创新以及政府职能转变等多重试验任务。从自由贸易试验区五年来的实践成效来看，服务业开放和服务贸易自由化需要在特殊监管区域之外实现。而自由贸易港是特殊经济功能区，其显著特征是"境内关外"的核心制度设计，既包括在自由贸易试验区的海关特殊监管区域基础上建设的自由贸易港区，如上海自由贸易试验区《深改方案》中设计的自由贸易港区，也包括全域（全岛）自由贸易港，如香港自由港和海南中国特色自由贸易港。因此，建设自由贸易港，是旨在通过强化贸易便利化核心功能，同时构建更加便利和自由的金融、投资和人员流动的政策环境，形成开放水平更高的新载体与平台参与全球经济竞争。

在改革开放进程中，我国先后设立过经济特区、经济技术开发区、高新技术开发区、海关特殊监管区域等经济功能区，成为我国吸引外资和发展外向型经济的载体与平台。其中，海关特殊监管区域是指经国务院批准，设立在我国境内，赋予承接国际产业转移、连接国内国际两个市场的特殊功能和政策，由海关为主实施封闭监管的特定经济功能区域。海关特殊监管区域现有6种模式：保税区、出口加工区、保税物流园区、跨境工业园区、保税港区、综合保税区。因此，在现有部分自由贸易试验区开放条件优越的海关特殊监管区域建设自由贸易港区，不是对自由贸易试验区的简单升级，而是要对照国际典型自由港的通行做法，通过深化开放创新，实现对我国原有海关特殊监管区域"境内关外"监管模式的全新超越，形成具有强大贸易功能的新载体，为推动我国对外贸易转型和提升国际贸易竞争力提供支撑。同时，抓住"境内关外"监管模式创新这一制度设计的核心环节，加快政府职能转变、扩大投资领域开放、推进贸易发展方式转变、深化金融领域开放创新、完善法治领域制度保障等改革举措配套组合、互相联动，推动自由贸易试验区高质量发展，加快成为开放和创新融为一体的综合改革试验区。

自由贸易港区作为开放水平最高的特殊经济功能区，其高水平开放主要体现在以下几个方面：

首先，从建设目标来看，借鉴中国香港港、新加坡港和迪拜港等国际典型自由港的通行做法，在贸易便利化方面真正形成"一线放开、二线管住、区内自由"的监管模式。实现"一线放开",即自由贸易港区与境外之间的一线货物进出境自由。进一步放宽贸易管制,除法律、法规、国际公约规定禁止入境的少数货物和物品外,绝大多数货品可自由进出自由贸易港、自由装卸,采用舱单自动传输的方式进行数据采集,免予报关报检手续。区内不征收进口环节关税、增值税,进出商品不纳入我国贸易统计。实施"二线管住",海关对自由贸易港区与国内之间进出的货物,包括货物、物品、运输工具和个人,原则上视同其他对外开放口岸进出货物,纳入全国海关通关一体化,实行常规监管。"二线"进出货物,监管要求更加严格,并且需要纳入贸易统计。实现"区内自由",即自由贸易港区内"自由中转、自由存放、自由加工、自由转让"。区内自由针对的重点不只是商品,更重要的是针对市场主体的港内自由。允许自由开展中转、集拼业务,无须办理海关手续;允许自由存储,海关不实施电子账册管理;允许制造加工、研发设计、检测维修、保税展示等业务,海关不实施账册管理,不实施设立、核销、核查等监管措施。同时,区内实施最低程度干预和管理,仅对涉及安全准入、违反国家进出境规定、知识产权等方面实施检查。

其次,从功能定位来看,要对标国际典型的自由港,提升国际贸易能级及航运资源配置能力,建设国际航运中心和全球物流枢纽,助推国际贸易转型升级和建设国际贸易强国。在高效贸易便利化前提下,探索实施符合国际通行做法的金融、外汇、投资和税收制度,鼓励港区内企业开展研发设计、加工制造、检测维修、展示交易、总部经济、采购分拨及融资租赁、航运服务等业务,促进自由贸易港区形成集保税、贸易、加工、转口贸易、金融服务等多功能于一体的产业群。同时,发挥自由贸易港区的辐射带动功能,在自由贸易试验区的非特殊监管区域培育产业配套能力,带动有条件的企业进入加工贸易产业链和供应链,促进港区内外生产加工、物流和服务业的深度融合,形成高端入区、周边配套、辐射带动、集聚发展的格局,带动区域加工贸易转型升级。推动自由贸易试验区的功能向综合化发展,实现港口功能向转口贸易、离岸贸易以及各类服务功能发展,助推自由贸易港区成为国际航运中心和全球物流枢纽。

最后,从管理体制和监管制度来看,自由贸易港区实行集约化管理体制和高效的风险监管体系。实施"二线"管住必然要求创新自由贸易港区的管理体制，构建协同高效的单一管理机构。从国际典型自由港的管理体制来看，不管是政府主导还是企业主导，都体现为在法律授权下的管理机构权力高度集中的特点。例如，新加坡自由港采取公司运营模式，于1968年依据《裕廊集团法案》设立裕廊海港管理公司，定位为具有行政性质的法定机构，负责运营裕廊海港自贸区。适应自由贸易港区集约化管理体制的要求，我国自由贸易试验区可以探索全新的政府职能转变方式，由国家或地方政府授权设立单一管理机构，在海关、国检、税务、外汇、港口、工商、国土、安全、环保等管理部门的监督指导下实施统一管理。实施"二线管住"也必然要求创新自由贸易港区的监管模式，构建高效的监管和风险防控体系。加强区内智能化监测、自动识别、大数据分析、视频监控、物联网等设备设施的建设，利用互联网和大数据推动监管创新，建设自由贸易港区一体化监管信息平台，建立监管高效、透明、简化、协调的监管体系。利用互联网技术推动电子口岸和国际贸易"单一窗口"建设，发挥大数据在监管中的作用，实现信息、货物、资金等全流程、宽范围、智能化、一体化的联合追溯，推动全产业链监管，提高监管效率，降低成本。

六、海南自由贸易港建设突出"自由化"探索

根据中共中央国务院《关于支持海南全面深化改革开放的指导意见》（中央12号文件），海南全岛建设自由贸易试验区和中国特色自由贸易港的战略定位包括四个方面，即着力打造"全面深化改革开放试验区、国家生态文明试验区、国际旅游消费中心、国家重大战略服务保障区"。就探索建设中国特色自由贸易港的要求来看，指出"海南自由贸易港建设要体现中国特色，符合海南发展定位，学习借鉴国际自由贸易港建设经验，不以转口贸易和加工制造为重点，而以发展旅游业、现代服务业和高新技术产业为主导，更加强调通过人的全面发展，充分激发发展活力和创造力，打造更高层次、更高水平的开放型经济。"就具体的开放政策与措施，提出"在内外贸、投融资、财政税务、金融创新、出入境等方面探索更加灵活的政策体系、监管模式和管理体制，打造开放层次更高、营商环境更优、辐射作用更强的开放新高地。"

从上述中央 12 号文件的精神来看，国家在海南全岛建设自由贸易试验区实施的开放力度与开放政策是空前的。海南探索建设中国特色自由贸易港，不是对自由贸易试验区的简单升级，也不是重复经济特区过往的加工出口和转口贸易发展模式，而是要对照国际典型自由港的通行做法，发挥海南离岛的特色优势，通过深化开放创新，突出对"自由化"的探索，实现对现有自由贸易试验区在贸易自由化、投资自由化和金融自由化等各个探索试验领域的全新超越，全面实现货物贸易自由化和服务贸易自由化，建立离岸金融和人民币交易中心，推动海南成为新时代全面深化改革开放的新标杆，形成更高层次改革开放新格局，为我国开启发展更高层次的开放型经济新征程探索新途径、积累新经验。

一是全面实现货物贸易自由化。我国自 1990 年开始批准设立海关特殊监管区域。这类区域具有保税功能，允许外国商品豁免关税自由进出。海南现有的海口综合保税区、洋浦保税港区也属于这类海关特殊监管区。党的十八届三中全会提出建设自由贸易试验区。2013 年，以海关特殊监管区域为依托设立上海自由贸易试验区，并依托海关特殊监管区域及其周边区域，推进自由贸易试验区建设。全国前三批"1＋3＋7"的自由贸易试验区格局中，均依托海关特殊监管区域和周边的部分区域建设。其中，自由贸易试验区的一系列促进贸易便利化的措施，包括先入区后报关、批次进出集中申报等监管便利措施，大部分是在海关特殊监管区域内实施。海关特殊监管区域一直以来都被认为是"境内关外""一线放开、二线管住"，但对标国际通行做法，实际上仍然是"境内关内"，"一线"没有真正放开。围绕海南自由贸易港的建设目标，在贸易便利化方面就是要真正形成"一线放开、岛内自由、二线管住"的监管体系。从中国香港、新加坡等其他世界知名消费中心的经验看，全面实现货物贸易自由化是发挥岛屿对外开放优势，大幅度扩大进出口货物规模，最终建设高品质消费中心的必要条件。因此，海南要发挥相对独立的地理单元优势，大胆试验，争取实现全岛范围内货物贸易零关税，建设成为我国高品质消费中心和贸易中心。

二是全面实现服务贸易自由化。扩大服务业对外开放和探索服务业开放的体制机制是自由贸易试验区建设的重要任务之一。我国率先在自由贸易试验区实施外商投资负面清单制度，减少和取消对外商投资准入限制，重点扩大服务业和制造业对外开放。2018年版的自由贸易试验区外商投资准入特别管理措施已减至45条，但在部分服务业的敏感领域还存在资质要求、股比限制、经营范围等准入限制，自由贸易试验区也缺乏特殊的税收政策。从国际自由港发展经验看，主要着力点在于利用自由的营商环境，吸引跨国公司总部集聚，成为总部经济中心。因此，海南建设中国特色自由贸易港，要以服务业市场准入和税收优惠为两个核心抓手，充分发挥自由贸易港的开放高地和税收洼地效应，打造更加开放的投资环境，建设亚洲总部经济中心。积极探索在海南全岛实现服务贸易自由化，包括在医疗、影视、高等教育机构、互联网文化经营、图书出版、法律咨询、社会调查、证券、保险、期货等服务业领域逐步推进全面开放；在金融、保险、电信、教育等领域大幅度扩大外资企业允许从事的业务范围；全面放宽外资在建筑工程设计、人才中介、投资性公司等专业服务业的资质要求和准入门槛，实现内外资国民待遇。同时，实施有利于发展跨国公司总部经济的特殊税收制度，包括大幅降低总部企业所得税、实施离岸公司税收制度、试点新型个人所得税抵扣等政策，有效吸引全球各类服务业企业和功能性总部进驻海口市、三亚市等服务业集聚区，打造亚洲地区订单中心、供应链管理中心和资金结算中心。

三是建设高水平的离岸金融中心和人民币交易中心。中国香港港、迪拜港等国际自由港以其自由开放的资本流动环境，成为世界著名的金融中心。近五年来，我国自由贸易试验区在跨境金融创新、外汇管理改革、扩大金融市场对外开放以及建立新型金融风险防范体系等各个领域进行了探索创新，但货币自由兑换和资本项目开放是一个系统问题，不可能在有限空间中完成，在自由贸易试验区仅仅可以探索一些开放经验。而建设海南自由贸易港，建成金融中心是一个十分重要的发展目标和功能定位。海南作为我国经济特区，且具有地理区隔优势，完全有条件建设高水平离岸金融中心和人民币交易中心，成为人民币国际化和推进"一带一路"建设的重要金融平台。要积极开展离岸金融业务，大力发展境外居民存款、境外居民贷款、境外居民衍生品交易等离岸金融业务；探索建立面向非居民的人民币离岸金融市场，重点提供证券投资、贸易结算、保险等服务。应重点借鉴上海等自由贸易试验区金融开放创新举措，以自由贸易账户为主要抓手推进人民币资本账户可兑换；扩大人民币境外使用范围，推进贸易、实业投资与金融投资并重，推动资本和人民币"走出去"，建设人民币交易中心。同时，要坚守安全底线，把主动防范化解系统性金融风险放在更加重要的位置，完善金融安全防线和风险应急处置机制，为国家金融自由化探索经验。

专题编

ZHUANTIBIAN

第二章 探索建设中国特色自由贸易港功能定位

彭 曦[*]

习近平总书记在党的十九大报告中指出,"赋予自由贸易试验区更大改革自主权,探索建设自由贸易港",可以预见自由贸易港将是未来几年改革的重点。2018年4月13日在庆祝海南建省办经济特区30周年大会上,习近平总书记提出,"党中央决定支持海南全岛建设自由贸易试验区,支持海南逐步探索、稳步推进中国特色自由贸易港建设,分步骤、分阶段建立自由贸易港政策和制度体系"。另外,除了上海已经明确将建设自由贸易港以外,广州、深圳、天津、西安和成都等地也相继提出,要在自由贸易试验区的基础之上建设自由贸易港。但自由贸易港该怎样建,各地尚在探索阶段。

一、自由贸易港设立的历史背景及现实意义

"不谋万世者,不足谋一时;不谋全局者,不足谋一域",一个大国的兴起,应是秉承自由开放的态度,与世界多元文化融合发展的过程。今天我们已经通过改革开放成长为经济贸易投资大国,比历史上任何时期都更接近中华民族伟大复兴的历史起点,所以更需要建设开放型世界经济,"推动经济全球化朝着更加开放、包容、普惠、平衡、共赢的方向发展",而探

---

[*] 彭曦,男,经济学博士,中山大学自贸区综合研究院应用经济学博士后,主要从事自由贸易试验区产业布局与规划、自由贸易试验区公共政策研究。

索建设自由贸易港则是构建开放型经济新体制,全面深化改革开放的新举措。

(一)从历史规律来看,"开放则兴,闭国则衰"

早在公元前 5 世纪,古希腊史学家修昔底德就认为人类社会"如果既无商业,又无陆地或海上的交通自由,除了满足自己的生活之需外不再耕作更多的土地,那么他们绝无可能超越游牧生活的水平",因此"既不会建立巨大的城市,也不会成就任何其他伟业"。大多数现存的人类共同体,若是他们的祖先一直限于满足自己已知的当前需要,他们就根本不可能遗存下来,文明也不可能得以延续。中国一直秉承开放的理念,也正是因为与其他民族不断地融合交往,诞生了辉煌的中华文明。公元前 139 年,以张骞出使西域为标志,逐步建立了中国通往西域的丝绸之路。数千年来,汉夷文化交往频繁,中原文明通过"丝绸之路"迅速向四周传播。但从元代开始,丝绸之路大多是以宗教、文化交流为使命,而不再是以商人为主导,从侧面反映了丝绸之路的衰落。明朝政府组织了大规模航海活动,海上丝绸之路航线则进入极盛时期,向西航行的郑和七下西洋曾到达亚洲、非洲 39 个国家和地区,这对后来达·伽马开辟欧洲到印度的地方航线,以及对麦哲伦的环球航行都具有先导作用。与此同时,向东航行的有"广州—拉丁美洲航线"(1575 年),由广州起航,经澳门出海,至菲律宾马尼拉港,穿过海峡进入太平洋,然后东行至墨西哥西海岸。但由于清王朝实行闭关锁国的政策,丝绸之路贸易全面走向衰落,而英国、西班牙和葡萄牙等国家,正是通过自由贸易成为世界强国,曾经极为先进的中国文明则落在欧洲文明之后。李约瑟将主要原因归结为政府严苛的管制,包括对于贸易的限制,没有为新的发展留下空间。近代中国,孙中山 1918 年在《建国方略》中提出,"建北方大港、东方大港、南方大港,并改良广州为世界港"。虽然在吞吐量上我国几大港口也排名世界前列,但建世界港的目标依然未实现。整整一百年过去了,习近平总书记在党的十九大报告中,提出探索建设自由贸易港,呼应了孙中山建世界港的伟大构想。

（二）既然有了自由贸易试验区，为什么还要建自由贸易港

自改革开放以来，我国进行了多种形式的特殊经济区改革探索。

（1）改革开放之初，计划经济向市场经济转型时期，这一过程中经济特区起到了重要作用，包括"三来一补""三资企业"等，在住房、工资、产权等领域，经济特区实践出来了一系列改革经验。

（2）为了扩大对外开放格局，同时为了促进对外贸易，创设了保税区、出口加工区等，国家开放经济战略使得沿海地区经济得到了极大发展。

（3）自加入WTO以来，除了区域战略推进内陆地区开放以外，采取了包括设立保税港区、综合保税区等措施。

（4）在自由贸易试验区进行改革试验，目前共设立了"1+3+7"东中西部共11个自由贸易试验区，海南岛也将全域建设自由贸易试验区，自由贸易试验区在制度创新、简政放权、政府职能转变等方面都取得了一定成效。

从发展趋势来看，未来特殊经济区的发展将会更少依赖外部政策注入，更多是靠内部制度创新来推动发展，而不同功能的综合配套改革试验区将是未来特殊经济区发展的主要形式。但随着各种类型特殊经济区的增多，政策红利逐步减弱，制度创新的边际效用递减，特殊经济区存在"特区不特"的情况。而自由贸易港则是"以开放促改革"，进一步推动制度创新红利释放。

就目前的改革情况来看：

（1）从顶层推动的改革较少，仅仅依靠地方政府推动改革存在很大的困难。需进一步梳理"央地"关系，解决共性与个性的问题，理顺改革的步骤和措施。

（2）虽然中央赋予了自由贸易试验区先行先试的权利，但又必须坚持在法律框架下有序推进改革，各项改革都要有法可依，存在一定矛盾；并且从法律法规上"立改废释"程序复杂，影响了改革的进度。

（3）制度创新系统集成不够。从广度来讲，自由贸易试验区内梳理了许多可复制推广的经验，但是往往是以数量取胜，没有注重复制推广的质量。从深度上来讲，如在国际贸易"单一窗口"、社会信用体系平台和监管

平台等建设方面,各个地方标准各异,存在重复建设;并且制度创新需要系统集成,各个地方创新模式多样,反而弱化标准的统一性。

(4)海关特殊监管区管得"太严、太死"。包括集装箱的"集拼业务""异地拼箱"等需完善海关手续,限制了转口贸易的发展。从整体来看,海关特殊监管区总数从2012年进出口区域97个,到2016年增加到了125个,但贸易总额却由2012年的6067.5亿美元,下降到2016年的5909.3亿美元,企业不愿意进驻海关特殊监管区。正是改革进入深水区后,人们大都愿意"吃肉",不太愿意"啃骨头",包括自由贸易试验区的改革也往往是一些"小打小闹""边角料"方面的举措,并没有触及深层次改革。而自由贸易港将是我国进一步深化改革和构建全面开放新格局的主要抓手,将是自上而下的重大战略性举措,也将充分体现"窗口""示范"功能,符合当前的发展需要。

(三)探索建设自由贸易港是构建开放型经济新体制的重要战略工具

早在1985年6月,国务院在关于厦门经济特区实施方案的批复中,就明确厦门经济特区可以逐步实行自由港的某些政策,但最终搁置。中国特色自由贸易港是什么?有了自由贸易试验区,为什么还要建设自由贸易港?一些学者认为,自由贸易港是港口或港口的部分,既包含自由港豁免关税、自由进出规则,又涵盖自由贸易试验区加工增值作业区的概念。汪洋在《人民日报》上发表了署名文章《推动形成全面开放新格局》,其中关于自由贸易港的定义为:"自由港是设在一国(地区)境内关外、货物资金人员进出自由、绝大多数商品免征关税的特定区域,是目前全球开放水平最高的特殊经济功能区。"相对于自由贸易试验区而言,中国特色自由贸易港建设需要有更大的改革精神和勇气。我们认为,中国特色自由贸易港,应有发达的海港、空港和信息港,最为便利的贸易制度,高效规范的运行机制,各项要素完全自由流动;并且综合经济基础实力雄厚,能够集聚高能级的经济主体和资源,辐射带动周边地区发展,能在全球贸易往来体系中发挥集散和枢纽中心作用。特别是在传统经济下滑、逆全球化的大背景下,中国更需建设自由贸易港这个平台,围绕投资、金融、法治、税收和新兴要素便利流动等开展的一系列制度创新,争夺全球高端资源,并在一些新兴行业形成集聚效应,培育经济增长新动能。

此外,与世界上那些缺乏本土资源和生产能力的离岸管辖区不同,它们没有境内外两种资源、两个市场要素流动和资源配置的客观要求,只需要利用外部要素和资源。建设中国特色自由贸易港不单单是推动货物贸易,其具有更为重要的意义:

(1)践行习近平总书记对外开放新思想的要求。需要在更高层次上实现国内外两种资源、两个市场要素流动和资源优化配置的目的。中国是开放经济、贸易自由化的受益者,尤其是在加入世界贸易组织后,利用要素成本的优势,发展成为世界第一贸易大国。但在新的国际环境下,尤其是贸易保护主义势力的抬头,对国际贸易的发展产生了很大的不确定性,中国更应该通过建设自由贸易港,更主动地对外开放,实现国内与国外的深度融合。

(2)推动自上而下的系统集成改革。主要解决我国改革开放的深化与扩大问题,为更广泛的地区提供可复制、可推广的改革经验。以往我国的改革模式大都是自下而上、"摸着石头过河"的渐进式改革,但到现阶段也很难能够有大的改革创新,地方的改革权限越来越少,深层次矛盾的改革措施少有触及,而自由贸易港将是国家层面推动、从顶层到地方进行全方位的制度创新,特别是需突破一些法律条文的限制,真正实现"一线放开、二线管住、区内自由",真正做到"境内关外"。

(3)要为开放型世界经济探索创新发展的经验。为各个经济体提供汇聚各方利益共同点的试验场所,更进一步深化全球利益融合的发展潜力。作为最高开放度的特殊经济区域,还能扩大我国资源配置空间,吸引全球高端资源集聚,让自由贸易港成为培育经济增长的新动能的核心区域,为新产业、新技术、新业态和新型商业模式的创新发展找到试验场,推动经济结构的转型升级。

总的来讲,自由贸易港作为与世界经济联系最直接、最密切,最没有障碍,也是最高水平的特殊经济功能区,通过自由贸易港建设,能够推动实施新一轮高水平对外开放,特别是推动我国在金融、服务业等领域进一步提升综合能力,对接国际贸易投资新规则,促进内外融合,达到资源优化配置的目的。也能够最清晰地审视和观察世界经济、全球事务与中国的关系,是建设开放型世界经济的必要举措,也是经济全球化新理念的具体实践。

二、自由贸易港国际经验借鉴

全球有80多个自由贸易港、1200多个自由贸易园区,彼此的制度安排、优惠措施、服务特点有较大区别,各个国家和地区建设自由贸易港大都是基于自身国情。国外自由贸易港依据功能定位划分大致可分为3种模式:

(1) 为了发展工业,以美国纽约港、德国科隆港和荷兰鹿特丹港为代表的港口工业模式,后逐渐发展为综合港口。

(2) "港区"模式,以迪拜杰布阿里港为代表,在港口和机场附近设置数个功能不同的园区。

(3) 以中国香港、新加坡和釜山为代表的"港城"模式。从自由贸易港发展历程来看,港口功能多为联营合作子母港,以物联网港口、联营合作子母港开展港口相关业务。从功能来看,从单一的货物贸易向综合化转变,集贸易、加工、转口贸易、金融服务等功能于一体。产业发展由贸易加工主导向服务贸易自由化转变,通过吸引国际资本、技术等自由流动,发展现代物流、金融保险、信息咨询等现代服务业。

(一) 迪拜自由区发展模式及经验借鉴

迪拜(Dubai)是阿拉伯联合酋长国第二大酋长国,通过"石油美元"和自由贸易政策,逐渐成为中东地区贸易中心。20世纪80年代到21世纪初,迪拜主要依靠基础设施建设和旅游业,广泛开展地产、金融、会展等高端服务业,变身成为国际大都市。但2008年国际金融危机爆发,很多大公司从迪拜撤离,从而引发了"迪拜危机"。其后,迪拜开始一系列改革措施,发展替代性产业,实现经济多元化发展,定位为国际贸易中心、物流中心、旅游中心和金融中心,以吸引国际一流人才为主要政策措施,成功转型为一个综合、多样化的经济体,逐步从危机中走了出来。杰布·阿里自由区（Jebel Ali Free Zone）是这一成功转型的关键因素，政府专门为自由区制定了相应的法律法规体系，实行公司所得税、个人所得税等税收优惠制度，无外汇管制，并且拥有便利化、高效的管理团队。自由区实行一体化管理，由管理局完全负责自由区的运营相关工作，包括公共服务提供、治安、营业执照的颁发等各方面，带来了极大的贸易便利性和税收优惠。

在港口和机场发展方面，迪拜拥有拉希德港（Port Rashid）和杰布·阿里港（Port Jebel Ali），港口管理机构主要是迪拜港务局。管理局实现"一站式"服务，可以直接向投资者颁发营业执照，提供行政管理、工程、能源供应和投资咨询等多种高效服务。管理局与迪拜国际港务公司合并成为迪拜世界港口公司（DP WORD Ltd），该港口公司目前在全球6个大陆运营着60多个港口，在13个地区的15个集装箱码头拥有股份，并且在2011年收购了世界第四大港口和船舶公司半岛东方航运公司（P&O），使其成为世界第二大国际港务集团，仅次于新加坡国际港务集团。在机场发展方面，迪拜奉行"天空开放"政策，包括航权开放和起降时刻自由开放，并且对于任何一家航空公司，只要符合安全和认证要求的都可以开通迪拜航线。2014年迪拜的旅客吞吐量已经达到了6947万人次，中转游客的比例达到了80%以上，并且总部在迪拜的阿联酋航空公司（Emirates Airline）已经成为世界最大的航空公司之一。为了满足机场的发展需要，迪拜正在修建第二个机场——阿勒马克图姆国际机场（Al Maktoum International Airport），预计年旅客吞吐量能够达到1.6亿人次。正是由于大量的基础设施投入，迪拜成为跨国公司和外国投资者开拓中东市场的平台。

贸易是迪拜自由区得以发展起来的关键因素。仅2013年迪拜非石油对外贸易总额就达到2300亿美元，黄金、通信产品、裸钻、汽车和珠宝等排名较为靠前。同时，迪拜的转口贸易也较为繁荣，主要原因是迪拜政府对于转口贸易免除关税，并且对各类货物的进出口没有相应的配额限制，只要在迪拜加工达到30%的比例就可以拿到原产地证书。完善的基础设施和贸易便利化政策，使得迪拜转口到亚洲、欧洲和非洲地区的货物数量逐年增加，与中国香港、新加坡并列为三大转口贸易中心。贸易的发展也带动了迪拜旅游业和会展产业的发展，并推动为贸易往来提供金融支持的相关金融产品的丰富，包括贸易金融、融资、外汇交易和金融服务等一系列业务的发展，同时也为制造业和加工制造业的发展提供了良好的基础。迪拜同时也建立了其他各有侧重的自由区。以互联网城和媒体城为例，迪拜为其提供了世界一流的基础设施，包括海底光缆和互联网接入服务器等，吸引了世界各地的互联网巨头和新闻媒体集团到迪拜设立公司。

迪拜金融和资本市场的发展经验也值得关注。迪拜政府通过设立国际金融中心，并设立相应的高级董事会负责金融中心的工作和监控金融中心旗下监管机构运行情况。其设立了三大监管机构：

（1）管理局（DIFC Authority）。负责制定金融中心政策、战略开发、经营管理、营销和日常的行政管理等活动。

（2）迪拜金融服务管理局（Dubai Financial Services）。负责颁发经营许可证，并管理各类金融服务公司的活动，还根据国际标准建立一套完善的监管制度。

（3）司法管理局（DIFC Judicial Authority）。实施普通法系司法制度，负责民事和商业纠纷的司法执法活动。法律规则独立且适用性强，权责明确的管理体系和自由的金融政策，在石油美元的支撑下，使迪拜的国际金融中心能够发展起来。

（二）新加坡自由贸易港建设模式及经验借鉴

新加坡是一个因港而兴的国家，由于其地理位置优越，逐步发展成为全球航运中心。

（1）为不断提高港口的营运效率，提升其港口的科技水平，自由贸易港采用了综合码头营运系统和全国性海港网络电子商务系统，使码头的通关时间大幅降低，建立了"港口网络""贸易网络"等公共电子服务平台，使各项业务能够实现24小时运行。物流公司也基本实现了自动化运营，引入了自动立体仓库、无线扫描设备、自动提存系统等现代信息技术设备。

（2）加强建设集海、陆、空、仓储为一体的全方位综合物流枢纽中心，包括允许船舶公司拥有自己的码头，向国际上的海运集团放宽投资限制，船舶采用自动识别系统，提高港口效率等方面的措施。

在物流发展方面，新加坡所采取的措施主要包括：

（1）新加坡是自由港，能够为物流客户提供方便和优惠，如对中转货物提供减免仓储费、装卸搬运费和货物管理费等。

（2）明确物流分工，集约经营。在港区内建立相应的配送中心，提供拆拼箱、仓储、运输、包装及测试等相应服务，通过先进的 KDNet 系统可使货主实时了解货物在集装箱堆场内的存放情况，并设立相应的转运中心。

（3）港口与临港加工业协同发展。在港口附近设立相应的中转基地，鼓励物流企业设立相应的物流中心、配送中心等。同时，在港口附近设立相应的加工工业区，提升港口的经营效率。

（4）与物流相关的多种增值服务。港务集团提供 IT、物流、供应链解决方案和海运等多种增值服务，如为客户提供集装箱管理服务，利用自身的 IT 技术开发了虚拟仓库系统，帮助客户提高仓储的响应速度和减少费用，提升客户供应链效率。

新加坡由贸易中心向科技创新中心转变过程中，所采取的一些政策也值得关注。①新加坡制定五年科技发展规划。2016 年新加坡制定的规划主题是"研究、创新、创业 2020：用科技赢未来"，计划投入 190 亿新元，用于支持相关规划的实施。②突出四大战略性科技领域。主要在于先进制造技术，包括航空航天、机械系统、岸外航运、精密模块与组建、生物医药制造等领域。③保健与生物医药科学。包括将研究发现转换为健康医疗方案，创新医药、医疗设备以及价值创造的路径等；城市可持续发展方面，在清洁能源、水资源、宜居生活、城市移动等各方面有所推进。④服务经济与数字经济领域。包括智慧城市的建设，研发新一代信息通信技术和提高服务业的效率等。政策方面主要以学术研究、科研人才引进和创新创业三大项目进行推动。通过学术研究中的基础研究，确保能够站在科学最前沿，并鼓励和扶持公共研究机构从业人员的科技研发活动。利用自由港的各项人才政策，吸引世界级的科学家和工程师进入研究型大学、研究机构和产业中开展研究，吸引能将研究成果进行商业化转换的创业型研究人员。培养具有活力的创新创业体系，加强市场与研究院之间的联系，采取定向扶持等措施，支持创新创业。

（三）香港自由港建设模式及发展经验借鉴

香港是全域自由港，集金融、贸易、加工、旅游和信息等产业为一体的综合性自由港。从组织架构讲，与其他地区不同，香港并不需要设立专门的宏观管理机构，政府的角色是负责制定长远的战略规划，提供所需的基础建设配套服务。香港港口素以效率高见称，设施全部由私营公司投资、拥有和经营，各经营商积极引进新的货物管理技术，增强处理效率。从香港经验看：①自由港建设以贸易为根本，香港的商品贸易总值在全球排名第7位，贸易总值是其GDP的3倍，包括全面零关税及贸易不设限制、便利及低成本的通关制度。②投资便利化相关举措。外资普遍享有100%拥有权及国民待遇（银行业及广播业除外），设立公司的手续快捷，最快可于1小时完成注册，且没有最低实缴股本的规定。③由贸易开放而衍生出来其他行业的开放及优质的配套服务，包括完全开放的金融市场，可自由兑换外汇及自由调拨资金进出。

香港是全球金融中心，2016年香港外商直接投资达1743亿美元，高于内地。香港也承担了外资进入内地的中转站角色，经由香港进入内地投资的比重，在2016年达到了破纪录的69%的比例，内地资金"走出去"也大都经过香港，是全球首要的离岸人民币市场。香港在全球贸易及航运中心方面，相关的集装箱运输量在面对长三角城市的竞争中，处理量由全球第一下降到了全球第五，但香港在物流服务、总部服务、中介服务、贸易金融、保险及法律仲裁等方面具有很大优势，其离岸出口额远远超越了货物出口。从未来发展看，海运服务的吞吐量与海运服务的竞争力是两码事。从2016年波罗的海国际航运中心发展指数看，综合港口状况和海运服务方面，排名前三位的分别是新加坡港、伦敦港和香港港。另外，香港的机场国际货运量连续多年居全球首位，货运量远超广东省。总的来讲，香港贸易依托其优质的中介服务和运输服务能力，使其离岸贸易和转口贸易都有无可比拟的竞争优势，自由港建设不只需要发展运输服务，也需要发展与贸易有关的多种服务，包括中介服务、金融保险、法律及商业服务。

三、中国特色自由贸易港的功能定位

自由贸易试验区是"试验田"，在特定地区探索的经验可复制推广到全国各地，其主要任务是制度创新。而中国特色自由贸易港还没有具体的标准和目标,也没有明确的参照物,需结合不同区位的特点,形成不同功能的自由贸易港。国家对自由贸易港的定位或是全面开放新高地。自由贸易港作为全球开放水平最高的区域,需要在市场准入、金融制度、税收等方面做出一系列特殊的政策安排。但总体来讲,中国特色自由贸易港的功能定位应包括以下四个方面。

(一) 中国特色自由贸易港是服务"一带一路"建设的重要工具

自由贸易港和"一带一路"倡议都是习近平总书记提出的。自由贸易港与"一带一路"建设两者不能割裂开来。自由贸易港作为目前全球开放水平最高的特殊经济功能区,将是构建开放型经济新体制、服务"一带一路"建设最为重要的政策工具。自由贸易港能很好地打通中国与"一带一路"沿线国家的联络通道,使中国"一带一路"建设有基本抓手。自由贸易港可推动沿线各国和地区实现经济政策协调,能够更加深入地融入世界经济发展中,开展更大范围、更高水平、更深层次的区域合作。

具体来讲,自由贸易港至少在三个方面推进"一带一路"建设:

(1) 承担"一带一路"国家自由贸易港连接"点"的功能。各个经济带,从波罗的海到太平洋,从贯穿欧亚大陆的中亚到"印度洋和波斯湾的交通运输经济大走廊""中印孟缅经济走廊",都是通过不同功能的自由贸易港串联起来,中国特色自由贸易港都应当承担"点"的重任,促进这些国家共享中国经济高速发展的红利。

(2) 中国与"一带一路"沿线国家和地区签署的自由贸易协定需要具体落实,并且通过自由贸易港建设,探索"一带一路"沿线国家和地区国际贸易新的准则和合作机制,中国可以提出全球经济治理的新方略,成为国际规则的参与者、贡献者与引领者。

(3) 中国可向"一带一路"沿线国家和地区推广中国发展经验,特别是中国经济园区的发展经验,对推动"一带一路"沿线国家和地区发展较为有利,自由贸易港也能够更好地搭建"引进来""走出去"平台,更好地为国内企业参与"一带一路"建设服务。

(二) 各类特殊经济区发展的"催化剂",产生联动效应

在以往的国家特殊经济区发展过程中,各类特殊经济区往往是孤立存在的,很难与其他地区形成互动效应。不仅仅是国家间存在贸易壁垒,在中国的腹地各省份之间也存在行政壁垒,难以形成共同市场,自由贸易试验区在推动对内开放方面成效较少。而自由贸易港不单单是对外开放,还具有促进内外融合发展的新功能,与其他区域发展战略衔接,推动包括内陆开放、长江经济带、京津冀协同发展和粤港澳大湾区发展,成为实施这类区域战略的重要抓手。另外,自由贸易港的建设,还需与国家其他战略平台形成互动,怎样处理与自由贸易试验区、国家科技创新中心、国家区域发展战略之间的关系等相关问题,需要进行新的理论构建。现代自由贸易港更应该关注内外联动,融合发展,完善要素自由流动、离岸经济、服务贸易、科技创新中心等功能,构建资源流动与集聚的功能,与其他特殊经济区产生互动,实现政策和区域融合,形成整体发展的格局。

如自由贸易试验区与其他特殊经济区互动中,提出了"双自联动"的发展理念,但在实际运作中,存在较多困难,主要原因是自由贸易试验区对于国际高端资源要素的吸引力度不够,没有能够将高端要素引入进来。而自由贸易港的政策体系中,就包括要素自由流动,如可通过自由港吸引高端人才的相关政策,与建设科技创新中心产生互动,吸引全球高科技人才来中国的特殊经济区内就业。同时,目前改革已经触及深层次的法律法规问题,单单依靠自由贸易试验区的制度创新来突破,并不能解决深层次的矛盾,很多制度创新已经涉及违反了相应的法律法规,需要国家从顶层设计来推动,特别是涉及各部门、各地方利益协调问题。最后,通过新的高端要素禀赋注入自由贸易港,并与国内资源产生融合,对内开放与对外开放相互促进,推动新兴产业、服务业和传统产业的转型升级,从而实现培育经济增长新动能的目的。

(三) 自由贸易港吸引国际高端资源,特别是科技创新资源突破口

自由贸易港最重要的功能之一就是培育经济增长新动能,也是满足当

前经济发展形势的迫切需要。一方面，传统经济举步维艰，工业产值、固定资产投资和制造业投资较 2012 年高点还在下降，调结构、去产能迫切需要国外先进技术参与其中，如日本北九州市就经历过先污染后治理的过程，其治理环境污染的经验和技术值得学习，而这些资源的引入需要在自由贸易港内提供符合国际标准的税收制度和知识产权保护体系。另一方面，疏解过剩产能迫切需要打通内陆地区通往外部世界的通道，而当前自由贸易试验区在推动企业"走出去"越显乏力，自由贸易港则能够成为"由内向外"发展的跳板。最后，以互联网经济为代表的各类新兴经济野蛮生长，既要对这类经济予以充足的发展空间，同时也要使其在可控范围内有效发展，可在自由贸易港的范围内探索试验这类新经济的规范和运行模式，避免出现类似 P2P、共享单车等失控的经济模式。

当前应以自由贸易港建设为突破口，使其成为我国吸引全球高端要素集聚的重要窗口。可在自由贸易港内进行各项要素流通改革试验，包括全球高端科技资源、人才、资本和其他要素的自由流动，在一些新兴行业形成集聚效应，带动相关产业发展。同时，资源吸引进来需要有相关的平台及载体，可以通过在自由贸易港所在城市腹地，以"港城"和"港产"为载体，引入人才、资本和科技入驻。另外，科技发展最为关键的因素是人才，只有通过自由贸易港实行最为自由的人才政策，给予国际人才极大的便利性，较为宽松的工作环境，才能够吸引全球顶级人才集聚。通过高端人才集聚，也能推动我国发展相对落后的服务业加快发展步伐，更好地服务实体经济，在当前传统经济下滑的大背景下，培育以新技术、新产业、新业态、新模式为代表的"四新"经济，实现经济增长的新旧动能转化，我国极有可能真正实现经济结构转型，迈向创新型国家行列。

（四）对接各项自由贸易协定，进一步推动高端服务业对外开放

自由贸易港战略是要形成陆海内外联动、东西双向互济的开放格局，解决我国自身对外开放不平衡、不充分的空间布局问题。以往我国出台的各项政策往往是站在自身内部改革的角度进行考虑，对国际相关贸易协定和规则考虑得相对较少。在制定一些产业补贴政策的时候，地方政府出台

的一些政策就违反了WTO规则。我国也与一些国家和地区签署了多项自由贸易协定，需要有实体的港口和政策进行对接，自由贸易港就应当充当这样的功能。通过自由贸易港建设，可实行更高水平的贸易和投资自由化、便利化政策，包括对接TISA（全球服务贸易协定）、世贸组织《贸易便利化协定》、BIT投资保护协定、TPP（跨太平洋伙伴关系协定）、RCEP（区域全面经济伙伴协定）等，全面实行前国民待遇加负面清单管理制度，大幅度放宽市场准入，扩大服务业对外开放。自由贸易港对内需实现营商环境进一步优化，包括加快统一内外资法律法规、完善外商投资管理体制等，打造公平透明、法治化、可预期的营商环境。

我国以往的经济发展模式较为粗放，所关注的往往是低端产能，只需要通过加大生产资本与人力的投入就能够获得相应产出，在调结构、去产能的过程中，要向产业链高端延伸，实现经济结构转型升级，强大的服务业支撑必不可少。

（1）目前，我国在银行类金融机构、证券公司、证券投资基金管理公司、保险公司等机构，放宽了准入门槛和经营限制，外资的高端人员与资金往来，需要有自由贸易港的相关政策予以对接。

（2）在建筑设计、审计、医疗和教育等领域，外资限制较高，特别是在教育和医疗等领域，存在行业监管、服务标准等各个方面的差异，外资机构进入除了国家法律的限制之外，还会面临各行业协会的相关阻碍，对外开放难度较大。而在自由贸易港范围内，可实行国外的行业标准和规章制度，如前海的总建筑师负责制，采取了香港工程建设模式，香港的专业服务领域就能够进入内地，也能将内地专业服务标准更好地对接国际标准，推动服务贸易的发展。

（3）研发设计、科学研究等相关服务领域是我国目前发展最为薄弱的环节，需要吸引国外机构，就需要在某些区域实现要素自由流动，而自由贸易试验区对这些领域的开放与发展程度不够，自由贸易港可在这些领域实现更大突破。

四、中国特色自由贸易港的体系构建

中国特色自由贸易港作为一种特殊经济功能区，要发展腹地经济，辐射内陆地区，需要突破物理围网的限制，通过"港区""港产"和腹地经济的发展，为各类资源集聚与交易提供最为便利化的举措和相关服务，推动形成内外联动、融合发展的新局面，最终带动离岸经济、服务贸易、科技创新等发展。

（一）以物理围网和保税功能为"港"，进一步解决贸易便利化问题

当前，我国贸易便利化问题还存在较多障碍，可在已有的海关特殊监管区的基础上，采取更便利的措施及手段，实现真正意义上的"境内关外"和"一线放开"的国际贸易准则。

（1）可在已有的保税港区基础上提升便利性，实现包括货物的自由流动、税收减免和人员自由来往等充分自由，运用信息化监管手段、诚信数字档案管理、自律管理等多种手段，采取"红线监管、数字监管"模式，提升通关效率，实现管理方式由货物管理向企业管理转变。

（2）可在当前海关特殊监管区域内，实施自由贸易港相关政策。按照国际标准，采取"一线放开"的货物进出境模式，大多数货物可自由进出，免予报关报检手续，免予检验及前置性准入要求，不缴纳关税和进口环节海关代征税，不纳入贸易统计。

（3）实施"二线管住"的货物监管制度，自由贸易港与"境内区外"之间实施围网监管与卡口进出管理，进出的货物、物品、运输工具和个人，应当接受自由贸易港监管部门的监管。将自由贸易港按照不同领域、不同模式、不同产业、不同要素进行分类监管，依托自由贸易港彻底打通国内和国外两个不同的要素市场，提升自由贸易港配置境内外资源的能力。

（4）自由贸易港也可以是空港或无水港，在监管方面可实行区域一体化运作机制，管理模式可以是政府成立单独的部门监管，也可以是专业公司运作。

（二）由"港"到"城"和"产"，突破物理围网的限制

自由贸易港建设应当避免"画地为牢"的问题，需要突破物理围网限制，实现"港产"与"港城"的融合发展，解决当前港口发展模式单一的局面。

（1）在货物进出自由和零关税的前提下，促进离岸生产和第三方物流，包括离岸物流的发展。通过货物流动，带动所在的"港城""港产"区内开展货物自由储存、展览、拆散、改装、重新包装、整理、加工和制造等活动。

（2）在产业相关的制度设计方面，结合本地优势产业和要素禀赋情况，差别化布局不同的领域，避免同质化竞争。如上海可以发展金融业、高端服务业，而深圳可以发展人工智能、无人机和生物医药等产业，并且可以在一些有条件的地方建设全球资本市场，主要吸引资本，而其他一些自由贸易港可以是吸引高端人才，避免追求大而全，造成一哄而上的局面。

（3）实施更有效的措施，促进区内、区外要素有序自由流动、资源高效配置和市场深度融合。进一步拓展不同领域、模式、产业、要素功能，在"城"和"产"可控范围内试验各项政策措施和产业政策，使其成为落实改革自主权的若干个"试验田"，采取差别化的产业开放政策，试验相应的开放政策和措施。特别是金融业，更需要通过自由贸易港逐步开放，才能构建风险防控体系，并进行相应的压力测试。

（三）发展与实体经济配套的金融、保险、商业服务和专业服务

建设中国特色自由贸易港，需解决服务贸易对外开放问题：

（1）可在自由贸易港内开放某些服务业，如在海南全岛建设自由贸易试验区和探索建设自由贸易港的指导意见中就明确提出了，"要重点发展旅游、互联网、医疗健康、金融、会展等现代服务业，加快服务贸易创新发展，形成以服务型经济为主的产业结构"。自由贸易港可在医疗、会计等特殊领域实行国外的行业标准，梳理与国内法律体系、规则制度和行业准则等存在冲突的规定，为进一步扩大开放服务业提供制度设计。

（2）与国际接轨，完善负面清单制度，解决外商投资"大门开、小门

关"的问题。进一步研究市场准入前国民待遇、注册资本认缴制、"证照分离"等在自由贸易试验区内取得一定成效的改革措施,进一步完善规章制度。设立外商投资平台,通过平台建设,提供一体化服务,吸引外商全产业链入驻,推动相关产业发展。

(3) 自由贸易港需要在金融改革创新方面有一些新的突破。包括在资本自由流动、利率市场化、金融与外汇管制上进一步放松,发展离岸金融体系。完善金融监管与风险防控体系,为进一步扩大开放金融开放进行压力测试。通过自由贸易港促进人民币国际化,如可在自由贸易港内允许外资进入中国商品期货市场,实行人民币定价交割。自由贸易港还能通过其他形式的金融创新,推动人民币成为国际货币。

(四) 形成"自上而下"的制度创新体系,完善税收和法律制度

与自由贸易试验区不同,自由贸易港已经由地方行为转变为中央形式,是由国家层面推动和建设,体制机制相对独立,并且受专门法律体系规范、有专门行政管理体系的特殊地理区域。

(1) 从顶层设计推动中央与地方治理体制方面进行一些改革创新。包括各部委与地方政府行政权力边界之间的关系,完善综合监管政府治理模式,理清地方政府各部门的职权范围,建立政府权力清单和责任清单,落实"法无授权不可为、法定责任必须为",真正做到"不该管的不管,该管的就要管好"的政府监管与治理模式。

(2) 完善事中事后监管体系,建立综合执法队伍和体系,建立网上信息平台和社会信用体系,做到权责明确、透明高效的事中事后监管。

(3) 法律和税收制度全面接轨国际规则。梳理我国当前税费过于凌乱,企业税收负担较重的问题,真正做到以法治立规矩、建秩序,使一切经济活动都纳入法治轨道,各项改革措施都在法律授权与允许下进行。建立多元争端解决机制,在自由贸易港内,某些争端可以采用国际通行的法律制度解决(因为国际争端采用国际仲裁的形式相对较多),以此建立和完善国际仲裁体系。

（五）实现最高水平的对外开放战略，服务"一带一路"建设

自由贸易港作为全球开放水平最高的特殊经济功能区，推动对外开放的重要性不言而喻。

（1）以高水平开放促进深层次结构调整。推动包括金融、教育、文化、医疗等服务业领域有序开放，带动我国相关服务业水平提升。吸引全球高端资源集聚，走创新驱动发展道路，带动战略性新兴产业集聚发展。

（2）以人才为主的要素自由流动与开放。最关键的因素是人才，只有通过自由贸易港实行最为自由的人才政策，给予国际人才极大的便利性、较为宽松的工作环境，才能够吸引全球顶级人才集聚，从而推动相关产业发展。如海南在建设自由贸易港方案中，"支持海南开展国际人才管理改革试点，允许外籍和我国港澳台地区技术技能人员按规定在海南就业、永久居留，允许在中国高等院校获得硕士及以上学位的优秀外国留学生在海南就业创业"。

（3）"一带一路"建设需要相应的口岸与载体。对于推动我国与东南亚、中亚区域合作也具有较重大的意义。自由贸易港能为人员和货物往来带来更大的便利性，还可针对性地加强"一带一路"沿线国家和地区创业平台的建设，对沿线国家和地区人员、资金进出实行专项政策，如设立"一带一路"金融服务中心等。

五、可率先在自由贸易试验区内落实自由贸易港政策

从目前来看，自由贸易港的政策不可能像自由贸易试验区一样大范围地推广，但是，可在已有的自由贸易试验区内，逐步落实自由贸易港的相关政策。充分践行习近平总书记所提出的"大胆闯、大胆试、自主改"要求，突破自由贸易试验区制度创新瓶颈。主要可在以下三方面实现突破：

首先，在自由贸易试验区内进一步实现贸易便利化，包括货物的自由进出与零关税。可实行对进出自由贸易试验区的全部或者大部分货物免征关税，在指定区域内可开展货物自由储存、展览、拆散、改装、重新包装、整理、加工和制造等业务活动，进一步梳理和突破海关特殊监管区制度障

碍。高标准完善港口基础设施和服务体系，依托人工智能、智慧口岸系统，形成"小中心+大网络"，创新国际港口合作方式，打造一体化的港航体系，形成优势互补，深度融合。

其次，可在自由贸易试验区内试验各类离岸业务。目前，在自由贸易试验区的前海和横琴片区，其实已经针对香港和澳门试验了相关的税收及离岸政策，包括"港人港税、澳人澳税"，港澳资金进入内地等相关金融政策。随着全球化的日益发展，离岸业务也突飞猛进，每年大约有14万家离岸公司在各个离岸管辖区成立，全世界一半以上的资产属于离岸管辖区，离岸金融、离岸贸易是未来发展的重点。自由贸易试验区最有条件试验"离岸"经济，其发展经验也可在其他地区进一步复制推广。

最后，自由贸易试验区需突破地理空间的限制，与区外联动吸引全球高端资源集聚，带动新兴产业发展。自由贸易试验区内可试验自由贸易港要素自由流动相关政策，发挥自由贸易试验区制度创新优势，尤其是吸引全球科技资源和人才，这对于一些地方建设国家科学中心，自由贸易试验区与国家高科技产业园区形成"双自联动"，推动新兴产业发展方面较为有利。自由贸易试验区还需进一步突破地理空间的限制，如海南全岛建设自由贸易试验区，就是为了避免地理空间的限制。在自由贸易试验区外，可试验一些新模式、新业态、新产业，特别是对于发展实体经济，产业转型升级方面需要大胆探索。

总的来讲，习近平总书记在党的十九大报告中提出探索建设自由贸易港。需要深入学习习近平总书记对外开放思想"新"在哪里。自由贸易港"新"在需要构建全球利益融合发展，实现更高层次上资源、要素流动的配置优化。我国已具备庞大的工业生产能力和港口运输能力。站在新的高位，需要更进一步深化全球利益融合的发展，通过探索自由贸易港的相关政策，实现境内外两种资源、两个市场要素流动和资源优化配置，践行习近平总书记所指出的"努力塑造各国发展创新、增长联动、利益融合的世界经济，坚定维护和发展开放型世界经济"。

参考文献：

[1] 习近平. 抓住世界经济转型机遇 谋求亚太更大发展——在亚太经合组

织工商领导人峰会上的主旨演讲［R/OL］. 人民日报, 2017-11-10.

［2］［古希腊］修昔底德. 伯罗奔尼撒战争史. 上册［M］. 谢德风, 译. 北京: 商务印书馆, 2009.

［3］孙占鳌. 丝绸之路的历史演变［J］. 陇原春秋, 2014（4）.

［4］［英］李约瑟. 中国科学技术史［M］. 北京: 科学出版社, 1975.

［5］孙中山. 孙中山全集: 第10卷［M］. 北京: 中华书局, 1986.

［6］陈永山. 关于厦门经济特区逐步实行自由港某些政策的构想: 上［J］. 中国经济问题, 1987（5）: 8-16.

第三章 中国自由贸易试验区在"走出去"战略中的价值与作用

史欣向[*]

在党的十九大报告中,"走出去"和自由贸易试验区战略均是"推动形成全面开放新格局"的重要部署。党的十九大报告提出"要以'一带一路'建设为重点,坚持引进来和'走出去'并重,遵循共商共建共享原则,加强创新能力开放合作,形成陆海内外联动、东西双向互济的开放格局","赋予自由贸易试验区更大改革自主权,探索建设自由贸易港。创新对外投资方式,促进国际产能合作,形成面向全球的贸易、投融资、生产、服务网络,加快培育国际经济合作和竞争新优势"。中央对"走出去"和自由贸易试验区战略的定位,彰显了其在我国发展开放型经济、全面提高对外开放水平的重要地位。

从理论上讲,"走出去"战略是指一个国家在政治、军事、经济、文化、教育、新闻等各领域跨国界的活动。而狭义上,"走出去"战略主要指的是在经济层面的"对外投资合作",通过对外投资、对外承包工程、对外劳务合作等形式参与国际竞争和合作,实现我国经济可持续发展的现代化强国战略。结合中央对"走出去"战略的定位,同时兼顾研究的专业性,本文主要是从"走出去"战略的狭义层面来展开论述和分析。

---

[*] 史欣向,男,管理学博士,中山大学自贸区综合研究院副研究员、院长助理,主要研究方向为自由贸易试验区制度创新。

一、自由贸易试验区与"走出去"战略的相互支撑作用

(一) 现实意义

2018年李克强总理的政府工作报告指出,构建全方位对外开放新格局,要继续发挥"走出去"战略的重要作用。根据商务部发布的最新报告,2016年中国对"一带一路"沿线国家和地区的直接投资达145亿美元,占当年对外投资总额的8.5%。中国与沿线国家和地区新签对外承包工程合同额为1260亿美元,同比增长36%。

据李克强总理的讲话精神,构建全方位对外开放新格局有两个重要抓手:一是推进丝绸之路经济带和21世纪海上丝绸之路合作建设("一带一路"建设);二是积极推动自由贸易试验区建设,在全国推广成熟经验,形成各具特色的改革开放高地。自由贸易试验区战略与"走出去"战略存在着内在的相关性。在已经出台的自由贸易试验区总体方案中均明确提出要服务"一带一路"倡议,实施"走出去"建设。"走出去"战略,既是自由贸易试验区的改革目标,也是自由贸易试验区的发展路径。

加大"走出去"的力度和广度,积极参与全球化建设,有利于解决中国经济新常态下的发展瓶颈问题,有利于中国优质产能与海外合作,有利于带动中国国内经济发展并给世界经济发展带来福利。自由贸易试验区"走出去"有助于主动对接国际高标准经贸规则,推动投资贸易便利化和自由化;有助于实现产能合作,推动区域产业升级;有利于跨境交流与合作,提高区域创新能力;有利于发展离岸经济,实现区域经济多元化和可持续发展。

(二) 实践价值

在经济新常态下,构建对外开放新格局必将重塑国内与国际的经贸合作关系,将会带来更多机遇;"一带一路"建设能够发挥自由贸易试验区的制度创新优势,彰显其在国家经济发展和对外开放中的地位和功能,助推

经济转型和国际竞争力提升。

实践价值之一，自由贸易试验区对于"一带一路"沿线国家和地区的合作具有示范与借鉴作用。以中国企业"走出去"和相应的自由贸易区网络构建为特征的"一带一路"建设，将重塑中国与国际的经贸关系。过去30年，内地以引进为主，基于成本优势和比较优势参与全球分工；"一带一路"建设中，则以资本、技术、服务等要素的双向流动为特征，基于规则优势和市场体制机制优势与沿线经济体共同构筑全球区域价值链。因此，服务业分工合作与服务贸易自由化将代替制造业分工合作与货物贸易成为中国与国际经贸关系的核心内容。根据《推动共建丝绸之路经济带和21世纪海上丝绸之路的愿景与行动》，"一带一路"旨在促进经济要素有序自由流动、资源高效配置和市场深度融合，推动开展更大范围、更高水平、更深层次的区域合作。因此，以自由贸易试验区为平台的"走出去"，对打造"一带一路"开放、包容、均衡、普惠的区域经济合作架构具有重要的示范与借鉴意义。

实践价值之二，"一带一路"倡议对于自由贸易试验区制度创新和经济功能具有提升作用。"一带一路"倡议是中国提出的全球化方案，注重内联外拓的机制建设，旨在实现中国与沿线经济体共商、共建和共享。因此，自由贸易试验区（或中国特色自由贸易港）的经济功能和产业特征与"一带一路"建设所致力构筑的国际区域经济合作网络、共同打造通道经济和平台经济的目标具有天然的一致性。"一带一路"建设中自由贸易试验区完全可以发挥自身优势，扮演重要的全新角色。自由贸易试验区致力于打造国际航运中心、国际贸易中心、国际金融中心，能够为"一带一路"沿线企业提供全球供应链管理等高端物流服务；为"一带一路"建设提供金融、财会、担保、法律等专业服务以及多元化、高水平的商业模式支持，帮助广大内地中小企业"走出去"；自由贸易试验区作为金融创新高地，致力于打造离岸人民币业务中心，将扮演"一带一路"的主要集资融资平台，助推人民币国际化。而自由贸易试验区配合"一带一路"倡议，将加速推进多种要素跨境便利化流动，大大加快中国企业利用自由贸易试验区平台"走出去"。

二、自由贸易试验区"走出去"的现状分析

(一) 总体情况

根据商务部最新的《中国对外投资报告》,2015—2017年我国对"一带一路"沿线国家和地区的投资保持了一个相对稳定的水平,基本维持在150亿美元左右,占对外投资总额的10%左右。从全国的数据来看,"走出去"战略在稳步实施中,见表3-1。

表3-1 我国对"一带一路"沿线国家和地区投资情况

投 资 情 况	单 位	2017年	2016年	2015年
对"一带一路"沿线国家和地区的投资	亿美元	144	145	148
对"一带一路"直接投资同比	%	-0.69	-2.03	18.20
我国非金融类对外直接投资金额	亿美元	1200.8	1701.1	1180.2
对外投资额同比变化	%	-29.40	44.10	14.70
"一带一路"投资额占总投资额的比重	%	11.99	8.52	12.54

资料来源:商务部《中国对外投资合作发展报告》(2017年)。

另外,从"引进来"的角度来看,2015—2017年全国吸引"一带一路"沿线国家和地区外商直接投资设立的企业数量有比较明显的增加。2015年为2164家,而2017年则增加至3857家。当然,实际使用外资金额有下降的趋势,见表3-2。这可能与引进的企业规模有关,2015年之后由于自由贸易试验区设立及外商投资"负面清单"实施,可能更多的中小型外资企业进入了中国市场,从而外资企业数量增加而实际利用外资金额并未明显增加。但从长远来看,随着中国市场对外资的进一步开放,尤其是自由贸易港的设立,实际利用外资金额("一带一路"沿线国家和地区)必然会增加。

整体上,中国对外开放的"大门"是越开越大,"一带一路"倡议及"走出去"战略在稳步实施。那么,作为构建全面对外开放新格局重要抓手的"自由贸易试验区",发挥了什么样的作用?又充当了什么样的角色?

表 3-2 我国吸收"一带一路"沿线国家和地区外商直接投资情况

吸收外商直接投资情况	单位	2017年	2016年	2015年
"一带一路"沿线国家和地区外商直接投资设立企业	个	3857	2905	2164
项目数同比变化	%	32.80	34.10	18.30
实际使用"一带一路"沿线国家和地区外资金额	亿美元	55.6	69.85	85
实际使用外资同比变化	%	-20.40	-17.82	25.30

资料来源：商务部《中国对外投资合作发展报告》(2017年)。

(二) 第一、二批自由贸易试验区的情况

自由贸易试验区作为我国全面对外开放版图中的一个重要支点，不断通过对标国际高标准投资贸易规则，推动投资贸易便利化和自由化，大力推动"放管服"改革，大幅度优化营商环境，逐渐成为中国企业"走出去"的重要平台。

2013年9月29日，中国（上海）自由贸易试验区挂牌成立。随后，2015年4月，中国（广东、天津、福建）自由贸易试验区相继挂牌成立。在第一、二批自由贸易试验区的总体方案里，服务"一带一路"倡议和"走出去"战略都是重点任务之一。以广东自由贸易试验区总体方案为例，方案中明确提出要把自由贸易试验区建设成为内地企业和个人"走出去"的重要窗口。截至目前，第一、二批自由贸易试验区经过了4年多的探索和实践，逐渐成为"走出去"的重要窗口和平台。

自由贸易试验区自身及其所在腹地的对外开放水平明显提升，为国内企业和个人"走出去"奠定了坚实的基础。据统计，截至2017年第一、二批自由贸易试验区共计吸引外资企业入驻超过20000家，吸收外商投资合同金额超过18000亿美元，见图3-1、图3-2。

"走出去"和"引进来"在很大程度上是相辅相成的。自由贸易试验区之所以能在短时间内集聚如此之多的外资企业，吸引如此庞大的外商投资，关键在于更加便利和自由的营商环境，在于更加开放和宽松的制度和政策。自由贸易试验区政策创新的"红利"对于"走出去"同样也具有促进作用。

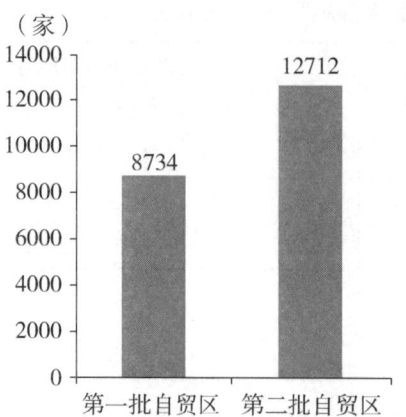

资料来源：手动统计整理。

图 3-1 前两批新设外资企业数量（累计）

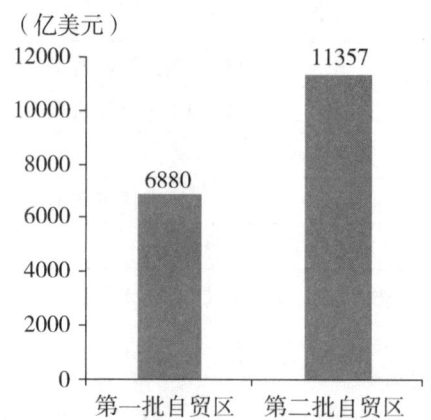

资料来源：手动统计整理。

图 3-2 前两批吸收外资投资合同金额（累计）

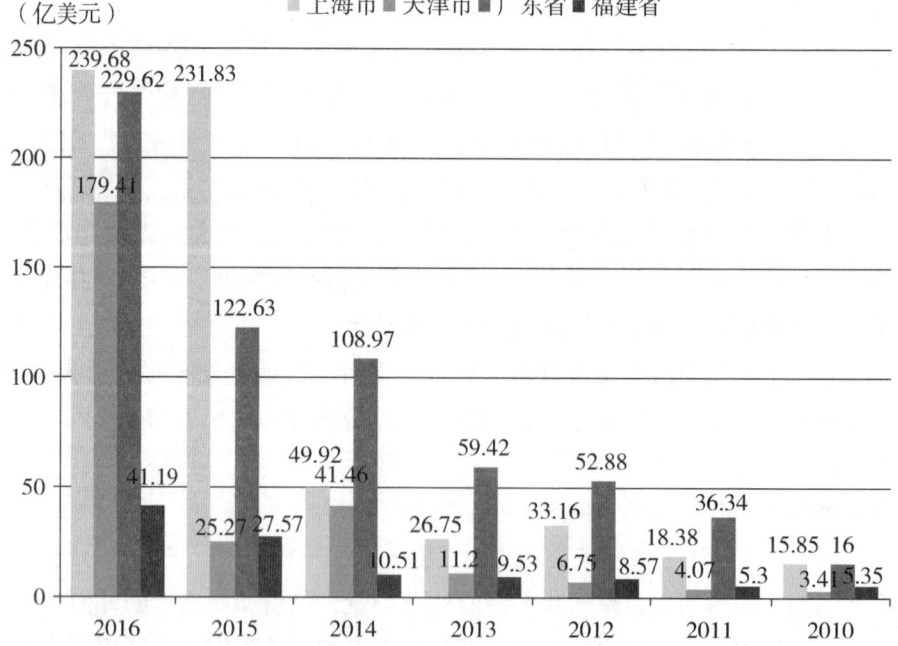

资料来源：各自贸区官方网站，手动收集统计整理。

图 3-3 前两批四省市对外投资额（非金融类）

根据统计分析，前两批自由贸易试验区所在省市从 2014 年开始对外投资额显著增加，见图 3-3。以上海市为例，2013 年其对外投资额仅为 26.75 亿美元，而 2016 年就达到了 240 亿美元，翻了近 10 倍。其他 3 个地区的情况也类似，均大幅度增加。除去其他对外投资政策利好的释放，完全有理由相信自由贸易试验区在推动"走出去"过程中起到了非常重要的作用。尤其是以"自由贸易试验区账户"为代表的金融创新，大大放松了资本流动管制，为企业"走出去"提供了巨大的便利。

2017 年，上海自由贸易试验区内企业境外直接投资中方协议投资额累计达 694 亿美元，占全市的 11.6%，"走出去"和引进来项目累计超过 3000 个。党的十八大之后，广州市来自"一带一路"沿线国家和地区的外资企业新增 5790 家，注册资本 697.3 亿元人民币。2016 年，天津自由贸易试验区新设境外企业 90 家，中方投资额 119.4 亿美元，占全市的 45.8%。天津市在"一带一路"沿线国家和地区开展境外投资业务 35 项，设立企业 465 家，中方投资额 47.4 亿美元。2016 年，福建自由贸易试验区厦门片区新设外资企业 862 家，吸引外商投资合同额 65.6 亿美元。厦门市全年对外协议投资项目 359 项，协议投资额 55.35 亿美元。

（三）第三批自由贸易试验区的情况

2016 年 4 月，第三批自由贸易试验区挂牌成立。至此，中国自由贸易试验区形成"1+3+7"的格局。第三批自由贸易试验区的主要特点是内陆型自由贸易试验区，与前两批沿海型自由贸易试验区形成明显差异。无论是从地理分布还是中央战略布局来看，第三批自由贸易试验区服务"一带一路"建设，辐射带动腹地企业"走出去"的任务更加突出。

根据统计数据，第三批自由贸易试验区尽管大多处于内陆省份，但是不断优化营商环境、不断对外开放的力度未减。截至目前，第三批自由贸易试验区吸引外商投资企业入驻取得了一些明显的成绩。以四川自由贸易试验区为例，设立自由贸易试验区之后，当地政府积极开展金融创新、投资便利化改革和营商环境提升，吸引了一大批外资企业进入自由贸易试验区，国内外 500 强的企业也纷纷在自由贸易试验区设立区域总部或分公司。

截至 2018 年 2 月，河南自由贸易试验区共吸引外商投资企业 165 家，利用外资合同金额 8.5 亿美元。陕西自由贸易试验区吸引外商投资企业 150 家，利用外资合同金额 8.7 亿美元。2017 年，陕西省面向"一带一路"沿线国家和地区的投资项目 76 个，合同金额 14.37 亿美元。2017 年，四川自由贸易试验区成都片区吸引外商投资企业 211 家，成都全市在"一带一路"沿线国家和地区的在建和筹建项目 166 个，涉及合同金额超过 100 亿美元。截至 2018 年 2 月，重庆、浙江、湖北、辽宁自由贸易试验区吸引外商投资企业的数量分别为 240 家、74 家、57 家和 274 家，见图 3-4。2017 年，辽宁省全年核准对外直接投资企业 225 家。

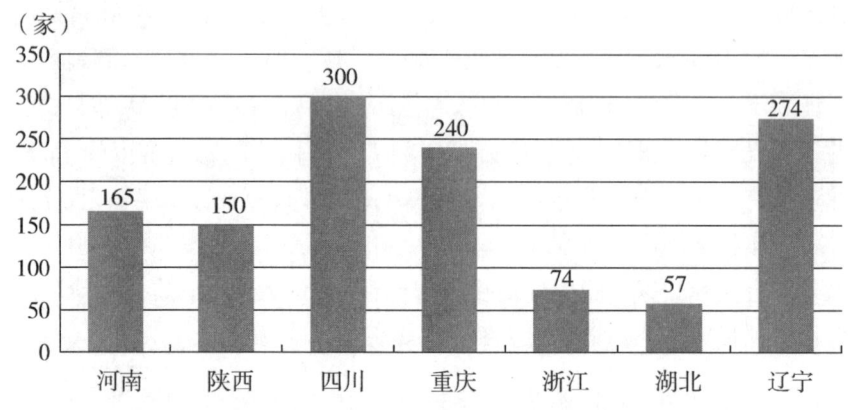

图 3-4 第三批自由贸易试验区新设外商投资企业数量

总体而言，第三批自由贸易试验区起步稍晚，大多位于内陆省份，经济基础相对薄弱，"走出去"的企业数量和实力有限，但是，自由贸易试验区依托制度创新的优势，叠加国家推动对外投资的便利化政策，其推动腹地企业"走出去"的平台效应逐渐显现出来。

三、自由贸易试验区"走出去"面临的主要问题

（一）宏观整体层面的问题

1. 东道国的政治风险

（1）东道国的政治风险呈上升趋势。由于优质资源几乎全被发达国家

企业所占据，中国企业不得不到那些政治风险高、社会制度不完备、投资环境较差的国家去寻找投资机会，面临的战争战乱、政党更替、政策不可持续等风险因素不断增加。

（2）东道国实行严格的本国权益保护。近年来，一些国家，特别是一些发展中国家频繁针对外资及外企出台新政策，如企业注册、劳务许可、控股权、税收、企业采购、环境保护等，许多都是限制性的措施。例如，工程、服务合同中，本地制造或加工商品要占一定比重，本地员工要占所有员工比例的一定比重。

（3）发达国家投资安全审查不断升级。美国、欧盟、澳大利亚等国家和地区将国家安全、基础设施和高新技术纳入外国投资审查范畴，审查越来越严苛，受到审查的中国企业越来越多。程序不透明、标准不清晰、随意性很大，通常采取个案审查的方式，大大增加了中国企业的投资风险。

2. "走出去"的投资风险

（1）中国企业对外投资存在盲目性。对外投资企业普遍缺少共商、共建、共享的政策平台支持，缺乏对投资目标国市场全面、深入的了解，缺少相关的法律法规知识和法律保障。存在基于乡缘的"抱团出海"和搭大企业"顺风车"现象，中小企业对外投资的盲目跟风更为严重。

（2）缺乏切实可行的投资模式。长期的政府包办代替，北美、中东富裕国家消费者已经习惯了不为基础设施和公共服务付费；面临选举的承诺和压力，地方政府也普遍不愿意将相关服务委托给私人投资者。政府没有能力付费，消费者不愿意付费，中国企业在发达国家的基础设施和公共服务项目中就找不到可行的、盈利的投资模式。

（3）投资争端解决机制不健全。截至2016年年底，我国已经与104个国家签订了双边投资协定，其中70多个是比较过时的，已经不能适应当前投资争议解决的需要。例如，2000年以前生效的中国与外国"鼓励和相互保护投资协定"对于仲裁条款，都只提到设立专门的仲裁庭；2009年以后的协定才提到更为多元的解决方案，如利用有管辖权的法院、解决投资争端国际中心等渠道。

3. "走出去"的金融支撑力度不够

（1）跨境融资难问题仍然比较严重。基础设施、产能合作等方面贷款回收期长、不确定因素较多,国内银行不愿意冒风险;对外投资项目前景存在较大不确定性,也影响了银行贷款意愿;在不少新兴市场,国内银行未设点,国际化的外资银行也没有。2015年,一份针对300多家企业的调研报告指出,中国企业利用外资银行提供信贷支持的比例仅有25%,反映出企业对于境外金融资源的使用非常有限。

(2)保险服务难以满足被保险人的需要。对外投资承保风险的范围过于狭窄,对于风险高的区域和项目,国内保险公司通常不愿承保。保险费率明显偏高,以中信保为例,平均费率高达4%,不仅高于德国、美国、日本的保险费率,也高于多边投资担保机构的保险费率,令中国对外投资企业望而却步。针对中国企业在对外投资中面临的特殊风险,也一直没有推出有针对性的险种。

4. "走出去"的配套服务不足

(1)人员流动存在较大障碍。从投资目标国来看,大多数国家都不鼓励劳务引进,对工作证和签证管理非常严格,实行严格控制入境人数的保护性措施。从我国出国管理制度看,国企按因公出国审批受到严格限制,不能满足实际需求;大多数与我国互免签证的国家,其免签对象为因公护照持有人,对外投资的私企不能享受这种便利。

(2)境外领保工作资源不足。领事保护人员与出国者比例,中国是1:200000,美国是1:5000,日本是1:120000。中国领事保护人员数量与"走出去"人员数量之比,远远低于发达国家的水平,极不适应"走出去"形势与日益繁重的领事保护工作需要。

(二)自由贸易试验区层面的问题

1. 自由贸易试验区"走出去"政策创新供给不足

国家层面为了解决"走出去"面临的困难和问题,国家发改委、国资委、商务部、国家外汇管理局等各部委出台了备案制、负面清单、外汇管制放宽以及与多国家和地区签订自由贸易试验区合作协议等一系列政策措施。但具体到自由贸易试验区层面,配套政策和实际执行仍比较保守,缺乏系统性、全局性的"走出去"政策支撑体系,还未形成有效的"走出去"政策创新供给。另外,自由贸易试验区之间的制度创新无法共享,也影响了"走出去"政策支持体系的搭建。以上海自由贸易试验区的 FT 账户为例，该创新举措可以极大地便利企业资本流动，但仅适用于上海自由贸易试验区，其他自由贸易试验区无法共享这一制度创新优势。还有，自由贸易试验区之间由于地理位置接近而产生的竞争关系，也使得制度创新相互隔离，甚至引发恶性竞争，以制度创新为名行财政补贴、拉拢资源之实。

目前，自由贸易试验区仍主要是延续地方政府支持"走出去"的配套政策，而并未充分结合自由贸易试验区的优势去构建政策体系，仍未体现制度创新高地的特色。现在面临的比较突出的问题包括：①海外投资法规与政策滞后。现有的部门规章、政策往往针对国有企业，已不适应境外投资主体多元化的客观需要，难以为各类企业开展对外投资提供有效的法律保障和明确的投资导向。②审批手续烦琐。民营企业跨国投资审批要经过多部门、多层次，手续繁琐。审批时间也比较长，通常需要 4～6 个月甚至更长时间。在变幻莫测的国际市场，影响了企业跨国投资的时机。③鼓励措施不完善。已经出台的对境外投资企业在资金、外汇、出口退税等方面的鼓励措施，力度明显不够。自由贸易试验区仅是延续现有政策，而并未在资源开发型投资、技术研发型投资、市场开拓型投资等方面给予更多支持和鼓励政策创新。④境外投资信息服务不足。尽管自由贸易试验区已经建立了一些"走出去"的服务平台，但是中国境外投资服务网络还未建立起来，有关的研究、咨询机构较为分散，各种信息资源未能有效整合。

2. 自由贸易试验区腹地企业竞争力不足

自由贸易试验区要成为国内企业"走出去"的重要平台，其根本在"源头"——腹地企业的核心竞争力。随着中国经济和科技的发展，国内企业产业转型升级的步伐在不断加快，核心竞争力逐渐提升。但是，大多数企业离世界级跨国公司还有较大的差距，尤其是中兴事件爆发以后，再次暴露了这个事实。相对沿海型自由贸易试验区，内陆型自由贸易试验区面临的问题可能更加严重。然而，"一带一路"倡议成为国家战略之后，很多企业不是通过"修炼内功"，提供与国外需求相对接的优质产品和服务，而是出现"一窝蜂"情形和山寨丝路现象。为抢项目盲目竞争，赔本赚吆喝的现象屡见不鲜。中国企业"走出去"要发挥比较优势，但更要注重知识产权、品牌、国际营销网络等核心优势。

目前，国内企业"走出去"面临的主要瓶颈包括：①缺技术，尤其是拥有自主知识产权的高技术。很多企业仍然停留在重生产、轻研发，重引进、轻创新的阶段，仍然存在低价低质、产品快销的路子。②缺资金。特别是中小型企业，资金实力薄弱，承受风险能力低，跨国经营因资金有限而影响其海外投资规模、研发、营销和管理等一系列工作。③缺经验。缺乏国际营销的经验，对海外环境不了解，对当地市场不熟悉，缺乏考察，盲目建项目、盲目投资。④缺人才。许多企业缺乏"走出去"的专业人才和团队，相当部分管理人员不具备国际金融贸易知识，不懂当地法律，不了解国际市场，以致海外经营业务难以顺利开展，甚至会拖累国内母公司的正常运营。

3. 自由贸易试验区跨市场监管不足

从资本流动的角度来看，"走出去"事实上蕴藏着巨大的风险。管控不严就会造成资本外逃，扰乱国内资本市场；管控过严容易限制企业开拓海外市场的动力，错过利用国际市场和资本发展的机会，也会阻碍全面对外开放新格局的实现。这对自由贸易试验区提出了极高的挑战。对海外投资跨市场监管的缺失将导致政策套利。以自由贸易试验区本外币监管为例，如果监管缺乏联动性和协同性，那么跨境人民币业务以推广人民币在国际范围使用为目标，而外汇管理以防范异常跨境资金流动为目标，由于目标理念不同形成了政策松紧程度和具体业务管理上的差异，监管上也相对独立，个别市场主体利用上述差异进行境内外本外币间套利的行为必然会产生。

目前，自由贸易试验区跨市场监管不足主要表现为：①监管空白。自由贸易试验区金融创新业务产生了大量新兴业态和产品，资金游走于银行、证券、保险等行业之间，每个监管部门都认为自己的监管范围是合规的，但没有一个部门能穿透产品，把握资金去向，这加大了系统性风险发生的可能性。②信息分割。在自由贸易试验区现有监管体制下，各监管部门仅能掌握本行业信息，不能获得整体资产负债和资金流向变化信息，影响监管部门对跨市场跨行业的风险研判。③协调困难。自由贸易试验区监管仍是条块分割，协调难度很大。特别是金融控股公司混业经营给现有的监管协调带来挑战，现有监管协调机制只明确了金融控股公司的监管框架和思路,实践中各监管机构目标不同、信息不充分,导致监管协调机制可操作性不强。

四、自由贸易试验区"走出去"的经验借鉴

(一) 经验借鉴之一:上海自由贸易试验区

上海自由贸易试验区正成为中国跨境投资的最佳平台,其主要做法有五点:一是实行了国内资本"走出去"备案制。自由贸易试验区管委会对3亿美元以下的境外投资项目,一律实行备案,并且一口受理,材料齐全的,在3个工作日之内,就能拿到境外投资项目或境外投资开办企业的证书。二是商业银行可以办理人民币的划转或者过户手续,实现资金的出海。三是银监会支持区内银行开展跨境投融资业务,包括内保外贷、跨境并购和项目贷款、跨境资产管理和财富管理,为区内企业跨境投资提供了很多便利化手段。四是自由贸易试验区内直接投资项下的跨境人民币结算更为简便。五是进一步简化了外汇管理项下的登记及变更手续,区内企业如果得到境外投资备案证书,可以直接到商业银行柜台办理外汇登记手续;而自由贸易FT账户体系的安排,为自由贸易试验区内通过设立FT账户开展跨境投资、境内外资金进出、境内外融资、资金管理带来了更加便利化的环境。

同时,中国(上海)自由贸易试验区正式启动官方客户端、英文网站,自由贸易试验区境外投资服务平台于2014年9月正式上线。该平台由自由贸易试验区管委会委托外高桥集团股份下属上海外联发商务咨询有限公司负责建设并运营,涵盖了综合咨询、境外投资备案、投资项目推荐、投资地介绍、行业分析、境外投资专业服务等功能。中国(上海)自由贸易试验区境外投资服务平台已集聚30多家专业服务合作机构,其中包括为境外投资企业提供金融支持的银行、提供法律支持的律所、提供财税支持的会计师事务所、提供风险承保支持的保险机构等。此外,平台合作的投资促进机构达12家,包括大韩贸易投资振兴公社、日本贸易振兴机构等。

上海自由贸易试验区境外投资服务已进入3.0版,并开启"资金+渠

道+方案"模式。3.0版的核心内容在于推动境外投资逐步与国际接轨,实现更高水平的发展,以"全球孵化"理念为引领,使引进来的既有优势和"走出去"的阶段性成果形成有效的闭合循环,从而打通国际国内两个市场。不断完善"五位一体"对外投资服务促进体系,即风险管理、资产评估、项目融资、跨境结算、会计服务为一体的高效服务平台;完善以风险防范为底线的对外投资事中事后监管体系,规范企业在境外的投资行为,确保投资项目的真实性,针对境外投资制定诚信管理监管制度,对重点项目进行专项检查和随机抽查。联合外管、工商、税务等部门建立企业资金汇出的动态监测机制,推进诚信经营、纳税完税和预警机制的联动。

(二)经验借鉴之二:前海自贸片区

(1)全口径跨境融资业务降低企业融资成本。①全国率先启动外债宏观审慎管理试点后,深圳企业可充分利用"两个市场、两种资源"。2015年3月,深圳前海作为全国3个试点地区之一(深圳前海、北京中关村、江苏张家港),正式启动外债宏观审慎管理试点。2016年5月,该项试点升级为全口径跨境融资宏观审慎管理,并在全国范围内进行推广,允许金融机构和企业在额度内自主开展本外币跨境融资,便于企业与全球低成本资金"牵手"。截至2017年8月末,103家深圳企业共办理了128笔外债宏观审慎试点及全口径跨境融资业务,签约53.18亿美元。初步测算,企业平均融资成本降低了1%~2%。②跨国公司外汇资金池业务,促进深圳总部经济集聚发展。2013年6月,深圳正式启动跨国公司总部外汇资金集中运营管理试点。通过试点,跨国公司总部可调剂境内外成员企业外汇资金余缺,从而有效降低企业财务成本,提升企业运转效率。自由贸易试验区内企业集团申请办理,跨境收支门槛已由1亿美元降低至5000万美元。截至2017年8月末,深圳共有50家跨国公司集团参与试点,涉及境内外成员企业979家,跨境流出入总规模达215.78亿美元。③深圳先后启动外商投资股权投资(qualified foreign limited partnership,QFLP)试点、合格境内投资者境外投资(qualified domestic limited partnership,QDLP)试点,并在前海自由贸易试验区先行先试。截至2017年8月末,已设立QFLP管理企业118

家，发起外资 QFLP 基金 20 家，设立规模 36.07 亿美元；已设立 QDLP 试点企业 41 家，备案额度 9.61 亿美元。

（2）积极开展人民币信贷资产跨境转让业务。为推动跨境人民币业务创新发展，拓宽深圳市银行与港澳台及海外地区同业之间的贸易融资渠道，中国人民银行深圳市中心支行积极探索开展人民币信贷资产跨境转让业务，不良资产跨境转让试点取得新突破。截至 2017 年 8 月末，合计办理 30 笔人民币信贷资产跨境转让业务，交易金额累计达 8.13 亿元。与此同时，在 2016 年 12 月前海金融交易所成功办理国内首单不良资产跨境转让业务的基础上，2017 年 6 月，国家外汇管理局将不良资产跨境转让审批权限下放深圳分局，深圳成为全国首个也是唯一一个获得授权、自主审核管理银行不良资产跨境转让业务的城市。2014 年 9 月，经国家外汇管理局批准，深圳排放权交易所在全国率先引入境外投资者，允许其使用外汇或跨境人民币参与深圳碳排放权交易，推动深圳绿色金融发展。截至 2017 年 8 月末，境外投资者参与深圳碳排放权交易的累计交易量达 989 万吨，交易额 2.4 亿元人民币。

（3）建设人民币国际化先导区。人民币国际化是金融改革的前沿领域。深圳率先启动跨境人民币贷款业务试点，开创人民币资本项目回流先河。2012 年 12 月，中国人民银行深圳市中心支行率先启动跨境人民币贷款业务，支持前海企业向香港银行借入人民币贷款。2015 年上半年，国务院下发广东自由贸易试验区总体方案，进一步扩大试点范围，自由贸易试验区机构可从港澳及国外借用人民币资金。截至 2017 年 8 月末，前海跨境人民币贷款业务累计提款金额 371 亿元，涉及前海企业达 171 家。此项试点强化了深港两地银行的同业交流，有效地降低了前海企业融资成本，有力地支持了前海的开发与建设。随后，通过深化跨境人民币资金集中运营改革，拓宽了跨境双向人民币融资渠道。2014 年 11 月，深圳正式开展跨境双向人民币资金池业务和经常项下跨境人民币集中收付业务试点。2016 年 4 月，中国人民银行深圳市中心支行下发支持自由贸易试验区前海蛇口片区扩大人民币跨境使用的通知，进一步放宽企业境内外营业收入等方面的业务准入条件，吸引了更多跨国企业集团在前海蛇口片区设立全球性或区域性资金结算中心。截至 2017 年 8 月末，共有 14 个跨国企业集团办理了自由贸易试验区版跨境双向人民币资金池业务备案，涉及成员企业336家。

（4）前海有序开展自由贸易试验区银行境外放款业务，切实支持"一带一路"境外项目开展。2015年12月，中国人民银行总行下发《关于金融支持中国（广东）自由贸易试验区建设的指导意见》，其中提出"鼓励自由贸易试验区内银行金融机构增加对企业境外项目的人民币信贷投放"。中国人民银行深圳市中心支行积极宣传、引导有业务需求的自由贸易试验区银行开展此项业务，支持"走出去"企业与项目，支持"一带一路"境外项目开展。截至2016年末，共有5家自由贸易试验区银行办理了11笔境外贷款登记，登记金额累计达54.9亿元。

（三）经验借鉴之三：天津自由贸易试验区

（1）完善区域对外投资促进与服务体系。首先，整合现有的各类投资促进服务资源，形成完善的投资促进组织结构体系。打造一支由政府相关职能部门、专业投资促进机构和相应驻外机构组成的，分工明确、职能清晰和全方位覆盖的投资促进服务专业队伍。其次，搭建和完善投资前、中、后的服务平台，提供信息服务、人才培训服务、中介服务、网站建设、展会平台等对外载体体系等方面的各种服务功能。为对外投资提供一系列的投资前期服务，包括建立投资机会数据库、整合现有信息资源和信息发布机构，集中发布各种与境外投资有关的政策法规、国别投资目录、投资机会等信息。再次，加强对外投资促进中的评价体系建设，对区域对外投资促进工作进行有效的评估和监督，评估自由贸易试验区政策对于对外投资的规模、结构、质量及效益的影响。最后，对外投资服务要突出人才培训职能，要建立涉外经营管理人才培养的长效机制。

（2）推进跨境技术和产业合作。大力推进国际产能和资源能源合作，在引进沿线国家和地区优质项目、技术的同时鼓励国内优势产业通过自由贸易试验区的平台"走出去"，推动产业和技术输出。可重点建设几个有代表性的跨境工业开发区、产业园区和农业示范园区；鼓励有条件的企业到沿线国家和地区设立研发中心，设立海外营销和服务网络，实现产品价值链向高增值的研发设计、营销服务环节延伸；加强与沿线国家和地区在新一代信息技术、生物、新能源、新材料等新兴产业的深度合作；积极推动水电、核电、风电、太阳能等清洁、可再生能源合作等。

（3）搭建好企业国际化和跨境并购的重要平台。鼓励企业把海外并购主体落户自由贸易试验区，瞄准全球产业链价值高端，通过海外并购获取技术、研发能力、品牌和国际销售的渠道。落实企业投资自主权，确立企业及个人对外投资主体地位，支持企业及个人开展多种形式的境外投资合作，鼓励设立从事境外投资的股权投资企业和项目公司，支持设立从事境外投资的股权投资母基金。鼓励中资大型集团客户在区内设立境外股权投资公司，为我国企业海外投资并购拓展融资渠道提供创新金融服务。

（4）为企业提供专业化投资合作服务平台。组建精通中国对外投资政策、东道国法律法规、市场惯例、国际条约和国际惯例的法律专家团队，提前对东道国与对外直接投资相关的体制和法律体系、东道国政治环境的稳定性、政策的一致性，以及涉及的利益团体可能做出的反应等进行透彻的研究。协助企业在正式投资前通过法律专家团队对被投资主体或目标资产进行全面的法律尽职调查，对投资项目充分评估，确认被投资主体的法律资质、存续情况、经营状况、潜在法律责任，以及目标资产是否存在产权负担或其他重大瑕疵；根据尽职调查的具体情况，选择合适的合作伙伴和投资方式。以上述工作为基础，对企业自身面临的法律环境、法律风险进行客观评估，综合分析并预测企业可能面临的法律风险，提高企业应对风险的能力，建立企业自身的法律风险防范管理体系。

（5）推动"一带一路"大通道和大通关机制建设。依托京津冀交通一体化建设，构建贯通亚欧大陆海铁联运大通道，强化海陆空综合枢纽功能，建立跨境口岸服务绿色通道。加快相关基础设施的建设，提高天津港国际集装箱班列组织能力；培育综合物流服务商，推动海运集装箱国际中转集拼业务、国际集装箱班列物流服务等，增强对沿线国家和地区转口贸易服务功能。与"一带一路"沿线国家和地区加强信息互换、监管互认、执法互助的海关合作，以及检验检疫、认证认可、标准计量、统计信息等方面的双多边合作。

五、自由贸易试验区打造"走出去"重要平台的对策建议

（一）充分发挥自由贸易试验区的制度创新优势，打造服务对外开放新格局的先行地

1. 创新机构设置，在自由贸易试验区设立"走出去"战略推进委员会

该委员会由地方政府相关职能部门、自由贸易试验区管委会、专业投资促进机构（产能和技术合作中心、行业协会、第三方智库等）和相应驻外机构等各界人士组成，政府引导，市场化运作，专门负责"走出去"战略的统筹组织工作，专门负责统驭海外资源利用和开发，具体协调管理海外资源获取、信息收集与整理，协调政府部门、机构和企业的关系，引导企业"抱团出海"，整合优秀企业资源，避免恶性竞争。同时，对"走出去"进行监督和管理，建立"走出去"风险防控体系。

2. 依托自由贸易试验区平台，大胆探索自由贸易港政策与本地实际相结合，探索集约化管理，最大限度地提高境外投资项目审批和备案效率

在自由贸易试验区内，探索将省市发改、商务及其他政府部门相互交叉审批的项目集中在自由贸易试验区管委会统一审批，最大限度地提高审批效率。另外，切实落实国内资本"走出去"备案制，简化申报材料，推进电子政务和一口受理，最大限度地缩短备案时间。大胆探索自由贸易港政策与本地实践相结合，充分利用自由贸易港高度自由的制度优势，打造"走出去"走廊。

3. 大力推动FT账户自由贸易试验区全覆盖，加强与"一带一路"沿线国家和地区金融合作，不断降低跨境融资成本

依托FT账户全面落地，打造与"一带一路"沿线国家和地区金融合作的重要基地，充分发挥融资租赁、商业保理和产业投资基金等服务功能，推进跨境人民币使用和投融资便利化，全面深化金融领域开放创新，提升服务沿线国家和地区经贸往来的金融支撑能力。同时，积极争取外债宏观

审慎管理试点、跨国公司总部外汇资金集中运营管理试点、外商投资股权投资（QFLP）试点、合格境内投资者境外投资（QDLP）试点。积极开展人民币信贷资产跨境转让业务，深化跨境人民币资金集中运营改革，拓宽跨境双向人民币融资渠道，解决企业海外投资跨境融资难的问题。

4. 充分挖掘自由贸易试验区腹地产业的比较优势，发挥大型国企的引领带动作用，建立若干个"走出去"基地，带动其他产业"走出去"

自由贸易试验区应超前布局，以打造国内企业核心竞争力为中心，对接工业 4.0 和中国制造 2025 战略新趋势，积极在战略性新兴技术上发力，大力培育本地龙头企业，打造创新型、引领性产业体系，通过技术输出和产能合作，带动自由贸易试验区腹地整体"走出去"。另外，加强与海外投资经验丰富的超大型央企合作，注重发挥大型国企的引领带动作用，以海外产业园区建设为平台，推动自由贸易试验区与海外产业园联动，打造中国企业"出海"的平台和避风港。

（二）充分发挥自由贸易试验区国际化营商环境的优势，打造全生命周期的"走出去"专业服务平台

1. 汇聚国内外优质服务团队，为企业"走出去"提供全阶段的专业服务资源

根据企业"走出去"所面临的各类风险与专业服务需求，提供专业服务企业名录，便于企业获取法律、会计、股权涉及、融资、保险等服务。针对国际化法律职业团队缺失的现状，应进一步在自由贸易试验区内培育优质联营律所，便于内地企业获得国际化的法律咨询建议。针对海外投资保险业态的缺失，可以适当引导国际和国内优秀的再保险公司在区内展业，鼓励研发相关保险产品。加强企业及各专业团队间的交流与合作，并保障东道国投资环境、相关制度保障等相关资讯的实时更新。

2. 充分利用港澳融入国家发展大局的契机，加强与港澳律所的深度合作，为企业"走出去"提供国际化的法律服务

根据企业"走出去"的需要，尤其是走出到普通法系国家的企业，充分挖掘香港的优质律所，使内地企业能够在当地就能享受到与国际标准对接的法律服务。加强对港澳律师执业资格的互认，并对标港澳地区对律师提供的社会保障、工作保险、生活福利等,制定具有实际吸引力的人才引进政策,以激励并保障律所提供法律服务的质量。

3. 充分利用国际商事仲裁机制,建设提升自由贸易试验区仲裁员的功能

提高仲裁员国际化程度,借鉴如《联合国国际贸易法委员会国际商事仲裁示范法》等规则,引入合并第三方、合并多项仲裁、紧急仲裁员委任、临时措施、加速程序听审等仲裁制度。加强司法系统与仲裁机构间的协同,加强法院对仲裁程序的支持,及对仲裁裁决效力的保障。此外,在区内仲裁院发展到一定程度时,可以考虑比照 ICSID(The International Center for Settlement of Investment Disputes)公约条款,研究国际投资仲裁机制,将自由贸易试验区打造成保护中国投资者海外利益的中心。

(三)充分发挥自由贸易试验区的高起点、强规划的优势,构建共建共治共享的"走出去"风险防控体系

1. 构建跨市场、跨部门的一体化监管体系,实现海关监管、行业监管与社会监管共建共治共享的风险防控格局

构建监管信息共享机制,尤其是进一步强化监管信息共享平台建设,避免各部门出现相同信息库的重复建设,实现自由贸易港内海关、检验检疫、海事、金融、工商、质监、税务、环境保护、安全生产监管等部门监管信息的互通、交换和共享。产业监管以投资备案制+负面清单管理为主,加强产业安全监管,实行"全生命周期"的动态监控,建立追溯制度,严防各类形式的资本外逃、转移财富等行为,最大限度地维护国家利益。提升监管中的社会参与水平,尤其是行业协会和民间组织的参与,积极发挥社会力量在监管中的作用。

2. 从"软环境"上深层次对接,将自由贸易试验区打造成"走出去"的信用高地和平台

信用是现代市场经济的基石,是共建共治共享社会治理体系的重要支撑。自由贸易试验区要成为国内企业和个人"走出去"的重要平台,不仅基础设施要成为国际一流,更重要的是提前谋划,绝不能忽视"软环境"与国际接轨。香港之所以是全球公认的最具国际化营商环境的地区,其中非常关键的要素是，诚信廉洁是其标杆，发达的信用体系是其社会运行的重要保障。自由贸易试验区可以从社会信用体系着手，按照国际标准建立互联互通、共享共治的社会信用体系，打造国际化的诚信高地。自由贸易试验区一旦建成了国际化的社会信用体系，将不仅铸造了持续高速发展的基石，也会成为"走出去"的重要平台和支撑。

第四章 中国自由贸易试验区贸易便利化改革成效与方向

朱 煜[*]

如果要对"中国自由贸易试验区"这一词汇进行解读,可理解为:国字号头衔彰显其国家战略地位;用"自由贸易试验区(pilot free trade zone)"替代"自由贸易园区(free trade zone)"的措辞,说明目前这是一场自由贸易政策的"国家试验",而非一步到位便达到国际典型自由贸易园区的标准。因此,中央对自由贸易试验区工作的要求是,以制度创新为核心任务,大胆试、大胆闯、自主改。诚然,自由贸易试验区改革任务不局限于贸易领域,但贸易便利化无疑是自由贸易的关键因素,也是自由贸易试验区构建开放型经济新体制的重要着力点。从刚起步的上海自由贸易试验区范围看,28.78平方千米的面积都在海关特殊监管区范围[①]内,最具操作性的就是贸易便利化改革,它使得阻碍商品和要素跨境流动的一系列因素进一步减少,交易程序更简便、制度性交易成本更低。可以说,自由贸易试验区起源于我国海关特殊监管区,功能向更高阶演进。本章着重介绍11个自由贸易试验区推动贸易便利化改革的主要成效,总结改革特色,在此基础上指出改革存在的主要问题并提出要深化改革方向。

---

[*] 朱煜,男,中山大学自贸区综合研究院助理研究员,主要从事自由贸易试验区制度创新、国际政治经济学研究。

[①] 海关特殊监管区域有6种形态:保税区、出口加工区、保税物流园区、跨境工业园区、保税港区、综合保税区。上海自由贸易试验区扩前,地理范围限于上海外高桥保税区、外高桥保税物流园区、洋山保税港区和上海浦东机场综合保税区4个海关特殊监管区域。

一、贸易便利化改革的基本概念

(一) 贸易便利化改革的内涵

系统论述自由贸易试验区的贸易便利化改革之前,首先要厘清概念。关于贸易便利化的内涵,国际组织从不同角度提出权威定义,有各式各样的国际贸易便利化制度框架。世界贸易组织(World Trade Organization,WTO)指出,贸易便利化是指在国际贸易中,货物与要素流动所涉及的行为、惯例与手续的简化、协调。世界银行(World Bank,WB)认为,贸易便利化主要集中在减少与货物运输、国际供应链服务相关的费用上。联合国贸易便利化与电子业务中心(UN/CEFACT)认为贸易便利化是推广国际贸易便利化和标准化,制定全球统一的标准以消除国际贸易中的技术壁垒,提高效率,其涵盖国际贸易程序和相关信息流,整个供应链的付款,以及产品标准和评定等境内措施,商业便利化、电子商务、贸易融资和物流服务等。世界海关组织(World Customs Organization,WCO)指出,贸易便利化主要指海关程序的简化及标准化,同时平衡贸易便利化与贸易安全二者的关系。亚太经济合作组织(Asia-Pacific Economic Cooperation,APEC)认为,贸易便利化是指削减阻碍或延迟跨境货物流动、造成货物流动高成本的行政障碍,提升国际贸易效率。

贸易便利化是一种促进生产要素、资源在全球范围内更加自由流动和以配置为导向的系统性改革。从影响贸易交易的整体环境考虑,在实践中各种贸易程序和手续的简化、适用规制的协调、基础设施的标准化等都是贸易便利化改革的领域,涵盖国际贸易的所有环节。其中,海关和出入境检验检疫流程管理制度是贸易便利化改革的核心问题[①]。此外,贸易便利化改革还包括运输、许可、电子数据传输、贸易支付结算、保险、贸易融资、从业人员自由流动和签证等诸多方面。仅从通关角度而言,自由贸易试验

---

① 以进口为例,海关流程顺序:报关、审单、查验、征税、放行;出入境检验检疫流程一般包括以下部分或全部工作环节:受理报检、审单布控、现场和实验室检验检疫、动植物隔离检疫、检疫处理、综合评定、签证放行和归档。每个环节需附相应的合规单证。

区贸易便利化改革意味着要推进海关合作、监管信息化、机构协调、成本节约、程序简化、信息处理无纸化、数据元标准化、贸易流程简化等措施。

（二）自由贸易试验区贸易便利化改革的责任主体

从改革主体看，自由贸易试验区贸易便利化改革主要由海关、检验检疫①、海事等中央垂直管理部门推进。法定职责赋予各口岸部门的改革分工如下：海关对外承担税收征管、通关监管、保税监管、进出口统计、海关稽查、知识产权海关保护、打击走私、口岸管理等主要职责；检验检疫部门主管出入境商品检验、出入境卫生检疫、出入境动植物检疫、进出口食品安全和认证认可；海事部门是管理船舶、航线的口岸监管机构，履行水上交通安全监督管理、船舶及相关水上设施检验和登记、防止船舶污染和航海保障等行政管理和执法职责，比如，国际航行船舶进出口岸的审批与许可。另外，还有边检部门，主要对人员和交通运输工具出入境进行管理。由此可见，自由贸易试验区贸易便利化改革事项基本属于中央事权，主导权掌握在国家部委及其直属机构手中，地方政府（口岸办）更多扮演协调角色。

（三）自由贸易试验区"一线放开、二线安全高效管住"的内涵

需深刻理解自由贸易试验区"一线放开、二线安全高效管住"政策内涵。国务院批复的11个自由贸易试验区《总体方案》均提到实施"一线放开、二线安全高效管住"监管模式，但该政策有一定的适用范围，目前主要针对货物流动的监管服务，人员、资金、信息等流动的通关监管服务尚不能完全实现"一线放开"。从第二批自由贸易试验区起，依托现有新区、园区和各种类型的海关特殊监管区，划区采取了"围网内+围网外"方式，其中海关特殊监管区是物理围网内。按照官方解读，自由贸易试验区海关特殊监管区域与境外之间的管理为一线管理，海关特殊监管区域与境内区外之间的管理为二线管理。② 由此看来，"一线"不能简单认为是自由贸

---

① 根据机构改革方案，出入境检验检疫管理职责和队伍划入海关总署。从2018年4月20日起，原出入境检验检疫系统统一以海关名义对外开展工作，口岸一线旅检、查验和窗口岗位实现统一上岗、统一着海关制服、统一佩戴关衔。

② 《中国（上海）自由贸易试验区条例》第十八条、《中国（广东）自由贸易试验区条例》第二十四条有明确规定。

试验区全域，而是仅限于自由贸易试验区范围内的海关特殊监管区，特指自由贸易试验区内的海关特殊监管区与国境线的通道口；"一线放开"是指境外货物到"一线"可不受海关惯常监管，自由出入境。"二线"是自由贸易试验区内的海关特殊监管区域通往关境内的通道口；"二线管住"强调自由贸易试验区内的海关特殊监管区货物向关境内市场流动的管理。因此，贸易便利化改革以"一线放开、二线管住"为原则，但自由贸易试验区尚未实现真正意义上的"境内关外"。按照《总体方案》的论述，"一线"主要实施进出境现场检疫、查验及处理；"二线"主要实施进出商品检验检疫监管及实验室检测。国际经验表现在境外货物入区时豁免海关法和贸易管制，除法律特定禁止的对公共利益、健康或安全有害的商品外，境外货物可自由入区，不受海关法的约束，并实行进出口许可证和配额的豁免。① 自由贸易试验区在实行更高标准"一线放开、二线安全高效管住"的贸易监管制度上还有提升空间。

二、自由贸易试验区贸易便利化改革的主要成效

各自由贸易试验区《总体方案》以及《中共中央 国务院关于支持海南全面深化改革开放的指导意见》均列明了贸易便利化改革任务。贸易便利化改革措施繁多，可归类为通关便利、保税监管、税收征管、企业管理、执法规范5种类型。自2013年9月29日上海自由贸易试验区建设启动至第二、三批自由贸易试验区挂牌成立后，各地在便利进出、简化程序、创新监管等方面寻找改革突破口，形成一批可复制推广的改革试点经验和制度创新案例，由国务院、国家部委、省级政府、自由贸易试验区所在地口岸部门（如上海海关、广东出入境检验检疫局自主推行的创新政策）多层次印发文件复制推广，见表4-1、表4-2。贸易便利化改革以简化、协调、透明为目标，催生一系列贸易功能平台和新型贸易业态的涌现。

---

① 《京都公约》专项附约对海关的"一线"监管有明确规定，从境外运入自由贸易港区的货物，不受数量、途径、品质、税收、原产地、起运国或指运国等条件的限制；规定从境外运入自由贸易港区的货物，如有必要向海关交验单证时，仅限于出示载明货物主要项目的商业或官方单证，即商业发票、运单、发货通知等，海关不得要求出示其他额外单证。

表 4-1 国务院层面对自由贸易试验区贸易便利化改革在
全国复制推广的创新措施与媒体评选案例

来源	推送单位	时间	创新措施
国务院关于推广中国（上海）自由贸易试验区可复制改革试点经验的通知	国务院	2014年12月21日	①全球维修产业检验检疫监管；②中转货物产地来源证管理；③检验检疫通关无纸化、第三方检验结果采信、出入境生物材料制品风险管理；④期货保税交割海关监管制度、境内外维修海关监管制度、融资租赁海关监管制度；⑤进口货物预检验、分线监督管理制度；⑥动植物及其产品检疫审批负面清单管理
国务院关于做好自由贸易试验区新一批改革试点经验复制推广工作的通知	国务院	2016年11月2日	①依托电子口岸公共平台建设国际贸易"单一窗口"，推进"单一窗口"免费申报机制；②国际海关经认证的经营者（Authorized Economic Operator，AEO）互认制度、出境加工监管、企业协调员制度、原产地签证管理改革创新、国际航行船舶检疫监管新模式、免除低风险动植物检疫证书清单制度；③入境维修产品监管新模式、一次备案，多次使用、委内加工监管、仓储货物按状态分类监管、大宗商品现货保税交易、保税展示交易货物分线监管、预检验和登记核销管理模式；④海关特殊监管区域间保税货物流转监管模式
商务部关于印发自由贸易试验区"最佳实践案例"的函	商务部（代表国务院自由贸易试验区工作部级联席会议）	2015年11月30日	4个贸易便利化案例：上海、福建自由贸易试验区国际贸易"单一窗口"，天津自由贸易试验区京津冀区域检验检疫一体化新模式，广州南沙自贸片区跨境电商监管新模式

续上表

来　源	推送单位	时　间	创新措施
商务部关于印发自由贸易试验区新一批"最佳实践案例"的函	商务部（代表国务院自由贸易试验区工作部级联席会议）	2017年7月17日	福建自由贸易试验区关检"一站式"查验平台+监管互认
关于做好自由贸易试验区第三批改革试点经验复制推广工作的函	商务部、交通运输部、工商总局、质检总局、外汇局	2017年7月26日	①会展检验检疫监管新模式；②进口研发样品便利化监管制度；③海事集约登轮检查制度
国务院关于做好自由贸易试验区第四批改革试点经验复制推广工作的通知	国务院	2018年5月23日	①跨部门一次性联合检查；②保税燃料油供应服务船舶准入管理新模式；③先放行、后改单作业模式、铁路运输方式舱单归并新模式、海运进境集装箱空箱检验检疫便利化措施、入境大宗工业品联动检验检疫新模式、国际航行船舶供水开放式申报+验证式监管、进境保税金属矿产品检验监管制度、外锚地保税燃料油受油船舶申报免疫放行制度、边检服务掌上直通车、简化外锚地保税燃料油加注船舶入出境手续、国内航行内河船舶进出港管理新模式、外锚地保税燃料油受油船舶便利化海事监管模式、保税燃料油供油企业信用监管新模式、海关企业注册及电子口岸入网全程无纸化、海关特殊监管区域"四自一简"监管创新；④"保税混矿"监管创新；⑤先出区、后报关

续上表

来　源	推送单位	时　间	创新措施
2017中国自由贸易试验区十大创新案例	每日经济新闻	2018年1月28日	①进出口商品全球质量溯源体系（广东自由贸易试验区）；②"保税混矿"监管新模式（大连自贸片区）；③保税燃料油跨关区直供（浙江自由贸易试验区）；④中欧班列多式联运"一单式"改革（成都青白江铁路港自贸片区）；⑤原产地证书"信用签证"监管服务新模式（郑州自贸片区）

资料来源：根据相关文件和资料整理。

表4-2　国家相关部委出台或在全国复制推广的自由贸易试验区贸易便利化创新措施（部分）

部　门	时　间	创新措施
海关总署第一批	2014年8月	①先进区、后报关；②自行运输；③工单式核销；④保税展示交易；⑤境内外维修；⑥期货保税交割；⑦融资租赁；⑧批次进出、集中申报；⑨简化无纸化通关随附单证；⑩简化统一进出境备案清单；⑪内销选择性征税；⑫集中汇总纳税；⑬物流企业联网监管；⑭智能化卡口验放；⑮企业协调员；⑯海关AEO互认；⑰企业注册登记改革；⑱企业信用信息公开；⑲企业准入"单一窗口"
海关总署第二批	2015年12月	①原产地管理改革；②海关商品归类行政裁定全国适用；③委内加工、出境加工；④仓储货物按状态分类监管；⑤引入中介机构辅助开展保税核查；⑥保税核销和企业稽查工作；⑦一次备案、多次使用；⑧大宗商品现货市场保税交易；⑨企业信用信息公示制度；⑩企业协调员制度；⑪国际海关AEO互认合作制度

续上表

部门	时间	创新措施
质检总局办公厅《关于印发中国（上海）自由贸易试验区首批可复制可推广检验检疫制度创新改革事项的通知》	2014年10月23日	①第三方检验结果采信；②全球维修产业监管；③出入境生物材料制品风险管理；④中转货物产地来源证管理；⑤检验检疫通关无纸化改革；⑥进口货物预检验；⑦检验检疫分线监督管理模式；⑧动植物及其产品检疫审批负面清单
质检总局《关于复制推广自由贸易试验区新一批改革试点经验的公告》	2016年12月6日	①原产地签证管理改革创新；②国际航行船舶检疫监管新模式；③免除低风险动植物检疫证书清单制度；④入境维修产品监管新模式；⑤保税展示交易货物检验检疫监督管理模式
质检总局《关于深化检验检疫监管模式改革 支持自由贸易试验区发展的意见》	2015年3月	第22条，在进一步创新体制机制方面：①实施检验检疫分线监督管理；②完善检验检疫查验监管模式；③进一步扩大分类监管范围；④推进第三方结果采信制度。在进一步简政放权方面：①优化进境动植物检疫审批过程；②支持检验检测认证机构建设；③简化进出境特殊制品检疫审批程序；④改革原产地签证管理制度；⑤简化中转货物检验检疫手续；⑥下放进境食品检疫审批权。在进一步提升贸易便利化水平方面：①加快检验检疫业务流程再造；②推进检验检疫通报、通检、通放；③推动检验检测认证结果互认；④加大信用等级差别化通关管理力度；⑤赋予港澳台贸易更加便利措施。在进一步服务产业发展方面：①支持邮轮/游艇业发展；②支持会展业发展；③支持入境维修产业发展；④支持跨境电子商务发展。在进一步加快互联互通方面：①支持"单一窗口"和信息化平台建设；②加强与各方面的协作配合；③强化内部协调推进机制

续上表

部　门	时　间	创新措施
交通运输部	2015年6月1日	①经国务院交通运输主管部门批准，外商可在自由贸易试验区设立股比不限的中外合资、合作企业，经营进出中国港口的国际船舶运输业务；其中，在上海自由贸易试验区可设立外商独资企业，在广东自由贸易试验区可设立港澳独资企业。②在自由贸易试验区设立的中外合资、合作企业可以经营公共国际船舶代理业务，外资股比放宽至51%；在自由贸易试验区设立的外商独资企业可以经营国际海运货物装卸、国际海运集装箱站和堆场业务。③经自由贸易试验区所在地省级交通运输主管部门批准，在自由贸易试验区设立的外商独资企业可以经营国际船舶管理业务。④在自由贸易试验区设立的中外合资、合作国际船舶运输企业，其董事会主席和总经理由中外合资、合作的双方协商确定。⑤在自由贸易试验区设立外商投资企业经营国际船舶运输业务，设立中外合资、合作企业经营公共国际船舶代理业务，或设立外商独资企业经营国际船舶管理业务、国际海运货物装卸业务、国际海上集装箱站和堆场业务。⑥注册在境内的中资航运公司可利用其全资或控股拥有的非五星红旗国际航行船舶，经营以自由贸易试验区开放港口为国际中转港的外贸进出口集装箱在国内沿海对外开放港口与自由贸易试验区开放港口之间的捎带业务
交通运输部海事局	2017年3月16日	①开展中资"方便旗"回国登记的船籍港17个；②放开自由贸易易试验区国际登记的船舶登记机关和船籍港8个

资料来源：根据相关政策文件整理。

（一）上海自由贸易试验区改革成效

上海自由贸易试验区四年多来，以国际贸易中心、国际航运中心为建设目标，构建国际高标准贸易监管制度，如首创"先进区、后报关报检"

"十检十放""自主申报、自助通关、自动审放、重点稽核""进口非特殊用途化妆品备案管理试点"及推行"保税临时出区展示"建设国际艺术品交易中心等监管新模式,其中34项贸易便利化改革措施已在全国范围、长江流域范围、海关特殊监管区域等推广实施。具有代表性意义的措施主要是国际贸易"单一窗口"先行先试,推进"双自联动"机制①,实施货物状态分类监管模式等。

1. 建设国际贸易"单一窗口",功能不断升级

国际贸易"单一窗口"(简称"单一窗口")是指国际贸易企业通过统一的平台一次性向贸易管理部门提交相应的信息和单证,相关管理部门对企业提交的信息数据进行集中处理,实现了"一个平台、一次提交、结果反馈、数据共享"。作为贸易便利化改革的重要载体,"单一窗口"旨在把国际贸易主要环节的相关业务集中到网上来办,同时汇集各口岸监管单位的业务数据信息,使企业和政府之间的信息流更为畅通和简化,目前该模式已在全国复制推广,见图4-1。

图4-1 中国(上海)国际贸易"单一窗口"3.0

---

① "双自联动"是指自由贸易试验区和国家自主创新示范区联动发展。

上海自由贸易试验区于2014年2月首先对国际贸易"单一窗口"进行试点工作，海关、检验检疫、海事、边检等23个部门接入，目前已建成3.0版，主要在推进数据协调和简化，建设货物进出口、运输工具、贸易许可与资质、支付结算等功能板块系统集成，减少通关环节四个方面取得了成效。经过四年多的探索与实践，上海口岸95%的货物申报、全部船舶申报通过"单一窗口"办理，平台用户近5000家，服务企业17万家。通过"单一窗口"申报系统进行"一次申报"，申报作业时间由1天压缩到半小时；依托平台实行关检"一次查验、一次开箱"，将查验作业时间由两天缩短到1天；通过"单一窗口"船舶申报系统，对国际航行船舶进出口岸动态进行审批和查验，实现"一单四报"，将船舶申报时间由两天压缩到两小时；应用"单一窗口"船舶离港办理系统，实行电子联网核放，将办理时间从1天压缩到以秒计。上海海事局2018年将研究国际航行船舶海事业务"一网通办"的可行性，完善国际航行船舶联合登临机制，提升口岸通关效率，并探索洋山辖区船舶定线制研究，对接国际通行规则，提升港口运转效率。

下一步，上海国际贸易"单一窗口"将进一步深化与国家标准版的融合对接，推进运输工具申报、舱单申报、技术贸易与服务外包功能应用与国家标准版对接；探索推进长三角区域"通关+物流"跟踪查询应用；通过开展国际合作，为查验单位共享航空口岸入境人员信息提供支撑；加快与亚太示范电子口岸网络对接。

2. 推进"双自联动"建设的贸易监管制度创新

2015年11月底，上海市政府发布《关于加快推进中国（上海）自由贸易试验区和上海张江国家自主创新示范区联动发展的实施方案》，提出"双自联动"10项创新试点任务，包括探索运用电子围网等方式创新保税研发模式、建立张江空运货物服务中心、推进集成电路全产业链保税监管模式、探索开展进口高端装备再制造试点这四项贸易便利措施。

具体实施上：①支持保税研发。充分利用自由贸易试验区海关监管制度创新、保税研发政策创新，推动跨境研发合作与服务。自由贸易试验区"先进区、后报关""进境负面清单审批管理"等监管制度，便于企业和研发机构引进开展研发机构所需的进口设备设施、原材料、动植物标本等，并予以免税，降低了研发成本，便于开展研发外包服务。②建设跨境科创监管服务中心。张江高科技园区与浦东机场、海关合作建设跨境科创监管服务中心，2017年3月启用后，将机场货站及监管仓库的部分功能延伸至张江园区。企业的空运进境货物到达空港后，可经过快速通道，直接监管运输至张江跨境科创中心进行分拨理货。张江跨境科创中心由海关、检验检疫派员入驻，实现了关检合作"三个一"，即一次申报、一次查验、一次放行，货物在空服中心内完成进境申报，进口货物从原先2～3天缩短至6～10小时。同时，上海自由贸易试验区探索出一套针对生物医药研发机构的监管新模式，对生物试剂和样品采取分类监管，对500多种低风险试剂、样品取消进口审批。对另外一些样品则从一次一批改为一年一批，提升了通过速度。③深化集成电路产业链全程保税试点。结转过程实施增值税不退不征，放宽保税手册结转环节，将设计、芯片制造、封装测试企业全部纳入加工贸易保税监管范围。

3. 实施货物状态分类监管制度

2014年11月，上海海关先行先试货物状态分类监管制度，允许非保税货物进入自由贸易试验区的海关特殊监管区域储存，与保税货物一同集拼、分拨、管理和配送，实时掌控、动态核查货物进、出、转、存情况。一套仓库、系统、设备、人员，便可完成所有相关业务，企业成本大幅降低。上海海关通过对试点企业软硬件的升级改造，实时掌控和动态核查企业货物状态，让两种状态的货物不仅"同仓"，还能"共管"。

（二）广东自由贸易试验区改革成效

广东自由贸易试验区三年来着力打造安全高效的国际化智能化通关服务体系，探索建立高水平的国际贸易"单一窗口"，货物申报上线率达99%；"互联网＋易通关"改革在南沙片区率先进行试点工作，一般货物进出口平均通关时间降低42.6%；推进深港陆路跨境快速通关和推进"三互"人通关建设，实现企业报关报检"零纸张、零距离、零障碍、零门槛、零费用、零时限"的"六零申报"，海关平均通关效率提高50%以上，检验检疫查验率降低90%；跨境电商、融资租赁、平行汽车进口、供应链服务、毛坯钻石和成品钻石保税展示交易业务等新业态极大发展。三年来，省政府提炼出广东自由贸易试验区56项贸易便利化改革创新经验，分四批次在全省复制推广，见表4-3。

表4-3 在全省复制推广的自由贸易试验区改革创新经验

批次	时间	全省复制推广的改革创新经验
第一批	2015年12月21日	16项：国际转运自助通关新模式、加工贸易手册管理全程信息化改革、海关原产地管理改革、征免税证明无纸化改革、企业注册登记业务"关区通办"、跨境电商商品溯源平台、进口食品快速放行模式、进口酒类分类管理、检验检疫原产地签证清单管理、入境维修"1+2+3"监管模式、进境动物检疫许可流程再造、检验检疫无缝对接内陆"无水港"、建立检验检疫"电子证书"模式、陆路跨境快速通关、国际中转食品监管、自由贸易试验区港区一体化运作
第二批	2016年8月22日	25项："互联网+自助报关"、"互联网+提前归类审价制度"、"互联网+互动查验"、"互联网+自助缴税"、"互联网+加工贸易"、企业主动披露制度、加工贸易行业分类监管、"一二三四"跨境电子商务监管体系、会展检验检疫监管新模式、优化原产地签证方式、入境维修产品检验监管标准体系建设、进口机动车检验监管新制度、"进口食品检验前置"监管模式、建立危险化学品"大数据"监管机制、国际航行船舶卫生检疫5S智能监管体系、船舶"无疫通行"卫生检疫模式、检验检疫流程无纸化、旅客携带物"人—机—犬—仪"四位一体查验新模式、推动进口商品全程溯源、"智检口岸"平台、市场采购监管新模式、构建"广东智慧海事监管服务平台"、出口退税无纸化、已放行出口货物"先装船后改配"、出口货物"一次申报、分批出境"
第三批	2017年6月13日	8项："互联网+加工贸易"边角废料内销网络交易、进出口货物检验检疫时长优化模式、随船检疫模式、毛坯钻石保税进出口监管创新模式、市场采购出口预包装食品检验监管模式、优化出口木家具及竹藤柳草制品分级监管制度、简化境外船舶在修造船厂停泊期间的边检管理措施、加工贸易企业自核单耗
第四批	2018年1月11日	7项：全流程智能化通检、粤港澳游艇"自由行"无疫通行模式、实施跨境电商保税备货进口小批量CCC（China Compulsory Certification，中国强制性产品认证）产品免CCC认证特殊检测处理程序、实现国际航行船舶进出口岸网上查验和联网核放、实施港口建设费远程申报和电子支付、建立健全船舶"事中事后"安全监管机制、开展"保税+实体新零售"式的保税展示交易

资料来源：根据广东省人民政府发布的《关于复制推广中国（广东）自由贸易试验区第一、二、三、四批改革创新经验的通知》整理而成。

2018年4月20日,广东省自贸办发布了30个"中国(广东)自由贸易试验区三周年制度创新最佳案例",其中,贸易便利化有10个案例,成为对广东自由贸易试验区贸易便利化改革"最浓缩最精华"的经验提炼。这些经验措施分别是:

1. 全球质量溯源体系

境内外企业将商品质量信息导入"智检口岸"平台,商品抵达口岸后,检验检疫机构通过该系统实施精准监管、快速验放;商品进入流通环节后,消费者、企业及监管部门通过溯源码或网页查询快速获取全链条溯源信息及特殊状态提醒。目前,该体系已涵盖全贸易方式和全商品品类,京东、唯品会、美赞臣、四洲等180多家知名企业加入工厂级溯源系统,共发码5331万个,溯源商品货值达534.63亿美元,查询人次达542.34万。该体系现已纳入亚太经济合作组织成员第二批复制推广项目。

2. "智检口岸"

全国首创"智检口岸"工作新模式,企业任何地点、时间均可在互联网进行免费、无纸化申报。目前,市场采购出口商品通检时间由2~3天缩短为16分钟,港口业务量年均增速超过30%;实现跨境电商平均通检时间105秒;"CEPA(Closer Economic Partnership,关于建立更紧密经贸关系的安排)食品"2017年进口量同比增长100%;平行进口汽车口岸通检提速3倍。

3. 货物通关"线上海关"样板间

通过互联网将通关业务事项迁至线上办理,已建成"易通关"平台、"关邮e通"和"穗关在线"移动端,覆盖5个领域227项业务。2017年,广州关区进出口货物通关时间分别较2016年全国海关进出口通关时间压缩49%、62%。"互联网+自主报关"报关单数约136万票,进口货物通关成本降幅最高为六成,出口货物通关成本降幅最高为八成。

4. 原产地证智慧审签

运用大数据技术,整合基于签证数据搭建的智能审单数据库和基于风险评估制定的审单规则,建立原产地证智慧签证系统,对判定无风险的证书实行系统自动审核及电子签名。"智慧签证"系统审核证书的准确率可达99%以上。2017年,前海蛇口片区完成7种证书的智慧审签9041份,减免关税约 1339 万美元，相关证书审签效能提升 80%；南沙片区共签发各类优惠原产地证书 4819 份，减免关税近 1000 万美元。

5. 打造"全球中心仓"

在"仓储货物按状态分类监管"的基础上构建"一区多功能，一仓多形态"模式，使原来需要存储于多个地区、多个仓库的多种物流及贸易形态能够在自由贸易试验区内的一个中心仓内"一站式"完成。货物可非报关入区，区内货物可以在不同账册间"结转"。例如，前海蛇口片区一家企业通过将 900 万欧元的保税货物由保税账册转为电商账册，共节约费用约 100 万元人民币，节约时间 20 多天。

6. 跨境电商 B2B 交易结算一体化解决方案

前海蛇口、南沙片区打造全新的跨境电商 B2B 交易结算产品，解决跨境电子商务进出口面临的订单批量小、品种多、频次高的问题。

7. CEPA 框架下粤港澳商品、食品等通关便利化

对供澳建材实行一次申报、分批出境；对珠澳小商品简化归类、汇总申报；对港澳产食品实行进口食品检验前置；对电动自行车、一次性卫生用品等进口产品实行第三方采信认可；对珠澳陆路口岸小客车机检检查结果采取参考互认等粤港澳关检合作监管模式创新。从成效看，横琴片区实行"一次申报、分批出境"后单批次货物通关时间从 20 分钟缩短至 3～5 分钟；珠澳陆路口岸小客车通关时间节约 40%；横琴和南沙片区被抽查送检的进口食品从原来的 7～11 个工作日缩短到目前 2～3 小时内；横琴和前海蛇口片区对电动自行车、一次性卫生用品等进口产品实施第三方检验结果采信。

8. 粤港货物进出境快速通道

创新实施"粤港跨境货栈"监管制度和"深港陆空联运"模式，打造粤港货物进出境快速通道。目前，"粤港跨境货栈"物流转运时间比传统流程快 3～7 工作日，为加贸企业节省多达 70% 以上的成本。"深港陆空联运"可为企业节省 1/3 的物流成本，节约 1/4 的物流时间。

9. 粤港澳游艇"自由行"

率先实施"定点停靠，就近联检"便利通关模式，简化了港澳游艇出入境通关手续。2017 年 7 月 24 日，南沙实现粤港澳游艇自由行首航；横琴长隆游艇码头基础设施也基本建成。

10. 国内首创澳门单牌车便利入出横琴

通过网上申报审批、一线口岸通关验放、二线通道越界监管，实现"前中后"全覆盖便利入出横琴岛，并签发第一批单牌车车险保单。2016年12月政策实施以来，关于入境、续期、添加驾驶员等澳门机动车入出横琴的申请超过2300项，为800多辆澳门单牌车入出横琴提供服务保障。

（三）天津自由贸易试验区改革成效

天津自由贸易试验区在培育融资租赁、平行汽车进口、保税展示交易等新型贸易业态方面亮点纷呈。

天津东疆保税港区作为天津自由贸易试验区的重要组成部分，是国家租赁创新示范区。东疆依托自由贸易试验区政策功能平台率先推进租赁业政策创新，探索出保税租赁、离岸租赁、出口租赁、联合租赁等近30种全国领先的业务模式，推动监管方式和交易结构创新，形成了融资租赁"东疆模式"并向全国复制推广。推动飞机实际入区海关监管模式创新，在相关部门的支持下，推动东疆保税港区租赁进口的飞机进入天津滨海新区综合保税区空客所在区域，以达到实际入区要求。配合天津海关出台监管创新措施方案，推动租赁飞机联动监管模式实施落地，依托电子信息化手段提升海关监管效能。目前，东疆的租赁品种包括飞机、船舶、地铁设备、高铁机车、海工平台、电力设备、新能源、医疗器械等多种大型设备。截至2018年3月，天津东疆已注册各类租赁公司2704家，累计注册资本4590亿元人民币；累计完成1122架飞机，107台飞机发动机，140艘国际航运船舶，12座海上石油钻井平台的租赁业务，飞机、国际航运船舶、海工等跨境租赁资产总额达646亿美元。2015—2017年，东疆租赁飞机交付资产每年实现同比增长35%，已成为中国第一、世界第二大航空租赁产业聚集地。在租赁业带动下，保理业配套发展，到2017年年底，已有近300家保理企业落户东疆。

平行汽车进口业务①方面，天津自由贸易试验区是国内较早的试点，着力建立规范透明的市场秩序。天津制定实施了全国首个平行进口汽车行政规范性文件——《中国（天津）自由贸易试验区汽车平行进口试点管理暂行办法》，严把准入关口，筛选出两批40家试点企业，建立了天津自由贸易试验区平行进口汽车服务和管理平台，通过车辆VIN码将政府部门独立掌握的信息与试点企业的销售数据整合，依法保障车辆三包、售后等服务；另外，平行进口汽车可享受3个月的保税周期，经销商不需要在车辆进口时马上完税，可极大地降低资金积压带来的金融成本，也同时降低了汽车进口的成本。为推进平行进口汽车通关便利化改革，天津海关在全国率先出台通关作业流程便利化、保税仓储等措施，实施汽车海关集中验估，平均放行时间减少51.7小时，查验率降低至3.54%；检验检疫部门则推行第三方结果采信等制度，口岸基本实现企业申报后当日放行，进口汽车企业物流成本大幅缩减。目前，天津自由贸易试验区（主要是天津港保税区）已成为全国平行进口汽车聚集区，在汽车进口、口岸批发、市场零售、保税展示以及产业配套等方面具有明显优势，形成全国最大的平行进口汽车销售市场。

在其他新业态方面，东疆以进口商品直营中心为载体，推进进口商品展示展销发展，出台了《中国（天津）自由贸易试验区东疆进口商品直营中心实施方案》等规范性文件。目前，已授权设立30家东疆进口商品直营中心。此外，天津邮轮母港推出如支持外国邮轮公司在自由贸易试验区设立总部，建设大量配套措施，创新通关模式等制度创新，大大提高了通关效率，提升了天津邮轮旅游业的发展水平。

值得一提的是，京津冀区域检验检疫一体化新模式是天津自由贸易试验区服务京津冀协同发展的创新举措，作为最佳实践案例，由商务部牵头在全国推广。

---

① 平行进口汽车，全称是平行贸易进口车，是指未经品牌厂商授权，贸易商从海外市场购买，并引入中国市场进行销售的汽车。

（四）福建自由贸易试验区改革成效

福建自由贸易试验区的国际贸易"单一窗口"和关检"一站式"查验平台加监管互认两项制度创新举措获得国家认可。

1. 福建自由贸易试验区的国际贸易"单一窗口"

"单一窗口"于2015年8月正式运行，在全省一个平台下，设立福州、厦门两个运营体，由福建省电子口岸管理中心负责统筹协调和数据管理。该平台涵盖了外贸企业资质办理、原产地证企业备案、贸易许可、税费支付、结（付）汇等主要外贸环节，已实现"'单一窗口'+政务服务、数据共享、金融服务、特色服务"、船舶进出口岸"一单四报"等复合功能。最主要的成效是海关总署和质检总局率先向福建"单一窗口"开放H2000系统和CIQ2000系统数据通道，在全国率先实现了货物申报"一单两报"。交通运输部海事局开放了船舶登记基础数据，福建口岸监管部门可通过"单一窗口"共享进出我国港口的43万艘左右的船舶基本信息。商务部和中国贸促会、质检总局率先向福建开放对外贸易经营者备案和原产地企业备案系统接口，支持在福建"单一窗口"上合并办理对外贸易经营者备案登记和原产地证企业备案登记，将原需跑三家单位现场办理的业务优化为仅需在"单一窗口"一次申报即可同时完成三家单位的备案工作。边检则将原需到口岸现场办理的登轮证、搭靠外轮证、随船工作证等7种证件，依托"单一窗口"在互联网上办理。据此，国际贸易业务基本实现"一个界面、一点接入、一次递单、统一反馈"的全流程办理。货物进出口申报时间从原来的4小时减少至5~10分钟；船舶进出境申报时间从原来的36小时减少至2.5小时以下。

如何争取国家部委开放数据权限？福建的经验是福建省商务厅主动会同福建口岸监管相关单位，研究制定《福建省电子口岸公共平台（省国际贸易"单一窗口"）数据管理办法》，与建设单位签订数据保密协议，此举作为风险防控方案配合政策诉求，打消了国家主管部委原先的一些顾虑，支持向福建开放业务数据通道和接口。

2. 实施关检"一站式"查验平台监管互认

2015年年初，福建自由贸易试验区在全国率先实施"一站式"查验和

"监管互认"制度。海关与检验检疫部门强化协作,实现作业空间合并、作业时间一致、作业系统并行,场所设施、查验设备等资源共享,有效提升了通关速度,降低了企业成本,有力地推进了口岸大通关建设。据测算,改革前,企业申报需提交海关申报数据73项,检验检疫数据96项,合计169项。"一次申报"方式后,相同项目不需重复申报,企业仅需申报105项,减少了超过30%的申报项目。关检合作"一站式"查验和"监管互认"使企业的通关时间缩短约40%,并可以为企业节省约50%的人力资源。

福州片区依托整车进口产业链开展系统集成创新,全国首创"整车进口一体化快速通关""分线管理+验证整改+事后监管"等监管创新模式,江阴港车辆通关时间由4~6个工作日缩短至1个工作日。2017年,进口整车10049辆,同比增长21%。厦门片区打造中欧(厦门)国际班列,实现每周6列常态化运营,开通莫斯科、汉堡、纽伦堡、蒂尔堡和罗茨5个欧洲终点站,并通过海铁联运延伸至台湾地区,列入中欧安全智能贸易首条铁路线试点,吸引了中国台湾、马来西亚、越南等9个国家和地区、13个城市的货物通过中欧班列运往欧洲,初步形成了一条跨越海峡、横贯亚欧大陆的物流新通道,促进"海丝"与"陆丝"的无缝对接。截至2017年年底,中欧(厦门)国际班列累计发运229列,货值37.16亿元。铁路运输首次超过空运成为厦门第二大出口运输方式。

(五)辽宁自由贸易试验区改革成效

挂牌一年来,辽宁自由贸易试验区强化口岸部门功能集成,优化贸易便利化服务监管模式,推出一系列政策措施,形成保税混矿、进境粮食全流程监管、服务贸易在线退税等十余项全国首创制度创新经验;叠加利用"分送集报""自行运输"等创新监管制度,使英特尔公司货物流转速度提升20%。大连片区在贸易便利化方面,从通关、检验、外汇、退税等多个角度实施了63项贸易便利化措施,其中,海关25项、检验检疫28项、海事10项;进口通关时间为4.25小时,同比压缩85.08%;出口通关时间为0.86小时,同比压缩76.88%。

1. 推行"保税混矿"监管模式

"保税混矿"是指将不同产地、不同成分的两种以上铁矿砂在保税状态下进行配比混合而得的混合铁矿砂,国内国际两个市场对此均需求很大。大连片区创新保税铁矿石检验检疫监管措施,采用"入区监测+加工监管+出区检验"的"三位一体"检验检疫监管模式,助力大连港保税铁矿混矿业务发展,推动"东北亚矿石分拨中心"建设,支持大连商品交易所铁矿石保税期货交割,实现了混矿原矿接卸、混矿作业量及国际中转量的大幅提升。

2. 进出口货物通关"英特尔模式"

大连海关、检验检疫等口岸部门优化货物国内流转及加工贸易审批程序。结合英特尔产品特点和需求,利用"分送集报""货物状态分类监管""简化保税间货物结转手续""自行运输"及"先入区、后报关"等创新监管制度,打造英特尔高速通关模式。该模式使英特尔的进口货物从飞机抵港到抵达工厂耗时仅为2个多小时,目前已基本实现"通关零等待""全天候通关",货物流转速度提升20%,每年节省2万小时通关时间、减少申报近万次、节省费用逾180万元。

(六)浙江自由贸易试验区改革成效

浙江自由贸易试验区致力于推动油品全产业链投资便利化和贸易自由化,即以油品储运、加工、交易、补给、配套服务"五位一体"的全产业链为发展核心,加快推进"一中心三基地一示范区"建设①,围绕特色创新试点任务推进贸易便利化改革。浙江自由贸易试验区承接中央下放权限,先后向5家企业颁发保税油经营资质,在运行国家版国际贸易"单一窗口"的基础上,运行保税油加注"一口受理"平台,简化进出通关手续,申报流程减少6.5小时,单证量减少20%。与上海期货交易所合作,发挥上海期货交易所的国际化平台和浙江自由贸易试验区的油品全产业链优势,在产品创新和上市、交割仓库建设、市场体系建设、市场培训和产业服务、信息交流、人才交流等方面开展合作,打造与国际产业相融、与市场相通、以人民币计价结算的石油产业市场体系,不断提升我国石油领域国际话语

---

① "一中心三基地一示范区"指国际油品交易中心、国际海事服务基地、国际石化基地、国际油品储运基地,大宗商品跨境贸易人民币国际化示范区。

权,保障国家能源安全。

保税燃油跨关区直供是浙江自由贸易试验区贸易便利化改革的亮点举措。该项措施允许供油企业不经过中转,直接为舟山以外地区的国际航行船舶供应保税燃料油。在我国,保税船供的燃料油大部分依赖进口。舟山海关在全国首创跨关区直供模式后,当供油企业跨舟山海关辖区到其他海关辖区开展国际航行船舶保税油直供业务时,供油企业先向受油地海关申请跨关区直供,审核同意后由供油地海关办理单次保税油出库核准手续,通过配送油船装油运抵受油地海关辖区,然后直接向受油地海关的口岸物流监管部门办理申请供油手续,完成跨关区直供作业,节省供油企业的二次中转成本。

(七) 河南自由贸易试验区改革成效

国家赋予河南自由贸易试验区建设的目标是,构建现代立体交通体系和现代物流体系,服务"一带一路"的综合交通枢纽。以此为导向,河南自由贸易试验区加快构建通关便捷、安全高效、一单关检的通关监管服务体系,尤其是郑州片区推出以"多式联运"为特色的创新举措,如"原产地信用签证""多式联运一票式""空路联运装载装备标准化"等。

1. 原产地证书"信用签证"监管服务新模式

通过实施原产地申报企业信用等级管理,建立有效的出口货物原产地溯源机制,加强事中事后监管,确保证书签发质量。开展试点以来,企业制度性成本明显降低,检验检疫部门服务效能不断提升。特点是通过"诚信信用"来拓展贸易活动。通过启动原产地证书"信用签证"试点,建立出口货物产地溯源机制。这使得产品能够"优胜劣汰",建立原产地信誉,形成良好的市场氛围。

2. 多式联运发展成效卓越

郑州片区以建设成为多式联运国际性物流中心为目标,建立多式联运协同工作机制,成立河南自由贸易试验区多式联运专项工作小组。铁路、公路、水路、航空等多个部门,以及河南机场集团、郑州国际陆港公司、河南保税集团等龙头企业业务骨干集中在河南省交通运输厅多式联运办公室。其中,"办公联署"就是由河南省交通运输厅牵头,联合河南省发改委等15个省直部门及多家多式联运经营人。多式联运体系构建方面，通过海陆联运的方式，一批产自日韩的商品，经我国沿海港口到郑州国际陆港搭乘郑欧班列，沿途经过一次海运、三段铁路运输、三次公路运输，历时20多天抵达汉堡、华沙等地，比空运节省近一半物流成本。中欧班列（郑州）开行频次实现每周8班去程、8班回程，2017年共开行501班，货值27.36亿美元，货重26.2万吨，已形成"境内境外双枢纽、沿途多点集疏"格局，加快推进郑州—卢森堡"空中丝绸之路"建设。

（八）湖北自由贸易试验区改革成效

湖北自由贸易试验区推行贸易便利化改革，努力突破湖北地处内陆，开放度不够这一制约其发展的最大软肋。经过一年实践，湖北省政府提炼出首批13项改革试点经验，涉及贸易便利化改革措施有9项，分别是"先放行、后改单""减免税手续汇总办理""内外贸同船运输货物智能放行""先出区、后报关""便捷保税货物流转""加工贸易扁平化改革""中欧班列（武汉）运单归并、简化申报""中欧班列（武汉）车边验放""出口食品生产企业备案采信模式"。湖北国际贸易"单一窗口"已建成关检联合验放、铁路拆拼箱、水运平台、空运舱单系统等19个功能应用项目，累计办理通关业务超过5万单（票），使用企业超过2000家，企业可在"单一窗口"上"一站式"报关报检、退（免）税。

其中，武汉片区在东湖综合保税区提升跨境电商、外贸综合服务、国际生物医药保税、保税展示交易、大宗商品交易、国际检测维修六大特色平台功能，支撑开放型经济创新与服务中心建设。

（1）实行九大通关创新措施。出台货物按状态分类监管；货物分线监管、预检验和登记核销模式；"自主报税、自助通关、自动审放、重点稽核"监管制度创新；仓储企业联网监管/加工贸易企业工单核销管理制度；原产地签证管理改革；创新农产品保税出口新模式；出境饲料及饲料添加剂风险管理"三分"模式；检验检疫分线监管；对检验检测鉴定第三方结果采信/出口食品企业备案采信模式。

（2）打造国际虚拟物流港。加大东湖陆港口岸软硬件设施建设力度，形成国际集装箱铁水联运闭环运输线路，进一步提升武汉片区物流辐射与服务能级。

（3）推进"双自联动"贸易便利化改革。实施关检合作"三个一"（即一次申报、一次查验、一次放行），推行通关无纸化、一体化，实施分送集报、先出区后报关、集中汇总纳税等口岸监管改革，大幅度简化了贸易监管流程；开展保税研发、跨境保税备货和汽车平行进口试点，发展贸易新业态；建设外贸外资企业孵化器，发展国际贸易双创社区；创新生物医药监管模式。

襄阳片区的"襄汉欧"国际货运班列每周一班，将进一步降低企业的物流成本，提高运输效率。相比水运，"襄汉欧"班列将缩短30～35天的运输时间；相比空运，可节省1/3的运费，有效破解襄阳及其周边地区不靠江海、货物出口难、运输周期长、贸易成本高等难题。此外，襄阳保税物流中心于2017年6月13日正式封关运营，实施进口保税、出口通关一体化、即进即出三大模式。解决了以前襄阳的企业想办理即进即出业务必须去武汉的问题，如今在当地即可享受保税中心"一站式"服务。企业还可以利用保税区的缓税功能（在出区之前无须缴纳关税和增值税），节省资金周转成本，成为具备"水公铁空"多式联运条件的现代化物流园区。

宜昌片区融入"一带一路"建设，开通宜汉欧班列，三峡保税物流中心正式封关运作；建立了基于企业诚信评价的货物抽检制度，检验周期压缩2/3；实施原产地签证备案及监管改革，2017年为贸易关系人减少国外关税1195万元；推行"出口食品企业备案采信模式"，免除备案工作中对企业实施现场检查环节，原本需要20个工作日办结的备案事项缩短至2个工作日；设立自由贸易试验区通关服务专区，实现了关、检、汇、税、商、外等涉外服务"一站式"办理。

（九）重庆自由贸易试验区改革成效

重庆既不沿海，也不是边疆省份，近年来却依托国际物流大通道建设，大力发展陆上、水上贸易。成绩体现在：创新实施铁路运输信用证结算，开立全球第一份铁路提单国际信用证；在全国率先实现国家标准版"单一窗口"申报，申报量排名内陆第一；在全国率先完成国际转运业务实货测试；获批带无人机试飞空域的航空孵化基地；在内陆地区率先开展取消内销征税联系单试点；在第三批自由贸易试验区中率先开展飞机保税租赁、"保税+融资租赁"业务；铁路口岸整车进口数、"渝新欧"主要指标保持中欧班列第一；在全国率先开展物流金融创新、跨境电子商务外汇支付试点，推出"美元支付"用于境内结算美元海运费的线上结算平台；"单一窗口"上线运行，重庆口岸通关环节优化30%以上，通关时间缩短10%以上，企业成本下降10%以上；重庆海关全面承接全国海关通关一体化改革，顺利完成2017年"压缩通关时间1/3"的目标；"放管服"改革深入推进，集装箱进出口环节合规成本通关时间专项治理成效显著，2017年共计免除查验无问题的外贸企业吊装移位仓储费用334.2万元；"三互"大通关建设持续发力，航空口岸启用"联合查验、一次放行"系统，实现"线上预约、指令对碰、联合查验、一次结费、一次放行"，企业通关时间和查验货物移箱成本减少一半以上。

在中欧班列运营方面，推动提升中欧（重庆）班列集散分拨功能，助推中欧（重庆）班列实现运载货物附加值和辐射带动能力"双提升"；探索开展"铁空联运"，从德国通过铁路运输至重庆自由贸易试验区，再通过空运发往新加坡，开辟了中欧贸易新路径；推动建设中新互联互通项目南向物流通道，开行铁海联运公共班列并常态化运营，与中欧（重庆）班列实现互联互通，形成"丝绸之路经济带"与"21世纪海上丝绸之路"的有机衔接，进一步拓展中欧（重庆）班列路线。深化与沿线国家和地区的监管合作；进一步丰富中欧班列承运货物种类；打通了重庆—德国、重庆—波兰的铁路运邮通道；推动中欧班列数据交换与监管互认，并在全国率先将安全智能锁运用于班列国内段途中监管，开创了中欧国际货运班列全路段运输国际邮包的先河，助推中欧班列（重庆）国际铁路联运大通道功能提升；向南，重庆与南宁、贵阳、兰州四地海关、检验检疫局签订《关于支持推进中新互联互通项目南向通道建设合作备忘录》，实现"渝黔桂新"南向铁海联运通道成功开通并实现常态化运行，重庆至东盟"五定"公路班车与中欧班列（重庆）无缝衔接，中欧班列（重庆）通过铁—铁联运直达越南河内，连接起海上丝绸之路。

积极探索陆上贸易新规则，创新实施铁路运输信用证结算。主要做法：重庆自由贸易试验区创新中欧（重庆）班列铁路运输贸易结算方式，针对铁路运输单据并不具备物权凭证的属性，在常规国际贸易结算及融资中存在一定障碍的突出问题，重庆自由贸易试验区选择平行进口汽车为主要产品，通过贸易融资产品创新，成功试点国际铁路联运运单项下信用证结算。

此外，重庆自由贸易试验区整合咖啡产地资源与消费需求，设立了咖啡交易中心，带动了国内外咖啡企业在两江新区集聚。

（十）四川自由贸易试验区改革成效

四川自由贸易试验区以服务"一带一路"建设为切入点，探索差异化、特色化的贸易便利化改革，包括多式联运"一单制"、中欧班列集拼集运等。

成都自由贸易试验区依托双流航空枢纽、成都国际铁路港、川南临港口岸，全方位联动航空、铁路、水运交通网络，打造综合物流服务体系，进一步畅通国际开放通道，促进内陆与沿海沿江协同开放。首创海关"互联网+企业注册"服务，实施关检联合查验区"一次查验"模式，"批次进出、集中申报"改革减少报关单量94%，成都关区进口、出口平均通关时间分别为7小时、0.6小时，较2016年分别压缩53.5%和49.6%。2017年，成都国际铁路港共开行国际班列1012列，货值达40亿美元，同比增长207.7%，为联想、长虹等优质国货走出国门提供了优质的铁路运输、通关、仓储等服务。还与上海、钦州关检部门合作，首创平行进口汽车海铁联运监管模式，打通欧洲、北美、中东三大采购渠道，连接全球的网络，带动贸易功能整体提升。借助地处长江经济带的区位优势，四川自由贸易试验区亦在探索"水路+"模式对外贸易新通道，对接沿海沿边沿江城市，努力实现内陆航运出口"一票制"提升，提升物流、关务、口岸综合业务水平。

川南临港片区位于四川省东南部，长江穿城而过，坐拥出川第一港，地处川滇黔渝结合部，处于"一带一路"和长江经济带交汇点，因此，它也是成渝城市群南向开放、辐射滇黔的重要门户。交通枢纽是该片区推动贸易便利化的目标导向，2017年12月底，首班泸州至上海升船机"五定"外贸直航班轮开行，包括玻璃纤维、纸等200个集装箱的货物，从泸州港出发，经上海出口至欧洲及东南亚地区；根据外贸直航班轮实施启运港退税政策，以及其有"启运退税""公共班轮""电梯翻坝""快船运输""货物直达"等特点，企业在泸州港出口可与上海等沿海港口出口享受同样的退税时效，出口企业从泸州港报关出口，驶离港口就能实现退税，这使得出口企业得到退税款的时间能够至少提前 20 日。

（十一）陕西自由贸易试验区改革成效

陕西自由贸易试验区在贸易便利化方面，重点是推进进出口贸易的监管模式创新。主要成绩是，推进落实全国海关通关一体化以及检验检疫无纸化改革，规范"一次申报、分步处置"作业流程，完善部门协作机制，改进通关风险管控措施。融合"通丝路"、出口水果电子监管及质量追溯系统两个特色应用服务功能的国家标准版国际贸易"单一窗口"上线运行，现在覆盖率达到 40% 以上。海关和检验检疫部门创新推行"货站前移""舱单归并"等 24 项监管服务措施，通关效率提升 30% 以上。推行"联网监管＋库位管理＋实时核注"监管制度改革，实现"一次申报、一次查验、一次放行"及 24 小时通关，企业单项业务通关平均时间由原先的 2 个多小时缩短至 40 分钟以内，节约时间 30%～50%。探索"边境抽检、内陆核放"检验检疫和"口岸直通查验"新模式。创新税收征管方式，实现了近 60% 的应税报关单通过"自报自缴"模式缴税，大大降低了外贸企业的经营成本。

西安片区积极拓展创新贸易方式，打通跨境贸易通道，打造以"区内保税仓储＋区外展示交易"为特色的文化贸易全产业链。2017 年，西安跨境电商进出口 471 万票，同比增长 273.2%。西安高新功能区联合西安海关开展了一系列通关便利化创新，"无纸化""通关一体化""区港联动""区区联动""跨关区流转"均在西安高新综保区率先试点；对区内企业实现 365×24 小时通关服务；在全国率先开展特殊区域外集成电路研发检测企业全程保税业务试点，将企业研发的集成电路货品通关时间从将近 3 个工作日压缩至 3 小时以内，通关效率提升 95%；成功开展艺术品区外保税展示业务，推动着陕西自由贸易试验区文化艺术品保税展示交易等新型业态创新发展。

西咸新区空港新城功能区打通"丝路"物流大通道，建设"国际航空枢纽"。空港新城功能区作为目前国内最大的临空型自贸片区，自成立以来，紧紧依托西安咸阳国际机场，重点发展航空物流、航空维修、航空企业总部、跨境电商等临空型产业，签约的海航现代物流，将以西安为全球货运航网中心，构建高价值产业的全球供应链枢纽，吸引大量货源、产业和资金向空港聚集。法国赛峰飞机起落架深度维修项目也已经开工，建成后预计年均维修飞机起落架 160 套、销售收入 6990 万美元，推动在海关特殊监管区外开展航空保税维修；联合海航等多家经营主体，策划在空港功能区建立"国际快件中心"，建设统一的监管服务平台，融合国际快件、跨境电商、直邮采购等业务，采用"境外预检、境内抽检"的方式，提高查验效率，降低监管风险，同时实现完税货物的再加工，再交易，再运输，建立区内新型物流生态体系，助力打造"中国孟菲斯"的航空服务功能区。

三、自由贸易试验区贸易便利化改革的问题与对策

自由贸易试验区贸易便利化改革力度很大，从制度创新和可复制推广的创新经验看，贸易便利化改革措施很多，但也面临一些主要问题。这些问题既有鲜明的表象特征——改革碎片化，也有蕴含于现象背后的改革协同性不足，更有自由贸易试验区"境内关外"法律属性不明晰的核心因素。

（一）创新措施碎片化现象突出

综观自由贸易试验区实施的各类制度创新措施、案例与可复制推广的改革试点经验，涉及的贸易便利化措施是非常多的。这一方面体现了海关、检验检疫等口岸监管部门锐意改革，落实制度创新核心任务的积极性；另一方面也反映了我国贸易便利化改革历史欠账较多，以往的通关流程和手续较为复杂，报关报检所需材料较多，导致通关成本较高。因此，贸易便利化改革既迫切也容易在无纸化通关、联合监管、程序简化上找到切入点，而且将通关时间和环节压缩视作改革成效的量化指标。但通过政策文件梳理可以发现，海关、检验检疫等部门出台的创新措施数量多、频次高，导致企业对政策文本的正确解读要求比较高的专业知识和时间成本。比如，

上海自由贸易试验区成立伊始，海关总署便出台了23项改革措施，国家质检总局提出10条支持上海自由贸易试验区的建设意见；与之呼应，上海海关针对所有创新制度先后出台改革操作规程和公告超过70个，上海出入境检验检疫局出台支持上海自由贸易试验区发展的意见有24条；此外，2017年8月举行的"中国（上海）自由贸易试验区、浦东新区贸易便利化措施暨国际贸易中心建设示范企业发布会"上，海关、检验检疫局又各自发布10项支持贸易便利化的最新举措。而且，有些政策文件停留于部门内部流转，企业很难通过互联网全面收集，更谈不上使用政策。因此，自由贸易试验区的贸易便利化措施越来越多了，也需做好政策宣传，增强市场主体对改革的认知度和获得感。

（二）改革系统集成有待提升

改革持续深化，不再是简单的流程优化，而是触及深层次的制度问题。自由贸易试验区改革措施碎片化背后的原因是改革协同性、耦合性不足，各自压缩行政执法流程，使市场主体办事比以前效率高一些，但导致改革系统集成不足的体制因素未突破，程序简化型改革到最后也有"临界点"。对自由贸易试验区贸易便利化改革而言，很明显的现象就是过去几年，海关、检验检疫、海事、边检甚至地方自贸办、管委会都会出台相关政策[1]，但联合发文推出制度创新举措的情况较为少见。同样，即使自由贸易试验区已有国际贸易"单一窗口"，但口岸监管部门依然拥有各自的信息管理系统，监管信息和数据端口不开放。不同口岸部门等因业务操作规定和管理方式不同，经常出现重复查验的现象。比如，原检验检疫部门按贸易方式、货物归类、货物用途等进行监管，为"横向切割"，而海关按贸易方式、业务流程顺序进行监管，为"纵向切割"，导致企业货物重复查验现象时有发生。因此，下一步在依托"单一窗口"深化贸易便利化改革的同时，要利用机构改革契机，从物流链、供应链、价值链的全流程角度促进各部门贸易监管改革配套措施衔接，将口岸通关、查验性质相似、流程相同的业务

---

[1] 如广东省自贸办2016年4月26日发布《关于依托中国（广东）自由贸易试验区降低国际贸易成本促进贸易便利化的若干意见》（粤自贸法函〔2016〕31号）。

归于特定部门集中统一管理。

(三) 自由贸易试验区"境内关外"的法律依据尚未明确

无论是海关特殊监管区还是自由贸易试验区,都强调"境内关外"监管模式,但在实际操作中,仅对进出口税收而言处于关外,注重保税功能,在区内经营自由、人员流动、海关管理方面尚未实现真正意义上的"一线放开、二线管住"。从法律管辖权的角度解读,所谓的"境内关外"在基本法律制度适用性上有所区别。一方面,自由贸易试验区是国境之内,国家宪法、民法、刑法等基本法律适用于该区域;另一方面,自由贸易试验区是关境之外,在财政、金融、外贸、海关、商事等方面的经济基础性法律可相对于关内而言具有体制机制独立性。目前,全国人大常委会针对自由贸易试验区改革试点内容修订《中华人民共和国外资企业法》等四部法律,但未修订或授权暂时调整实施《中华人民共和国海关法》,也未对自由贸易试验区专项立法给予"境内关外"属性的法律定位,口岸监管部门便需要依法履行"检查进出境运输工具,查验进出境货物、物品"的职责,尤其对自由贸易试验区不围网的区域要依法惯常管理。自由贸易试验区"大胆试、大胆闯、自主改"与"重大改革于法有据"在逻辑上有矛盾:在有明确国家法律规定前提下,口岸监管部门行政执法是不能突破边界的,但对一些改革存在"法律未明文规定但政策有限制"的模糊地带,口岸监管系统内部的授权改革、容错纠错、激励兼容机制有待完善。

四、深化自由贸易试验区贸易便利化改革的对策建议

(一) 实现"境内关外"性质下的"一线放开"

目前,由于缺乏法律定位,海关特殊监管区和自由贸易试验区本质上依旧是"境内关内"。所谓"境内关外",是指在一国境内开辟出一个由海关监管的专门区域,货物从这个区域通过海关关口进入国内企业就视同进口,而国内企业的货物通过海关关口进入这个区域就视同出口。无论是自由贸易试

验区深化改革,还是未来探索建设中国特色自由贸易港,都需要推动更高标准的"一线放开",实现通关"五不"机制(不申报、不征税、不查验、不统计、不设账册)。与此同时,"一线放开"的广度和深度需在国家法律条文中予以明确,防止未来政策风向一变而导致最后无法真正落实。

(二) 依托大数据监管建立海关事中事后监管体系

口岸管理部门利用互联网和大数据技术推动海关监管模式创新,在自由贸易试验区乃至未来的自由贸易港,推行免于常规海关监管的理念,建立以企业诚信管理为基础的现代监管模式。可与国内标杆互联网企业开展技术合作,对接国家统一信用信息交换共享平台,打通海关与其他职能部门(尤其是地方政府)的数据壁垒;完善电子口岸和电子围网功能,建立适合跨境电子商务的国际贸易"单一窗口",形成与贸易便利化相关的支付、物流和快递服务体系,拓展海外投资保险、出口信用保险、货物运输保险、工程建设保险等业务;整合企业信用信息,对诚信企业实行绿色通道、减少抽检查验率、直通放行、取消担保等便利化措施,打造高效便捷的通关便利化放行模式;完善事中事后监管机制,建立对缺陷货物的召回、返工维修、消费者维权一套溯源管理及责任追溯制度。

(三) 基于经济功能需求推进口岸监管制度创新

贸易便利化改革实际上由新海关、海事、国家移民管理局等中央垂直管理系统主导,更多是确保系统内的政令畅通、解决部门间协同改革问题,不涉及地方,缺乏改革自主权。探索创新口岸监管体制,构建适应现代化经济体系规律要求的管理模式和制度,围绕中国特色自由贸易港发展离岸贸易、国际船舶登记与管理、大宗商品交易、保税新业态、开放型经济服务平台等高端功能,进一步深化简政放权和业务流程再造,简化审批流程和手续,将"管少、管精、管准"的理念贯穿于海关执法全过程。

(四) 利用机构改革契机推动全国通关一体化改革

13个自由贸易试验区(包括海南、河北自由贸易试验区)涉及多个关区，需充分利用机构改革契机，建设新海关，建立健全口岸管理一体化运行机制，推动通关一体化改革。原来海关的分布按属地化管理，一个地方的海关自身是一个相对独立的监管体系，通过打造"两个中心、三个制度"①，进一步完善物流体系的监管，从货物卸船到运输再到转运整个多式联运过程中，海关需转变传统的对区内货物实行单证与货物监管同步，追求事前管住的监管理念，实现单证管理，解决物流通畅问题，简化进出境手续，启动简便的物流手续，建设便捷优质的保税货物的流转手续。由此，企业可以自主地选择申报、纳税、验放地点和通关模式，以往需要在多关口办理的手续可以在一个海关办理，进一步简化手续，进一步降低成本，同时海关的执法也将更加统一。

参考文献：

徐蔚葳，等. 中国（广东）自由贸易试验区贸易便利化绩效研究［M］. 北京：对外经济贸易大学出版社，2017：7-8.

---

① "两个中心"是指设立一个全国海关的风险防控中心和全国海关的税收征管中心；"三个制度"是指一次申报、分步处置制度，改革现行税收征管方式的制度，改变以往以关区为区块的监管模式。

第五章 中国自由贸易试验区金融市场国际化的实践及发展方向

林 江[*] 徐世长[**]

中国自由贸易试验区的金融改革经过了近5年的探索和创新,在空间布局上形成了"1+3+7+海南"的东西互济、海陆并举新格局,在账户管理、人民币跨境使用、大宗商品定价、对接国际金融行业高标准规则方面,进行了积极的试验,有亮点,有突破,有成效。但不可否认的是,金融业属于国家敏感行业,它的对外开放事关全国改革大局,事关国家金融安全,事关老百姓资产安全,必须谨慎。对此,本专题选择以"进一步提升我国自由贸易试验区金融市场国际化水平"为切入点,探讨自由贸易试验区深化金融体制机制改革的方向和战略重点。

一、我国金融市场国际化迎来战略机遇期

之所以要深入研究金融市场的国际化问题,原因有三:第一,随着我国对外开放程度的进一步加深,中国金融市场已经成为全球金融发展的重要组成部分;第二,从全球货币体系发展的规律来看,世界级的经济体量,需要与之相匹配的国际货币地位,人民币的国际化程度依然较低,不利于发挥我国货币的国际话语权和参与国际金融治理;第三,全球金融合作进

---

[*] 林江,男,经济学博士,中山大学自贸区综合研究院研究员,岭南学院经济学系教授、博士生导师,主要从事自由贸易试验区财税政策与金融创新、财税理论与政策、金融机构与金融市场研究。

[**] 徐世长,男,经济学博士,中山大学自贸区综合研究院副研究员,主要研究方向为自由贸易试验区金融创新与TPP(Trans-Pacific Partnership Agreement)规则。

入到高标准的规制合作阶段,金融市场的国际化关系到中国能否全面参与国际金融治理、优化金融业国际化营商环境。具体如下:

(一) 中国经济呈现持续稳定增长趋势

中国对外开放的大门只会越开越大,这意味着中国承担的国际社会责任也会更大,其中最为核心的便是保持经济持续稳定的增长。来自世界银行与国际货币基金组织的报告显示:2017年中国经济占世界经济的比重提高到了15.3%左右,对世界经济增长的贡献率为34%左右。中国需要积极提升金融市场的国际化水平,让金融成为助力中国经济腾飞的重要引擎。与此同时,世界货币体系的结构对比发生了重大变化,2016年10月1日起,人民币(RMB)作为第五种货币加入特别提款权(spcial drawing right,SDR)篮子,对基金组织来说,这是一个重大变化,因为这是自欧元采用以来第一次增添货币到篮子中。世界货币体系在SDR中的结构对比发生了重大变化,反映了全球经济当前的发展变化,特别是认可了中国在放开和改善其金融市场基础设施方面取得的成就。货币结构变化的背后是经济力量对比的体现,中国经济持续稳定的快速增长,使得人民币成为"硬通货",必然在国际货币体系中扮演更为重要的角色,也体现出了中国金融市场国际化具有强大的内生动力。

> 据世界贸易组织统计,2017年1—10月,中国进口(按美元计)增速分别比美国、德国、日本和全球高10.4、8.1、7.6和6.5个百分点,前三季度中国进口增长对全球进口增长贡献率达17%,进口占全球份额提高到10.2%。据国际货币基金组织(International Monetary Fund,IMF)数据资料显示:特别提款权结构由2010年审查时美元、欧元、日元和英镑的权重分别是41.9%、37.4%、9.4%和11.3%,变化为美元41.73%、欧元30.93%、人民币10.92%、日元8.33%、英镑8.09%,其中欧元占比下降最快。

(二）人民币币缘政治影响力加速提升

币缘政治作为国际金融治理体系的重要因素，对于形成本国货币的国际话语权，增强本国货币的国际影响力以及提升货币的国际化价值有着重要意义。人民币币缘政治影响力提升的主要表现是：人民币使用范围不断扩大，欧洲央行与德国央行同时宣布加入人民币作为官方外汇储备；跨境贸易人民币结算金额快速增加，结算区域不断扩大；人民币与其他货币的互换额度快速提升，强化了人民币国际化供给的市场机制；离岸人民币清算中心数量增加，强化了人民币国际市场的服务能力。虽然人民币在币缘政治影响力方面得到了持续提升，但不可否认的是我国金融市场的国际化水平相对较弱，人民币的国际影响力还需要进一步提升，特别是围绕人民币国际化问题，需要建立长效机制。

> 人民币去美元中介不断提速，当前可与22个国家的货币开展直接交易（资料来源：金投外汇网2017年1月10日讯）。马光明（2018）：从2012年年初至2016年年末，货物进出口中人民币结算比重已由5%左右上升至15%以上。任英华（2018）：截至2017年9月，境外机构和个人持有的股票和债券规模分别为10210.27亿元和11041.92亿元，分别占境外机构和个人持有境内人民币金融资产的25%和27%。央行发布的《2017年人民币国际化报告》显示，截至2016年年末，60多个国家和地区将人民币纳入外汇储备。

（三）"一带一路"倡议需要我国金融市场国际化水平的提升

2013年9月和10月，习近平总书记提出了"一带一路"的世纪性倡议，中国的对外开放进入新时期、新阶段、新高度。"一带一路"倡议涉及跨国之间的"共商、共建、共享"，其中以共建为例，基础设施建设的资金需求，对于当前的沿线国家和地区来说，是一个热点问题，更是一个难点问题。从"一带一路"沿线各国的发展情况来看，绝大部分处于发展初期，国际影响力和经济实力相对较弱，中国要在"一带一路"建设中发挥主导作用，必须要借助强大的国际金融市场来寻求巨额资金的解决之道。与此同时，"一带一路"倡议下的国际投资与贸易的快速增长，直接提升了人民币的国际市场需求，也让人民币国际化进入快车道。围绕"一带一路"倡议开展人民币资产配置已经成为沿线国家和地区的重要共识，特别是涉及人民币的跨境结算、国际贸易产品定价、离岸人民币服务中心的建设不断推进。

> 2017年，中国企业对"一带一路"沿线的59个国家进行的非金融类直接投资达143.6亿美元，在"一带一路"沿线的61个国家新签对外承包工程合同额1443.2亿美元，同比增长14.5%，完成营业额855.3亿美元，同比增长12.6%。中国还是世界重要的大宗商品进口国，2017年中国进口原油、铁矿砂、大豆等商品量刷新纪录，分别达4.2亿吨、10.75亿吨、9554万吨，分别比上年增长5%、10.1%、13.9%，进口均价分别上涨29.6%、28.6%、5%，对稳定大宗商品价格、促进原材料出口国经济复苏起到了重要作用。

新形势下的我国金融市场国际化有基础、有动力、有需求，特别是党中央在进一步深化自由贸易试验区改革、探索建设自由贸易港的背景下，金融市场国际化的步伐将比以往更坚定、更扎实。配合国家对外开放重大战略，将为金融市场国际化打造若干重大平台和提供强大的经济基础和产业空间。

二、自由贸易试验区探索金融市场国际化的主要成效

自由贸易试验区设立以来，围绕金融市场国际化进行了先行先试的压力测试，总体来看，金融市场的国际元素不断聚集，金融市场体系不断丰富，金融市场服务能力逐渐提升，金融市场的国际竞争力逐步提高，具体表现如下：

(一) 上海自由贸易试验区金融国际化改革"树标杆、立潮头"

上海自由贸易试验区成为全国金融市场化改革的引领区、国际化对接的先行区、金融新业态的聚集区和产融结合的示范区。上海是我国正全力推进的国际金融中心，不仅有大量的外资进入上海投资兴业，更重要的是上海将形成人民币国际化的战略平台。

(1) 金融开放创新与服务实体经济的能力不断增强。上海自由贸易试验区先后发布了"金改51条"和"金改40条"，围绕自由贸易账户（free trade account，FTA）、跨境投融资汇兑便利、人民币跨境使用、利率市场化、外汇管理改革等关键主题，制定了一系列实施细则，增加了政策供给。

(2) 国际化金融市场体系不断完善。在金融市场建设方面，设立了上海国际能源交易中心（其中2018年3月26日，中国版的原油期货上市交易，依据的原则是"国际平台、净价交易、保税交割、人民币计价"）、中欧国际交易所、上海保险交易所、上海票据交易所、中国信托登记公司，启动了证券"沪港通"，推出了上海黄金交易所国际板、上海股权托管交易中心科技创新板，开展了自由贸易试验区铜溢价和人民币动力煤掉期等中央对手清算业务，发行了跨境同业存单、"熊猫债"、自由贸易试验区地方政府债和绿色金融债等金融创新产品。

据陆家嘴金融城数据显示：截至2017年7月，上海自由贸易试验区内跨境人民币结算总额已达6736亿元，占全市的比重约为60%。共有55家金融机构通过分账核算系统验收，已累计开立自由贸易账户约6.87万个，当年累计账户收支总额约40980亿元，月末自由贸易账户余额约为2080亿元。截至目前有十余个国家四十余家知名资产管理机构已经或即将在陆家嘴金融城设立机构。全球资产管理规模排名前50位的机构中，有28家在陆家嘴设立了资管类WFOE（wholly foreign owned enterprise，简称"外商独资企业"）。在排名前十位的机构中，已有贝莱德、领航、富达国际、JP摩根、安联保险、纽银梅隆、安盛集团、德意志银行8家落户上海。

（二）广东自由贸易试验区金融改革聚焦"港澳跨境金融合作"

广东自由贸易试验区地处我国改革开放的最前沿，金融发展的市场化水平较高，但是国际化成色不足。广东自由贸易试验区的金融改革围绕"粤港澳金融合作"开展了颇有成效的探索，取得了较好的跨境金融合作成果。

（1）南沙致力于打造金融市场国际化的"品牌效应"。南沙大力发展融资租赁、航运金融、跨境金融、科技金融等特色金融，积极打造"一带一路"产业金融新枢纽，取得了阶段性成效。在南沙金融规划版图中，国际金融论坛（International Finance Forum，IFF）南方总部、各国常设金融机构驻广州总部、国际绿色增长基金小镇、国际金融学院学术智库区及配套设施等都将汇聚于此。

（2）前海自贸片区金融创新的"五个跨境"。前海作为深港合作的示范平台，与香港金融市场的对接通畅而且紧密。自贸片区批复以来，前海分别获得国家层面、"一行三会"层面、广东省层面的92项政策支持，在跨境本外币双向资金池、跨境双向发债、跨境双向贷款融资、跨境双向股权投资、跨境资产转让等领域形成了制度创新特色，并在资本项目收入支付审核便利化、全口径外债宏观审慎管理试点等方面进行了积极实践。前海片区的金融市场建设表现在金融机构创新、金融业务创新、金融要素交易平台建设、金融风险防控等方面。在金融市场对外开放方面，取消外资持股银行和金融资产管理公司持股比例限制，放宽证券公司、基金管理公司、期货公司、人身险公司的外资持股比例上限至51%，深港通、沪港通每日额度扩大4倍。

（3）横琴自贸片区跨境金融创新特色鲜明。横琴自贸片区批复以来，围绕高水平对外开放门户枢纽的定位，扎实推进金融服务横琴开发，加强粤港澳经济金融的深度融合，展开了一系列的制度创新。横琴片区在全国率先开展本外币兑换特许机构刷卡兑换业务；办理全国首笔贸易融资资产跨境转让业务；赴港发行国内首只非上市城投类企业离岸人民币债券；成为全国第一批开展外资企业资本金意愿结汇的试点地区。加快构建开放型经济新体制，打造粤港澳金融合作示范区，不断优化跨境金融合作的营商环境，构建以服务"一带一路"建设为重点的金融开放新平台。

> 据南沙金融局提供的资料显示：南沙国际金融岛项目正式启动，国际金融界的F20——IFF永久会址项目落户南沙。海尔全球产业金融中心的建设，助力南沙打造成为科技创新与金融服务紧密结合的创新型城市。在跨境金融方面，南沙不仅开展了跨境人民币直贷、跨境资产转让等多项跨境金融创新试点，"账户e路通"和"金融IC卡应用"业务还被列入全省首批复制推广改革创新项目。南沙正在努力打造全国融资租赁"第三极"。
>
> 据前海管理局金融创新处提供的资料显示：截至2017年年底，前海金融企业累计注册58043家，为第一大产业（占比40.2%），累计开业企业数量达24398家（开业率达42%），前海金融业累计就业人口达到12.95万人（占比32%）。持牌金融机构179家（其中，银行业机构49家，证券业机构103家，保险业机构27家），地方监管金融机构18847家，金融相关服务机构39017家。持牌金融机构贡献了33.2%的税收，非持牌金融机构贡献了66.8%的税收。
>
> 据横琴自贸片区管委会官方网站的资料显示：截至7月末，横琴自贸片区共有港资金融企业93家，注册资本人民币328亿元；澳资金融机构16家，注册资本人民币14.5亿元。建设澳门青年创业谷，设立5000万元创业谷天使投资基金，累计孵化203家企业，其中港澳创业团队122家，占六成，成立了规模约200亿元的广东粤澳合作发展基金，2017年上半年办理跨境人民币结算总额640亿元，增幅达35%。

（三）天津、福建自由贸易试验区的跨境金融各有特色

天津自由贸易试验区深化跨境金融改革的主要方向是：促进贸易投融资更加便利，提升资金使用效率，提高金融领域的行政服务能力和加快推

广金融创新经验。截至目前,已经在全国范围内推广了中资企业海外直贷、中资企业跨境借款、首单境内外币租赁资产证券化、个人跨境人民币结算、"碧水蓝天基金"等45个金融创新项目,涉及提升租赁业发展水平、跨境撮合活动、金融服务投融资便利化和跨境金融服务等。特别是融资租赁企业的大规模聚集、外币租金的收取、离岸业务的巩固,成为天津跨境金融创新的亮点。

福建自由贸易试验区探索对台金融合作成效较好。厦门、福州、平潭3个片区肩负着加强台湾同内地经贸往来便利化的制度创新压力测试,从金融跨境合作的情况来看,主要集中在离岸金融业务开展(中国银行、兴业银行等10家银行分别在区内设立总行级两岸人民币清算中心、离岸银行业务分中心、两岸金融服务中心或资产托管中心),台资金融机构加速聚集,两岸征信查询系统,海峡股权交易中心等方面。具体的创新案例包括:资本项下人民币境外直接投资业务,中资机构外债资金意愿结汇业务,跨境人民币反向风险参贷业务,实现跨境电商融资放款,试行股权投资类企业定期信息报送机制,厦门国际金融资产交易中心的区块链在金融资产交易中心的运用等。

据中国人民银行天津分行的资料显示:截至2017年3月末,天津自由贸易试验区内企业开展全口径跨境融资宏观审慎管理业务,累计借用外债16笔、金额2.8亿美元,其中,中资企业借用外债13笔、金额2.6亿美元,实现了中外资企业跨境融资政策的平等化,有效拓宽了中资企业境外融资渠道和规模。区内企业办理外债资金结汇6.5亿美元、资本金结汇4.3亿美元,企业能够更好地管控汇率风险,降低汇兑损失,满足资金运作需要,促进贸易投资便利化。区内A类企业办理贸易收汇134.3亿美元,均未经过待核查账户,区内企业直接到银行办理外商直接投资和境外投资项下各类外汇登记580笔、涉及金额447.8亿美元,简化贸易投资的行政审核程序提高了金融服务效率。

> 据福建自由贸易试验区管委会官方网站的资料显示：目前在福建省设立分支机构或参股设立的台湾金融机构共19家，在大陆各省份中居第二位。台湾银行、彰化银行、华南商业银行、合作金库银行4家台资银行落户福州。台湾富邦财险、国泰人寿、国泰财险等4家台资保险公司在福州设立保险机构。厦门片区开设台资银行落户绿色通道，吸引了富邦财险、永丰证券、第一金控、"中国信托银行"设立分支机构。率先开展对台跨境人民币贷款业务，截至今年4月，提款金额占大陆试点业务总量的90%。目前，已查询台企、台胞的信用报告69笔，发放贷款4173万元，为跨境征信查询提供了新样本。海峡股权交易中心设立台资板块，挂牌台企37家，为台资企业融资21亿元，台湾统一证券与厦门金圆集团合资设立全牌照证券公司。

综合来看，自由贸易试验区围绕金融业的对外开放，进行了一系列的制度创新和政策供给，由于金融行业的敏感性和影响的系统性，国家部委在对金融业的开放保持积极态度的同时，又相对谨慎行事。自由贸易试验区作为当前我国规划的全方位对外开放高能级平台，必然要面对着金融开放的巨大挑战。事实上，金融开放并不是独立成章，而是与产业战略、市场经济发展水平、国家外汇管理政策紧密联动。新形势下的自由贸易试验区建设，与打造全新的金融对外开放新格局有着逻辑上的一致性，必须要探索出一条金融开放的中国特色道路，要在保证不发生系统性风险的基础上，开创金融服务国家战略、服务实体经济发展的新路径。

三、自由贸易试验区金融市场国际化的"四大面向"

自由贸易试验区金融市场的国际化并不能照抄照搬西方金融市场的主流模式，要充分发挥中国特色社会主义市场经济制度的优越性，在强调金融开放的同时，更加注重系统性金融风险的防范。我国自由贸易试验区的金融改革，一定要围绕服务实体经济发展开展制度创新和政策供给，防止金融乱象，杜绝资金空转，降低融资成本，提升金融服务经济发展的效能。

对此，我们提出自由贸易试验区金融市场国际化的"五个面向"，旨在系统深入地论证金融开放的战略重点。

（一）金融开放要面向"新科技、新产业、新服务、新风险"

科技革命的爆破力极其强大，除了颠覆传统的商业模式以外，更呼唤与新型生产要素更加匹配的金融服务模式。面向未来的金融发展战略需要我国自由贸易试验区突破传统金融产业集聚的"狭隘思路"，以"新产业、新商业、新金融、新服务、新未来"为规划起点，探索基于人工智能、数字科技、智慧城市、基因工程、信息工程等新兴科技领域的产业化，对应于金融服务和金融市场环境的需求。与此同时，金融行业的敏感性意味着防范其风险是头等大事。如何储备和培养新科技革命产业化过程中的金融风险治理人才，如何通过制度创新、合作模式创新同世界发达地区的高水平金融服务体系开展便利对接，以及如何围绕"高科技产业＋金融服务"进行制度安排与政策设计，将是我国自由贸易试验区金融市场国际化的重要方向和战略重点。

（二）金融开放要面向"跨境金融基础设施"的完善

要能够形成一个国际化、市场化、法治化的跨境金融基础设施环境，提升外资进入中国投资的吸引力和可持续能力，是金融开放的重头戏。党的十八届三中全会以来，党中央和国务院提出了新形势下的国家对外开放新战略，其中"中国自由贸易试验区（1＋3＋7＋海南）""一带一路""粤港澳大湾区""自由贸易港"等对外开放新高地，集中体现出我国探索新一轮对外竞争新优势，积极主动推动全球化发展的坚定决心。我国自由贸易试验区普遍分布在基础条件较好的海港、空港、信息港、产业高地，对外金融合作与投融资的需求巨大，特别是在基础设施建设、港口经济、航运物流、大型央企"走出去"投融资、离岸人民币在岸服务、对接港澳金融市场等领域需要发挥外资参与建设的功能。抓住"一带一路"建设背景下的金融发展机遇，根据境外基础设施投融资、非标资产证券化等境外金融市场需求开展制度创新与产品供给，深化具有中国特色的跨境金融基础性制度安排，打造自由贸易试验区金融市场国际化发展的新格局。

(三) 金融开放要面向"高标准的国际金融规则"

对接国际高水平的金融服务业新规则（TPP/TTIP/TISA）必然成为我国金融业改革开放的发展方向。国家层面的金融改革在外资市场准入方面不断取得进展，国务院印发的《中国（上海）自由贸易试验区金融服务业对外开放负面清单指引（2017年版）》《关于促进外资增长若干措施的通知(2017/08)》《CEPA及其补充协议安排》《中新、中澳自由贸易协定》等顶层设计文件都对金融服务业的深度对外开放指明了方向。特别是2017年11月中美首脑会晤时，中方明确重申要按照自己扩大开放的时间表和路线图，将大幅度放宽金融业，包括银行业、证券基金业和保险业的市场准入。面对不断放开的金融市场，南沙作为自由贸易试验区应该主动调整思维，积极规划金融业发展的大战略，一方面提升自身的金融业营商环境，另一方面更重要的是为国家金融业的对外开放和风险防控探索经验和政策。

(四) 金融开放要面向"民生金融"需求

自由贸易试验区的金融改革与发展，其最终还是要回归到服务于"人"的问题，提升人民群众在改革开放中的实际获得感，特别是涉及生产、生活、消费、投资等基本民生问题的金融服务便是最直接、最有效的表现。如何更好地满足广大居民对优质金融产品的需求，如何在自由贸易试验区的金融业对外开放中使得老百姓和企业获得便利、高效、安全的金融服务，都需要良好的制度环境与跨境投融资保护体系。自由贸易试验区的金融开放要努力在提升"民生金融"质量层面有所作为，服务好广大的海外侨胞对于到自由贸易试验区双向投资、出入境生活服务等金融需求，加强与国际金融市场联动，实现跨境金融产品供给主体的资格互认、产品商业模式互认，完善金融投资者与消费者权益保护机制。

四、自由贸易试验区金融市场国际化的原则与重点抓手

对标国际一流的金融业营商环境，首先要求自由贸易试验区有所作为，

探索中国特色的金融市场国际化道路,并逐渐形成可复制可推广的改革经验。笔者以为,我国自由贸易试验区率先实现金融市场国际化,要把握住原则、确定好次序、选择好重点。

(一) 自由贸易试验区金融市场国际化的原则

(1)"游戏规则"的国际化。包括上海在内的自由贸易试验区金融改革与扩大开放,在"游戏规则"国际化方面的对接依旧是短板。金融市场国际化游戏规则需要在"离岸金融服务创新""跨境资本监管放松""金融跨境从业资格认证""金融商事纠纷仲裁的本地化解决""金融行业税制改革"等领域,率先积极探索,特别是对标 TPP 金融高标准国际规则,优化金融业营商环境,打造"自由贸易试验区金融平台"统一的制度保障体系。

(2) 金融产品供给与服务标准国际化。发挥自由贸易试验区制度测试优势,围绕产业发展(特别是战略性新兴产业)构建全方位嵌入式金融服务,大力开拓外资进入自由贸易试验区实体产业的金融通道。当前主要是引进具有国际化视野和专业服务能力的金融高端人才,打造自由贸易试验区国际化金融产品供给和标准输出的服务生态。

(3) 金融交易平台的国际化。自由贸易试验区需要强化金融市场建设的国际联系,提升自身金融交易平台的国际化水平。围绕人民币产品的国际金融市场供给开展制度探索,进一步发挥港澳金融自由港的优势,打造具有国际影响力的金融交易平台,助力自由贸易试验区成为企业"境外上市、发债、财富信托"的平台;在产业金融方面,打造金融科技服务平台,高效、便捷地引进外国战略投资者,进一步理顺金融服务"独角兽"企业培育的体制机制。

(4) 沟通机制的国际化。自由贸易试验区金融改革与发展需要建立常态化的对外交流合作机制。培育具有国际影响力的金融智库,成立国际友好城市金融智库联盟,在金融政策沟通、金融人才培养、金融项目落地、金融国际论坛等领域发挥联系人作用。

(二) 自由贸易试验区金融市场国际化的战略抓手

1. 探索金融科技立法

当前,第五次科技革命带来的新思维、新产业、新模式,直接对传统的国际金融市场交易规则造成威胁,我们不能回避金融科技的快速渗透给金融体系、金融服务方式、金融风险防控方式带来的挑战,甚至是颠覆性影响;相反,我国的自由贸易试验区作为金融改革开放的前沿阵地,必须用积极有为的态度去迎接金融科技带来的全新变化,特别是在"AIB"(人工智能、信息科技、生物医药)快速发展的大背景下,要积极探讨金融创新服务的嵌入性问题。科技与金融的结合需要从金融基础设施与金融服务环境两个方面同时进行提升与优化。对于金融科技商业模式的培育,要进一步出台保障制度,建设扶持金融科技发展的"高速公路",在自由贸易试验区率先探索金融科技立法。作为新兴的金融服务模式,以区块链技术、人工智能、大数据信息、加密数字货币为代表的金融科技正在快速进行全球渗透,国际金融市场出现了新的金融交易产品和交易规则。如何更好地引导金融科技的发展,占领金融科技服务实体经济的制高点,需要首先探索金融科技立法。

2. 逐步丰富国际大宗商品交易的人民币定价产品

自由贸易试验区金融制度创新的重要任务就是探索资本项目可自由兑换,突破点在于深度推进人民币国际化。人民币国际化已经走过了国际贸易结算、国际货币互换、国际货币直接兑换等国际化的初期阶段,自由贸易试验区必须要大胆探索国际大宗商品人民币定价机制,这是对中国经济发展成绩的认可,更是人民币全球配置的关键环节。2018年3月,上海能源国际交易中心下设的上海原油期货交易所正式成立,标志着以人民币为计价货币的国际第三大原油期货交易所诞生,人民币原油期货作为中国首个向外国投资者开放的大宗商品期货,有利于实现人民币更高水平的国际化,对于我国积极参与全球大宗商品定价发挥了示范性作用。丰富国际大宗商品交易的人民币定价产品,需要围绕货币市场、资本市场的国际化开展制度设计,特别是要进一步增强人民币债券的信用评级,扩大人民币金融衍生产品种类和交易范围,强化香港作为人民币离岸金融中心的地位,依托香港国际金融市场的规则优势，助推人民币"走出去"，进一步提升人民币作为国际储备货币的功能和定位。

3. 发挥自由贸易试验区"窗口"加"跑道"的国际金融平台功能

自由贸易试验区的金融创新格局一定要围绕"高水平对外开放的门户枢纽"开展制度创新。当前的自由贸易试验区金融改革处于资本跨境流动的最好时期，大量的境外风险投资需要寻找优质、安全的投资标的。很显然，自由贸易试验区的金融对外开放，将成就境外资本捕捉境内低估值的优质资产。对此，自由贸易试验区应该变成企业"走出去"投资和境外资本引进来的功能平台。一是做好"窗口"。首先，率先对接TPP金融服务贸易国际规则，在确保不发生系统性金融风险的前提下，大胆创新，通过开展金融服务事中事后监管，提升和优化自由贸易试验区金融业国际营商环境；其次，在短期内树立自由贸易试验区金融国际化品牌，强化金融业对外服务能力，完善跨境金融基础设施，构建新型的跨境金融智库交流渠道。二是做好"跑道"。自由贸易试验区的金融业增长引擎应转向依靠"引进来"与"走出去"金融服务体系的完善，将自由贸易试验区打造成"金融跑道"。积极引进外资参与"一带一路"跨境基础设施建设，资产证券化，打造自由贸易试验区成为外资进入内地的便捷通道。进一步深化上海自由贸易试验区金融管理体制创新，开拓国际资产管理业务新局面，打造广东、福建自由贸易试验区成为华侨家族信托与财富管理的国际通道。

4. 打造自由贸易试验区成为"一带一路"金融创新枢纽

我国上海、广东、天津、福建等先行批复的自由贸易试验区，围绕"一带一路"倡议开展金融体制机制创新，取得了明显的改革成果，在涉及跨境基础设施投融资、跨境产业园区建设、跨境贸易融资产品、跨境资产转让等领域，都形成了重要的产品开发经验。广大的内陆型自由贸易试验区同样应该成为"一带一路"金融改革的战略阵地，特别是产业基础较好的内陆自由贸易试验区，应当在产业金融枢纽的功能定位上先行先试，不断增强对外金融服务能力和不断提升跨境金融合作水平。

（1）大力发展市场化运作的"境外投资风险担保公司"。"一带一路"国家普遍存在基础设施落后、经济结构不合理、优势产业有待高水平开发等问题。课题组调研发现，国内当前"走出去"的企业中主要是大型国企、央企，资金来源主要以政策性金融为主，商业性金融参与度较低，这种模式显然对持续性的企业"走出去"战略不利。通过成立市场化运作的境外投资风险担保公司，作为重要的市场化金融风险分散机制，有利于推动广大的中小型企业参与"一带一路"国家的经贸往来和"走出去"投融资。

（2）培育自由贸易试验区金融市场机构投资者"有限合伙人"制度。在当前人民币资本项目不可自由兑换的条件下，培育机构投资者有限合伙人制度能够有效地推进自由贸易试验区金融市场的国际化步伐。通过 QFLP（qualified foreign limited partner）制度吸引海外资本金通过自由贸易试验区进入内地科技创新领域，投资于国内的 PE（private equity）以及 VC（venture capital）市场，与此同时，通过合格境内有限合伙人（qualified domestic limited partner，QDLP）制度打造自由贸易试验区成为人民币"双向"开放的对外渠道，扩大人民币基金的海外市场规模，逐步推动提高自由贸易试验区成为离岸人民币在岸服务中心。

5. 聚焦离岸金融发展

离岸金融作为国际化金融资源配置的重要形式，对于打造"离岸+"跨境合作模式至关重要。目前的自由贸易试验区金融对外开放以及业务规模与预期相比还有差距。对此，提升自由贸易试验区金融市场国际化的重要举措便是建设好离岸金融市场，围绕离岸业务来增强自由贸易试验区的国际化水平。

（1）打造"隔离银行"。现在的商业银行自由贸易试验区分行在业务管理体制上依然受制于强监管、硬约束，对外金融业务范围有限，可以参考设立"隔离银行"制度来取代离岸银行账户，赋予自由贸易试验区分行独立自由的境外业务开展权利，与国内监管体系和母行相分离，作为整体对外开展人民币国际化业务、国际市场投融资服务。

（2）探索设立"自由贸易试验区离岸金融账户的多币种管理体系"。进一步优化账户管理，综合补齐现有的"FTA""NRA+"（non-resident account，境外非居民账户）和"OSA"（offshore account，离岸账户）账户的短板，构建更加自由、功能更为强大、服务范围更广的离岸金融服务体系。探索区内银行和支付机构、托管机构和境外银行、支付机构开展跨境支付合作，扩大区内金融机构向境外转让人民币资产、销售人民理财产品的规模。

(3) 在国家对合资金融机构持股比例逐渐放松的预期下，联合国际金融机构和国际大型投资基金在自由贸易试验区设立合资银行、证券和保险公司，推进人民币双向开放，扩大离岸金融业务范围，提升自由贸易试验区金融市场的国际知名度。

(4) 创新离岸金融税制安排。在避免跨国企业重复征税，降低离岸金融业务综合税率方面，建立一套具有国际竞争力的制度体系，在不对税基造成重大冲击的情况下，合理调整离岸金融业务的税种结构和征缴方式。

自由贸易试验区的金融改革任务艰巨，构建开放型经济新体制的主要表现之一便是构建具有更高能级的金融业开放新体制。以习近平同志为核心的党中央，在新的历史阶段提出了全方位对外开放的大战略，是一系列开放元素和开放平台的集合，是实现国内外"两个市场、两种资源"优化配置的重要抓手。金融是现代经济的核心，金融业的对外开放是建设金融强国、提升国家参与国际金融治理竞争力的必由之路，金融业的对外开放，既是金融服务水平国际化的内在要求，同时，也是金融产业便利化聚集的持续动力。不断提升我国自由贸易试验区金融市场的国际化水平，在短期内也许会承担较大的制度成本，但是从长远来看，它必定是金融强国战略的关键举措，应该围绕金融市场规则国际化，进行大胆的制度创新和政策供给，从而实现更高水平的服务实体经济发展。

参考文献：

[1] 韩龙. 资本项目制度改革流行模式不适合人民币国际化 [J]. 法商研究，2018，35（1）：149-159.

[2] 石思丹，吴迪. 探索亚投行助力人民币国际化的新路径——借鉴发达国家货币国际化经验 [J]. 价值工程，2018，37（4）：236-237.

[3] 刘璐，蒋冠. 人民币国际化与我国陆疆地区对外贸易的关系研究——以云南省为例 [J]. 云南民族大学学报（哲学社会科学版），2018，35（1）：108-116.

[4] 邱晟晏. 人民币国际化路径设计及政策建议 [D]. 长春：东北师范大学，2014.

[5] 赵子华，叶前林，何伦志. "一带一路"倡议助推人民币国际化面临的

障碍及策略选择 [J]. 对外经贸实务, 2018 (1): 30-33
[6] 孙丹. 人民币离岸市场战略布局研究 [D]. 上海: 上海社会科学院, 2017.
[7] 赵婕伶. 人民币在岸与离岸金融市场汇率溢出效应研究 [D]. 北京: 首都经济贸易大学, 2017.
[8] 郭睿夫. 人民币跨境流通规模及其影响因素研究 [D]. 沈阳: 辽宁大学, 2017.
[9] 丁剑平. 离岸与在岸人民币国际化路径研究 [A]. IMI 研究动态 (2017 年上半年合辑), 2017.

第六章 中国自由贸易试验区政府职能转变的深化改革路径

陆剑宝[*]

习近平总书记在党的十九大报告中提出：赋予自由贸易试验区更大改革自主权，探索建设自由贸易港。从2013年上海自由贸易试验区成立以来，三批自由贸易试验区通过积极探索，形成了一系列可复制推广的制度创新经验。但由于我国行政体系的层级约束和地方政府改革权限和能力的限制，自由贸易试验区制度创新还处于"浅水区"，需要进一步加快政府职能转变，为深化改革"松绑"。

一、引言

长期以来，我国的政府职能转变主要沿着两条路线进行：一条是自上而下，另一条是上下结合。

自上而下的政府职能转变主要沿着适应和推动经济体制和社会管理改革这条主线进行，聚焦经济调节、市场监管、社会管理、公共服务、生态环境保护等政府基本职能，体现出"渐进调适"的改革特点。

回顾三十五年来的我国政府机构改革，可以发现这种"渐进调适"的改革特征。1982年的政府机构改革，精简各级领导班子，加快干部队伍年轻化。1988年的改革，重点是围绕经济改革转变政府职能，淡化经济管理部门的微观管理职能。1993年的政府机构改革以政企分开为中心，目的是

---

[*] 陆剑宝，男，管理学博士，中山大学自贸区综合研究院副研究员，主要研究方向是自由贸易试验区制度创新与服务业集聚、粤港澳合作研究。

构建社会主义市场经济基本框架。1998年的政府机构改革以中央政府人员、机构减半为目标,政府职能转变取得重大进展。2003年的政府机构改革为了适应加入世贸组织,提出了决策、执行、监督三权协调的要求。2008年、2013年的政府机构改革则继续围绕转变政府职能这个核心,探索建立大部门体制。2018年,国务院正部级机构减少8个,副部级机构减少7个,组建了自然资源部、生态环境部、文化旅游部等更加注重社会管理和生态保护方面的职能部门,见表6-1。

表6-1 我国政府机构调整的历史线索

年 份	调整和缩减部委	主 要 目 标	特　　点
1982年	52→42	精简机构提高效率	改革前,国务院工作部门达100个,人员编制达到5.1万人。改革后,国务院所属部委、直属机构和办公机构裁并调整为61个,编制减为3万多名,精简了25%
1988年	45→41	政府职能转变政企分开	首次提出了转变政府职能的要求,与经济体制改革紧密地结合起来。在这次改革中,国务院共撤销了12个部委,新组建9个部委,将农牧渔业部更名为农业部。通过改革,国务院部委由45个减为41个,直属机构从22个减为19个,人员编制减少了9700人
1993年	41→41	针对市场经济体制建立相应政府管理架构	1992年中共十四大确定经济体制改革的目标是建立社会主义市场经济体制,行政上也应构建一个适应社会主义市场经济体制的政府管理模式。到1993年,国务院工作部门又增加至86个,于是启动了第三次改革。经过调整,国务院组成部门调整为41个,直属机构调整为13个,办事机构调整为5个
1998年	40→29	进一步深化改革扫除市场经济体制障碍	提出了机关行政编制要精简50%的要求,是历次机构改革人员精简力度最大的一次。改革后,国务院组成部门由40个精简为29个。改革后行政编制由原来的3.23万名减至1.67万名,精简了47.5%

续上表

年份	调整和缩减部委	主要目标	特点
2003年	29→28	为进入世界贸易组织微调 撤销外经贸易部建商务部	这次改革为加入世界贸易组织做准备，政府机构总体格局保持相对稳定，只是集中力量解决行政管理体制中影响改革和发展的突出矛盾和问题，重点推进国务院机构改革，进一步转变政府职能，以便为促进改革开放和现代化建设提供组织保障。除国务院办公厅外，国务院29个组成部门经过改革调整为28个
2008年	28→27	转变政府职能和理顺部门职责关系 大部制改革	主要任务是，围绕转变政府职能和理顺部门职责关系，探索实行职能有机统一的大部门体制。 改革内容包括：组建工业和信息化部；组建交通运输部；组建人力资源和社会保障部；组建环境保护部，不再保留国家环境保护总局；组建住房和城乡建设部，不再保留建设部；等等。 经过调整，除国务院办公厅外，国务院设置组成部门27个，直属特设机构1个，直属机构15个，办事机构4个，部委管理的国家局16个，直属事业单位14个。国务院正部级机构减少4个
2013年	27→25	延续上次改革思路，深化"放管服"改革 减少政府对市场和社会工作干预	重点围绕转变职能和理顺职责关系，稳步推进大部门制改革，实行铁路政企分开，整合加强卫生和计划生育、食品药品、新闻出版和广播电影电视、海洋、能源管理机构。 在这次改革中，组建了国家卫生和计划生育委员会、国家食品药品监督管理总局、国家新闻出版广电总局，重新组建了国家海洋局、国家能源局，不再保留国家电力监管委员会等。经过改革，国务院正部级机构减少4个，其中组成部门减少2个，副部级机构增减相抵数量不变。改革后，除国务院办公厅外，国务院设置组成部门25个

续上表

年 份	调整和缩减部委	主要目标	特 点
2018年	25→26	全面深化改革 继续推进大部制改革	重点突出转变政府职能，以此进行整合，延续大部制改革思路。加强和完善政府经济调节、市场监督、社会管理、公共服务、生态环境保护职能，调整优化政府机构职能，全面提高政府效能。整合职能交叉重叠的部门，国家发改委与其他部委职能交叉、重叠的现象得到明显改善，新组建自然资源部、生态环境部、文化和旅游部、中国银行保险监督管理委员会、国家卫生健康委员会、退役军人事务部、应急管理部、国家市场监督管理总局、国家医疗保障局等一系列新机构，而国土资源部、国务院法制办、国务院三峡办、银监会、保监会等将退出历史舞台。改革后，国务院除办公厅外，设置组成部门26个，现有正、副部级机构分别减少8个和7个

从上海自由贸易试验区开始，上下结合的政府职能转变具备了试验平台。自由贸易试验区设立的初衷就是通过开放倒逼行政体系改革。可以说，自由贸易试验区的核心是制度创新，制度创新的顶层设计在国家层面，而制度创新的主要执行者是地方政府。地方政府在自由贸易试验区实践过程中，通过改革创新，形成一系列可复制推广的制度创新经验，倒逼顶层的制度改革。

二、自由贸易试验区政府职能转变的理论依据

（一）政府内部组织

政府职能转变是我国经济体制改革和行政管理体制改革提出的一个重大课题。政府职能就是政府根据社会需要而拥有的职能，它反映了政府在一定时期内的主要活动。政府职能不能一成不变，需要根据形势和任务的变化而变化。政府职能分为基本功能和具体职能。前者是指政府在社会生

活中所起的基本作用，即运用国家公共权力，管理社会公共事务；后者是指政府在管理社会事务中所发挥的具体作用，对此又可从不同角度划分为不同的职能。以地域划分，则有对内、对外2种职能；以管理领域划分，则有政治、军事、经济、文化、社会5种职能；以管理经济的主要内容划分，有《中共中央关于经济体制改革的决定》规定的8种职能。

政府职能转变的理论依据主要有三条：①适应从产品经济向有计划的商品经济转变的需要，要从原来统管一切的产品管理体制转变为商品管理体制，从直接管理转变为间接管理。②适应发扬社会主义民主的需要，为了推进国家政治和经济等社会事务管理"民主化"，政府应该适当放权。③适应政府行政管理科学化、现代化的需要，必须改变不符合科学管理原则的包揽一切的管理方法。转变政府职能才能提高管理效率。此外，随着科学技术和生产力的迅猛发展而出现了一系列社会经济问题，也使政府管理职能衍生出新的内容。目前，政府职能转变的研究主要集中在以下几个方面。

1. 政府体制与机构重组

我国政府体制与机构改革整体上是在中央统一部署下逐渐推进的，体制改革取得了显著成效，其主要实践表现为每隔5年进行一次的国家机构改革。但是，机构改革却总是陷入"精简—膨胀"的循环怪圈（毛寿龙，2004）。在2008年自上而下推行的大部制改革后，全国绝大多数的地方政府都与上对应进行了改革，但地方政府部门横向之间仍然像以前一样出现协调困难和运作不畅的问题（竺乾威，2014）。有些地方政府是裁减部门反而增加工作人员。吕芳（2015）剖析了中国地方政府"影子雇员"形式的存在，地方政府更多地借助以公务员为核心的"同心圆"结构中的"影子雇员"来实现貌似编制不足情况下的市场管理和社会管理。通过对广东自由贸易试验区3个片区的政府部门访谈得知，通过市场化招聘的雇员在一些专业领域比在编的公务员表现更突出，工作效率和效果也更佳。

2. 政府的定位与职能转变

地方政府职能转变总是伴随着政府经济体制改革和行政体制改革的进程。这一主题主要在于重新认识和界定地方政府的职能，正确处理政府、市场、社会的关系，实现地方政府职能转变（李克强，2015），解决政府职能"越位、错位、缺位"的问题。最近则开始强调政府的社会管理职能和公共服务职能。自由贸易试验区对政府定位并没有做出过多的侧重，这导致目前的自由贸易试验区偏重经济开发，而忽视了社会管理和公共服务功能设置。地方官员的调动频率增加导致在位政绩的压力，新区的基础设施建设、项目招商、国有投资公司的设立等均呈现迅猛增长之势，但市民的住房保障、医疗教育和休闲娱乐等均没有得到相应程度的配套建设。

3. 政府工作流程再造

国内学者主要结合地方政府行政审批制度改革（陈天祥等，2012）、政务超市（李金龙等，2007）、电子政务（中国行政管理学会，2012）的建设进程来进行本专题研究，尽管很多地方开展了此类创新实践（陈振明，2016），但流程再造的理念却未深入人心。自由贸易试验区在全国地方政府行政服务中心大规模设置的基础上，进一步优化行政服务的流程，增加便利化。一些行政审批事项通过整合全部设置在行政服务中心办公，实现"少跑动、少缴费"。

4. 政府管理方式转变

近年来，政府工具研究成为政府管理方式创新的新途径。学者们认为市场化工具、互联网技术（后向东，2016）和社会化手段在政府管理中的引入是21世纪行政管理发展的基本趋势。此外，信息化、全球化对地方政府的挑战也成为学术界关注的议题。自由贸易试验区各部门通过互联网，一方面，实现信息化监管；另一方面，打破传统的上下级部门和同级部门之间的"信息孤岛"造成的政策碎片化困境。此外，"互联网+"亦引发了新兴贸易业态的出现以及制度创业现象的萌芽，为政府传统的监管模式和方式提出了新的挑战。

（二）府际关系

1. 上下级科层关系

国内学者侧重研究中央与地方政府间的关系，研究角度主要有权力、资源、财政等（周雪光，2005、2008、2011；陈硕等，2012；周黎安等，2015）。简政放权和财政分权激发了地方政府的积极性，但同时亦出现了地方官员的"晋升锦标赛"。中央政府通过行政发包，层层摊派；地方政府为了获得更多财政支持和晋升空间，层层加码。一方面，地方经济短期得到投资推动性的增长；另一方面，亦引发"短视陷阱"（周业安、章泉，2008）。中央一再强调"加快行政管理体制改革，是全面深化改革和提高对外开放水平的关键"，并把行政管理体制改革作为"十一五"期间我国体制改革的中心任务。这就为自由贸易试验区地方政府制度创新明确了改革标尺和方向。同时，调动自由贸易试验区地方政府改革积极性，是行政管理体制改革取得成功的基础。两者具有相互影响、相互促进的关系。自由贸易试验区建构在区一级管委会架构上，可以成为政府行政管理体制改革的基本任务（职能转变、行政审批、机构改革、行政干部选拔任用制度以及重大事项决策机制建设）与地方政府改革的突破口和推进方式。但是，目前中央改革与自由贸易试验区地方政府创新以及自上而下改革之间的关系还没有理清。

2. 同级条块关系

近年来关于地方政府横向关系的研究逐渐增多，主要围绕"竞争与合作""碎片化"两个主题展开。如地方政府竞争与共谋，政府内部部门的联盟，城市群地区政府间的合作与协调，跨区域的省际关系等（周业安，2003；周黎安，2007、2011；崔晶，2015）。自由贸易试验区地方政府制度创新不可能单兵推进，既要充分考虑中央行政系统与地方行政系统之间的事务划分和财政划分，也要加强横向政府间的协调与合作，从狭隘、孤立、对抗的旧地方主义向开放、合作的新地方（区）主义发展。自由贸易试验区之间、同一省份自贸片区之间的政府关系被关注得较少。自由贸易试验区政府间的政策网络与治理网络仍是研究的空白。

三、自由贸易试验区政府职能转变的改革方向

加强自由贸易试验区建设与转变一级地方政府职能的联动，系统推进简政放权、放管结合、优化服务改革，在行政机构改革、管理体制创新、运行机制优化、服务方式转变等方面改革创新，全面提升开放环境下政府治理能力。从"放、管、服"出发，健全以简政放权为重点的行政管理体制；深化创新事中事后监管体制机制；优化信息互联共享的政府服务体系。

自由贸易试验区地方政府改革方向,见图6-1。

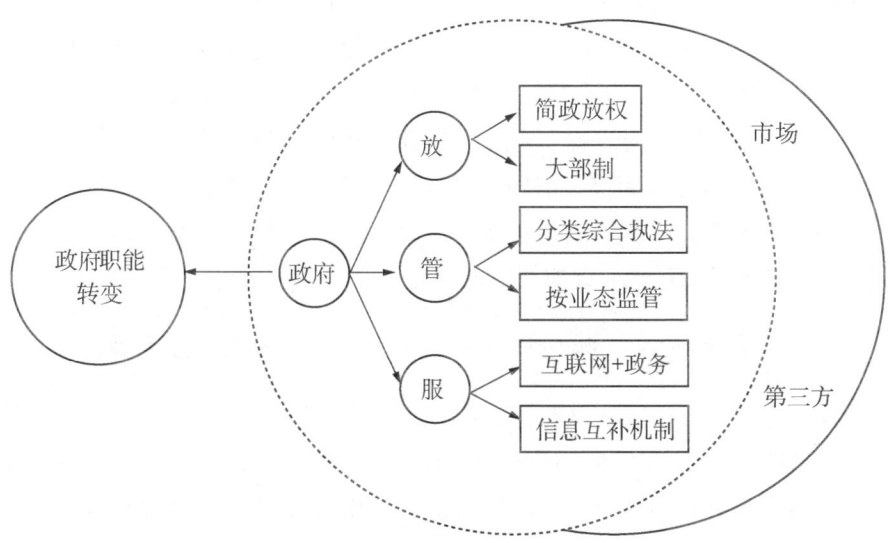

图6-1 自由贸易试验区地方政府改革的内部体系

(一) 自由贸易试验区地方政府体制创新与机构重组

体制改革是地方政府改革的逻辑基础。体制层面权限的划分、机构重组以及配套的制度设计,将是自由贸易试验区地方政府改革的重要组成部分。政府机构是实施制度创新的主体,只有建立起科学合理的政府组织机构体系,才能保证政府有效履行职能。研究的主要内容包括:①自由贸易试验区地方政府决策系统的构建研究;②自由贸易试验区地方权力清单、责任清单和监督机制研究;③自由贸易试验区地方政府部门和法定机构的人事制度改革研究;④地方政府机构重组,特别是自由贸易试验区管委会或管理局的大部制改革进展研究。

(二) 自由贸易试验区地方政府的角色定位与职能体系

地方政府的角色定位以及职能的转换是深化自由贸易试验区制度创新的重要前提。中央已明确指出,行政体制改革的当务之急,是要政府明确自身的角色定位，即政府不应包办所有工作，而应尽快从经营管理性工作中脱身，由市场机制和法制处理。研究的主要内容包括：①先行先试和压力测试下的地方政府角色的重新定位（尤其是明确自由贸易试验区政府管理的范畴和边界，及其与市场、社会之间的分工关系）；②各自由贸易试验区地方政府职能转变的过程、存在问题和改革阻力类型的总结分析；③以提供服务（包括经济调节、市场监管、社会管理和公共服务）为重点的自由贸易试验区政府职能体系的重构；④公民参与、社区建设和第三部门发展与自由贸易试验区地方政府职能的转变。

（三）自由贸易试验区地方政府流程再造与管理方式改进

经过三年的自由贸易试验区制度创新探索和实践，在运动式改革成效较小的情况下，更应该注重从技术性的管理方式入手，合理借鉴西方的流程再造理论和政府工具理论，设计出指导自由贸易试验区地方政府改革的操作性工具，由细微措施的改革进而引领政府职能的重新整合、调整、转变，并最终带来运作机制和政府体制的完善。研究的主要内容包括：①西方政府流程再造和管理方式优化的理论与实践；②自由贸易试验区地方政府管理的流程再造研究，重点分析行政审批制度改革、行政服务中心、电子政务在自由贸易试验区地方政府改革中的实践情况、存在问题和改革路径；③自由贸易试验区政府管理工具的引入，研究市场机制、工商管理技术和社会化手段的应用与地方政府管理方式的改进。

（四）自由贸易试验区地方政府对新业态监管模式创新

自由贸易试验区在中央支持下"先行先试"，制度和政策相继出台，跨境电商、离岸贸易、融资租赁等新业态随之出现。这给传统的政府工作人员专业能力提出了挑战，一方面是新业态如何监管的问题，另一方面是如何改革自由贸易试验区公务员或雇员的招录问题。研究的主要内容包括：①自由贸易试验区衍生的新业态和新商业模式分类研究；②传统地方政府对新业态的监管方式和改进压力；③如何以自由贸易试验区为改革试点，创新政府公务员或雇员的市场化、专业化用人机制。

四、国外自由贸易园区政府职能转变的经验启示

国外成熟的自由贸易园区基本都建立了灵活高效的政府管理制度。一国多区的国家通常设有专门的宏观管理机构，负责对全国各地的自由贸易园区进行设区审批、监督、检查和协调管理，而一国一区的国家主要通过授权地方管理机构的方式进行直接管理，不设专门宏观管理机构。自由贸易园区的具体管理由政府授权专门机构负责，可以是政府、法定机构或公司，见表6-2。

表6-2 国外自由贸易园区政府管理的创新经验

代　　表	具　体　做　法
美国纽约港自由贸易试验区	*对外贸易区委员会。设立在联邦政府的商务部，是宏观层面的专门管理机构，商务部部长兼任委员会主席和执行官，财政部部长为委员会成员。该委员会是美国政府管理自由贸易试验区事务的最高机构。主要职责包括：①制定自由贸易试验区的管理规则。②审查批准各州自由贸易试验区的设立。③考查自由贸易试验区运作情况及决定注销或撤销自由贸易试验区。委员会的主要官员为执行秘书，由担任主席的商务部部长任命。对外贸易区委员每个财政年度必须向美国国会提交一份执行秘书报告，系统陈述当年自由贸易试验区管理和发展情况。 *纽约-新泽西港务局。最大的特色是设立了跨州管理部门。纽约港自由贸易试验区园区层面的管理机构。它是地跨两州的管理机构，总部设在纽约，管辖纽约市附近所有港口和机场、连接纽约和新泽西的桥梁隧道，以及两地之间运营的地铁和公交。其中，董事会中12名董事由纽约和新泽西两州各任命一半。法律上独立于两州，拥有自己的警察执法力量
德国汉堡港	*汉堡港务局。汉堡自由港管理体制经历了由州政府直接管理到授权汉堡港务局代为管理的转变。2005年10月，汉堡港务局成立，在汉堡州政府授权下专门负责管理和协调自由贸易试验区的整体事务，包括对港口设施的更新和维护；并设立"汉堡港口和仓储有限公司"，代行政府管理的大部分职能

续上表

代 表	具 体 做 法
迪拜杰贝阿里自由区	*迪拜相关政府部门。负责自由区内基础设施投资建设（主要包括交通和信息基础设施等），区内空地出让，向投资者出让建成的办公室、厂房和仓库等。 *杰贝阿里自由区管理局。园区层面的管理机构，管理局主席由迪拜酋长任命，主席任命总执行官及执行机构负责人。管理局承担自由区全部的招商、服务和管理工作，直接向投资者颁发营业执照，提供行政管理、工程、能量供应和投资咨询等各种服务
新加坡自由贸易试验区	*财政部。宏观层面管理由财政部负责，根据地区发展需要设立自由贸易试验区，并规定自由贸易试验区的名称、申请者、区域、设置目的、主要功能、注定的主体、征税和非征税对象、奖励条件等。财政部部长可依法（1969年颁布"自由贸易区法案"）指定某单位或公司作为自由贸易试验区的主管或经营机构。 *财政部所属的贸易发展局。主管自由贸易试验区进出口贸易、保税仓库业务及经济活动的调控。 *港务局。负责自由贸易试验区的基础设施建设。 *自由贸易试验区主管或经营机构。由财政部部长授权设立，履行从开发到经营管理的职责。可以是法人实体、政府部门或企业。目前，新加坡7个自由贸易试验区的主管机构分别为新加坡国际港务集团、新加坡民航局和裕廊管理公司。新加坡民航局主管樟宜机场自由贸易试验区；裕廊管理公司主管裕廊港口自由贸易试验区；其余5个自由贸易试验区均由新加坡国际港务集团掌管经营

资料来源：根据相关文献收集整理。

五、自由贸易试验区的政府职能转变经验

（一）简政放权

取消、删减、转移和调整一批市场准入前置审批事项；率先在自由贸易试验区推行"一口受理"，与海关和银行实现登记受理对接；在国内率先实现企业登记注册"一照一码"条件下的"八照合一"，并启用电子营业执照；探索放开企业登记经营场所的限制，为多家经过区相关部门审核备案的虚拟地址注册企业办理登记；率先在全国发出首张地税电子税务登记证，大部分业务逐渐实现全流程网上办理。见表6-3。

表6-3 部分自由贸易试验区所在省市下放管理权限数目

各自由贸易试验区	第一批、第二批下放省级管理事项
上海	210项
广东	66项
天津	180项
福建	253项
重庆	33项
河南	57项
陕西	41项
四川	33项

资料来源：根据网络公开资料统计，如有出入，以官方文件为准。

（二）政府架构优化与重组

广东自由贸易试验区3个片区的管理机构代表了我国目前地方政府管理的3种模式。第一种是以前海管理局为代表的"法定机构"管理模式。按照市场化运作，工作人员面向全球招聘。第二种是以横琴新区管委会为代表的"大部制"改革。以精简机构形式，对原来的一级地方政府职能部门进行整合。第三种是以南沙新区为代表的"多套牌子、一班人马"，在原开发区、保税港区、国家新区等基础上进行一定的组合，并增加自贸办公室。可以看出，前海管理局的市场化运作模式对标国际，应该是未来自由贸易试验区管理的一种趋势，见图6-2至图6-5。

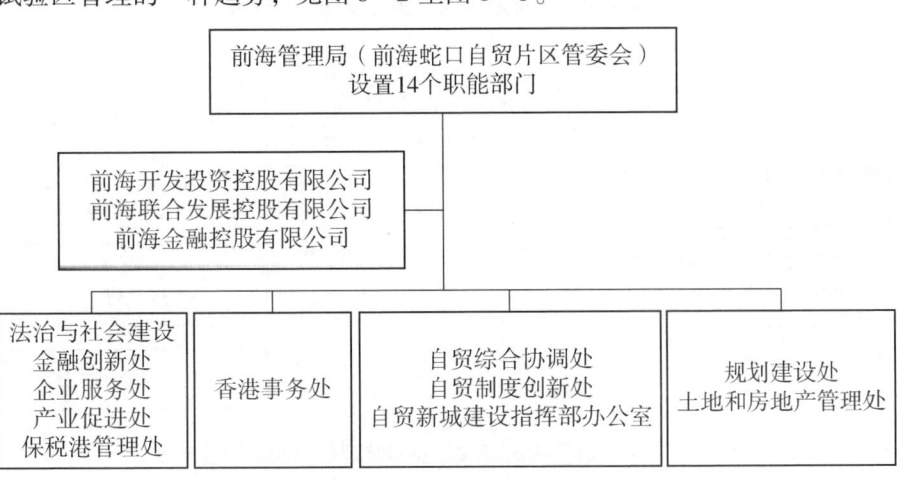

图6-2 前海的"法定机构"行政改革

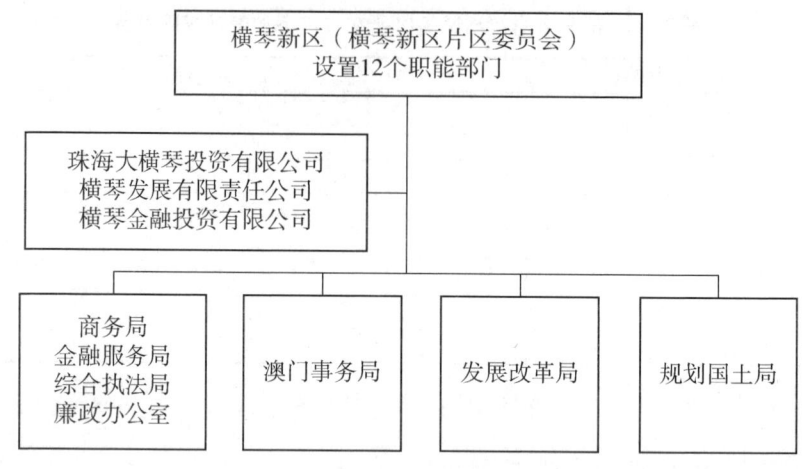

图6-3 横琴自贸片区的"大部制"

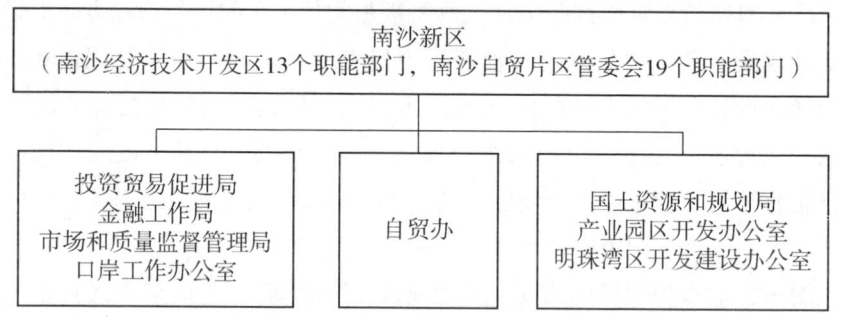

图6-4 南沙自贸片区的"多套牌子、一班人马"

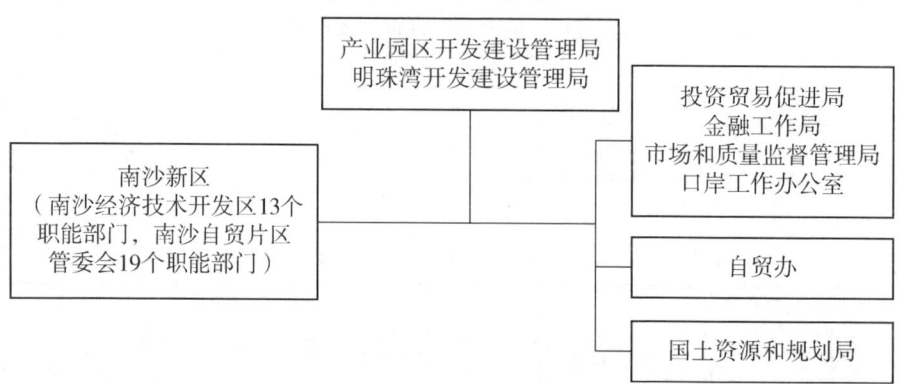

图6-5 南沙自贸片区新增产业园管理局和明珠湾管理局

（三）加强事中事后监管

自由贸易试验区按照"谁审批、谁监管、谁负责"的原则，建立商事登记认领通报制度，明晰监管责任；组建市场监督管理局和综合执法机构，试行"一支综合执法队伍管全部"；率先建设统一的市场监管信息平台，逐步实现相关部门监管信息的互通、交换和共享，为加强事中事后监管提供信息支撑；构建涵盖市场准入、经营行为、市场退出的企业信用监督指标体系，按照 ABCD 4 个信用等级，对已登记的商事主体实施分类监管；推行企业年度报告和经营异常名录管理，对企业进行随机抽样和实地核查。

（四）优化政府公共服务方式

自由贸易试验区积极借助互联网和电子技术媒介，广泛采用电子政务服务模式，大大提升了企业和个人的办事效率，节约商事登记及后续的缴费时间和成本。相继推出"全程电子化商事登记职能服务"、商事主体电子证照卡和提示清单、"微信警察"和"市民之窗"自助服务平台等一系列运用现代化信息技术的便捷服务终端。

六、制约自由贸易试验区政府职能转变的因素

各自由贸易试验区通过政府改革推动贸易、投资、金融、法治等领域的制度创新取得一定成效。但总体来说，自由贸易试验区的改革还处于"浅水区"，政府职能转变尽管取得一些进展，但受行政体制限制、管理队伍理念和素质制约、多方利益博弈等因素的影响，自由贸易试验区政府职能转变还存在较多需要改进的问题。

（一）传统行政架构的"权"与"责"限制

1. 行政层级与权限约束

自由贸易试验区的改革主体是各级政府。但从目前来说，很多制度创新的实施推动是管委会一级政府，市级和省级层面的介入相对较少，中央层面主要决定行政权限和相关政策的制定和审批。简政放权推行多年并在

政府文件上公示已久，但自由贸易试验区真正获得的权力还不足以开展"深水区"的制度创新。金融和法律等高风险性领域及投资管理的敏感性行业，主要还是沿用"宏观审慎管理"，放开空间和力度受到一定的限制。自由贸易试验区管委会尽管获得部分省级和市级下放的权限，但在推动每一项改革措施仍需上级部门明确授权。自由贸易试验区的干部立足于实战一线，掌握了大量真实信息，但推动改革却需要个案授权，导致很多地方精确性需求得不到实现，对制度创新的动力和效率造成负面影响。特别是容错机制尚未完善，领导干部畏于"改革风险"，认为不改革比改革更加"安全"。另外，不同自由贸易试验区的行政级别不一样，获得的改革权限和政策支持不一样，这样就导致有些自由贸易试验区的改革相对阻力较小，效果较大。如在行政权限方面，上海自由贸易试验区、广东前海蛇口片区、武汉片区等的行政规格较高，能获得较大的改革自主权。而在政策倾斜方面，中央目前只给予前海、横琴和平潭的15%企业所得税优惠政策；一些金融开放政策则只在上海自由贸易试验区推行。

2. 行政机构通畅性不足

2016年全国"两会"期间，习近平总书记参加上海代表团审议时强调："自由贸易试验区建设的核心任务是制度创新。要深化完善基本体系，突破瓶颈、疏通堵点、激活全盘。"其中，自由贸易试验区行政机构的部门之间沟通合作成为主要的"堵点"。从平级部门之间的协作看，长期以来的部门业务独立性与自由贸易试验区要求的"多证合一""国际贸易'单一窗口'"等多部门协作有冲突之处。早在1989年，新加坡在世界上第一个推行的贸易网（trade net）就整合了新加坡各个与贸易相关的部门，如海关、检验检疫局、税务局、安全局、经济发展局、企业发展局、农粮局等35个政府部门。而目前国内自由贸易试验区还很少能达成这么高的部门整合程度。从上下级之间改革推动和政策贯彻执行看，上级部门对下级部门政策推进的通达性仍不强，"上有政策，下有对策"的现象依然长期存在；下级上达一线实情也存在层级设置上的壁垒。

（1）行政架构相对复杂。各自由贸易试验区/片区原有的行政架构不一，有些片区的管理层级相对复杂。现有的自由贸易试验区一般分为省管理部门（新设省自贸办或挂靠在省商务厅）省发改委——各片区所在市管理部门——自由贸易试验区管委会——镇区街道四层，行政层级相对复杂。而有些沿海城市的自由贸易试验区行政层级则相对简单高效，如深圳前海自由贸易试验片区只有两个层级的管理架构：深圳市——前海管理局。对自由贸易试验区政府相关负责人访谈发现，自由贸易试验区招商引资的审批权限在自由贸易试验区管委会所在区一级行政单位，而有些建制镇政府又兼有招商引资任务，自由贸易试验区行政架构的不统一问题会影响行政效率。此外，地方政府"大部制"改革仍不彻底，改革后看似一级部门有所减少，但二级部门却变相增加。地方政府二级部门增加的后果除了人员不降反增外，部门负责人实际权限削弱，改革动力缺失，出现"人浮于事"。

（2）政出多门还需以自由贸易试验区为"治理基地"。自由贸易试验区挂牌后，各级政府和职能部门纷纷出台推动自由贸易试验区制度创新和经济发展的政策，种类和名目繁多，但很多政策的推出还只停留在文本上，缺乏真正的落地性。很多自由贸易试验区的所属政府部门设置仍按照传统的行业管理方式，政出多门。比如，自由贸易试验区人才政策改革领域，某片区的党委组织部主管高端人才、区财政局主管会计师、司法局主管律师、人社局主管技工等，涉及多个部门参与其中；又如，基于上海、厦门、广州等大型港口所在地的自由贸易试验区在推动航运金融制度创新时，中国人民银行、各级海关、各级海事局、地方金融局、相关海港集团等部门纵横交错，协调难度大，政策难以落地；再比如，项目招商方面，尽管很多自由贸易试验区管委会都强化了专业职能部门对各自行业领域的专业化招商职能，但仍存在"文化广电新闻出版局负责旅游休闲项目的招商"或者多个部门都兼有"旅游项目招商"功能等不合理的地方。最后导致的结果是"不干反而不犯错"，从而无大规模或具影响力的文化旅游项目落地。

（二）自由贸易试验区政府职能转变仍处于"浅水区"

11个自由贸易试验区总体方案和上海自由贸易试验区的两版深化改革方案对制度创新均取得了高规格和全盘性的层级成绩，但从方案的推进来看，各政府部门进行的改革主要表现为两种情况：一是对原有行政流程的修补，对投资者和市民而言更加便利，这种改革对地区的营商环境改善有一定帮助，但行政效率的提升本来就是任何政府部门的应有之义，并不能体现自由贸易试验区"通过行政倒逼改革"的本质。二是每个功能性政府部门侧重对本部门任务清单的认领和逐项对照完成，忽视了制度创新的系统性和全局性。自由贸易试验区经过三年发展，制度创新的系统集成不强。

（三）自由贸易试验区的"新"对传统公务员体系提出挑战

自由贸易试验区设立时间不长，行政管理机构在成立的时候尽管做出了相应的调整，但在公务人员招录和培养方面仍处于起步阶段。很多自由贸易试验区同时具备开发区、国家新区和自由贸易试验区3种功能角色。三层政策叠加式的制度创新要求地方政府公务员需要具有更专业的素质。自由贸易试验区中一半以上工作人员来自于公务员招考，基于对目前公务员招考专业和学历要求的统计发现，除了一些技术性部门，其他基本属于公共行政部门，对专业性要求不高。但目前的公务员考录只是采用书面考试和面试形式，书面考试的行政能力测试和申论都是强化对基本素质和文笔的考核，并不能体现出公务人员处理专业领域业务的能力。目前，公务员的招考专业限制不断放开，除了法律和会计等相关职业有严格的专业限制外，很多综合行政部门均对专业限制不严甚至不限专业。但这种招考制度仅适合于"服务型政府"时代的公务员准入，在自由贸易试验区这种要求改革创新意识强、业务水平高的"试验田"，已经对目前的公务员招考体系提出了"隐约的未被发现的要求"。对多个自由贸易试验区的融资租赁、跨境电商和离岸贸易等企业的负责人采访发现，尽管自由贸易试验区行政服务中心的相关政府部门工作人员积极热情、服务到位，但是涉及专业领域的服务时，公务人员尚不能为企业提供专业意见或协助。

（四）自由贸易试验区的"政企不分"现象回流

政府与市场分离尽管提及多年，但政府与市场的边界还比较模糊，一些地方政府对完全退出市场仍有难舍之情。在"五年一任"的行政体制下，部分地方政府官员仍存有"改善生态环境和人民生活质量的公共服务效果太漫长，只有修广场、扩马路、城市扩新区、上马工业园区项目才是有显示度政绩"的指导思想。这样就导致地方政府热衷于"圈地"，长期深度切入到土地的开发建设中。自由贸易试验区设立的初衷是通过制度创新扩大对外开放，对标国际贸易投资规则，塑造更佳的营商环境。然而，目前仍有一些自由贸易试验区把土地财政、投融资平台、产业规划和招商作为"主打"项目，把传统的开发区思维套用在自由贸易试验区上。部分自由贸易试验区管委会对市场经济的管理过细，对产业规划的痕迹过重，由于不具备对全球经济和产业结构的科学性分析和预判能力，将会导致一些区域沦为"空城"。

（五）第三方机构及NGO对自由贸易试验区改革的监管缺乏

我国非政府组织（non-government organization，NGO）社团的"二政府"特征明显，政府职能部门由领导兼任，经费由主管部门财政和非财政经费划拨的社团组织的占绝大多数。一些社团组织甚至与政府职能部门一套人马、两块牌子。社团组织缺乏创新活力，效率较低，而且组织能力较弱，社会作用小，没有发挥第三方机构应有的作用。相较之，国外的NGO、行业协会和民间智库发挥了多元化的作用，如美国民间智库兰德公司对美国情报科学的贡献，美国加州新奇士协会于美国西部农业发展的核心作用等，均是对第三方机构市场放开的自由发展结果。由于自由贸易试验区属于区一级管委会管辖，而区一级的第三方机构力量更弱。所以，自由贸易试验区的建设过程除了受到上级政府偶尔监督之外，很少会受到第三方机构的常规性监督。

七、赋予自由贸易试验区更大改革开放权

三批自由贸易试验区分布在不同区域，改革基础、资源禀赋等约束条件具有多样性和复杂性。改革不能一刀切，要重视制度创新的特殊性、典型性和地方性。这就要求强化对自由贸易试验区地方政府制度创新的约束条件（地理位置、要素禀赋、体制层级、经济发展和制度基础）的辨别，以及在不同约束条件下，各自由贸易试验区地方政府改革的战略重点与推进方式的选择。

（一）优化和重组政府行政架构

1. 自由贸易试验区管委会"扁平化"与"行政外包"

进一步理顺各个自贸片区管委会、自由贸易试验区、开发区等架构，一些部门可以适当合并或撤销，构建高效、顺畅、精简的行政体系。小范围内探索行政机构改革整合将有利于进一步激活创新。"合署办公""扁平化"等都是改革的突破点。这方面，上海自由贸易试验区率先做出了成功示范，值得其他自由贸易试验区学习。2015年，上海自由贸易试验区扩区之时，其管理体制也随即做出相应调整，即自由贸易试验区管委会与浦东新区人民政府合署办公，管委会主任由浦东新区区委书记担任。合署办公的好处在于，将目标一致的自由贸易试验区与国家新区开发耦合起来，深度融合，以释放更大的改革示范区效能。另外，跟踪总结和在一定范围内复制推广深圳市前海管理局、上海陆家嘴金融城、广东南沙明珠湾开发管理局和产业园区开发管理局等新成立的法定机构建设经验和差异化，包括机构设置、财政、人员招聘等均按照市场化模式运作，扩大法定机构的物理范围和功能范围。

2. 通过"互联网+"强化职能部门业务对接

目前，部分自由贸易试验区管委会成立了"行政审批局"，把大部分的行政审批职能归口到一个部门统筹。但目前只是仅仅整合了涉及发展改革、工业科技和信息化、投资贸易促进、国土资源和规划、环保水务、建设和交通、市场和质量监管等若干部门的部分职能。下一步，应在行政审批局运作相对成熟的基础上，一方面，要吸纳更多的行政部门审批事项；另一方面，要逐步扩大相对集中的行政许可权改革范围。基于"国际贸易""单一窗口"和"智慧口岸"的打造，以及自由贸易港建设，需要继续加强海关、海事、口岸管理等部门之间的沟通协调，形成平等合作、积极有为的机制。基于"双自联动"，需要继续加强发改委、自贸办、工业科技和信息化等部门间的政策制定对接强度。基于区域合作，要向前海、横琴、平潭学习，成立专门的对港、对澳、对台事务局。

（二）打造与自由贸易试验区改革匹配的管理队伍

1. 规范化管理自由贸易试验区公共服务人员队伍

针对一些建立在国家新区的自由贸易试验区，如南沙片区、横琴片区、平潭片区等，专门出台"公务员常驻自由贸易试验区规定"，逐步降低领导干部的"走读率"，提升地方领导干部的本地植根性，提升领导干部本地的归属感和奉献精神。加大专业人才的市场化招聘力度，特别是金融、贸易、投资等部门可以从企业借调或高薪聘请。进一步研究"公务员－雇员－合同人员"的多层次公共服务人员体系，对有专业技能要求的雇员予以具有市场竞争力的薪酬待遇。传统公务员队伍要加强业务培训和自由贸易试验区改革意识和创新力培训，要把基层公务员从文山会海中解放出来，制定公务员企业跟踪服务考核制度，让公共服务管理人员真正了解企业所需，制定匹配的政策。

2. 以自由贸易试验区管委会为试点，改革公务员考录制度

自由贸易试验区建设产生了多领域的创新变革，这就要求政府职能部门从单纯提供行政服务的公务员知识储备 1.0 版升级为既能提供行政服务又能提供专业咨询和问题解决方案的公务员知识储备 2.0 版。为了应对自由贸易试验区的金融开放创新、负面清单投资管理、新兴贸易业态等的兴起，需要更多专业性的公共服务人才。可以前海管理局的企业化市场化人才招聘为范式，以自由贸易试验区为试点，改革传统"一刀切"的公务员考录制度，采用"市场化＋专业性"招聘方式，吸纳更多国际性复合型人才加入自由贸易试验区管理团队中。

（三）自由贸易试验区政府要退出市场

自由贸易试验区政府要率先垂范，退出市场。首先，一定要改变原来对自由贸易试验区地方政府考核的 GDP 导向，转为以反映营商环境、民生、生态保护等各项指标为导向，曾经引起争议的绿色 GDP 核算可以在自由贸易试验区率先恢复。地方政府应该把更多的主要功能放在公共服务上，以提升经济增长的质量和经济发展的共享性。地方政府官员的考核也要增加"自下而上的监督与制约"，让官员升迁不单纯取决于上级组织部门的考核，

也要受到人民代表大会、监察委员会的影响。其次，在公共服务领域增加简政放权的同时，将地方政府的部分权力上收，行政权重新分配。把传统的属地发包管理模式过渡到属地发包和垂直化管理相结合，减少地方政府在土地、基建、园区等关键性领域的自由裁量权，约束其经济活动空间。

（四）强化第三方监管的法律地位

以自由贸易试验区扩大改革开放权为契机，促使地方行业协会逐渐脱离政府，自由发展和自负盈亏。政府原有的附属性NGO部门要适当裁减和转型，通过构建新型的法律法规引导NGO完善组织的内部治理架构，通过民主选举理事会，强化NGO的自律性。自由贸易试验区政府通过部分职能的转移，弱化现有审批权限，通过固定性和临时性行政服务外包等方式，提高第三方机构的生存能力。借鉴美国纽约、美国旧金山、日本东京、中国香港等地的行业协会发展经验，加强第三方参与自由贸易试验区建设中的角色。一些具备条件的自由贸易试验区，如广东自由贸易试验区的南沙、前海和横琴可通过在CEPA协议的框架下，大力引进港澳地区发展成熟的专业服务业行业协会参与广东自由贸易试验区的开发建设或政策制定。

参考文献：

［1］陈硕，高琳. 央地关系：财政分权度量及作用机制再评估［J］. 管理世界，2012（6）：43 – 59.

［2］陈天祥，张华，吴月. 地方政府行政审批制度创新行为及其限度［J］. 中国人民大学学报，2012，26（5）：125 – 133.

［3］陈天祥. 中国地方政府制度创新的角色及方式［J］. 中山大学学报（社会科学版），2002（3）.

［4］陈振明. 简政放权与职能转变——我国政府改革与治理的新趋势［J］. 福建行政学院学报，2016（1）：1 – 11.

［5］崔晶. 京津冀都市圈地方政府协作治理的社会网络分析［J］. 公共管理与政策评论，2015，4（3）：35 – 46.

［6］崔晶. 都市圈地方政府协作治理［M］. 北京：中国人民大学出版社，2015.

［7］邓国胜. 政府与NGO的关系：改革的方向与路径［J］. 中国行政管

理,2010(4).

[8] 郭小聪.中国地方政府制度创新的理论:作用与地位[J].政治学研究,2000(1).

[9] 后向东."互联网+政务":内涵、形势与任务[J].中国行政管理,2016(6):6-10.

[10] 金太军,汪波.经济转型与我国中央-地方关系制度变迁[J].管理世界,2003(6).

[11] 李金龙,杜倩博,陈筱敏.执行局:政务超市的渐进发展趋向[J].中国行政管理,2007(6):42-46.

[12] 李克强.简政放权 放管结合 优化服务 深化行政体制改革 切实转变政府职能[N].人民日报,2015-05-15(002).

[13] 李克强.在全国推进简政放权放管结合职能转变工作电视电话会议上的讲话[R/OL].新华网,2015-05-15.

[14] 吕芳.中国地方政府的"影子雇员"与"同心圆"结构——基于街道办事处的实证分析[J].管理世界,2015(10):106-116.

[15] 毛寿龙.中国政府体制改革的过去与未来[J].江苏行政学院学报,2004(2):87-92.

[16] 杨瑞龙.我国制度变迁方式转换的三阶段论——兼论地方政府的制度创新行为[J].经济研究,1998(1).

[17] 高小平,孔繁斌.政府履行职能方式的改革和创新[J].中国行政管理,2012(7):7-11.

[18] 周黎安,陶婧.官员晋升竞争与边界效应:以省区交界地带的经济发展为例[J].金融研究,2011(3):15-26.

[19] 周黎安,吴敏.省以下多级政府间的税收分成:特征事实与解释[J].金融研究,2015(10):64-80.

[20] 周黎安.行政发包制[J].中国社会科学,2014(6).

[21] 周雪光,练宏.政府内部上下级部门间谈判的一个分析模型——以环境政策实施为例[J].中国社会科学,2011(5):80-96,221.

[22] 周雪光,练宏.中国政府的治理模式——一个"控制权理论"[J].社会学研究,2012(5).

[23] 周雪光."逆向软预算约束":一个政府行为的组织分析[J].中国社会科学,2005(2):132-143,207.

[24] 周雪光.基层政府间的"共谋现象"——一个政府行为的制度逻辑[J].社会学研究,2008(6):1-21,243.

[25] 周雪光.权威体制与有效治理:当代中国国家治理的制度逻辑[J].开放时代,2011(10):67-85.

[26] 周业安,章泉.财政分权、经济增长和波动[J].管理世界,2008(3):6-15,186.

[27] 周业安,赵晓男.地方政府竞争模式研究——构建地方政府间良性竞争秩序的理论和政策分析[J].管理世界,2002(12).

第七章　中国自由贸易试验区法治化营商环境与商事仲裁制度改革

郑　蕴[*]

2016年，《最高人民法院关于为自由贸易试验区建设提供司法保障的意见》指出，要"正确认定仲裁协议效力，规范仲裁案件的司法审查"，从司法层面为仲裁制度提供保障。自由贸易试验区以对标国际高水平投资贸易规则、深化改革开放、制度创新为目标，需要健全的法制体系作为保障。其中，商事仲裁制度因其天然的国际化、市场化、专业化、自治化等特征，能够为自由贸易试验区提供优质的法律服务，并同时在实践过程中促进中国仲裁制度进一步优化与完善。本章以自由贸易试验区的商事仲裁制度改革为主题，梳理我国现行商事仲裁制度与相应国际公约，总结自由贸易试验区设立以来的仲裁制度改革成效与不足。

一、商事仲裁制度的概述与对自由贸易试验区改革的意义

尽管司法诉讼仍然是中国国内争议解决的主要方式，善用替代性争议解决机制（alternative dispute resolution，ADR）能够更有效地化解社会矛盾，激发社会活力，推进社会公平正义，提高全社会的民主法治水平。在投资、贸易等交易活动，尤其是跨国商事交易过程中，商事仲裁制度被广泛使用，作为替代司法诉讼的争端解决方式。自由贸易试验区内的生产经营活动产

---

[*] 郑蕴，女，法学博士，中山大学自贸区综合研究院副研究员，主要研究方向为自由贸易试验区与自由贸易港顶层设计、国际自由贸易协定、国际投资协定等。

生的商事纠纷，能够通过商事仲裁制度获得替代性解决。

（一）商事仲裁制度的概述

商事仲裁制度，是指民（商）事争议的双方当事人达成仲裁协议，自愿将争议提交选定的第三者或特定仲裁机构，根据一定程序规则和公正原则做出裁决，并有义务履行裁决的一种法律制度。仲裁庭依据特定仲裁规则的仲裁程序对案件做出裁决，各国进行仲裁立法以为仲裁裁决的正当性、可执行性提供司法保障。一方面，商事仲裁本质上是一种私人裁判行为。它通常是行业性的民间活动，与和解、调解、诉讼并列为解决民（商）事争议的方式，而非国家裁判行为；另一方面，商事仲裁活动仍然是中国司法制度的重要组成部分。国家制定《仲裁法》，对仲裁适用的纠纷、仲裁协议的效力、仲裁程序的制定以及仲裁裁决的承认、执行与撤销等重要事项进行规范。

商事仲裁制度由来已久，伴随商品经济的兴盛而产生。早期的商事仲裁多发生在同行业之间，商人之间发生纠纷后为节省金钱和时间，在同行中选择其信任的、有威信的人居间调解或裁断，以替代法院诉讼。由于被指定的仲裁员通常是争议双方的商业伙伴，或业内权威人士，仲裁程序具有天然的自治性、专业性与高效性。17 世纪以后，英国、瑞典等欧洲国家先后承认仲裁作为一种非诉讼纠纷解决方式，并根据各国国情制定了仲裁法律法规以规范仲裁活动。到 20 世纪，仲裁制度获得了国际社会的普遍承认，开始产生国际性的仲裁立法活动，跨国商事主体甚至主权国家之间都采用仲裁制度解决争端。目前，国际知名的仲裁机构有国际商会仲裁院、瑞典斯德哥尔摩商会仲裁院、苏黎世商会仲裁院、英国伦敦国际仲裁院及其海事仲裁、新加坡国际仲裁中心、香港国际仲裁中心等。此外，20 世纪 60 年代成立了国际投资争端解决中心（ICSID），专门解决东道国与外国投资者之间就外国直接投资（foreign direct investment，FDI）产生的争端。①

中国的商事仲裁制度起步很晚，是为适应我国对外经济活动而由政府机关主导建立，并非基于经济发展的需求而产生。辛亥革命后，北洋政府

---

① ICSID Convention, Article 25.

颁布《商事公断处章程》《商事公断处办事细则》和《民事公断暂行条例》等系列法律法规，奠定了我国仲裁事业的基础。当时的仲裁机构作为调解民事纠纷的机构地位较低，常常附属于各地商会组织。中华人民共和国成立后，我国分别建立了涉外和对内两种不同的仲裁制度，制定不同的仲裁规则，并建立了两种性质不同的仲裁机构：涉外仲裁机构为适应国际形势，实行与国际接轨的仲裁规则，裁决涉外经济贸易和海事等案件；国内的仲裁机构则相对复杂。1995 年《中华人民共和国仲裁法》（以下简称《仲裁法》）出台后，我国才开始系统地规范仲裁机构及仲裁活动。该《仲裁法》充分考虑了当时的国际形势和经济惯例，对国内仲裁机构提出重组和调整需求，并逐步改善我国商事仲裁内外有别的双轨特征。

（二）自由贸易试验区现行商事仲裁制度

中国自由贸易试验区现行商事仲裁制度以 1995 年《仲裁法》为基础。该法为保证公正、及时地仲裁经济纠纷，保护当事人合法权益，保障社会主义市场经济健康发展而制定。[1] 能够提交仲裁的案件为公民、法人和其他组织之间发生的合同纠纷和其他财产权益纠纷，[2] 排除婚姻、收养、监护、抚养、继承等涉及公序良俗的民事案件，以及应由行政机关处理的行政争议。[3]《仲裁法》为我国仲裁制度提供基本的司法保障：明确一旦当事人达成有效仲裁协议，人民法院将尊重仲裁庭管辖权，不受理仲裁协议所协商之案件；[4] 保障仲裁依法独立进行，不受行政机关、社会团体和个人的干涉；[5] 并规定仲裁的一裁终局制度，除非裁决被人民法院依法裁定撤销或不予执行。[6] 值得注意的是，现行《仲裁法》仅明文规定机构仲裁制度，缺乏临时仲裁规则。根据该法，仲裁协议应当明确选定裁决案件的仲裁委员会。[7] 换言之，该实质内容的缺失将直接影响仲裁协议的效力。因此，当事

---

[1]《中华人民共和国仲裁法》第一条。
[2]《中华人民共和国仲裁法》第二条。
[3]《中华人民共和国仲裁法》第三条。
[4]《中华人民共和国仲裁法》第五条。
[5]《中华人民共和国仲裁法》第八条。
[6]《中华人民共和国仲裁法》第九条。
[7]《中华人民共和国仲裁法》第十六条。

人采用仲裁程序时，必须将争议提交至依照我国《仲裁法》成立的特定仲裁委员会。此外，《仲裁法》还就仲裁程序的核心问题，例如，仲裁庭的组成、开庭和裁决、申请撤销裁决、执行、涉外仲裁等进行规定，以指导仲裁协会制定具体的仲裁规则。

在具体仲裁实践中，仲裁程序取决于各仲裁委员会适用的仲裁规则。仲裁委员会是我国具有常设性的仲裁机构，负责制定完善仲裁规则、建立仲裁员名单、对仲裁活动进行管理、为当事人提供服务等，以保障我国仲裁活动有序进行。《仲裁法》在第二章对仲裁委员会和仲裁协会的体制机制进行了详细规定。① 具体而言，仲裁委员会不实行级别管辖和地域管辖，不按行政区划层层设立，可以选择在直辖市，省、自治区人民政府所在地的市或其他社区的市设立，并由相关市的人民政府组织有关部门和商会统一组建。② 为保障仲裁程序的中立性、独立性，仲裁委员会与行政机关没有隶属关系，仲裁委员会之间也相互独立。③ 仲裁协会是仲裁委员会的自律性组织，其章程由各仲裁委员会组成的全国会员大会制定，对仲裁委员会及其组成人员、仲裁员的违纪行为进行监督，并根据《仲裁法》和《民事诉讼法》相关规定制定仲裁规则。④

在中国自由贸易试验区内，仲裁机构设置、仲裁实践等皆在上述法律框架下运行。目前，各自贸试验片区皆依据《仲裁法》，在仲裁协会与各仲裁委员会的指导下设立了自由贸易试验区仲裁庭。具体而言：第一批次的上海自由贸易试验区设立了上海国际仲裁中心；第二批次的天津自由贸易试验区设立了中国国际经济贸易仲裁委员会（天津）自由贸易试验区仲裁中心、中国海事仲裁委员会（天津）自由贸易试验区仲裁中心，广东自由贸易试验区设立了南沙国际仲裁中心、深圳国际仲裁院、珠海国际仲裁院，福建自由贸易试验区设立了厦门国际商事仲裁院、福州国际商事仲裁院、海峡两岸仲裁中心；第三批次7个自由贸易试验区也分别设立了相应机构，例如，西安自由贸易试验区的中国国际经济贸易仲裁委员会丝绸之路仲裁

---

① 《中华人民共和国仲裁法》第二章，仲裁委员会和仲裁协会。
② 《中华人民共和国仲裁法》第六条、第十条。
③ 《中华人民共和国仲裁法》第十四条。
④ 《中华人民共和国仲裁法》第十五条。

中心、重庆自由贸易试验区的两江国际仲裁院、四川自由贸易试验区的成都国际商事仲裁院、河南自由贸易试验区的郑州仲裁委员会国际商事仲裁院等。上述仲裁机构在助力解决自由贸易试验区商事争议的过程中，还探索对标国际先进经验、制定仲裁规则。其中，上海国际仲裁中心、深圳国际仲裁院、珠海仲裁委员会等就自由贸易试验区的仲裁国际化与制度改革进行了重大尝试。（详见本章第二部分）

（三）商事仲裁制度对自由贸易试验区改革的意义

自由贸易试验区改革与发展，需要法治化的营商环境作为保障。其中，法治保障体系涵盖立法、执法、司法与法律服务四大环节。商事仲裁制度作为法律服务中的核心与重点，能够成为自由贸易试验区内司法判决的替代机制，高效、专业地解决纠纷和化解矛盾。其对于自由贸易试验区改革的意义体现为如下四点：

（1）培育自由、开放的市场环境。商事仲裁原本就是西方商品经济的产物，制度内容充分反映了商事活动与市场经济的需求。该机制依托于争议双方的信用，本质为当事人就争议解决方式进行善意约定，以使日常商事活动产生的纠纷能够高效、便捷、隐秘地得到解决，及时化解双方在业务往来中产生的矛盾。尤其是，商事仲裁的仲裁员通常为特定行业中的权威人士，深入理解相应行业的市场规则或商事习惯，能够对商事争议做出更专业的判断。

（2）促进自由贸易试验区法律服务国际化。司法体系是国家主权的重要组成部分，受国内现行法律体系约束。在构建自由贸易试验区国际化法治环境的过程中，诸如引入陪审员制度、吸引国际法律执业人才等措施对现行司法体系产生重大挑战。相比之下，商事仲裁制度具有灵活、自治的特征，较少受到法律规则的约束。例如，当事人在诚实信用的原则基础上，可以对仲裁程序、准据法等核心事项进行约定。因此，在仲裁程序中采用普通法系的陪审员制度，或在裁决依据中指引外国立法内容等，于商事仲裁过程中皆不会遇到较大障碍。又如，外国律师在中国内地的执业范围受严格限制，但仲裁制度并不严格要求当事人委托具备中国内地律师资格的代理人。① 因此，商事仲裁制度的发展事实上也能对联营律所等国际化法律服务的成长提供机会。

（3）进一步倒逼中国现行仲裁制度进行优化与完善。在大力提倡商事仲裁作为替代性争议解决途径的同时，自由贸易试验区对仲裁制度本身也提出了更高的要求。尤其是，自由贸易试验区具有高度开放性与国际化特征，区域内产生的纠纷通常带有涉外因素，能够通过选用境外仲裁机制来解决纠纷。来自境外仲裁机构的竞争压力，必然促使自由贸易试验区仲裁机构进一步对标国际先进仲裁规则，进而不断改善、优化国内商事仲裁机制。目前，我国仲裁体制机制行政化，不承认临时仲裁，仲裁制度内容滞后等问题依然存在，急需得到改变。

（4）将我国打造成为国际商事争议解决新高地。目前，国际商事仲裁的权威机构仍然来自于西方。工业革命后，西方各国根据各自经济发展需要及对仲裁制度的理解设立符合现代仲裁理念的仲裁机构，引领本国仲裁机构的发展及仲裁思想的传播。同时，仲裁机构之间大力合作，促进了国际商事仲裁的发展及仲裁规则的制定。其中，比较成功的有1892年英国成立的伦敦国际仲裁院，1911年瑞士设立的苏黎世商会仲裁院，1917年瑞典设立的斯德哥尔摩商会仲裁院和1926年设立的美国仲裁协会，以及专门解决主权国家与外国投资者间投资争端的国际投资争端解决中心。目前，中国"一带一路"倡议与自由贸易试验区建设实施过程中跨国商事活动频繁，需要打造国内的商事仲裁解决高地，在提升国内法治化营商环境的同时充分保障本国商事主体的利益。

二、自由贸易试验区商事仲裁制度改革的进展

自2013年中国（上海）自由贸易试验区设立以来，最高人民法院为商事仲裁制度提供司法保障，各自由贸易试验区也纷纷设立仲裁机构，探索改革仲裁规则。现行《仲裁法》自1995年生效实施以来，尚未经过重大修

---

① 《深圳国际仲裁院仲裁规则》，第二十二条，代理人；《中国（上海）自由贸易试验区仲裁规则》，第十七条，仲裁代理人。

改与突破。自由贸易试验区商事仲裁制度的发展,在保障区域内法治化营商环境的同时,倒逼我国《仲裁法》及相应制度进行改革。

(一) 不断完善现行仲裁程序

当前,商事交易模式的复杂化与新型争议形态的产生,凸显我国商事仲裁制度的滞后性。在国际实践中,各权威仲裁机构纷纷就新形势下产生的问题及时完善仲裁程序,诸如紧急仲裁员、仲裁第三方资助、仲裁员利益冲突、仲裁第三人、仲裁中间措施、友好仲裁等新制度不断涌现。自由贸易试验区作为改革创新的"试验田",区域内的仲裁制度取得了创新与突破。

首先,自由贸易试验区商事仲裁的发展需要司法制度予以保障。2016年,最高人民法院《关于为自由贸易试验区建设提供司法保障的意见》(法发〔2016〕34号)就涉外案件在中国境外进行商事仲裁的实践进一步提供了司法保障。该意见第9条规定:"1. 在自由贸易试验区内注册的外商独资企业相互之间约定商事争议提交域外仲裁的,不应仅以其争议不具有涉外因素为由认定相关仲裁协议无效。2. 一方或者双方均为在自由贸易试验区内注册的外商投资企业,约定将商事争议提交域外仲裁,发生纠纷后,当事人将争议提交域外仲裁,相关裁决做出后,其又以仲裁协议无效为由主张拒绝承认、认可或执行的,人民法院不予支持;另一方当事人在仲裁程序中未对仲裁协议效力提出异议,相关裁决做出后,又以有关争议不具有涉外因素为由主张仲裁协议无效,并以此主张拒绝承认、认可或执行的,人民法院不予支持。"

在此基础上,自由贸易试验区商事仲裁制度的创新直接依赖于各相关仲裁委员会对仲裁规则的改革。2015年,广州仲裁委员会制定了国内首部《网络仲裁规则》。《深圳仲裁规则》也专门就网上仲裁程序进行规定,[①] 为互联网时代纠纷解决的便利化提供了程序上的可能。2015年,中国国际经

---

① 《深圳仲裁规则》,第六十七条,网上仲裁:"(四)当事人约定网上仲裁的,有关仲裁的文书、通知、材料等以电子邮件发送至当事人约定的电子送达地址或由当事人在仲裁院网上仲裁系统下载,即视为送达。(五)当事人约定网上仲裁的,仲裁庭可以决定依当事人提交的书面材料和证据进行书面审理,也可以决定通过仲裁院的网上庭审系统开庭审理。(六)网上仲裁案件的裁决书或决定,仲裁员可以用电子签名的方式签署,仲裁院可以加盖电子印章。"

济贸易仲裁委员会制定了专门的《中国国际经济贸易仲裁委员会证据指引》，旨在为仲裁员高效、准确、合理地处理仲裁证据问题提供具有实际操作性的指南。2016年，贸仲香港仲裁中心主持起草并发布了《第三方资助仲裁指引》，首次对仲裁案件中第三方资助问题的处理提供了具体的思路。

更进一步，为应对国际仲裁最新实践与趋势，自由贸易试验区仲裁机构还就重要的制度与程序进行创新。其中，上海国际仲裁中心的《中国（上海）自由贸易试验区仲裁规则》（简称《上海仲裁规则》）与深圳国际仲裁院的《深圳国际仲裁院仲裁规则》（简称《深圳仲裁规则》）创新成效突出，具体表现在以下五个方面。

1. 合并仲裁

传统仲裁程序通常具有保密性，以保障当事人的商业秘密，将仲裁案件的可知范围限定于争议双方。在实践过程中，出于避免累诉、提高效率的考虑，仲裁程序也开始引入合并仲裁制度。《上海仲裁规则》第三十六条"案件合并"规定：仲裁标的为同一种类或者有关联的两个或者两个以上的案件，经一方当事人申请并征得其他当事人同意，仲裁庭可以决定合并审理。《深圳仲裁规则》第十七条"合并仲裁"规定：经当事人书面同意，仲裁院可以决定将已经进入仲裁程序的两个或两个以上的关联案件合并为一个仲裁案件，由同一仲裁庭进行审理。两个仲裁规则就此程序的规定相似，且均为合并仲裁设定两个适用条件：第一，案件之间有关联，以保证案件合并确有所需；第二，需要经过当事人的同意，以尊重当事人的自由意志。

2. 多方当事人或案外人员的加入

与前者类似，允许多方当事人或案外人员加入仲裁程序，这是对仲裁制度保密性的突破，更有助于全面地理解、审理案件。《上海仲裁规则》第三十七条"其他协议方加入仲裁程序"，针对同一仲裁协议下的其他协议方，规定仲裁申请方或被申请方皆可提出其加入仲裁程序的申请，秘书处（仲裁庭组成前）或仲裁庭（仲裁庭组成后）具有决定权。第三十八条"案外人加入仲裁程序"针对争议的案外人，需要双方当事人与案外人达成加入仲裁程序的协议，由仲裁庭决定。《深圳仲裁规则》也有相似的规定，体现于第十八条"追加当事人"与第十九条"多方当事人之间的仲裁请求"之中，但相应措辞有所区别。

3. 临时措施制度的完善

临时措施，指在裁决程序过程中因情况紧急，可能出现财产或证据灭失的情形时，所及时采取的保全措施。现行《仲裁法》限制仲裁庭的权限，仅人民法院有权力决定采取临时措施。实践中，仲裁当事方只能向人民法院提出临时措施申请，或通过仲裁庭向有管辖权的法院提起裁定。

为对标国际通行规则，《上海仲裁规则》与《深圳仲裁规则》皆对临时仲裁程序进行完善。两者皆明确临时措施包括财产保全、证据保全与行为保全，但就程序具体内容的规定有所差异。根据《上海仲裁规则》，首先，临时措施申请人在提起仲裁前，可以根据临时措施执行地所在国家/地区的有关法律规定，直接向具有管辖权的法院提出临时措施申请，也可以请求仲裁委员会协助其向具有管辖权的法院提出临时措施申请；① 其次，临时措施申请人在提起仲裁后，仲裁委员会将根据临时措施执行地所在国家/地区的有关法律及本规则的规定，转交具有管辖权的法院做出裁定，或提交仲裁庭做出决定。② 根据《深圳仲裁规则》：第一，如果仲裁地在中国内地，当事人在仲裁程序开始前申请保全的，可以将其申请直接提交有管辖权的法院；当事人在仲裁程序中申请保全的，仲裁院应将其申请提交有管辖权的法院。第二，如果仲裁地在其他国家或地区，当事人申请保全的，应按照适用的法律将其申请提交有管辖权的法院裁定或仲裁庭决定。③ 也就是说，如果仲裁地所在国的法律允许仲裁庭直接决定采取临时措施，则仲裁庭可享有做出此裁决的权力。此外，为进一步完善该程序，两部仲裁规则都规定了紧急仲裁员制度，以确保临时措施裁决及时做出。④

4. 引入友好仲裁制度

仲裁程序以尊重争议当事方的自由意志为特征，而友好仲裁制度则集中体现了该点。《上海仲裁规则》第五十六条"友好仲裁的裁决"规定，当事人在仲裁协议中约定，或在仲裁程序中经协商一致书面提出请求的，仲裁庭可以进行友好仲裁。仲裁庭可仅依据公允善良的原则做出裁决，但不

---

① 《上海仲裁规则》第十九条，仲裁前临时措施。
② 《上海仲裁规则》第二十条，仲裁程序中的临时措施。
③ 《深圳仲裁规则》第二十三条，保全。
④ 《上海仲裁规则》第二十一条，紧急仲裁庭；《深圳仲裁规则》第二十四条，紧急仲裁员。

得违反法律的强制性规定和社会公共利益。换言之,争议双方可以按照公平公正的理念或善良民俗的原则对彼此间权利义务关系定纷止争,而不受国家现行立法规则的限制。然而,《深圳仲裁规则》仍然没有承认友好仲裁制度,规定:仲裁庭应当根据事实和法律,参考商业惯例,公平合理、独立公正地做出裁决。①

5. 制定简易程序

除对仲裁程序常用规则进行完善以外,自由贸易试验区仲裁规则还针对小额案件制定简易程序,进一步提升商事仲裁的效率。《上海仲裁规则》与《深圳仲裁规则》对此的规定十分类似:第一,小额案件指争议金额不超过人民币100万元的,或争议金额超过人民币100万元但经当事人书面同意的,或争议金额不明确,由仲裁院根据案件的复杂程度、涉及权益的情况以及其他有关因素综合考虑决定的案件。② 第二,简易程序由独任仲裁庭审理。③ 第三,审理程序简化,如审理方式包括开庭审理或书面审理模式,又如审理程序的时限大幅缩小。④

(二)逐步承认临时仲裁

临时仲裁(ad hoc arbitration),指争议当事人可以自行选定仲裁规则、仲裁庭成员,或自行设计仲裁规则的仲裁程序。中国现行《仲裁规则》并不承认临时仲裁制度,要求境内的仲裁必须提交至按照《仲裁法》设立的仲裁委员会进行裁决。该规则或许是出于对仲裁程序公平、公正、专业质量等的考虑,起源于中国当时并不成熟的仲裁土壤。然而,仲裁作为私人间、诉讼外、替代性纠纷解决方法,其最初雏形就是临时仲裁形式,而机构仲裁却在专业化的常设仲裁管理组织出现后才得以发展;并且,仲裁机

---

① 《深圳仲裁规则》第四十八条,裁决的做出。
② 《上海仲裁规则》第六十三条,简易程序的适用;《深圳仲裁规则》第五十四条,简易程序的适用。
③ 《上海仲裁规则》第六十四条,仲裁庭的组成;《深圳仲裁规则》第五十五条,仲裁庭的组成。
④ 《上海仲裁规则》第六十五条,答辩和反请求;第六十六条,审理方式;第六十七条,开庭通知。《深圳仲裁规则》第五十六条,答辩和反请求;第五十七条,审理方式;第五十八条,开庭通知。

构本身并不审理案件，即使在机构仲裁中负责审理及裁判纠纷的主体仍然是为特定案件而临时组建的仲裁庭，其在仲裁案件审结后也即宣告解散。在国际社会通行实践中，临时仲裁因其更灵活便利、高效价廉的特征，仍然是商事案件当事方所普遍采用的争议解决模式。

在此背景下，自由贸易试验区商事仲裁制度改革实践也触及此层面的问题。2016年，最高人民法院《关于为自由贸易试验区建设提供司法保障的意见》（法发〔2016〕34号）第9点专门就临时仲裁问题做出指示："在自由贸易试验区内注册的企业相互之间约定在内地特定地点、按照特定仲裁规则、由特定人员对有关争议进行仲裁的，可以认定该仲裁协议有效。人民法院认为该仲裁协议无效的，应报请上一级法院进行审查。上级法院同意下级法院意见的，应将其审查意见层报最高人民法院，待最高人民法院答复后做出裁定。"该意见直接为临时仲裁在我国的发展提供可能，只要该临时仲裁程序满足四个要件：①争议当事方为在自由贸易试验区内注册之企业；②仲裁协议约定了在内地进行仲裁的特定地点；③仲裁协议约定了仲裁规则；④仲裁协议约定了仲裁人员。在此框架下，自由贸易试验区内注册的企业能够更加灵活地约定仲裁协议内容，不再绝对地受到国内仲裁委员会及其仲裁规则的约束，可以约定外国相关仲裁规则，采取临时仲裁途径解决争议。不过，关于仲裁地是否需在自由贸易试验区范围内，或仲裁规则是否需要为国内特定仲裁委员会制定的规则，或仲裁人员是否需要有特别资质等具体技术性事项，该《意见》并未明确，留待实务部门进行探索与试错。

为促进临时仲裁程序在我国落地、发展，广东横琴自由贸易试验区更是进一步率先探索制定了中国第一部临时仲裁规则。2017年3月，第五届珠海仲裁委员会第二次会议召开，审议通过了《横琴自由贸易试验区临时仲裁规则》（以下简称《横琴仲裁规则》），该规则自2017年4月15日起施行。根据该规则，临时仲裁是指国务院批准设立的自由贸易试验区内注册的企业根据其相互之间的约定，在内地特定地点、按照本临时仲裁规则、由特定人员组成仲裁庭并以仲裁庭名义对仲裁协议项下的争议进行的仲裁。① 并且，为对此临时仲裁程序与传统机构仲裁进行明确区分，该法规定："当事人协议选定珠海临时仲裁规则、横琴新区临时仲裁规则、珠海仲裁委员会临时仲裁规则的表述，或者其他可以推断为唯一选定本临时仲裁规则的表述，均视为对本规则的有效选定。当事人约定适用《珠海仲裁委员会仲裁规则》《珠海国际仲裁院仲裁规则》的，不属于临时仲裁，案件应由珠海仲裁委员会或珠海国际仲裁院管辖。"② 不过，就具体制度内容而言，《横琴仲裁规则》的规定并未十分超前：仅就临时措施程序进行完善，规定追加当事人制度，但对友好仲裁、简易措施、合并仲裁等制度并未触及。此外，目前尚无仲裁案件约定使用《横琴仲裁规则》进行临时仲裁程序。

（三）探索构建"一带一路"国际商事法庭

商事仲裁制度除用于解决财产、合同等商事纠纷以外，还为国际投资法所借鉴，用于解决主权国家与外国投资者之间产生的投资争端，以保障海外投资者的投资利益。中国在大力推进"一带一路"与自由贸易试验区的过程中，可能面临的投资争端风险日益增加。这类案件可能发生于"一带一路"沿线中国投资者与东道国政府之间，也可能发生于自由贸易试验区内外国投资者与中国政府之间。对此，完善商事仲裁制度，打造我国国际仲裁高地，不仅有助于提高自由贸易试验区商事营商环境，还为我国参与国际投资秩序提供强大的软实力支持。

对此，中国也正在探索构建"一带一路"商事法庭。2017年9月26日，中国最高人民法院审判委员会副部级专职委员、第一巡回法庭庭长刘贵祥大法官在丝绸之路（敦煌）司法合作国际论坛上作专题发言时说，中国最高人民法院正在研究建立"一带一路"国际商事法庭。2017年11月21日，刘贵祥法官在2017广州法治化营商环境论坛上透露，初步考虑在深圳或者其他地区建设"一带一路"国际商事法庭。2018年1月23日，中央全面深化改革领导小组第二次会议审议通过了《关于建立"一带一路"争端解决机制和机构的意见》，该意见进一步明确我国将建立国际商事法庭。

---

① 《横琴仲裁规则》第二条第一款。
② 《横琴仲裁规则》第三条第四款。

2月，最高人民法院民事审判第四庭副庭长高晓力接受《人民法治》专访时指出，"最高人民法院决定在西安和深圳各设一个国际商事法庭，在最高人民法院本部设立国际商事审判庭"。

从现有材料看来，"一带一路"国际商事审判庭并未采用仲裁机制，而是将在司法体系框架内设立。该机制固然在当事人自由选择适用外国准据法，判决过程信息化、公开化，判决在外国获得承认与执行等问题上并不会遇到太大障碍，但鉴于司法体系的主权特征，其在法官人选、审理语言、代理律师资格等问题上仍将受现行法律制度的限制。值得关注的是，《深圳仲裁规则》与《横琴仲裁规则》在仲裁范围中，皆规定了"一国政府与他国投资者之间的投资争议仲裁案件"。① 鉴于"一带一路"国际商事法庭可能在深圳设立，两类制度或许有联动发展之可能。

三、国际仲裁规则对自由贸易试验区商事仲裁制度改革的要求

商事仲裁制度具有天然的涉外特征，其程序内容很大程度上受到国际公约及国际通行实践的影响。尤其在涉外仲裁案件中，当事方能够自主选择在中国或其他国家进行仲裁，对中国仲裁机构的业务能力提出挑战。本部分梳理较为重要的国际仲裁规则及其对中国商事仲裁制度提出的要求，并总结自由贸易试验区商事仲裁改革实践的不足之处。

（一）与商事仲裁相关的重要国际公约与规则

1.《承认及执行外国仲裁裁决公约》

我国于1987年加入《承认及执行外国仲裁裁决公约》（即《纽约公约》）。根据该公约，中国司法系统应依照相关规则承认与执行外国仲裁裁决，即因自然人或法人间之争议而产生且在申请承认及执行地所在国以外之国家领土内做出的裁决。②

---

① 《深圳仲裁规则》第二条，受案范围；《横琴仲裁规则》第三条，适用范围。
② 《承认及执行外国仲裁裁决公约》，第一条第一款。

值得注意的是,该公约承认临时仲裁裁决的效力,与我国《仲裁法》关于机构仲裁的要求产生出入。一方面,中国《仲裁法》明文要求仲裁协议必须约定特定仲裁委员会,因此由临时仲裁程序做出的裁决不具可执行力;另一方面,《纽约公约》规定仲裁裁决不仅指专案选派之仲裁员所作裁决,亦指当事人提请仲裁之常设仲裁机关所作裁决。① 并且,最高人民法院于1987年发布《关于执行我国加入的〈承认及执行外国仲裁裁决公约〉的通知》,明确中国有义务按规定承认与执行公约项下的外国仲裁裁决。因此,根据该条约中国司法机关不仅应认可外国的机构仲裁裁决,还应当认可外国的临时仲裁裁决。

如上文所述,目前除针对在自由贸易试验区注册的企业间的商事纠纷,我国司法机关仅承认在外国做出的临时仲裁裁决。1995年,最高人民法院发布《关于福建省生产资料总公司与金鸽航运有限公司国际海运纠纷一案中提单仲裁条款效力问题的复函》(法函〔1995〕135号),对海事领域绝对否认临时仲裁的立场进行"软化",规定:涉外案件的当事人选择在境外进行临时仲裁或非常设仲裁机构仲裁的,原则上应当承认该仲裁条款的效力。2009年,《最高人民法院关于香港仲裁裁决在内地执行的有关问题的通知》(法〔2009〕415号)针对在香港特别行政区做出的临时仲裁裁决,承认其在中国内地法院的执行力。2015年,最高人民法院发布的《关于适用〈中华人民共和国民事诉讼法〉的解释》中亦重申这一立场,规定:对临时仲裁庭在中国领域外做出的仲裁裁决,一方当事人向人民法院申请承认和执行的,人民法院应当依照《民事诉讼法》第二百八十三条规定处理。

2. 《联合国国际贸易法委员会仲裁规则》

一国仲裁制度的竞争力,受其仲裁规则完善程度的制约。尤其在临时仲裁程序中,当事人通常会在仲裁协议中选择适用已有的相对成熟的仲裁规则。其中,《联合国国际贸易法委员会仲裁规则》(UNCITRAL Rules)即是典型,其制度内容对自由贸易试验区内商事仲裁制度改革具有借鉴意义。该规则由联合国贸易法委员会制定,于1976年4月26日联合国第三十一次大会正式通过,并在2010年经过一次修订。由于没有设立相应的常设仲裁

---

① 《承认及执行外国仲裁裁决公约》,第一条第二款。

机构，《联合国国际贸易法委员会仲裁规则》仅在争议当事方协议约定依照该规则进行临时仲裁程序时才得以适用。在贸易法委员会的不断修缮过程中，该规则对仲裁程序问题作了比较系统的规定，并能够及时对国际仲裁实践中的创新制度进行吸纳，为发挥临时仲裁的优势提供重要保障。实践中，该仲裁规则不仅被广泛地应用于临时仲裁，还为许多常设仲裁机构作为当事人可选择的仲裁规则，例如，瑞典斯德哥尔摩商会仲裁院、新加坡国际仲裁中心、香港国际仲裁中心、中国国际经济贸易仲裁委员会等。于20世纪90年代急速发展的国际投资仲裁，其许多案件也通过选用《联合国国际贸易法委员会仲裁规则》的临时仲裁庭获得解决。

3. **《关于解决国家和其他国家国民投资争端公约》**

《关于解决国家和其他国家国民投资争端公约》（ICSID Convention）并非商事仲裁规则，而是用以规范主权国家与外国投资者之间的投资争端。但是，其内容之基础却为国际商事仲裁规则。"二战"以后，西方国家为了保护本国投资者在海外的投资利益，创造性地借用商事仲裁规则搭建此投资仲裁平台，以取代传统的母国外交保护或东道国国内司法救济等路径。实践中，国际投资保护条约不仅规定投资者与东道国可以在《关于解决国家和其他国家国民投资争端公约》解决争端，还允许争端双方直接选取《联合国国际贸易法委员会仲裁规则》等进行临时仲裁。我国作为150个投资保护协议（其中，128个为双边投资保护协议，22个为自由贸易协定中的投资章节）的缔约国，直接受投资仲裁制度的约束。目前，在"一带一路"倡议积极推进的过程中，我国企业在海外的大量投资利益都需要此仲裁机制提供坚强的法治保障。对此，探索建设"一带一路"争端解决机制、中国国际商事法庭等成为当下热点。

（二）自由贸易试验区商事仲裁制度改革的不足之处

上述三类与仲裁相关的规则与公约，分别对中国现行仲裁制度提出不同要求，反映出自由贸易试验区商事仲裁制度改革的不足之处：

1. 尚未突破现行《仲裁法》的滞后性

《联合国国际贸易法委员会仲裁规则》等在国际社会接受度较高的商事仲裁规则，对我国现行相对滞后的《仲裁法》改革提出要求。在国际商事活动不断发展、商事争议案件日益复杂的背景下,国际通行商事仲裁制度皆及时做出制度突破,具体表现为诸如紧急仲裁员、仲裁第三方资助、仲裁员利益冲突、仲裁第三人、仲裁中间措施、友好仲裁等新的制度。对此,自由贸易试验区各仲裁院也对上述制度进行借鉴。但仔细分析相关法条可以发现,自由贸易试验区商事仲裁制度改革的实效十分有限,难以突破现有《仲裁法》。以临时措施制度为例,虽承认仲裁庭在特定案件中具有直接做出临时措施裁决的权力,但该权力的取得却取决于措施执行地或仲裁地所在国法律的相关规定。因此,对于在中国境内进行仲裁的案件,或保全措施需在中国执行的案件,仲裁庭仍然不具有裁决临时措施的权力,需交由有管辖权的人民法院做出裁决。又如临时仲裁程序,暂不论临时仲裁的案例实践情况,我国境内尚无完善的临时仲裁规则以保障该制度的进一步落地。

2. 仲裁委员会的行政化倾向

一方面,《纽约公约》要求中国司法体系应当承认与执行境外临时仲裁程序做出的裁决;另一方面,争议方在中国境内获得的临时仲裁裁决却难以执行,极大地削弱了中国仲裁制度的竞争力。临时仲裁制度在中国所面临的重要困境之一,即中国各仲裁委员会由来已久的行政化弊端。

中国仲裁机构是为适应对外经济活动的需要,由政府机关主导而建立的。该先天条件,从一开始就导致其较差的自主性与独立性,对政府机关依赖程度很高。仲裁机构的体制机制十分混乱。一部分仲裁机构具有类似于行政机关或行政性事业单位的性质,该类仲裁机构自身发展水平不足,需要政府扶持才能正常运转,难以脱离其行政特征。另一部分仲裁机构将自身定位为企业化管理的事业单位,按照企业模式经营:变行政性收费为服务经营性收费,实行自负盈亏的企业化经营,并且按照税法规定进行纳税,提高仲裁机构的自主性。但是,这样的做法可能影响仲裁机构的公平性,不利于仲裁机构站在第三方居中裁判。还有部分仲裁机构把自身定位为社会公益类组织,这样的定位既获得了较大的独立自主性,又能做到对纠纷双方进行公平的裁判。国外的仲裁机构通常具有此特征,但多年以来成熟的仲裁土壤与社会捐助机制等是其发展之保障。目前,中国的这类仲裁机构难以充分保障自身发展,难以解决如收支不平衡等问题。

中国仲裁委员会的缺陷使其难以脱离行政化倾向,而该倾向又导致其对仲裁市场的垄断与对临时仲裁制度的排斥。学界基本达成的共识是,临时仲裁有利于促进仲裁实践的专业化,对仲裁员能力提出更高的要求,进而促进中国仲裁市场的竞争,推动中国仲裁制度改革。实践中,或许是出于对此类竞争的惧怕,临时仲裁仍然难以为《仲裁法》所承认。

3. 整体仲裁软环境不足

《ICSID 公约》等国际仲裁制度对中国的仲裁软环境提出更高的要求。近年来,国际投资仲裁案件数量激增,使国际投资仲裁庭能直接对东道国的主权行为进行裁判。该制度有效保护了海外直接投资的利益,却也造成了巨大的主权负担。对此,要积极参与国际投资秩序,争取在国际投资规则中的话语权,就需要培育本土的优质仲裁机构与法律服务,打造国内的国际仲裁高地。然而,诸如上述《仲裁法》及各仲裁规则制度的滞后性,以及仲裁委员会由来已久的行政化倾向,不利于我国商事仲裁制度的国际化、专业化发展,对其国际竞争力产生了极大的限制。整体而言,我国仲裁软环境不足。

四、自由贸易试验区商事仲裁制度的改革思路

中国现行仲裁制度改革任重而道远。中国自由贸易试验区作为制度创新、先行先试的"试验田",应当在新时代勇于探索并积极促进改革的系统集成。针对上述国际商事仲裁公约与规则对我国仲裁制度提出的需求,自由贸易试验区应当进一步进行改革与突破。

(1) 在国家层面完善中国商事仲裁制度的顶层设计,针对《仲裁法》的滞后规则进行修改或废止。在自由贸易试验区改革探入深水区的背景下,现行法律制度通常是最大的制约因素,法律依据的缺失导致体制性改革缺乏正当性。商事仲裁制度作为司法救济途径的替代性手段,其改革必然需要获得最顶层的仲裁立法的支持。尤其就承认国内临时仲裁制度的效力、赋予仲裁庭决定临时措施的权力、承认友好仲裁等触及现行根本体制或司法权力的制度而言,急需立法机关在国家层面完善顶层设计。

(2) 各地方政府与仲裁委员会充分发挥创造性,在自主空间内探索商

事仲裁程序的改革。就第三批设立的自由贸易试验区而言，应当以上海自由贸易试验区与深圳前海自贸片区的实践为标杆，对标国际先进仲裁规则，在各自区域制定反映国际新趋势的仲裁院规则，并构建国际化程度高的仲裁院名录。此外，各地仲裁委员会由来已久的行政化状态也急需得到改变。

（3）各仲裁院以及律所主动提高自身服务能力，构建自由贸易试验区内国际化的法律服务环境。商事仲裁制度原本就是相对自治的争端解决机制，依赖于发达的商业环境与高质量、专业的法律从业人员。因此，仲裁院与律所是促进区域内商事仲裁制度发展的中坚力量。仲裁院需要打造机构的优质硬件环境，探索引入互联网技术，围绕仲裁案件程序始终的需要，提高行政效率与服务质量；律所应当强化自身的执业能力，并加强联营律所等探索与实践，保障国际化的法律服务质量。

参考文献：

［1］刘永红．多元化纠纷解决机制与构建和谐社会［J］．山东社会科学，2010（4）．

［2］陆炯．对临时仲裁制度的法律思考［J］．仲裁研究，2005（1）．

［3］张建．中国商事仲裁的国际化挑战——以最高人民法院的裁判观点为视角［J］．上海政法学院学报（法治论丛），2016（1）．

区域编

QUYUBIAN

第八章　中国（上海）自由贸易试验区全面深化改革开放的成效与政策创新方向

沈桂龙[*]　梅晓颖[**]

自 2013 年 9 月 29 日上海自由贸易试验区挂牌成立以来，党中央、国务院先后又批准了两个关于上海自由贸易试验区建设的方案。2015 年 4 月，国务院印发《进一步深化中国（上海）自由贸易试验区改革开放方案》（以下简称《深改方案》）。方案提出了 25 项主要任务和措施，并明确将上海自由贸易试验区的实施范围由原来的 28.78 平方千米扩展到了 120.72 平方千米。2017 年 3 月，国务院印发《全面深化中国（上海）自由贸易试验区改革开放方案》（以下简称《全改方案》），确定了上海自由贸易试验区到 2020 年的建设目标。本文将回顾《全改方案》的制度安排与政策方案，对其成效作简要评估，并在此基础上分析目前上海自由贸易试验区建设存在的问题与原因，提出相关政策建议。

一、全面深化改革的制度安排与政策方案

根据《全改方案》要求，到 2020 年，上海自由贸易试验区要建设成为投资贸易自由、规则开放透明、监管公平高效、营商环境便利的国际高标准自由贸易园区，健全各类市场主体平等准入和有序竞争的投资管理体系、促进贸易转型升级和通关便利的贸易监管服务体系、深化金融开放创新和

---

[*] 沈桂龙，男，上海社会科学院经济研究所副所长、研究员、博士生导师，主要从事国际贸易、国际投资、宏观经济等领域研究。

[**] 梅晓颖，女，上海社会科学院硕士，研究方向为国际投资、国际贸易。

有效防控风险的金融服务体系、符合市场经济规则和治理能力现代化要求的政府管理体系，率先形成法治化、国际化、便利化的营商环境和公平、统一、高效的市场环境。基于这个总建设目标，《全改方案》从五个方面提出了21个子目标，包括加强改革的系统集成，建设开放和创新融为一体的综合改革试验区；加强同国际通行规则相衔接，建立开放型经济体系的风险压力测试区；进一步转变政府职能，打造提升政府治理能力的先行区；创新合作发展模式，使其成为服务国家"一带一路"建设、推动市场主体"走出去"的平台；服务全国改革开放大局，形成更多可复制推广的制度创新成果。

（一）建设综合改革试验区

根据《全改方案》，在建设综合改革试验区方面，上海自由贸易试验区要加强制度创新的系统性、整体性、协同性，围绕深化投资管理体制改革，优化贸易监管服务体系，完善创新促进机制，统筹各环节改革，增强各部门协同，注重改革举措的配套组合，有效破解束缚创新的瓶颈，更大程度地激发市场活力。

在加强改革系统集成方面，《全改方案》要求上海自由贸易试验区建立更加开放透明的市场准入管理模式，实施市场准入负面清单和外商投资负面清单制度。2017年6月，国务院印发了《自由贸易试验区外商投资准入特别管理措施（负面清单）（2017年版）》（国发办〔2017〕51号）。此版负面清单自2017年7月10日起实施，进一步放开了市场准入条件。

除了要建立更加开放透明的市场准入管理模式之外，《全改方案》还要求上海自由贸易试验区全面深化商事登记制度改革，建成具有国际先进水平的国际贸易"单一窗口"，建立安全高效便捷的海关综合监管新模式，建立检验检疫风险分类监管综合评定机制，以及健全知识产权保护和运用体系。2017年国际贸易"单一窗口"3.0版上线运行，构建了"自主申报、自助通关、自动审放、重点稽核"和"十检十放"等监管新模式，实现口岸通关全流程和贸易监管主要环节的全覆盖，以及口岸监管部门的"信息互换、监管互认、执法互助"，"单一窗口"真正实现了"一个平台、一次提交、结果反馈、数据共享"。

此外，方案也提出上海自由贸易试验区要全面实现"证照分离"。2015年12月，经国务院批准，上海市浦东新区开始展开"证照分离"改革试点工作。2017年10月，为全面实现"证照分离"，上海市人民政府办公厅印发了《浦东新区"证照分离"改革试点深化实施方案》。方案在五个方面共设立了17项改革任务，具体要求如下：深化市场准入改革方面，实现全面覆盖、加大改革力度、建立清单管理制度；服务重点产业发展方面，推进先进制造业、现代服务业、建筑业和医疗健康产业改革的系统集成；推进商事制度改革方面，优化商事登记方式、鼓励支持新兴业态发展；强化事中事后监管方面，推进诚信、动态、分类和精准监管；实施"互联网+政务服务"方面，推进"全网通办""全区通办"和"全域共享"。2017年12月，上海市食品药品监督管理局发布了《中国（上海）自由贸易试验区内医疗器械注册人制度试点工作实施方案》（以下简称《方案》）。《方案》规定，自由贸易试验区内的医疗器械注册人可委托其他企业生产产品。

在海关监管方面，《全改方案》提出上海自由贸易试验区要建立具有国际竞争力的创新产业监管模式。具体地说，就是要深化实施全国海关通关一体化、"双随机、一公开"监管以及"互联网+海关"等举措，进一步改革海关业务管理方式，对接国际贸易"单一窗口"，建立权责统一、集成集约、智慧智能、高效便利的海关综合监管新模式。2017年6月，海关总署发布了2017年"第25号公告"（关于推进全国海关通关一体化改革的公告），进一步深化简政放权、放管结合、优化服务。

《全改方案》也要求上海自由贸易试验区优化创新要素的市场配置机制，吸引更多外籍高层次人才参与创新创业。2017年3月底，浦东新区人力资源和社会保障局发布了《中国（上海）自由贸易试验区推荐外籍高层次人才申请在华永久居留的认定管理办法（试行）》。办法规定只有符合相关条件，上海自由贸易试验区区域内的高等院校、科研院所、企业等单位推荐的外籍高层次人才才可直接申请在华永久居留。

(二) 建立风险压力测试区

在进一步的改革过程中，《全改方案》要求上海自由贸易试验区基于国际最高标准，为推动实施新一轮高水平对外开放进行更为充分的压力测试，探索开放型经济发展新领域,形成适应经济更加开放要求的系统试点经验。具体措施包括进一步放宽投资准入,最大限度地缩减自由贸易试验区外商投资负面清单,推进金融服务、电信、互联网、文化等专业服务业和先进制造业领域对外开放;实施贸易便利化新规则,优化口岸通关流程,最大限度地实现覆盖船舶抵离、港口作业、货物通关等口岸作业各环节的全程无纸化,推进贸易领域证书证明的电子化管理;创新跨境服务贸易管理模式,加快推进高端服务领域的贸易便利化;进一步深化金融开放创新,加强与上海国际金融中心建设的联动;设立自由贸易港。

2017年6月,在国务院印发了《自由贸易试验区外商投资准入特别管理措施(负面清单)(2017年版)》(国发办〔2017〕51号)之后,上海市金融服务办公室、中国(上海)自由贸易试验区管理委员会制定了《中国(上海)自由贸易试验区金融服务业对外开放负面清单指引(2017年版)》(以下简称《指引》),旨在更好地落实《自由贸易试验区外商投资准入特别管理措施(负面清单)(2017年版)》,进一步实现开放金融服务业。《指引》共涉及10个类别、48项特别管理措施,包括外资投资设立金融机构管理(市场准入限制)和外资准入后业务管理(国民待遇限制),涉及类别、行业、特别管理措施、效力层级、措施来源、措施描述等内容。

为深化全国通关一体化改革,优化口岸通关流程,进一步提高通关效率,海关总署和上海海关先后发布了一系列决定。2017年9月,海关总署发布了《关于简化海关税费电子支付作业流程的公告》(以下简称《公告》)(2017年第44号)。《公告》指出,海关总署决定简化海关税费电子支付作业流程,取消现场海关通过打印税款缴款书触发税款实扣的操作。2017年12月,海关总署发布《关于推广减免税申请无纸化及取消减免税备案的公告》(2017年第58号),自2017年12月15日起,在全国海关推广减免税申请无纸化,同时取消减免税备案。此外,海关总署在2017年12发布的《关于进一步推进优惠贸易协定货物申报无纸化的公告》(以下简称《公告》)(2017年第67号)指出为便利货物通关,海关总署决定,自2018年1月1日起,进一步推进优惠贸易协定项下进口货物申报无纸化。同样在2017年12月,上海海关发布《关于深入推进查验作业无纸化改革的公告》(以下简称《公告》)(2017年第5号)。《公告》提出为深入推进查验作业无纸化改革，进一步提升上海口岸查验工作效能，自2018年1月15日起在浦东国际机场海关、外高桥港区海关和洋山海关实行查验计划无纸化作业。

（三）打造提升政府治理能力的先行区

为加强自由贸易试验区建设与浦东新区转变一级地方政府职能的联动，系统推进简政放权、放管结合、优化服务改革，在行政机构改革、管理体制创新、运行机制优化、服务方式转变等方面改革创新，全面提升开放环境下的政府治理能力，《全改方案》要求上海自由贸易试验区在三个方面进行改革：①要健全以简政放权为重点的行政管理体制，加快推进简政放权，深化行政审批制度改革。②要推进事中事后监管体制机制创新，按照探索建立新的政府经济管理体制要求，深化分类综合执法改革，围绕审批、监管、执法适度分离，完善市场监管、城市管理领域的综合执法改革。③要优化信息互联共享的政府服务体系，加快构建以企业需求为导向、大数据分析为支撑的"互联网＋政务服务"体系。

（四）服务"一带一路"建设

《全改方案》提出，为成为服务国家"一带一路"建设、推动市场主体"走出去"的平台，上海自由贸易试验区要坚持"引进来"和"走出去"有机结合，创新经贸投资合作、产业核心技术研发、国际化融资模式，探索搭建"一带一路"开放合作新平台，建设服务"一带一路"的市场要素资源配置功能枢纽，发挥自由贸易试验区在服务"一带一路"建设中的辐射带动作用。另外，为实现这一目标，上海自由贸易试验区要以高标准便利化措施促进经贸合作。对接亚太示范电子口岸网络，积极推进上海国际贸易"单一窗口"与"一带一路"沿线口岸的信息互换和服务共享；增强"一带一路"金融服务功能，推动上海国际金融中心与"一带一路"沿线国家和地区金融市场的深度合作、互联互通；探索具有国际竞争力的离岸税制安排。

浦东新区政府和上海市政府根据《全改方案》要求做出了相应的方案和举措。2017年5月，浦东新区出台了五项使自由贸易试验区成为服务国家"一带一路"建设、推动市场主体"走出去"的平台的具体措施——包括在国家质检总局的支持下重点推进设立"一带一路"技术贸易措施企业服务中心、深化境外投资服务平台建设、加快建设"一带一路"国别(地区)进口商品中心、增强"一带一路"金融服务功能、加强"一带一路"人才交流合作等。其中,设立"一带一路"技术贸易措施企业服务中心旨在帮助中国企业打破技术性贸易壁垒,以便更好地推动市场主体"走出去";境外投资服务平台建设、进口商品中心建设和金融服务功能的增强有助于加强国内企业与"一带一路"沿线国家和地区的经贸合作;人才交流合作的加强则有利于促进人才的流动,以推进我国与"一带一路"沿线国家和地区营造更好的创新创业环境。2017年7月的第二届"21世纪海上丝绸之路"建设高峰论坛上,上海市发展改革委副主任朱民提出上海自由贸易试验区将从高标准便利化措施推动经贸合作、增强"一带一路"金融服务功能和搭建支持企业"走出去"的功能性平台三个方面,结合上海的城市服务功能优势,提出服务国家"一带一路"建设的新举措。2017年10月,上海市人民政府批准发布了《上海服务国家"一带一路"建设发挥桥头堡作用行动方案》,提出自由贸易试验区要加快推进上海自由贸易港区建设,提升文化服务贸易基地功能等举措。

(五) 形成可复制推广的制度创新成果

成立上海自由贸易试验区的一个根本目的是为全国进一步开放做试验,也是为形成可创造、可复制、可推广的适应下一轮改革开放的体制机制做试验。因此,除了要做到上文中提到的要求外,《全改方案》也提出上海自由贸易试验区要紧紧把握自由贸易试验区的基本定位,坚持先行先试,充分发挥各方面的改革创新主动性和创造性,为全面深化改革和扩大开放,取得更多制度创新成果。加快形成系统性的改革经验和模式,把理念创新、体制机制创新、政策创新和加强风险防控等方面的改革试点经验作为重点,加强试点经验的总结和系统集成。加快形成包括市场准入、贸易便利化、创新发展、对接高标准国际经贸规则、创新政府管理模式等在内的可复制、可推广的经验。

二、主要成效评估

2017年，上海自由贸易试验区根据《全改方案》发布了一系列政策，文章的这部分将通过2017年上海自由贸易试验区的主要经济指标从总体上简要考察政策的效果，并从自由贸易试验区的投资贸易便利化程度、开放型经济发展、政府治理能力改革、服务国家"一带一路"建设和推动市场主体"走出去"四个方面讨论《全改方案》及相关政策的成效。

（一）经济指标

表8-1展示了上海自由贸易试验区2016年和2017年主要经济指标的发展情况，包括一般公共预算收入、外贸进出口总额、金融机构数等。如表格所示，除了新兴金融机构数之外，2017年上海自由贸易试验区的其他主要经济指标都较2016年有所增长。但是，多个经济指标的增长速度有所下滑，包括一般公共预算收入、外商直接投资实际到位金额、出口额和期末监管类金融机构数。在缩减了外商投资的负面清单之后，虽然2017年外商直接投资实际到位金额的增长率没有2016年高，但仍以13.5%的增长速度在增长，且外商直接投资实际到位金额的绝对值在2017年超过了70亿美元，这意味着缩减外商投资负面清单仍达到了一定的效果，在基数大（2016年外商直接投资实际到位金额为61.79亿美元）的情况下仍以较高速度增长。此外，虽然上海自由贸易试验区2017年的外贸进出口总额为1.35万亿元，约占同期上海总外贸进出口的41.88%。与2016年相比，2017年的外贸进出口总额增长得更快——增长率从2016年的5.9%上升到了2017年的14.7%，但是，2017年出口额的增速经历了一个较大幅度的下降——从2016年的14.5%下降到了2017年的3%。2017年，金融机构数的增速也有所放缓，期末监管类金融机构数的增长率从2016年的7.5%下降到2017年的4.2%，而新兴金融机构的数量减少了21家。

表8-1 中国（上海）自由贸易试验区主要经济指标及其增长速度（2016—2017）

指标	单位	2017年（绝对值）	2017年比2016年增长（%）	2016年（绝对值）	2016年比2015年增长（%）
一般公共预算收入	亿元	578.48	8.6	559.38	23.7
外商直接投资实际到位金额	亿美元	70.15	13.5	61.79	28.2
全社会固定资产投资总额	亿元	680.31	12.4	607.93	9.4
规模以上工业总产值	亿元	4924.95	14.8	4312.84*	14.2*
社会消费品零售额	亿元	1494.62	7.0	1396.76	6.9
商品销售额	亿元	37042.67	10.2	33609.23	6.9
服务业营业收入	亿元	5157.74	14.3	4167.59	7.0
外贸进出口总额	亿元	13500.00	14.7	7836.80	5.9
#出口额	亿元	4053.10	3.0	2315.85	14.5
期末监管类金融机构数	个	849	4.2	815	7.5
新兴金融机构数	个	4630	-0.5	4651	11.9

数据来源：《2017年上海市国民经济和社会发展统计公报》《2016年上海市国民经济和社会发展统计公报》。

*：2016年统计指标为工业总产值。

（二）投资贸易便利化程度

在过去一年中，自由贸易试验区内的投资便利化程度有了进一步地加深。2017年7月国务院印发的《自由贸易试验区外商投资准入特别管理措施（负面清单）（2017年版）》（国发办〔2017〕51号）中，外商投资负面清单从2013版的190条减少到了95条，与2015年4月发布的负面清单相比，2017版负面清单共减少了10个条目、27项措施。其中，减少的条目包括轨道交通设备制造、医药制造、道路运输、保险业务、会计审计、其他商务服务6条，同时整合减少了4条。同时，对比最新发布的试验区外的《外商投资产业指导目录（2017年修订）》，也体现了更高的开放度。根据《2017年上海市国民经济和社会发展统计公报》，2017年自由贸易试验区内新注册企业累计超过 5 万户，全年实到外资占全市比重超过 40%。据统计，2017 年上海实到外资较上一年下降了 8%。与此同时，如前文所述，与整个上海市的外商投资疲软情况不同，上海自由贸易试验区内的实到外商投资呈现上涨态势。截至 2017 年 2 月，自由贸易试验区累计新设企业约 4.4 户。其中，内资企业 35961 户，占比 81.7%；外资企业 8057 户，占比 18.3%。90% 左右的行业对外资实现了准入前国民待遇，超过 90% 的外商投资企业通过备案方式设立。到 2017 年 12 月，自由贸易试验区累计新设企业增加到了 4.9 万户，其中，外资企业增加到 8700 多户，约占比 20%，通过备案方式设立的新设外资企业超过了 99%。在 2017 年 2 月到 12 月间，在负面清单外的新设外资企业有了进一步的增加。

除了投资的便利化程度加深，《全改方案》出台以来，自由贸易试验区内贸易便利化改革效应也持续显现。世界贸易组织《贸易便利化协定》中，在货物放行与结关、进口货物移动 2 个条款上，上海自由贸易试验区的试点内容已超过该协定明确的贸易便利化程度。2018 年 1 月，上海出入境检验检疫局与中国（上海）自由贸易试验区管理委员会共同宣布，为自由贸易试验区浦东机场综合保税区内进口服装质量诚信企业试行质量安全监管新模式。采取新模式后，综保区进口服装诚信企业的法检商品查验比例由原先的 100% 下降至 5%；采样送检等中断式、侵入式检验比例从 30% 下降至 5‰，平均通检时长将从 2017 年年初的 10 天以上缩减至读秒放行，大大缩短了服装类产品的通关时间。上海自由贸易试验区计划在 2018 年实现海运进境平均通关时间 2 天，空运 12 小时，2020 年分别压缩到 24 小时和 6 小时。此外，洋山港和外高桥港区 2017 年全年合计完成集装箱吞吐量 3638.2 万标箱，同比增长 7.3%，推动上海港连续 8 年位居全球第一大集装箱港。

（三）开放性经济发展

自《全改方案》出台以后，上海自由贸易试验区的对外开放度也取得了新的进展，尤其是在服务业和金融开放创新上，形成与上海国际金融中心建设的联动机制。据统计，上海自由贸易试验区 2017 年服务业开放措施共计 54 项，新落地服务业项目数 412 个；开立自由贸易账户（FT 账户）7.02 万个，当年累计收支总额 7.65 万亿元；跨境双向人民币资金池累计

769家，收支总额9761.50亿元。2018年3月26日，原油期货正式上市，成为我国第一个国际化期货品种。截至2018年2月底，中信登信托登记系统中全国各信托公司报送各类信托登记已累计超过3.2万笔。上海期货交易所的国际能源交易中心、中国外汇交易中心的国际金融资产交易平台等在过去的一年中都加快了建设，促进了上海自由贸易试验区建设面向国际的金融资产交易平台，同时，也强化了上海金融资源市场化配置的能力，提升了上海金融市场的能级。

自由贸易试验区内金融综合监管协调机制得到了进一步加强。目前，平台已基本实现了2万多家金融企业工商信息、500家重点类金融企业信息的查询和展示功能，为金融风险预警打下了良好的基础。此外，2018年3月，上海市金融办、人民银行上海分行、上海银监局联合发布了《关于提升金融信贷服务水平优化营商环境的意见》，提出在稳步推进自由贸易试验区内投融资便利化改革的同时，也要推进落实本外币跨境融资宏观审慎管理制度。

有效防范风险的金融创新和监管制度的基本确立，将对上海自由贸易试验区金融进一步开放产生积极影响，有利于发挥好自由贸易试验区的金融制度创新优势，进一步提高对外开放能力，为上海和全国提供更多、更好的金融对外开放平台，有力地提升面向包括"一带一路"国家和地区在内的全球开放的层次与水平。

（四）政府治理能力改革

在国务院出台《全改方案》以后，上海自由贸易试验区在政府治理改革方面着重以政府职能转变为核心，基本确立了以规范市场主体行为为重点的事中事后监管制度。

自由贸易试验区进一步推动了"证照分离"的深化改革。2015年12月，经国务院批准，上海市浦东新区开始展开首批116项"证照分离"改革试点。2018年2月，国务院发布《国务院关于上海市进一步推进"证照分离"改革试点工作方案的批复》（以下简称《批复》）（国函〔2018〕12号），同意上海市浦东新区进一步推进"证照分离"改革试点工作。《批复》包括推进商事制度改革、推进商务改革、推进医疗卫生改革等十个方面，涵盖47项"证照分离"改革试点事项。目前，47项改革试点事项中已实施的有31项，16项正在推进落实中；12项进一步加大改革力度的事项中已实施的有9项。同时，对企业关注度较高、审批频次较高的36项事项加大了自主改革的力度，其中有30项已落到实处。另外，第一批116项"证照分离"改革事项已复制推广到其他自由贸易试验区。

自由贸易试验区也创新了一级政府管理体制，充分发挥上海自由贸易试验区管委会与浦东新区政府合署办公的优势，建立综合执法新体制，实现符合市场经济规则的政府职能转变新突破。一是拓展综合执法改革领域和范围。市场监管综合执法体制已在上海区级层面全面推广实施，2017年5月成立了上海市市场监管工作委员会。二是以综合监管为基础，专业监管为支撑，信息互联共享的协同监管机制和风险分类监管模式基本形成。目前，上海自由贸易试验区构建了推动企业自律的信用约束机制和社会力量参与的多元监督机制，基本形成了以市场主体自律、业界自治、社会监督、政府监管互为支撑的综合监管格局。监管方式上重点推进"六个双"监管机制。2017年，上海浦东新区全面推进落实"双告知、双反馈、双跟踪"许可办理机制和"双随机、双评估、双公示"协同监管机制的"六个双"监管创新机制，形成了覆盖市场生命周期的监管"全闭环"。自实施"六个双"监管机制后，全年监管户从实施前的16%提高到了实施后的64%。截至2018年1月，"六个双"监管机制基本实现了对浦东新区21家监管部门、108个行业（领域）的全覆盖，不断深化完善制度体系建设。

开放、协同、高效的服务型政府的建设也得到了推进。2017年4月，为推进"互联网+政务服务"，降低企业和市民办事的难度，简化为企业和市民办事的流程，提高为企业和市民办事的效率，浦东新区推出了企业市场准入"全网通办"、个人社区事务"全区通办"、政府政务信息"全域共享"的"三全工程"建设。根据《2017年上海市国民经济和社会发展统计公报》，2017年104项企业准入区权事项全部实现"全网通办、一次办成"，74项实现了"网上全程办理"；188项个人社区事务已实现"全区通办"；政府政务信息的"全域共享"也得到了加快推进，海关特殊监管区实现与口岸、金融等监管部门的信息共享，达到与80个国家、市、区部门共享信息集成。同时，浦东新区于2017年11月启动了"单窗通办"改革，将9个部门29项事项实施了"单窗通办";于2018年1月将区级事权的16个部门104项企业市场准入事项全部纳入了"单窗通办",达成了"单窗通办"全覆盖。

上海自由贸易试验区实施事中事后监管制度创新,进一步推动政府职能转变,对于体制变革与改革集成产生很大影响。这为上海自由贸易试验区的全面、高水平开放提供了保障。

（五）服务国家"一带一路"建设和推动市场主体"走出去"

在《全改方案》发布之前,上海自由贸易试验区在服务国家"一带一路"建设上就颇有建树。截至2016年年底,上海自由贸易试验区已累计在新加坡、捷克、俄罗斯、印度等25个"一带一路"沿线国家和地区投资了108个项目;一批代表企业先后从自由贸易试验区"走出去",投资到"一带一路"沿线国家和地区,如华信集团参与开发俄罗斯油田,振华重工在韩国、印度、俄罗斯等14个国家设立了境外投资机构。《全改方案》将要"成为服务国家'一带一路'建设和推动市场主体'走出去'的平台"正式纳入上海自由贸易试验区建设目标后,自由贸易试验区在服务"一带一路"建设上有了新的进展。

上海自由贸易试验区在金融服务"一带一路"建设上的效果逐渐显现。首先是在助力"一带一路"资金融通方面成果颇多。例如,2017年6月,坐落在上海自由贸易试验区内的上海证券交易所（上交所）与哈萨克斯坦阿斯塔纳国际金融中心管理局在阿斯塔纳签署了共同投资建设阿斯塔纳国际交易所的合作协议;2018年5月,深圳证券交易所和上交所共同组成的中方联合体成功竞得孟加拉国达卡证券交易所25%的股权;2017年俄罗斯铝业、匈牙利政府和马来西亚马来亚银行在自由贸易试验区金融机构发行熊猫债券。2017年10月,上交所发布了《上海证券交易所服务"一带一路"建设愿景和行动计划（2018—2020年）》（以下简称《行动计划》）,为上交所服务"一带一路"建设提供了一份系统性的行动指南。《行动计划》指出,在未来上交所将继续从推动境内资本市场双向开放、推进资本市场交流与合作、提升投融资服务水平等方面加强服务"一带一路"建设。此外,服务国家"一带一路"建设的还有上海自由贸易试验区的金融创新之一——FT 账户。截至 2017 年年末，通过 FT 账户累计与"一带一路"沿线国家和地区发生的跨境收支已达 2886 亿元。

在推动贸易便利化以服务"一带一路"建设方面，上海自由贸易试验区取得新的进展。目前，"一带一路"国别馆已初具规模，2017 年有保加利亚、匈牙利等 7 馆投入运营。国别馆的建立有利于发挥上海自由贸易试验区的口岸优势，加强与"一带一路"沿线国家和地区的经贸合作。在未来，自由贸易试验区将继续致力于吸引更多的"一带一路"国别（地区）馆，推动国别（地区）馆与进口商品直销中心线上线下的互联互通。同时，自由贸易试验区将推动搭建"一带一路"开放合作新平台，发挥自由贸易试验区在服务"一带一路"建设中的辐射带动作用。根据《2017 年上海市国民经济和社会发展统计公报》，2017 年上海自由贸易试验区先后与以色列、俄罗斯、新加坡等"一带一路"沿线国家和地区联合建立跨国孵化器，搭建跨境项目交流平台。

三、存在的问题及原因分析

（一）金融开放服务企业的优势尚未充分发挥

在缺乏地理交通和边境贸易优势的制约下，上海应牢牢把握国际金融端，发挥其他省市不可替代的功能，在构建多边投融资链接中枢上做足功夫。目前，上海自由贸易试验区的金融开放、改革及创新较国家战略目标、国际金融中心建设目标，以及境内外企业需求都存在一定差距，突出表现在以下几个方面。

（1）自由贸易试验区金融开放受国家金融体制与政策方向的影响及制约。上海自由贸易试验区最艰巨的任务就是对经济全局最具冲击力和颠覆性影响力的金融制度进行改革。在国内金融体系改革尚未完成的情况下，当自由贸易试验区与"区外境内"的国内其他地区存在利息差、汇率差时，就会引起大量的套利活动，因而当局必然要对区内各类金融创新和开放活动进行审慎监管。

（2）"资本项目可自由兑换"仍需要进一步开放性探索。在自由贸易试验区"金改"中,最重磅的改革举措在于"率先实现人民币资本项目可兑换"。目前实现的"四个跨境"仍然局限于人民币业务,且要接受央行窗口指导、逐项审批。跨境人民币贷款业务主要是内贷外用,导致前几年人民币升值时期大量中资企业失去利用低息外币贷款进行境外融资境内投资的机会。

(3)跨境双向人民币资金池业务实际效果与企业期待存在落差。包括:①隐性合规成本高,企业受惠有限。整个跨境资金池的设计除了要考虑纷繁复杂的国内监管规定之外,还需要将国外成员企业所在国的监管制度纳入考察视野,才可能设计出一套运转顺畅的跨境资金池运转体系。为此,企业除了需要负担内部人员的人力成本之外,尚需承担高额的中介费用。自由贸易试验区跨境资金池规则框架的设计在具体细节上欠明确,增加了中介机构设计全球资金池方案的难度,最终增加了跨国公司的成本。②监管制度烦琐,吸引特色不足。中国通过计算注册资本与投资总额的差额来核算外债额度的做法由来已久,外币跨境资金池也采用了这种方式。实践中,外债总额的控制不区分借款主体是集团内部关联企业或是专业的金融机构。但是,在商业社会中,集团内部的借贷较商业贷款而言更为稳定,集团对于其成员的经营状况充分了解,不需要通过担保、抵押等方式防范由于信息不对称引发的风险。因此,在跨境资金池领域严格进行外债控制,缺乏合理性。目前的跨境资金池体系更适合于刚刚走出国门、集团外币规模有限的国有大型企业。

(4)跨境人民币创新业务开展不及预期。尽管各自由贸易试验区跨境人民币创新政策已经落地实施——个人经常项下和直接投资项下跨境人民币业务、自由贸易试验区企业的境外母公司发行熊猫债券募集资金区内使用业务、自由贸易试验区银行发放境外人民币贷款业务等都已经放开,但实际业务开展不及预期。尤其是跨境人民币创新政策落地时,对境内外成员企业经营年限、上年度营业收入和资金流出(入)限额都设置了条件。对于新设企业,因设立和经营时间短,不能满足跨境双向人民币资金池政策要求而无法开展业务,一定程度上影响了自由贸易试验区跨境人民币政策对周边地区溢出效应的发挥。关于境外成员企业营业收入的规定也限制了有实际需求的特殊企业享受创新政策。

(5) FT 账户功能发挥不充分。目前，央行对 FT 账户实施 24 小时"长臂"逐笔监管。据调查，企业要将 FT 账户中的外汇结算成人民币，需要提供贸易背景资料，如合同、发票、报关单等；没有网银服务，只能逐笔到银行柜台进行办理；审批时间长，有些甚至需要行长批准，影响企业正常业务活动开展，汇率波动也会给企业带来损失。因此，部分企业虽然开立了很多个 FT 账户，但用过的并不多。据浦东新区金融服务局与国家统计局浦东调查队的调查，在当时开立的 43460 个 FT 账户中，使用过的账户为 1231 个，仅占总数的 2.8%。

(二) 企业集群式对外投资的规模效应尚未显现

建设"一带一路"的抓手之一是发展海外开发区（产业园区或者经济贸易合作区），开发区高度密集的区域应成为政府直接的作用点。开发区介于政府与市场的组织特性与功能定位，成为企业运营的独特优势。尤其是随着一大批国家级开发区进入成熟期，其开发运营能力、全球结网能力等不断增强，为园区内企业以集群的方式"走出去"提供了坚实的保障。加之地理邻近性的优势，国内企业参与丝绸之路经济带建设需要超越企业原子化个体海外投资的传统模式，借助开发区的平台优势，以集群方式在沿路国家异地投资建园，构建起跨国集群网络，实现国际产能合作，重构价值链，切实增强自主创新能力，并由此实现丝绸之路经济带发展模式的创新。

上海数量众多的国家高新区、国家经济技术开发区等是最有能力和条件"走出去"进行异地开发的开发区。现阶段，江苏、天津等地在"一带一路"沿线国家和地区建设海外产业园区，复制推广国内园区模式，迈出很大步伐，如红豆集团参与柬埔寨的西港特区建设，泰达集团在埃及建设的中国·埃及苏伊士经贸合作区，江苏其元集团全资所有和全权管理埃塞俄比亚东方工业园等。然而，上海作为国内开发园区的创新者和引领者，建立了质量高、效益好的最早保税区、出口加工区和金融贸易区，在海外园区建设方面却未能发挥既有优势，影响了参与"一带一路"建设的效果。

(三) 对外投资管理与服务便利化水平有待提高

第一，"走出去"行政审批不便。2016 年起国家外汇管制和收紧之后，对外投资备案的时间拉长、投资审批效率变低、手续仍不简便；并且，发改委审批项目与商务部门备案之间在时间、程序、材料的衔接上并不到位，无法满足国内企业对外并购对时效性的高要求。第二，融资不通畅。随着外汇管制的加强，对外投资资金期限可能与国内金融机构提供的融资期限不对应，资金到期之后在延续面临较大不确定性；资金流通成本较高，有些对外融资要涉及多次汇率变换，且利润再汇回政策支持力度不够。

与此同时，企业也迫切希望获得相应的社会服务和项目支持，包括财税资讯服务、投资法律服务。即使在上海这样一个国际化水平较高的大都市，政府和社会组织所提供的专业服务水平依然无法满足"走出去"形势的需求。例如，对"一带一路"沿线很多国家，新闻媒体、政府舆论、专业机构对其关注程度和介绍力度均不是很高，很难在风险管理、投资服务等方面提供系统而深入的信息供给。其次，专业服务的国际化水平也有待提高，主要是因为"一带一路"国家涉及小语种语言、国别性法律与制度，现有的专业化服务水平很难细化到适应各个国家的投资服务需求。以上原因均会导致企业"走出去"之后管理方面水土不服、跨文化整合能力不够。

此外，对金融创新政策执行不统一，业务也不够熟练。如国家外汇管理局将FT账户资金划转业务的审批权下放到银行，因没有统一口径，各家银行对政策的理解不一、操作不一，中资银行对业务的管控相对较松，而外资银行对业务的管控则相对较紧，从而给部分希望在本国银行开展FT账户资金划转业务的外资企业带来不便。而且，同一家银行不同支行之间解释不一，甚至同一家支行里不同人员的说法也不一致，给企业造成较大困扰。此外，部分基层支行员工对FT账户的业务不熟练，导致企业有些业务不能做或需要辗转几家银行才能办理。

四、政策创新方向

（一）探索自由贸易试验区资本项目进一步开放

（1）不断深化境外投资管理改革。在确保对外投资真实合规、抑制非理性对外投资倾向和控制对外投资风险的基础上，探索自由贸易试验区资本项目的进一步开放。

（2）拓展境外项目投融资渠道。利用金融机构集聚的优势，搭建银企合作对接平台，保障"一带一路"重点企业和项目的资金需求；发展境外股权投资基金，通过境外金融服务跟进、民间资本参与、政府支持的方式，建立"一带一路"沿线分领域、分类型的股权投资基金，引导丰富的民间资本有序参与，支持企业境外投资。

（3）鼓励有条件的银行、保险公司"走出去"。鼓励银行和保险公司"走出去"，为"走出去"企业提供就近集融资、跨境结算等服务，充分发挥保险在我国企业"走出去"过程中保驾护航的作用。

（二）完善自由贸易试验区服务对外投资的体制机制

（1）不断完善对外经济合作机制。通过"一带一路"技术贸易措施企业服务中心、国别（地区）进口商品中心等抓手，加强贸易与投资合作的联动，探索建立自由贸易试验区与沿线国家和地区双边投资和贸易便利化合作框架，形成规则互通、标准互认、管理对接的完善体系，建立信息共享、执法互助的合作机制。

（2）加快构建以专业服务为代表的高端服务业体系。自由贸易试验区要扶持和培育本土专业服务机构，积极引进国内外高端专业服务组织，加快高端专业服务业的集聚，建立境外投资专业服务生态圈，有助于企业强化对外投资前后的各类风险管理，降低企业时间和财务成本，保障境外投资目标的实现。

（3）强化行业协会、投资促进机构的资源整合功能。鼓励企业"抱团出海"，引导企业抱团形成合力，避免"单打独斗"所带来的风险大、成本高等问题，提升整体竞争力和抗风险能力。同时，出台相关指引方案和标准，统一各银行金融机构对FT账户的口径，并鼓励银行培训基层员工，加强员工对FT账户的熟悉度和业务操作的熟练度。

（三）充分发挥自由贸易港的引领作用

一是实施更高标准的"一线放开、二线管住"的监管制度。应在风险有效防控的前提下，依托信息化监管手段，取消或最大限度地简化入区货物的贸易管制措施，最大限度地简化一线申报手续。二是争取实行集约管理体制。目前，口岸管理机构众多，包括海关、检验检疫、边检、海事等，彼此衔接不畅，制约了贸易便利化。建议争取国家授权，在自由贸易港整合相关机构，统一行使口岸监管职能。三是完善离岸业务的增值税政策。统一对离岸业务实行简易征收，降低其流转税负担，并借鉴国际经验，实行增值税免税或零税率政策。四是加强国际对接与协同。加快实现与亚太示范电子口岸网络的对接，积极推进上海国际贸易"单一窗口"与"一带一路"沿线口岸的信息互换和服务共享，开展互联互通监管合作新模式研究，推动在认证认可、标准计量等方面的多边双边合作。

（四）争取"一带一路"人民币债券市场落户自由贸易试验区

一是加强与专业机构合作，为自由贸易试验区发行债券提供业务支持。二是探索设立介于境内市场与离岸市场之间的自由贸易试验区债券市场。自由贸易试验区债券市场介于境内市场和离岸市场之间，利率定价要体现收益和风险的匹配，既要充分反映项目风险水平，又要具备对投资者的市场吸引力。

（五）打造"一带一路"金融机构集聚区

争取国际开发性金融机构入驻自由贸易试验区。如争取亚投行在自由贸易试验区设立分支机构，吸引丝路基金等开发投资基金在自由贸易试验区设立子基金。此外，还要吸引商业性金融机构集聚。放宽银行、证券、期货、保险等外资准入限制，支持外资参股自由贸易试验区金融机构，吸引沿线国家和地区具有一定实力的金融机构入驻自由贸易试验区。三是加快国际业务公司和财务公司集聚。吸引参与"一带一路"建设的央企、民企等将国际业务公司和财务公司设在自由贸易试验区，将自由贸易试验区打造成为"一带一路"区域大型企业的资金管理和财富管理中心。

（六）打造"一带一路"科技合作的枢纽节点

当前全球新一轮科技革命正加速推进，我国与"一带一路"不少国家发展阶段类似，在加强科技研发上存在共同需求，并且有些国家已经积累了较强的创新能力（如以色列），应当进一步加强科技合作。自由贸易试验区完全有条件成为"一带一路"科技创新网络的枢纽节点，如张江正在建设综合性国家科学中心，拥有超强超短激光、活细胞成像平台等一批大科学设施和若干重大创新功能型平台，跨国公司研发中心数量占全国的1/4，应当在"一带一路"科技合作中发挥牵头作用。

（七）探索创新"一带一路"教育合作机制

在对接服务"一带一路"倡议的过程中，上海自由贸易试验区要加强与"一带一路"沿线国家和地区教育合作，为沿线国家和地区共建"一带一路"提供人才支撑和智力支持。通过教育与产业同步、学校与企业结合，同"一带一路"沿线国家和地区加强职业教育合作，培养高素质技能人才。充分利用上海高等职业教育资源，鼓励支持职业教育机构与企业组团到"一带一路"沿线国家和地区设立职业教育培训基地，为"一带一路"沿线国家和地区培养高素质职业技术人才，服务"走出去"的中资企业和产业发展。此外，自由贸易试验区还可以与"一带一路"国家大力开展高等教育合作。一方面，积极争取国家层面的支持，加强与"一带一路"沿线国家和地区知名高等院校合作，引进"一带一路"沿线国家和地区知名高等院校在自由贸易试验区设立教育机构，支撑自由贸易试验区科技创新；另一方面，鼓励人才交流，帮助中国企业加深对沿线国家和地区制度、法律、政策等的了解，同时也帮助"一带一路"沿线国家和地区企业了解中国相关经营环境。

参考文献：

[1] 上海市食品药品监督管理局. 上海市食品药品监督管理局关于实施《中国（上海）自由贸易试验区内医疗器械注册人制度试点工作实施方案》的通知［N/OL］.（2017-12-08）［2018-05-28］. http://www.shanghai.gov.cn/nw2/nw2314/nw2319/nw12344/u26aw54340.html.

[2] 中央人民广播电台. 上海自由贸易试验区将设立"一带一路"技术贸易措施企业服务中心［N/OL］.（2017-05-22）［2018-05-27］. http://www.cnr.cn/shanghai/shzx/yg/20170522/t20170522_523767473.

shtml.

［3］上海浦东．上海自由贸易试验区三方面服务"一带一路"［N/OL］．（2017－07－12）［2018－06－01］．http：//www.pudong.gov.cn/shpd/news/20170712/006001_22d37403－d62b－4f75－ba98－b45b2bd5b5c1.htm.

［4］中国共产党新闻网．商务部长高虎城：建立上海自由贸易试验区是为下一轮扩大开放做试验［N/OL］．（2014－03－07）［2018－05－26］．http：//cpc.people.com.cn/n/2014/0307/c164113－24558392.html.

［5］上海市统计局．2017年上海市国民经济和社会发展统计公报［R/OL］．（2018－03－08）［2018－05－27］．http：//www.stats－sh.gov.cn/html/sjfb/201803/1001690.html.

［6］商务部驻上海特派员办事处．总部机构与自由贸易试验区成为上海吸引外资重要增长点［N/OL］．（2018－02－05）［2018－05－27］．http：//shtb.mofcom.gov.cn/article/shangwxw/liywz/201802/20180202708548.shtml.

［7］中国（上海）自由贸易试验区．上海自由贸易试验区挂牌四年来经济运行情况［N/OL］．（2017－12－26）［2018－05－28］．http：//www.china－shftz.gov.cn/NewsDetail.aspx?NID＝b5d19316－e279－4026－b5da－851ea94cd9e0&Type＝44&navType＝1.

［8］中国新闻网．上海自由贸易试验区对进口服装质量诚信企业试行质量安全监管新模式［N/OL］．（2018－01－24）［2018－05－29］．http：//www.sh.chinanews.com/shms/2018－01－24/34561.shtml.

［9］商务部驻上海特派员办事处．上海自由贸易试验区将加大改革突破力度［N/OL］．（2018－01－03）［2018－05－29］．http：//shtb.mofcom.gov.cn/article/shangwxw/zonghsw/201801/20180102693769.shtml.

［10］中国上海自由贸易试验区．大调研引发大思考——如何推进上海自由贸易试验区的深化改革？［N/OL］．（2018－3－30）［2018－06－02］．http：//www.yidianzixun.com/m/article/0IgDlBx4.

［11］上海市统计局．2017年上海市国民经济和社会发展统计公报［R/OL］．（2018－03－08）［2018－05－30］．http：//www.stats－sh.gov.cn/html/sjfb/201803/1001690.html.

[12] 上观新闻.推动信贷信息共享,上海发布《关于提升金融信贷服务水平优化营商环境的意见》[N/OL].(2018-04-02)[2018-05-31]. https://www.jfdaily.com/news/detail?id=84813.

[13] 上海市统计局.2017年上海市国民经济和社会发展统计公报[R/OL]. (2018-03-08)[2018-05-30].http://www.stats-sh.gov.cn/html/sjfb/201803/1001690.html.

[14] 上海浦东.浦东做提升政府治理能力的先行者[N/OL].(2017-12-27)[2018-06-01].http://www.pudong.gov.cn/shpd/news/20171227/006001_c0ade66d-e411-4381-ab3e-1d1fb399e982.htm.

[15] 上海浦东.冯伟在"浦东论坛"开讲:《浦东新区"六个双"政府综合监管机制创新的探索与实践》[N/OL].(2018-05-11)[2018-06-01].http://www.pudong.gov.cn/shpd/InfoOpen/InfoDetail.aspx?Id=897263.

[16] 人民网.落实"互联网+政务服务"浦东打造"三全工程"[N/OL]. (2017-04-27)[2018-06-01].http://politics.people.com.cn/n1/2017/0427/c1001-29241373.html.

[17] 上海市统计局.2017年上海市国民经济和社会发展统计公报[R/OL]. (2018-03-08)[2018-05-30].http://www.stats-sh.gov.cn/html/sjfb/201803/1001690.html.

[18] 东方网.浦东企业市场注入"单窗通办"全覆盖337项审批集中到一栋楼[N/OL].(2018-01-03)[2018-06-01].http://shzw.eastday.com/shzw/G/20180103/u1ai11116462.html.

[19] 中国"一带一路"网.上海自由贸易试验区已在25个沿线国家投资108个项目[N/OL].(2017-06-19)[2018-06-01].https://www.yidaiyilu.gov.cn/xwzx/gnxw/16486.htm.

[20] 上海证券交易所.《上海证券交易所服务"一带一路"建设愿景和行动计划(2018-2020年)》正式发布[N/OL].(2017-10-27)[2018-06-02].http://www.sse.com.cn/aboutus/mediacenter/hotandd/c/c_20171027_4408390.shtml.

[21] 信用浦东.上海自由贸易试验区打造"一带一路"投融资中心 提升

融资能力 降低投资风险 提升服务能力[N/OL].(2018 – 05 – 28)[2018 – 06 – 02].http://credit.pudong.gov.cn/xypdFace/creates/home/detailInfoMap.do?key = BDA092236EEB4E57B32DD1E1F1EF5C34.

[22] 上海市统计局.2017 年上海市国民经济和社会发展统计公报[R/OL].(2018 – 03 – 08)[2018 – 05 – 30].http://www.stats – sh.gov.cn/html/sjfb/201803/1001690.html.

[23] 劳动报.上海自由贸易试验区将建更多"一带一路"国别馆推动直销[N/OL].(2017 – 05 – 22)[2018 – 06 – 02].http://gov.eastday.com/ldb/n55177/u1ai335533.html.

第九章 中国（广东）自由贸易试验区建设三周年成效与深化改革开放方向

艾德洲*

广东自由贸易试验区由广州南沙新区片区、深圳前海蛇口片区、珠海横琴新区片区三大片区组成，具体工作由各片区管委会负责推进。总体来看，广东自由贸易试验区改革已开展近三年，以制度创新为核心，在省内各部门通力合作和各片区管委会的不懈努力下，分别在营造国际化、市场化、法治化营商环境，构建开放型经济新体制，实现粤港澳深度合作，形成国际经济合作竞争新优势，建成符合国际高标准的法治环境规范、投资贸易便利、辐射带动功能突出、监管安全高效的自由贸易园区等方面取得了一系列的改革成效。对照《中国（广东）自由贸易试验区总体方案》（国发〔2015〕18号）和广州南沙新区片区、深圳前海蛇口片区、珠海横琴新区片区的实施方案的要求，广东自由贸易试验区基本完成了中央交付的改革事项，广东省内各地通过广东自由贸易试验区改革也获取了一些先进经验，并实现了与本地的有效结合。具体来看，在2015—2017两年来改革探索的基础上，2017—2018年，广东自由贸易试验区广州南沙新区片区、深圳前海蛇口片区、珠海横琴新区片区在制度集成创新和深水区改革等重点难点领域都取得了更加喜人的建设成效，也为下一步的改革积淀了深厚的物质基础。

---

* 艾德洲，男，经济学博士，城市规划与设计博士后，中山大学自贸区综合研究院副研究员，主要研究方向是产业理论与自由贸易试验区产业政策。

一、广东自由贸易试验区三年以来建设进展

(一) 经济体量实现快速稳步增长

2017年,广东自由贸易试验区三大片区总体实现了快速稳步增长。其中,广州南沙新区片区坚持稳中求进的总基调,主动适应引领经济发展新常态,扎实推进供给侧结构性改革,全年实现地区生产总值1391.89亿元,同比增长10.5%,增速连续四年排名全市第一,保持了良好发展势头,经济发展稳中提质。经济结构、质量和效益持续向好,高新技术产品产值占规模以上工业产值的比重约53%,先进制造业产值占规模以上工业产值的比重约45%;完成固定资产投资744.93亿元,可比增长24.2%;一般公共预算收入70.66亿元,可比增长14.5%;商品销售总额1473.9亿元,增长12.5%;税收总额471.96亿元,增长22.1%;进出口总值1951.75亿元,增长15.2%,总量占全市的1/5;实际利用外资10.42亿美元,增长66.8%,总量占全市的1/6。市场活力不断增强。全年新设企业22736家(自由贸易试验区挂牌以来共43961家),增长60%;新增注册资本近5500亿元,增长246%。引进了33个世界500强企业投资项目,落户总部型企业达103家,重点在谈项目98个,形成了好项目、大项目加快集聚态势。供给侧改革向纵深推进。围绕《南沙新区(自由贸易试验区)供给侧结构性改革实施方案(2016—2018年)》,扎实推进"去降补"各项工作。工业技改完成投资35.64亿元,完成年度指标122.6%;商品住房库存面积从114.98万平方米降至111.01万平方米;银行机构不良贷款率0.37%;投入财政资金1.29亿元降低企业物流成本、融资成本等,全年为企业减免税款27.15亿元。围绕补齐创新型经济、城市建设、公共服务等短板,实施"攻城拔寨、落地生根、开花结果"作战图,277个重点项目完成投资额865亿元,完成年度计划的111.3%。积极推进农业供给侧结构性改革,广州国际种业中心等平台加快建设。深圳前海蛇口片区也实现了快速建设和发展。2017年,前海经济增长保持强劲势头。片区企业实现增加值2030.26亿元,同比增长43.4%;实现税收收入344.98亿元,同比增长28.2%;实际利用

外资44.48亿美元，同比增长16.9%。前海合作区已于2017年提前三年实现每平方千米产出注册企业增加值100亿元的经济发展目标。产业集聚态势初显。片区2017年新增注册企业4.44万家，新增注册资本2.36万亿元；世界500强新增设立企业60家、总量达到323家，内地上市公司新增投资设立企业71家、总量达到625家，纳税千万元企业总数达到549家。珠海横琴新区片区，2017年全年GDP突破183亿元，一般公共预算收入首次突破50亿元关口，截至2017年12月，横琴新区注册企业突破3.8万家，比2016年年底增长45%，注册资本总额突破1.98万亿元。2017年，横琴自贸片区有74家企业通过高新技术企业认定，加上存量高企27家，横琴高企总量已达101家；此外，以澳门青年创业谷等孵化器为示范，全区孵化器面积超15万平方米，孵化器内企业已达231家。

（二）制度创新工作全面开展

制度创新是自由贸易试验区的首要任务。在2015—2017两年的改革创新基础上，广东自由贸易试验区广州南沙新区片区、深圳前海蛇口片区和珠海横琴新区片区三大片区以提升市场主体获得感为依据，围绕促进投资贸易便利化积极探索，推进了一系列的制度集成创新工作，推出了一批可复制推广的制度创新经验，主要包括投资贸易便利化、事中事后监管、推进金融开放创新和深化与港澳合作四个方面的内容。

1. 投资贸易便利化改革

广州南沙新区片区以自由贸易试验区制度创新为引领，着力推动自由贸易试验区投资贸易便利化水平进一步提升。国际贸易"单一窗口""互联网+易通关"、全球质量溯源体系、"智慧海事""CII易检"服务平台等一批标志性改革得到市场高度认可，形成南沙"智慧口岸"品牌。实施自由贸易试验区2017年版外商投资负面清单，推出了商事登记全流程电子化、跨境跨省登记等先行先试措施，创新升级企业登记"一口受理"模式，实行"二十证六章联办"的市场准入服务模式，企业注册1天内完成办理营业执照、3天内完成银行基本户开户和刻章备案。建立境外营商通，搭建"一站式"海外企业服务平台，服务"一带一路"建设。开展"政策兑现"综合服务，所有产业扶持资金实行"统一受理、内部流转、限时办结、集中拨款"模式。

深圳前海蛇口片区,在深化投资便利化改革方面,开展城市级基础设施 BIM(brain-machine interface)技术应用,并发布了国内自由贸易试验区首个对外直接投资指数,有效地改善和完善了投资环境及投资管理体制。在优化外商投资方面,前海实施一口受理工作机制,实现外资备案后置,基于系统对接实现协同申报及数据共享;研究出台了《深圳前海蛇口片区反垄断工作指引》,发布了国内自由贸易试验区首个对外直接投资指数,进一步完善了投资管理体制,并完成了"证照分离"2.0版改革试点任务,进一步降低了企业投资门槛。在提升贸易便利化水平方面,前海制定了促进贸易便利化的"前海方案",并逐步形成了"前海模式"。推出"5+N"改革举措,国检在全国首次实现原产地智慧审签,制定了海事便利举措"42条";在推动海关和国检在口岸直通、集检分出和分送集报等验放模式的基础上,再造联合查验作业流程,并首创关检自贸通。

珠海横琴新区片区则在前两年的改革基础上,借鉴港澳地区先进管理经验,推出《横琴新区社会投资类建设工程管理模式创新方案》,采取并联和集中审批、限时办结等办法,使得投资企业办理施工许可手续,对接的政府单位缩减至1个,办理程序数从35个缩减为16个,审批时间由原来的30天缩短至13天,资金成本有效降低,审批类费用降幅更是超过20%。同步推动了横琴自贸试验片区、保税区、十字门北片区、南湾片区、洪湾片区一体化发展,这将为横琴新拓展区域面积约26平方千米,也优化提升了保税区和洪湾片区现有的"保税+跨境+通关+港口+物流"的经济功能,为建设粤港澳大湾区创新高地、"一带一路"建设支点、珠江西岸核心城市、城乡共美幸福之城四大目标的实现夯基垒石。

2. 事中事后监管改革

广州南沙新区片区以大审批、大监管为抓手,加快推进行政管理体制改革。行政审批局和综合行政执法局成立运行,开展相对集中的行政许可权试点,初步形成"一个窗口管受理、一颗公章管审批、一支队伍管执法"的政务管理服务体系。获批省级投融资体制改革试点,创新企业投资类建设工程项目审批服务模式。推行"互联网+政务服务",签发全国首张身份证"网证",政务服务便利化水平显著提升。加快组建法定机构,自由贸易试验区法治保障不断强化。自由贸易试验区法院率先在全国推出移动终端商事多元调解服务,成立自由贸易试验区检察院、广州海事法院广东自由贸易试验区巡回法庭,设立全国首个自由贸易试验区劳动人事争议仲裁委(仲裁院)和公证处,组建国际航运、金融、知识产权等专业仲裁机构,在南沙国际仲裁中心同步运行粤港澳三大庭审模式,构建起诉讼、仲裁、公证等国际化法律服务体系。扩大粤港澳律师事务所合伙联营试点,构建多元化国际商事纠纷解决机制。

深圳前海蛇口片区,在深化体制机制创新方面,制定了《关于开展相对集中行政许可权试点实施方案》,在省市授权委托自贸片区实施的147项管理事项中,选定67项行政审批事项于专门机构开展集中许可试点改革;前海执业的香港工程建设专业机构类别由4个增至6个,备案专业机构数增至137家;率先落实公安部支持广东和自由贸易试验区建设的16条出入境政策。在完善事中事后监管机制方面,前海启动公共信用平台(二期)建设,开发面向政府、企业、市民的跨部门信用查询应用;以"前海企业信用画像"为基础,建立前海企业信用合规度评价模型,搭建企业信用风险分类及预警平台。

珠海横琴新区片区,出台了《横琴新区失信商事主体联合惩戒清单(工商行政管理第一批)》,加快以信用监管为重点的市场监管体系建设。积极推进商事主体诚信建设,推行商务信用信息公开、商品出入境监管、索证索票、横琴诚信店、先行赔付、建设工程实名制等制度,建立行政管理信息共享、市场化综合信用评价和企业失信联合惩戒等"三大机制",全面构建以信用监管为核心的新型市场监管体系,形成"一处失信,处处受限"的社会信用监管效应。

3. 金融创新改革

广州南沙新区片区主抓金融创新的标志性工作,开展贸易融资项下跨境资产转让、跨境人民币直贷等多项跨境金融创新试点。全年通过SPV(special purpose vehicle)方式引进25架飞机(累计引进37架),成为华南地区最大的飞机租赁集聚地。开展了全国首单美元结算的跨境船舶租赁资产交易。揭牌成立全国首个能源金融示范区,启动南沙国际金融岛项目,国际金融论坛永久会址已落户,新增新三板科技型企业2家、广州股权交易中心挂牌企业 104 家。

深圳前海蛇口片区在深化金融开放创新方面硕果累累。不良资产跨境转让试点获重大突破，落地国内首单以平台为依托的跨境资产转让业务，并成为国内首个获得授权由地方外汇分局自行审核的试点地区；推动外商独资私募证券投资基金试点（wholly foreign owned enterprise，WFOE）取得突破，深圳首家外商独资私募证券投资基金管理人——东亚联丰获批落户；在国内率先重启合格境内投资者境外投资试点（qualified domestic investment enterprise，QDIE）业务；发布前海跨境金融指数（Qianhai cross-border financial index，QCFI），建立前海金融创新数据统计指标体系；探索建立多层次金融服务体系，推动前海金融创新发展。

珠海横琴新区片区为深化金融领域开放创新，将推出多项创新举措，积极引进各类法人金融机构、区域总部、离岸金融中心、财富管理总部等，扶持和促进私募基金、要素交易市场、互联网金融等新兴金融业态规范健康发展，建立健全多层次金融服务体系。逐步扩大人民币跨境结算业务规模，加强跨境支付领域合作，推进粤澳银行卡互联互通和移动支付，促进金融集成电路卡和移动金融在自由贸易试验区和港澳地区互通使用。

4. 粤港澳合作深化改革

广州南沙新区片区高度重视粤港澳深度合作，在投资贸易便利化和专项服务改革的基础上，加强与港澳的服务贸易自由化改革，与港澳合作不断深化。已落户港澳投资企业 1357 家，投资总额 306.9 亿美元。粤港澳深度合作区起步区启动建设，推动设立港澳专业服务联盟，在法律、会计、金融、咨询服务等领域集聚一批港澳专业服务提供者，为企业"走出去"提供专业服务。

深圳前海蛇口片区推出多项措施便于港澳居民就业，包括免办就业证、自愿缴纳住房公积金等相关政策已在前海全面落地，目前已陆续有前海工作的香港人在深圳缴纳住房公积金，享受市民待遇。深圳前海大力引进香港执业资格专业人士，尤其是亟须引进建筑领域的专业人才。目前，前海的建筑领域港资企业共有 50 多家，已有 137 家香港工程企业纳入前海专业机构名册，建设领域专业人士经备案后可在前海执业从业。数据显示，2017 年，前海蛇口片区新增注册港资企业 2482 家，新增注册资本 3140.32 亿元；全年片区注册港资企业增加值486亿元，占比23.9%；纳税91.87亿元，占比26.63%；完成固定资产投资161.24亿元，占比37.43%；实际利用港资43.3亿美元，占比97.36%。

珠海横琴新区片区，截至2017年，在横琴注册的港澳企业累计达到1781家，是5年前的近10倍，其中，澳资企业1064家，港资企业717家。以粤澳合作产业园、中医药科技产业园、澳门青年创业谷等重点合作项目为载体，在横琴落地的澳门投资项目共27个；港资金融企业达93家，注册资本人民币328亿元。作为粤港澳紧密合作示范区，横琴已经成为珠港澳高端要素资源自由流动、高度集聚和空间优化配置的重要载体。

为深化与港澳的合作，横琴区片研究形成建设类"港澳专区"创新分类方案，明确港澳投资参与城市开发、城市管理的新模式、新思路、新方式；出台投资建设领域内具有港澳执业资格的专业人士在横琴便利执业落地方案，并探索建立配套管理办法；按照"港人港模式""澳人澳模式"的原则，探索推动单向认可。在着力推进粤港澳服务贸易自由化方面，横琴进一步深化海关、边检、检验检疫、海事等部门的通关便利化改革，深化横琴口岸旅检机器人的应用，提高横琴自贸片区旅检监管的信息化、智能化水平，推动粤港澳游艇便利行政策落地，创新游艇出入境查验模式，简化游艇出入境手续。允许港澳服务提供者在自由贸易试验区设立自费出国留学中介服务机构，推进粤港澳服务行业管理标准和规则相衔接。加快推进"澳门新街坊"项目，推动幼儿园和中小学教育资源面向澳门地区扩大开放，推动澳门机动车辆便捷入出横琴相关政策出台实施，降低门槛，扩大受惠面。

二、各片区改革成效与发展亮点

（一）营商环境持续优化

广东自由贸易试验区广州南沙新区片区全年新增创新成果101项（三年累计310项），其中5项在全国复制推广，18项在全省复制推广，32项在全市复制推广。"一口受理、二十证六章联办"效应明显，"一个窗口管受理、一颗公章管审批、一支队伍管执法"的政务管理服务体系初步形成。率先在全国实施智能导办、异地办理、跨境通办等政务服务。创新企业投资类建设工程项目审批服务模式。商事登记全流程电子化、跨境跨省登记等措施先行先试,"证照分离"改革试点成效明显。成立全国首个自由贸易试验区劳动人事争议仲裁委(仲裁院)和公证处。

深圳前海蛇口片区新推出111项制度创新成果,其中关检自贸通等42项重大制度创新在全国首创或处在领先地位。截至2017年年底,前海已累计推出制度创新成果达319项,全国首创或处于领先地位的有131项,其中全国复制推广8项、全省推广49项、全市推广二批31项。前海已成为新一轮改革创新的引领区,走在了全国自由贸易试验区制度创新的"第一方阵"。前海正全面推进中国特色社会主义法治示范区建设,出台了全国首份自由贸易试验区法治建设的系统规划文件《前海中国特色社会主义法治建设示范区规划纲要(2017—2020)》,建立了自由贸易试验区首个法治指数指标体系。加快推进司法体制机制改革,首创适用香港法律审结经济纠纷案件,35件案件的当事人在合同中选择适用香港法律,实现前海适用香港法律的法治创新重大突破;深圳知识产权法庭和深圳金融法庭落户前海并揭牌办公,深圳知识产权保护中心在前海挂牌成立。大力推进法律服务业加快发展,成立"中非联合仲裁深圳中心",设立中国国际仲裁机构第一个海外庭审中心——深圳国际仲裁院北美庭审中心,推动法律服务跨区域、跨国界合作;推出中国自由贸易试验区第一个"一带一路"法治地图,设立"一带一路"法律服务联合会,为企业参与"一带一路"沿线国家和地区建设提供法律服务。富有前海特色的国际化一流法治环境正在形成。

珠海横琴新区片区着力打造国际化、法治化、市场化和便利化营商环境,2017年有6项改革创新案例入选广东省自由贸易试验区首批制度创新案例;46项改革创新措施先后成为广东省三批86项可复制推广经验的重要组成部分;两批17项创新措施在珠海市复制推广。横琴将探索构建"亲""清"政商关系,建立利益冲突回避机制,进一步规范领导干部配偶、子女及其配偶经商办企业行为。建立问责制度,对干部选拔任用情况、领导干部插手重大事项、干部违规过问下级有关事项等如实登记并问责,强化对党员领导干部的监督。积极探索以绩效考核为基础的廉洁激励机制,健全横琴自由贸易试验区廉洁评价体系,发布廉洁指数。

(二) 口岸通关效率持续提升

广东自由贸易试验区广州南沙新区片区国际贸易"单一窗口"建成18个功能模块、覆盖21个部门业务,实现货物申报上线率达99%,国际航行船舶和海运舱单申报上线率达100%。建立"线上海关",试行"提前申报、货到验放"通关模式。打造"智检口岸",实施以"进口直通""出口直放"为核心的检验检疫通检一体化。推行"智慧海事",打造"CII易检"服务平台,船舶到港查验实现"零等候"。实现国际船舶联合登临检查。率先建立全球质量溯源体系并得到美国、澳大利亚、泰国、西班牙、意大利、中国澳门等国家和地区的积极响应。实施政府购买查验服务,累计免除守法企业查验服务费超1.5亿元。

深圳前海蛇口片区国际贸易"单一窗口"2.0版上线试运行,使船舶申报数据项减少了80%,船舶放行时间由1天缩短到1小时。

珠海横琴新区片区则优化提升保税区和洪湾片区现有的"保税+跨境+通关+港口+物流"经济功能,为建设粤港澳大湾区创新高地、"一带一路"建设支点、珠江西岸核心城市、城乡共美幸福之城四大目标的实现夯基垒石。

(三) 对外开放水平全面提高

广东自由贸易试验区广州南沙新区片区制定并上报南沙自由贸易港建设方案。制订建设高水平对外开放门户枢纽三年行动计划。启动粤港澳深度合作区起步区土地平整及征地拆迁工作,筹建港澳专业服务联盟。累计落户港澳投资企业1357家,投资总额306.9亿美元。与国家发改委国际合作中心、中国贸促会等合作设立南方国际产能和技术合作中心、中国贸促会(广东)自由贸易试验区南沙服务中心、葡语系国家商品展示销售综合平台等对外合作平台,为国际产能合作和企业"走出去"提供便利化服务。与爱尔兰香农自由区等"一带一路"沿线国家和地区的自由贸易园区开展交流与合作。承办2017广州《财富》全球论坛自由贸易试验区分论坛、国际金融论坛、广州人工智能圆桌会议、世界环境科学家大会等重大国际性活动,充分展示了南沙开放创新形象。

深圳前海蛇口片区高度重视对外开放和助力企业"走出去"工作。截至 2017 年年底,共有来自"一带一路"沿线的 36 个国家,在前海蛇口自贸片区投资设立 262 家企业,注册资本 121.20 亿元;前海企业累计向"一带一路"15 个国家直接投资设立企业(机构)39 家,中方协议投资额 12.21 亿美元。

珠海横琴新区片区重点加强与"一带一路"沿线国家和地区贸易合作,构建国内其他区域借助横琴自贸片区通达国际市场的双向通道;加快发展针对葡语系国家的特色商贸服务、翻译、法律、会计等专业服务业;发展面向拉美国家的第三方平台和互联网商贸业集聚区。横琴将继续全力推进"国际休闲旅游岛"建设,以大数据开发为基础,以与港澳共享数据信息为重点,推动横琴全域智慧旅游一期开发建设,创新政务服务、服务监控、企业营商、游客服务模式,建立"线上线下联动"的新型旅游体验方式;创新休闲旅游品牌管理与营销模式,建立横琴休闲旅游品牌、港澳特色旅游品牌融合的多层次旅游品牌体系。

(四)创新型金融蓬勃发展

广东自由贸易试验区广州南沙新区片区已集聚 3300 家金融和类金融机构,比自由贸易试验区挂牌前增长 26 倍;近两年全市新增的 7 家持牌金融法人机构全部落户南沙。总规模 1500 亿元的国新央企投资运营基金,以及首期规模 5000 亿元的省基础设施投资基金等广东省四大政府型基金均落户南沙。国际金融论坛永久会址正式落户,联手共建海尔全球产业金融中心、国际风险投资中心、文化金融产融结合高端产业平台,揭牌成立全国首个能源金融示范园区。开展贸易融资项下跨境资产转让、跨境人民币直贷等多项跨境金融创新试点,成功发行自由贸易试验区内首例熊猫债,成功办理 NRA 外汇账户意愿结汇等创新业务。全年通过 SPV 方式新引进 25 架飞机,成为华南地区最大的飞机租赁集聚地。新落户融资租赁企业 235 家,累计落户 489 家,累计业务合同余额超 1700 亿元,融资租赁企业数量和业务规模占全市八成。全国首单美元结算的跨境船舶租赁资产交易成功,广东自由贸易试验区首单离岸租赁飞机成功交付。

深圳前海蛇口片区在互联网金融、跨境资本市场融资领域实现了开创性的监管试验，以监管推进业务创新，实现了金融新业态的蓬勃发展。

珠海横琴新区片区则高度重视粤港澳金融合作，在跨境合作和跨境支付领域改革成效喜人。总体来看，广东自由贸易试验区在三大片区的务实工作基础上，全面推动了创新型金融的蓬勃发展。

（五）创新生态不断优化

广东自由贸易试验区广州南沙新区片区出台促进科技创新产业发展扶持办法。利用科技金融综合服务中心、创业投资引导基金、科技信贷风险补偿资金池等支持中小企业融资发展。1—11月全区专利总量增速位居全市第一，发明专利申请1261件，增长64.2%；发明专利授权421件，增长12.9%。集聚诺贝尔奖获奖者1名、院士10名、国家"千人计划"专家20名、区重点发展领域急需人才2300多名。成功举办物联网产业院士论坛、人才工作大会、百万奖金创业大赛，全社会创新意识和氛围日益增强。

深圳前海蛇口片区粤港澳青年创新创业基地累计吸引港澳青年创业团队达200多家，吸引港澳及国际人才超过7000人，对420多名港澳地区高端人才给予1.2亿元个税补贴。

珠海横琴新区片区为加快创新驱动载体建设，具体出台了《横琴新区促进科技创新若干措施（暂行）》等系列政策，对创新创业团队及研发平台建设、高新技术企业入库及认定、知识产权申报等给予精准扶持。截至2017年12月，横琴新区内科技企业数量超过6400家，引进国家"千人计划"专家约70位，已建成2家科技孵化器，3个新型研发机构，5个省、市两级工程、技术中心。

（六）粤港澳区域合作不断深入

广东自由贸易试验区广州南沙新区片区突破了层层制度障碍，实现粤港澳游艇"自由行"。启动粤港澳深度合作区起步区建设，重点深化与港澳在金融服务、科技创新、通关监管、贸易规则、公共服务、社会保障等方面的对接，积极探索引入了港澳服务标准、管理规则，放宽港澳专业服务准入限制，推进了服务业职业资格互认，吸引了港澳知名企业落户。建设了国际（港澳）青年人才特色社区，初步构建了港澳青年人才从引进来到留得下的全方位保障。

深圳前海蛇口片区惠港政策不断出台，使得前海目前已聚集了境外人才8000多名，数千港澳居民将从这一改革措施中直接受益。截至2017年年底，累计注册港资企业7102家，注册资本8705.42亿元。年纳税额占比接近三成，汇丰、恒生、东亚、嘉里、周大福、港铁等一批标志性港企已全部进驻，港企作为片区经济支柱的作用日益显现，活跃在前海的就业创业港人也达到上千名，前海已经成为深圳深港融合最为标志性的区域。

珠海横琴新区片区，粤澳合作中医药科技产业园的科研总部大楼、研发检测大楼、GMP中试生产大楼等7个平台项目落成并投入使用，标志着这个承载着澳门经济适度多元发展重要使命的中医药产业高地正逐渐变成现实。截至目前，粤澳合作产业园18个项目取得项目用地，14个项目开工建设，整体涉及商务服务、休闲旅游、文化创意、电子商务及仓储物流、医药卫生保健、科教研发、物流商贸等领域。

三、广东自由贸易试验区面临的主要问题与原因分析

在总结改革的成功经验的同时，也要清醒地看到经济社会快速发展中存在的问题和不足。总的来说，广东自由贸易试验区广州南沙新区片区、深圳前海蛇口片区和珠海横琴新区片区三大片区面临的主要问题可以总结为以下五点。

（一）经济总量还不够大，辐射带动作用不强

广东自由贸易试验区分为广州南沙新区片区、深圳前海蛇口片区和珠海横琴新区片区三大片区，三大片区分布在粤港澳大湾区和珠三角核心区的支点位置，构成了粤港澳大湾区的核心支撑三角形。从地理分布上看，能够起到较好的支撑联动作用。但是，由于120平方千米的面积限制，连续投资具有一定的投资边际，三大片区高速的发展很难突破总量的限制，从而削弱了三大片区的辐射带动性。目前，广东自由贸易试验区亟须解决三大片区扩围试验的问题，从而以制度创新和高速发展推动经济总量的提升，

全面提高广东自由贸易试验区对粤港澳大湾区发展的辐射带动性。

(二) 区域创新能力和产业核心竞争力有待增强

制度创新是广东自由贸易试验区近三年来的核心驱动力,随着制度创新的不断深入,通过规则变更调动发展的积极性已经出现了一定的边际效应递减趋势。在创新驱动战略的指引下,科技创新应当作为广东自由贸易试验区乃至于粤港澳大湾区发展的核心驱动力,但目前广东自由贸易试验区的区域创新能力和产业核心竞争力还有待增强,科技创新和制度创新的联动还需要进一步培育,科技创新还未能真正成为推动发展的主要动力。

(三) 改革的系统性、整体性、协调性有待加强

经过近3年的改革,自由贸易试验区制度创新已经取得了一系列的成效,由于各片区之间联系都较为紧密,所以面上的改革和制度创新工作已经在自身改革和复制学习过程中都得到了推进。目前,仅仅是一些深水区改革和一些涉及权限未能获取的改革相对滞后,一些改革创新举措与企业、人民群众的期望值还存在一定的差距。在此基础上,就要充分发挥各分散的制度创新之间的协同性和关联性,从而形成系统性、整体性和协调性的改革举措,提升企业等市场主体和人民群众的改革获得感。

(四) 城市建设管理标准和精细化程度还不高

自由贸易试验区制度创新和深化改革的根本目标是构建国际化、市场化、法治化和便利化的营商环境,能够与全球一流地区的营商环境相媲美,从而突出自由贸易试验区改革的载体功能,进一步集聚全球优质资源。目前,虽然制度创新工作和片区发展都取得了显著的改革成效,但是在城市建设领域,管理标准还未能够与国际一流营商环境相对接,城市管理的精细化水平还不够高,与国际一流城市相比还存在较大的差距。

(五) 政府部门依法履职的水平和服务效率仍有提升空间

目前,自由贸易试验区尚缺少系统的自由贸易试验区立法,这是普遍性问题,在广东自由贸易试验区改革进程中,由于自由贸易试验区立法的

缺失，致使很多改革无法可依，虽然能够在国务院各部门规章中找到可依托或突破的重点，这样就带来了多头管理和多头协调问题。在依法治国的总体要求下，自由贸易试验区立法的相对缺失，导致政府部门依法履职水平还需要在实践中不断提升。在"放管服"改革的大环境下，政府虽然推动了一系列的权限下放和审批制度改革，但是其针对改善服务的专项改革还相对较少，服务效率和服务感受都仍有提升空间。

四、广东自由贸易试验区深化改革方向

为实现因地制宜、错位发展和优势互补，广东自由贸易试验区在"1+3"建设实施方案的基础上，建立了各片区独立运行机制，然而通过对3个片区进行成效评估，经过近三年的深化改革，广东自由贸易试验区狠抓制度创新，初步构建了以投资贸易便利化、事中事后监管、金融创新和深化粤港澳合作"四位一体"的制度集成创新体系。广东自由贸易试验区在行政体制改革和投资便利化方面整体成效显著，广州南沙新区片区在贸易便利化方面较为突出，深圳前海蛇口片区在金融创新方面成果显著，珠海横琴新区片区在服务澳门融入内地方面成效明显。经过三年的改革创新，广东自由贸易试验区已经成为华南地区乃至沿海地区制度创新的高地之一。在此基础上，广东自由贸易试验区能够更好地服务港澳融入内地、粤港澳大湾区协同发展和国家"一带一路"建设，作为重要支点，广东自由贸易试验区还需要重点推动以下五方面的工作。

（一）在粤港澳大湾区协同发展中发挥辐射带动功能

在服务粤港澳大湾区协同发展方面，要突出示范引领功能和辐射带动功能。中央明确要求，要将粤港澳大湾区打造成国际一流湾区和世界级城市群，这是粤港澳地区要践行的国家使命。自由贸易试验区改革要服从国家战略的顶层安排。为此，广东自由贸易试验区深化改革要与粤港澳大湾区协同发展相适应。在服务港澳与内地融合、构建对外开放新格局、服务区域协同发展等层面，进行更有针对性的制度创新和改革试验，立足发展广东，服务国家号召。

(二) 继续发挥好深化粤港澳紧密合作示范区作用

在推进粤港澳深度合作方面,要突出服务港澳一条主线。服务港澳融入内地发展大环境是粤港澳大湾区城市群协同发展的历史使命,也是广东自由贸易试验区改革发展的内在要求。要突出服务港澳,在粤港澳服务贸易自由化、粤港澳投资贸易自由化和大通关体系、粤港澳基础设施互联互通、粤港澳社会融合等方面深入探索,发挥好区域融合的先行地和"试验田"功能,服务粤港澳深度合作。

(三) 服务企业面向"一带一路"沿线国家"走出去"

"一带一路"沿线国家和地区"走出去"方面,要从服务"引进来"积极转向服务"走出去"。国际化和促进国际优秀资源集聚是全球自由贸易区发展的共同命题。目前,全球经济持续低迷,美国反全球化思潮抬头,中国要从全球化的参与者转变成为积极的推动者,广东自由贸易试验区作为国家"一带一路"建设的重要支点,既要对标国际各大自由贸易区服务"引进来",更要履行好向"一带一路"沿线国家和地区"走出去"的重要使命,服务好国内企业向"一带一路"沿线国家"走出去"。

(四) 构建自由贸易港推动形成全面开放的格局

在构建自由贸易港方面,要充分发挥毗邻港澳的优势,为推动形成全面开放新格局服务。中国特色自由贸易港不应仅是自由贸易口岸,更应当是国内改革先行地和跨境融合示范区,广东自由贸易港的构建是服务港澳与内地深度融合的一个重要契机。广东自由贸易试验区要充分利用地利,既要落实"一线放开、二线管住"和区内自由,更要做好高效质量监管和安全监管,延展港区内合作空间,推动港区内海关、检验检疫、离岸贸易和金融服务等专业服务的法定授权,构建新型监管体系。

(五) 发挥制度创新优势打造一流营商环境

在进一步提升国际化、法治化、市场化和便利化营商环境方面,要充分发挥广东自由贸易试验区的制度集成创新和平台集聚功能。打造国际化、法治化、市场化和便利化的营商环境是梳理自由贸易试验区改革创新"标杆"的重要抓手,也是提升平台集聚吸引力的核心抓手。目前,广东自由贸易试验区广州南沙新区片区、深圳前海蛇口片区和珠海横琴新区片区三大片区在投资贸易便利化、事中事后监管、金融创新等领域的制度创新框架已经基本形成,要以提升国际化、法治化、市场化和便利化营商环境为目标,深化改革,从而实现制度集成创新与市场主体获得感的同步提升。

·区域编·

第十章　中国（天津）自由贸易试验区建设三周年成效与深化改革开放方向

刘恩专[*]　马德隆[**]

中国（天津）自由贸易试验区是中央政府在天津直辖市设立的区域性自由贸易园区。2015年4月21日，天津自由贸易试验区正式挂牌，这是中国大陆北方第一个自由贸易试验区，也是继中国（上海）自由贸易试验区之后，中央政府设立的第二批自由贸易试验区之一。挂牌三周年以来，天津自由贸易试验区始终肩负为政府治理立标杆、为国家开放试制度、为区域发展筑高地的战略使命，紧紧围绕制度创新这一核心任务，利用区域特有的功能、政策、区位和港口等资源优势，在政府职能转变、贸易与投资管理创新、金融开放创新以及服务区域发展等领域的改革试验中皆取得了显著的成就。

2017年10月，习近平总书记在党的十九大报告中提出："赋予自由贸易试验区更大改革自主权，探索建设自由贸易港。"2018年3月28日，中央全面深化改革委员会第一次会议审议通过了《进一步深化中国（天津）自由贸易试验区改革开放方案》，标志着天津自由贸易试验区即将进入2.0时代。据此，天津正在积极筹划建设京津冀自由贸易港，从建立自由贸易试验区到探索建设自由贸易港，这意味着新一轮高水平的对外开放即将开始，这是推进供给侧结构性改革、构建开放型经济新体制和实施新区域发展战略的新举措，也对天津自由贸易试验区的深化

---

[*] 刘恩专，男，天津财经大学教授，博士生导师，天津市自由贸易区研究院执行院长，主要从事国际贸易理论与政策、跨国公司与FDI等研究与教学。

[**] 马德隆，男，天津市自由贸易区研究院研究员、天津财经大学珠江学院讲师。

改革和创新升级提出了新要求。在此背景下，本文将对天津自由贸易试验区设立三周年以来的主要建设成果进行总结和评估，梳理其面临的主要问题及原因，并对天津自由贸易试验区在制度上的创新突破、示范引领以及深化改革方向等方面提出相应的政策建议。

一、天津自由贸易试验区的战略定位与任务安排

（一）天津自由贸易试验区的战略与功能定位

天津自由贸易试验区的战略定位是，以制度创新为核心任务，以可复制可推广为基本要求，努力成为京津冀协同发展高水平对外开放平台、中国改革开放先行区和制度创新"试验田"、面向世界的高水平自由贸易园区。总体目标是，经过3～5年的改革探索，将天津自由贸易试验区建设成为贸易自由、投资便利、高端产业集聚、金融服务完善、法治环境规范、监管高效便捷、辐射带动效应明显的国际一流自由贸易园区，在京津冀协同发展和中国经济转型发展中发挥示范引领作用。

天津自由贸易试验区总面积119.9平方千米，涵盖3个片区：

天津港东疆片区面积30平方千米（含东疆保税港区10平方千米），是北方国际航运中心和国际物流中心的核心功能区。将重点发展航运物流、国际贸易、融资租赁等现代服务业。区内拥有国际船舶登记制度、国际航运税收政策、航运金融、租赁业务四大类共22项创新试点政策；自由贸易试验区挂牌以来，东疆片区新增企业5289家，总注册资本4420.25亿元，1亿元以上的企业有967家，落户项目质量是东疆片区自成立以来的最好水平。从企业结构看，航运、物流、租赁、贸易结算及保险理财五大支柱型产业占总注册企业的76.40%。

天津机场片区面积43.1平方千米（含天津港保税区空港部分面积1平方千米和滨海新区综合保税区面积1.96平方千米），是天津先进制造业企业和科技研发转化机构的重要集聚区。将重点发展航空航天、装备制造、新一代信息技术等高端制造业和研发设计、航空物流等生产性服务业，形

成了民用航空、装备制造、电子信息、生物医药、快速消费品和现代服务业等优势产业集群。自由贸易试验区挂牌以来，机场片区新增自由贸易试验区市场主体11877户，注册资本2997.26亿元。

滨海新区中心商务片区面积46.8平方千米（含天津港保税区海港部分和保税物流园区面积4平方千米），是天津金融改革创新集聚区，也是滨海新区城市核心区。将重点发展以金融创新为主的现代服务业，是国内少数拥有金融"全牌照"的区域；在建商务楼宇63座，已投入使用10座；基金、保险理财、租赁、资金结算等业态快速发展。自由贸易试验区挂牌以来，新增市场主体1.3万家，占天津自由贸易试验区增量的45.7%，注册资本金3801.3亿元，注册金额5000万元以上企业1513家，外资企业269家，初步形成了创新金融、科技互联网、国际贸易与跨境电商三大特色产业集群。

（二）天津自由贸易试验区的任务安排

天津自由贸易试验区将重点实施行政管理、投资、贸易、金融和引领推动京津冀协同发展五个方面的试点工作。

1. 加快政府职能转变

深化行政管理体制改革，提高行政管理效能，实行审、管职能分离，建立综合统一的行政审批机构。推进政府管理由注重事前审批向注重事中、事后监管转变。建设适应国际化、市场化、法治化要求和贸易投资便利化需求的服务体系。

2. 扩大投资领域开放

加快形成与国际接轨的高标准投资和贸易规则体系。在服务业和先进制造业等领域，减少对境外投资者资质要求、股权比例、数量配额等准入限制。改革外商投资管理模式，实行准入前国民待遇和负面清单管理模式。建立对外投资合作"一站式"服务平台，完善投资者权益保障机制。

3. 推动贸易转型升级

大力发展服务贸易，深入开展国际大宗商品交易、期货保税交割、跨境电子商务等改革试点工作。建设国家进口贸易促进创新示范区。促进航运要素集聚，探索形成具有国际竞争力的航运发展制度和运作模式。实行国际贸易"单一窗口"管理服务模式。

4. 深化金融领域开放创新

在利率市场化、人民币跨境使用、外汇管理等方面先行先试。建立具有自身特色的自由贸易账户，促进跨境投融资便利化和资本项目可兑换。推动金融服务业对符合条件的民营资本和外资金融机构全面开放。实施租赁业政策创新，设立中国天津租赁平台和中国金融租赁登记流转平台，形成与国际接轨的租赁业发展政策环境。建立健全金融风险防控体系。

5. 服务京津冀协同发展

增强口岸服务辐射功能，促进区域产业转型升级，推动区域金融市场一体化，构筑服务区域发展的科技创新和人才高地。完善京津冀通关一体化改革。发挥中蒙俄经济走廊重要节点作用和海上合作战略支点作用，推动"一带一路"建设。

二、天津自由贸易试验区建设三周年成效评估

挂牌三周年以来，天津自由贸易试验区在行政管理、投资、贸易、金融和引领推动京津冀协同发展等方面制度创新成果显著，重点产业如租赁业务、先进制造业、商业保理、新金融产业发展迅猛。到目前为止，天津市由31个单位牵头承担的《中国（天津）自由贸易试验区总体方案》90项改革任务已完成81项，占总量的90%，天津市事权任务已全部落地实施。两批175项自主制度创新措施基本完成，试验区内多项创新经验在全国复制推广，同时贡献了三个最佳创新实践案例，见表10-1，并编制上报《进一步深化中国（天津）自由贸易试验区改革开放方案》。

表10-1　天津自由贸易试验区入选商务部"最佳实践案例"

发布批次及日期	创新实践案例	主要做法	实践效果
第一批（2个）2015年11月30日	京津冀区域检验检疫一体化新模式	①全力打造"三通"，加快实现"三互"；②全面实施"两直"，便利企业通关；③推进"五统一"，力求一体成效；④依托风险评估，实施"四放"模式	①贸易便利更加显现，企业省事省力省钱；②区域合作更加紧密，检验检疫监管效率得到提高
	以信用风险分类为依托的市场监管制度	①建立市场主体信用信息公示系统；②实施信用风险分类管理；③实施随机抽查联合检查制度，加强市场动态监管	①实现了基于社会信用体系的市场监管；②政府联合监管减轻了企业负担
第二批（1个）2017年7月17日	集成化行政执法监督体系	①一套制度作支撑，发挥制度集成效应；②一支队伍作保障，形成监督集成合力；③一个平台为依托，强化信息集成共享；④执法过程全公开，畅通监督渠道；⑤运用大数据手段，多元化应用监督结果	①实现了线上线下监督一体化；②促进了监督检查的精准化；③提升了监督队伍专业化水平

区内营商环境持续改善，各项经济指标增长显著，以2017年全年为例，天津自由贸易试验区实现进出口总额2558.9亿元人民币，同比增长32.8%。存量企业达到6.2万家，注册资本2.4万亿元，新注册企业4.17万家，增长2倍；新注册外资企业1988家，增长3倍。跨境收支额1276.2亿美元，占全市24.1%；跨境人民币结算2729.9亿元，占全市41.5%；税收收入354.1亿元，增长14.2%。天津自由贸易试验区已经成为制度创新

新高地、区域协同新平台、开放经济新动力、转型升级新引擎，制度红利和改革红利初步显现。

（一）以转变政府职能为重点的行政高效化改革创新

天津自由贸易试验区通过全力实施"放管服"改革，促进政府职能转变，推出了深化"十个一"行政体制改革，即一份清单管边界、一颗印章管审批、一个部门管市场、一支队伍管执法、一个平台管信用、一份单卡管通关、一套制度管廉政、一个号码管服务、一包方式管培训、一张绿卡管人才。探索建立与国际高标准投资贸易规则相适应的行政管理体系，进一步厘清政府与市场的关系，推进政府管理由注重事前审批转为注重事中事后监管。

截至目前，天津自由贸易试验区3个片区已经建立了集中统一的行政审批机构，承接了239项市级审批和服务事项，建立了综合受理"单一窗口"。实行企业名称自主申报和简易注销登记制度，降低了企业设立和退出成本。在全国率先实施"一照一码"登记制度改革，将涉税事项纳入联合审批，将负面清单以外的外资企业备案与企业设立合并受理，实现了企业设立"一照一码、一章一票一备案"一天办结，形成了具有天津特色的商事登记制度。天津自由贸易试验区中心商务片区加速推进"互联网+政务服务"即"双创通"平台的建设，优化审批流程，提高服务效率，依托"双创通"平台推行"许可套餐"线上审核板块。将申请人要办"一件事"里的独立分散多项审批整合为一个"套餐"，实现一图详解行业开业全流程、一键在线全事项办理、一表实现证照申报信息共享、一窗领取多事项证照的"四个一"行政许可服务模式，实现了办理许可证在线申请、现场报件、立等可取。2018年4月9日，国家市场监管总局手机版电子营业执照在天津自由贸易试验区东疆片区首批发放和应用，实现电子营业执照的跨领域互认通用，打通了企业网上申报、登记审核、执照发放以及银行开户等一系列环节，大大提高了审批效率，节约了企业成本。

（二）以外商投资负面清单为重点的投资准入改革创新

挂牌三周年以来，天津自由贸易试验区深入推进双向投资便利化，实行外商投资准入前国民待遇加负面清单管理模式,进一步减少和取消了对外商投资者的准入限制,对负面清单之外的领域实行外商投资备案制。2017年天津自由贸易试验区新注册外资企业1988家,增长了3倍,聚集效应十分明显。

1. 继续降低投资准入门槛

天津自由贸易试验区实施外商投资负面清单制度,逐步减少和取消对外商投资准入限制,提高开放度和透明度。2017年,国务院正式印发《自由贸易试验区外商投资准入特别管理措施(负面清单)2017年版》,我国11个自由贸易试验区于7月10日启用新版外商投资负面清单。与之前相比,新版负面清单在航空、汽车等制造业领域和银行、保险服务等金融业领域均扩大了开放程度,清单内容已经缩减至百项以内,见图10-1。

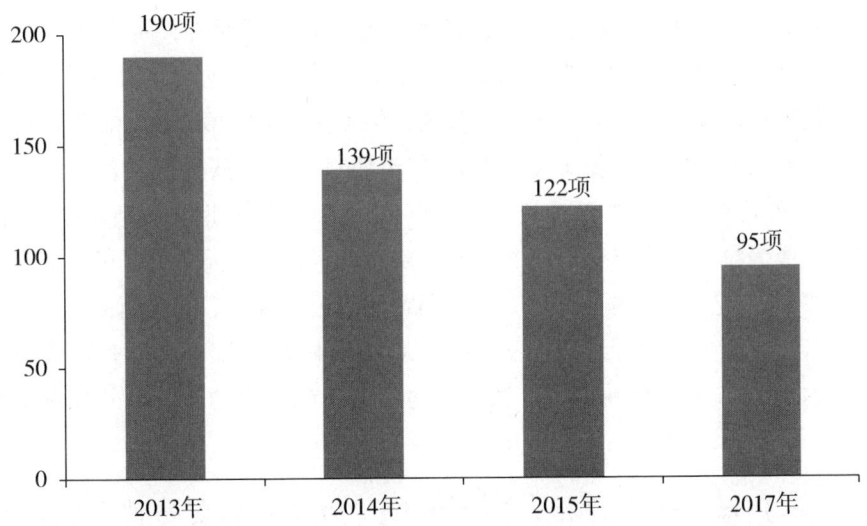

图10-1 自由贸易试验区外商投资准入特别管理措施(负面清单)数量变化

新版自由贸易试验区负面清单依据《国民经济行业分类》划分为15个门类、40个条目、95项特别管理措施,与上一版相比减少了10个条目、27项措施。与之前相比,此次清单对制造业领域及金融保险领域都有不同程度的放宽,特别是金融保险领域对外资开放程度的放宽,对于天津自由贸易试验区来讲是一大利好。

2. 改革外商投资管理模式

天津自由贸易试验区对外商投资实行准入前国民待遇加负面清单管理模式。对外商投资准入特别管理措施（负面清单）之外领域，按照内外资一致原则，外商投资项目实行备案制（国务院规定对国内投资项目保留核准的除外），由天津市负责办理；根据全国人民代表大会常务委员会授权，将外商投资企业设立、变更及合同章程审批改为备案管理，备案由天津市负责办理，备案后按国家有关规定办理相关手续。配合国家有关部门实施外商投资国家安全审查制度。完善市场主体信用信息公示系统，实施外商投资全周期监管，建立健全境外追偿保障机制。完善投资者权益保障机制，允许符合条件的境外投资者自由转移其投资收益。

3. 构建对外投资合作服务平台

挂牌三年以来，天津自由贸易试验区现已建立了对外投资合作"一站式"服务平台和"走出去"服务联盟，积极推动境内企业"走出去"，到全球开展经贸活动。对于自由贸易试验区3亿美元以下的境外投资，下放境外投资备案权限。统计数据显示，2017年天津自由贸易试验区共备案设立境外企业机构22家，中方投资额30.87亿美元，占同期全天津市总额的93%，成为拉动天津市对外投资的最主要力量。其中，天津渤海租赁有限公司出资26.5亿美元收购美国C2航空租赁有限公司项目，易生远景（天津）投资管理有限公司累计出资2.5亿美元收购英国国际货币兑换有限公司项目，这是2017年天津自由贸易试验区也是天津市最大的两项境外投资备案项目。

（三）以"一线放开、二线管住"为重点的贸易便利化改革创新

天津自由贸易试验区自挂牌以来充分利用海关特殊监管区的优势，加快推进贸易便利化，拓展国际贸易"单一窗口"功能。推动跨境电子商务信息化综合服务平台上线运行。培育贸易新兴业态发展，全面开展汽车平行进口试点工作，建立和完善集采购销售、售后服务、金融保险、仓储物流于一体的进口汽车全产业链运作模式。

1. 创新通关监管模式

天津自由贸易试验区挂牌后，根据京津冀检验检疫信息化建设实际，将信息化支持和业务流程再造相结合，在尚未实现全国数据大集中、跨直属局共享数据的情况下，实现了京津冀区域检验检疫"通报、通检、通放"，区内企业可自主选择入境货物的口岸报检查验放行模式、属地报检查验模式。实行"进口直通，出口直放"，对区域内生产的出口货物，除散装商品、危险化工品及包装等少数商品之外，经产地检验检疫合格后直接放行，除按产地局要求采取必要的风险监控措施外，天津口岸不再进行查验，直接出具"通关单"。对实施一体化的进口货物，在天津口岸实施必要的检疫处理后，直接运到北京、河北实施检验检疫和监管。

为支持天津自由贸易试验区建设，天津海关、天津检验检疫局分别出台了三批29项、四批48项通关通检便利化措施，大大提高了口岸监管的服务效率。天津检验检疫局积极推动服务优化，企业进口集装箱滞港时间由原来的平均3~5天缩短到半天，为企业节约了大量时间和费用。2017年11月30日，天津自由贸易试验区东疆片区开始推行"提前报关，码头验放"模式，进出口货物都可以实现码头放行，海关通关流程与港口物流流程并联进行，大约80%以上的口岸放行货物可快速提离港区，特别是出口货物从企业出厂后即可直通码头，中途无须停留，大幅提高了进出口周转效率，降低了企业成本。

通关效率方面，据统计，2017年下半年，天津海关进口24小时通关率为90.48%，较2017年上半年提高了5.66个百分点；出口24小时通关率为99.3%，较上半年提高了0.31个百分点。2017年，天津海关进出口通关时间较2016年均缩短50%以上。2018年1月，天津海关进口24小时通关率为93.66%，继续保持提升的良好态势。为进一步提高关区通关时效、优化营商环境，天津海关采取了一系列有效举措，将适用无纸通关企业的范围扩大到了所有信用等级企业，实现关区通关作业无纸化的全覆盖；加强预归类、预审价的工作力度，实现部分通关环节的前置和后移。同时，优化税收征管作业方式，扩大电子支付范围，提高汇总征税的比例，降低了企业的通关成本。

2. 深化国际贸易"单一窗口"建设

早在2015年7月，天津已率先启动国际贸易"单一窗口"，海关、检验检疫、海事、商务4个口岸部门和9个海港服务模块全都纳入平台，申报人通过单一平台登录、一次性递交满足口岸监管要求的标准化单证和信息，相关管理部门则通过这一平台共享信息并将处理结果统一通过互联网反馈给企业，实现了免费报关和港口服务，为进出口企业节省开支。在此基础上，进一步建设口岸数据服务功能，推动跨境电子商务信息化综合服务平台上线运行，为企业提供全流程数据服务。

天津自由贸易试验区深入开展了与国家"单一窗口"标准版的对接。先后完成全国首单进口货物报关、首单既报关又报检货物申报放行、全国首单船舶"一单三报"功能对接和应用，为标准版推广应用和探索实践积累经验。完成与标准版货物申报、舱单申报（海运）、运输工具申报、贸易许可证申报、原产地证书申领、企业资质办理等功能的 SaaS（software-as-a-service）集成方式对接，以及数据下发接口等功能的对接；完成了货物申报软件即服务、舱单申报（海运）、申报客户端对接调试工作。截至目前，通过天津"单一窗口"对接"单一窗口"标准版应用企业近百家，申报单量3.3万多单，正在逐步扩大报关单量。截至目前，天津国际贸易"单一窗口"报关应用企业702家，报关单量497.9万票；联检核放出入境船舶达到51419艘次；直接服务企业数量4000多家，间接服务企业10000多家，有效降低了企业通关成本，提高了口岸通关效率。

3. 大力发展以汽车平行进口为代表的新兴贸易业态

天津自由贸易试验区积极推进跨境电子商务、保税展示交易、期货保税交割、汽车平行进口等新兴国际贸易业态的发展，形成以技术、品牌、质量、服务为核心的外贸竞争新优势，实现贸易的转型升级。

以平行进口汽车为例，天津自由贸易试验区出台了《中国（天津）自由贸易试验区汽车平行进口试点管理暂行办法》，这是全国首个平行进口汽车地方行政规范性文件，确立了线上线下一体化的事中事后监管体系。首创"试点平台＋试点企业"模式，建立试点企业考核退出及直接退出机制，明确试点企业动态调整和经营规范。创新"合格保证＋符合性评估"检验监管模式、报检出证不超过5日、港口7天免堆存费等50多项举措,促进产业集聚。

天津自由贸易试验区平行进口汽车政府服务和管理平台正式上线运营。截至2017年年底,已有9.2万辆平行进口汽车相关的许可证、清关、检验及销售数据纳入平台统计。先后推行"6小时进场"提箱时效标准和"4小时免预约查验"作业时效标准,大力推进"移动查验单兵"系统应用于平行进口汽车监管,人工查验环节耗时缩短50%以上。2017年,天津市试点企业累计进口平行车10.3万辆,进口额52.97亿美元,同比分别增长94.3%和93.6%,分别占全国各试点企业进口总量的75.7%和75.1%。

(四)以打造特色产业、服务实体经济为重点的金融国际化改革创新

在现有的国际形势与国内形势的叠加下,天津自由贸易试验区的金融改革要以服务实体经济和京津冀协同发展为目标,重点扩大人民币跨境使用、深化外汇管理改革、扩大金融机构和业务开放、提升租赁业发展水平,构建金融服务于实体经济的良好生态体系。

2015年12月,中国人民银行发布了《中国人民银行关于金融支持中国(天津)自由贸易试验区建设的指导意见》(以下简称"金改30条")。该意见在明确服务实体经济发展、深化体制机制改革、有效防范金融风险、稳步有序推进实施四大总体原则的基础上,涵盖了扩大人民币跨境使用、促进租赁业发展、支持京津冀协同发展、完善金融服务功能等方面的金融创新政策,在涵盖上海自由贸易试验区金融改革主要内容的基础上,加入了符合天津本土特色的促进租赁业发展、推动京津冀一体化的政策措施。到目前为止,"金改30条"的核心政策有80%落地实施,跨境本外币资金池、跨境融资、融资租赁收取外币租金等创新业务取得明显成效,中国人民银行天津分行于2016年和2017年分两次发布了天津自由贸易试验区17个金融创新案例,见表10-2。

表10-2 天津自由贸易试验区金融创新案例

批次及发布时间	金融创新案例内容
第一批 (9个) 2016年1月4日	①开展大额存单发行试点,有序推进利率市场化改革
	②跨境双向人民币资金池业务,成为企业架通国际国内资金的桥梁
	③进一步简化经常项目外汇收支手续,提高贸易便利化程度
	④首单外债意愿结汇业务成功办理,极大地便利了企业的投融资操作
	⑤融资租赁类公司售后回租项下外币支付设备价款,企业有效规避汇率风险
	⑥首笔联合租赁业务成功办理,便于企业资金灵活运营
	⑦为境外机构办理人民币与外汇衍生产品交易,更好地满足市场主体规避汇率风险和套期保值的需求
	⑧支持发展总部经济和结算中心,有利于企业更好地利用国际、国内两个市场高效配置资源
	⑨支持京津冀协同发展,降低跨行政区金融交易成本
第二批 (8个) 2017年1月19日	①中资企业跨境融资业务成功办理,实现了中资企业全口径跨境融资新突破
	②鼓励金融机构积极开展动产融资业务,服务中小微企业发展
	③自由贸易试验区首家金融租赁公司顺利完成跨国公司外汇资金集中运营管理业务备案,有利于金融租赁公司高效配置资源
	④符合条件的融资租赁可收取外币租金,企业有效规避汇率风险
	⑤全国首笔融资租赁公司售后回租项下外币支付设备价款业务成功办理,企业节约大量财务成本
	⑥京津冀产业结构调整引导基金落户,进一步推进产业结构调整和转型升级
	⑦京津冀协同发展人民银行三地协调机制建立,提升跨区域金融工作水平
	⑧自由贸易试验区金融IC卡示范区建设工作取得成效,提高了现代金融服务改善民生的能力和水平

尤其值得注意的是，天津自由贸易试验区已经形成了融资租赁业务集中集聚高地，融资租赁业发展远远领先于国内其他地区，正努力向建设国家租赁创新示范区的方向发展。到目前为止，自由贸易试验区内各类租赁公司达到3116家，其中，融资租赁公司总部超过1000家。租赁飞机超过2500架，约占全国的90%；租赁船舶133艘，约占全国的80%；租赁海上石油钻井平台12座，占全国的100%，继AerCap、ALC等公司落户天津自由贸易试验区后，渣打银行、Gecas旗下的Milestone、Avolon、Waypoint、SES等相继在自由贸易试验区设立融资租赁平台公司。

作为天津融资租赁产业集聚地，2017年东疆保税港区飞机租赁资产总额累计达500亿美元，新增租赁公司489家，内资租赁试点企业达到57家，占天津市的七成。租赁海工平台12座，租赁国际船舶133艘，租赁飞机突破千架，成为全球第二大飞机租赁聚集地，见图10-2。

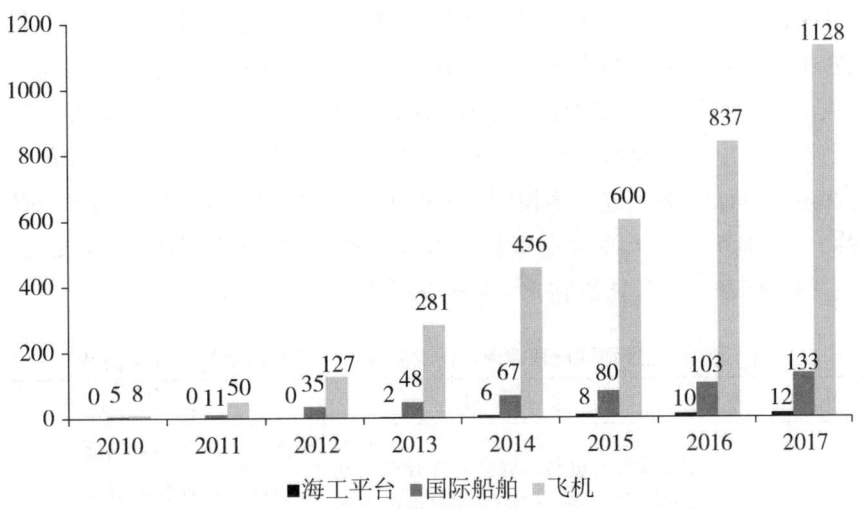

图10-2　天津自由贸易试验区东疆片区累计租赁业务量①

毫无疑问，天津自由贸易试验区已成为国内最大的融资租赁聚集区，

---

① 加上机场片区的渤海租赁等公司，2017年整个天津自由贸易试验区租赁飞机数量达到近2000架。

融资租赁企业数量、业务规模全国最多,同时这里的租赁创新领跑全国。在租赁业聚集地东疆保税港区,融资租赁业一直是其发展的金字招牌,相继开发出保税租赁、SPV租赁、出口租赁、进口租赁、离岸租赁、联合租赁、资产包转让租赁、人民币跨境结算等近40种租赁交易结构。2017年天津自由贸易试验区贴合企业需求,推出了无形资产融资租赁模式、经营性售后回租业务收取外币租金等创新举措,打破了境外公司垄断国内租赁市场的局面。目前,天津自由贸易试验区正积极搭建全国性的租赁资产流转平台,开展租赁物权属登记查询和司法保障、融资租赁公司接入人民银行企业征信系统等10多项政策试点和业务模式创新,进一步打造与国际接轨的租赁业发展环境,树立起融资租赁业"新区样板",迎接租赁业发展新浪潮。

(五) 服务京津冀协同发展

天津自由贸易试验区在设立之初即肩负着服务京津冀协同发展、构建高水平对外开放平台的重大使命,其先试先行的各项改革创新经验将在京津冀地区率先进行复制推广。2015年4月8日,国务院正式发布《中国(天津)自由贸易试验区总体方案》,对有关天津自由贸易试验区的战略定位和发展目标做出了进一步说明,《中国(天津)自由贸易试验区总体方案》中详细列明了天津自由贸易试验区"推动实施京津冀协同发展战略"的总体目标和4项具体措施,详见表10-3。

表10-3 "推动实施京津冀协同发展战略"的总体目标和具体措施

主要任务	总体目标	具体措施
推动实施京津冀协同发展战略	发挥自由贸易试验区对外开放高地的综合优势,推动京津冀地区外向型经济发展,构建全方位、多层次、宽领域的区域开放型经济新格局	增强口岸服务辐射功能
		促进区域产业转型升级
		推动区域金融市场一体化
		构筑服务区域发展的科技创新和人才高地

1. 建立天津自由贸易试验区服务京津冀协同发展工作机制

天津自由贸易试验区制定出台了《天津自由贸易试验区服务京津冀协

同发展工作方案》，在服务京津冀协同发展方面实施了"1631"工程，即建立"一个机制"，由商务部牵头，组织天津、北京、河北三省市，建立具体工作协商机制，开展天津自由贸易试验区服务京津冀协同发展顶层设计；实施"六个推动"，就是推动天津自由贸易试验区行政管理体制改革、投资体制改革、贸易便利化及贸易方式创新、金融开放创新经验在京津冀区域率先复制推广，与北京服务业扩大开放试点开展对比试验、互补试验；促进"三个一体化"，就是促进通关服务和口岸物流一体化、金融服务和监管一体化、区域要素资源配置一体化；落实"一批项目"，就是梳理整理出一批项目，以项目为抓手推动天津自由贸易试验区更好地服务京津冀协同发展。

目前，天津自由贸易试验区引进北京项目 4192 个，占总引进项目的 11%；引进河北项目 2653 个，占总引进项目的 9%，还将积极推动在北京市率先复制推广改革试点经验，积极承接北京非首都功能疏解工作。目前，已吸引 40 多家央企或其控股公司在新区设立功能性总部，引入京津冀协同发展项目 400 多个，投资规模超千亿元。拓展津冀两地合作交流，与唐山、沧州等地签署战略合作协议，在临港产业、交通设施、旅游、医疗等领域全方位展开合作。同时，积极支持雄安新区建设，开展自由贸易试验区服务雄安新区战略研究。

2. 大力实施京津冀海关区域通关一体化改革

天津自由贸易试验区已在京冀地区设立了 10 个无水港，实施了京津冀海关区域通关一体化改革，整体通关物流成本减少近 30%。京津冀区域通关一体化改革通过集成海关监管优势、打破关区界限、改进海关通关流程，形成了监管更加严密、通关更加便捷、流程更加科学、运转更加高效，覆盖京津冀海关通关全流程的一体化管理机制和运作模式，真正实现"一份单卡管通关"，进一步提升了区域贸易便利化水平。

京津冀区域检验检疫也已实现一体化，三地区检验检疫局加强协作、共同实施，通过改革现有通关模式、监管模式和业务流程，打造以"三通""两直""四放""五统一"和"无纸化"等为主要内容的检验检疫一体化新模式，促进通关便利化。通关时间平均每批货物节省 0.5 天，每标准箱为企业节约物流成本 120 元，口岸快速放行率达 88%，口岸通关效率提升了 75%。

3. 金融支持京津冀协同发展

天津自由贸易试验区积极探索京津冀金融改革创新试验，开展金融监管、金融产品和服务方面的创新，积极创建金融集成电路（integrated circuitcard, IC）卡"一卡通"示范区，推动京津冀金融监管和金融市场一体化。支持京津冀地区金融机构为自由贸易试验区内主体提供支付结算、异地存储、信贷、信用担保等业务同城化综合金融服务，降低跨行政区金融交易成本。同时，推动京津冀地区金融监管部门间的沟通协作，破除地域限制，逐步建立金融监管协同机制、金融风险防控联动机制和三省市金融发展协作机制，及时监测系统性、区域性风险隐患，加强重大突发事件联动应急管理合作。

挂牌三年以来，天津自由贸易试验区充分发挥金融机构和服务平台作用，支持京津冀经济协同发展。2016年8月30日，京津冀产业结构调整引导基金在天津自由贸易试验区中心商务片区正式设立。基金总规模达100亿元，首期10亿元，主要以投资高端装备制造、新一代信息技术、航空航天、新材料、生物医药等天津市中长期规划领域为主，并将与国家发改委牵头设立的京津冀协同发展基金和京津冀产业结构调整基金相对接。同时，在参股子基金的设立上，还将有包括境外资金在内的社会资本参与投资。

三、天津自由贸易试验区发展存在问题与原因分析

经过三年的创新建设，天津自由贸易试验区的发展取得了预期效果，获得了市场主体较好的反应。但是，随着对外开放进入深水区，天津自由贸易试验区的建设、发展与创新仍然存在一些问题与挑战。

（一）与国际先进自由贸易试验区存在较大差距，开放程度有待提高

天津自由贸易试验区在对接全球高标准贸易投资规则上，与迪拜、中国香港、新加坡等国际先进自由贸易区（港）仍有较大的差距。以外资准入的负面清单为例，虽然《自由贸易试验区外商投资准入特别管理措施（负面清单）（2017年版）》与上一版相比减少了10个条目、27项措施，但

其中禁止投资、股权限制和数量型经营限制等限制程度较高的措施占比偏高，对一些服务业部门（如交通运输、仓储和邮政业、金融、文体娱乐等）的外资准入限制也较高，见图10-3。

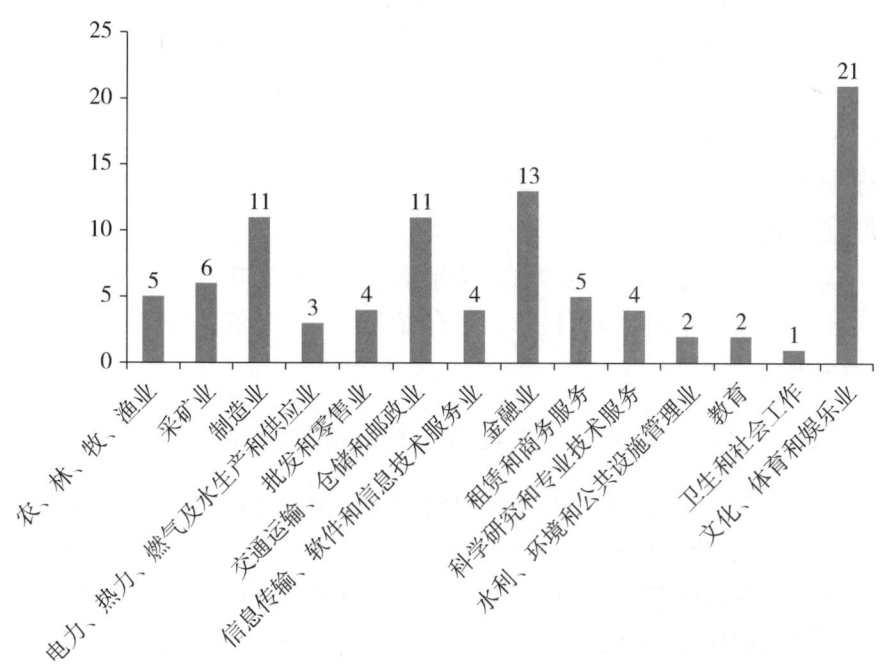

图10-3 2017版自由贸易试验区外商投资准入负面清单中主要行业特别管理措施数量统计

开放宽松的外资准入制度是自由贸易试验区实现"投资自由"的重要前提，也是开放度和自由度的重要表现。当前自由贸易试验区负面清单中的各项特别管理措施缺乏明确的国家和地方层面的法律法规依据描述，"负面清单"与部门现行管理模式还没有充分衔接，开放力度不大和缺乏高透明度使自由贸易试验区没有对外资企业形成足够的吸引力。例如，在整车制造、新能源汽车电池、飞机制造维修等重要行业是否放开外资持股限制，这是天津自由贸易试验区在打造全国先进制造研发基地的过程中亟待解决的问题。

（二）现代服务业不发达，要素聚集程度不高

近年来，天津市服务贸易发展迅速，但不论是服务贸易总量还是结构水平都有待提高。2017年，天津市服务贸易进出口额约1500亿元，服务贸易额仅占进出口贸易额的1/5，而上海市2017年的服务贸易进出口总额突破1万亿元。天津服务贸易集中在传统领域，其中，旅游服务业占比28.25%，运输业占比近20%，其他商业服务业占比16.65%，3个产业占比累计为64.9%。相比之下，以咨询、计算机与信息、金融等为主的现代服务业占比则较少。

另外，天津自由贸易试验区要素聚集程度不高，功能性平台较少、高端产业链少、部分企业异地经营，只有资金流，没有信息流、人才流的情况亟待解决。

（三）制度创新与经济发展结合程度有待提高

目前，天津自由贸易试验区的制度创新有相当比重的部分属于程序性（如简化程序、缩减时间、降低费用等）或技术性的（如网上办理、提交电子文件、通过信息系统实现监管等），含金量不高，对企业服务不到位；而属于政策性或体制性的重要创新（如国际贸易"单一窗口"、FT账户、人才流动制度等）数量较低，且在实际落地并发挥巨大市场效果上并不理想。

另外，全国已形成"1+3+7"自由贸易试验区雁形布局，天津自由贸易试验区的战略定位和主要任务跟其他自由贸易试验区有着非常大的差异，在制度创新的过程中，一定要注意从本地需求出发，实现差异化发展。

四、天津自由贸易试验区深化改革开放方向

按照中央全面深化改革委员会第一次会议审议通过的《进一步深化中国（天津）自由贸易试验区改革开放方案》，天津自由贸易试验区将按照中央部署，认真总结自由贸易试验区建设经验，进一步深化改革开放、创新发展，推动对外贸易由量的扩张到质的提升，持续优化营商环境，完善市场运行机制，积极参与国际经贸合作。天津自由贸易试验区在深化改革方

面应做到"四个坚持",即坚持制度创新,把制度创新作为核心任务,把可复制推广作为基本要求;坚持协同推进,推动顶层设计与基层探索良性互动、与服务实体经济有机结合;坚持依法改革,做到有法有据,运用法治思维和法治方式推进改革;坚持风险可控,把能否有效防控风险作为检验制度建设成败的重要标准。

(一)积极申建"京津冀自由贸易港",打造自由贸易试验区升级版

天津自由贸易试验区将着力打造自由贸易试验区升级版,依托京津冀地区,聚集全国综合性海空港口优势以及产业基础,规划建设京津冀自由贸易港。

进一步提高贸易便利程度,赋予自由贸易港"境内关外"的特殊法律地位,探索创新海关监管方式,从原来逐票逐单的实际监管方式,转为通过审计核查方式实施监管;进一步扩大投资开放领域,进一步缩减投资负面清单,尤其是加大服务业开放力度,在更小范围、更可控区域进行压力测试和风险测试;加大金融开放力度,建设与自由贸易港发展相适应的账户管理体系,稳步推进人民币资本项目可兑换,大力发展离岸金融;加强国际航运功能建设,加快开展海运快件试点工作,提升以转口贸易、离岸贸易为重点的贸易枢纽功能。简化过境货物检疫监管流程,打造国际中转集拼枢纽,将中欧班列(天津)发展为集跨境电子商务、中转集拼、国际海铁联运等功能于一体的综合系统,为"一带一路"建设提供便利运输通道;实施国际通行财税优惠措施,在不侵蚀税基的前提下,实施适应国际业务发展需要的自由贸易港税收制度;提升专业人员出入境便利,对于注册在自由贸易港内企业的专业人士、商务人士出入境,可以进行便利化改革,方便外籍人士进入自由贸易港从事商务活动。

在建设京津冀自由贸易港的探索中,津冀港口实现"境内关外"互联互通是关键一环。为此,天津自由贸易试验区正在积极落实《加快推进津冀港口协同发展工作方案(2017—2020年)》。2018年4月15日,装载着17个集装箱、共34辆平行进口汽车的"鸭绿江"轮,从天津自由贸易试验区天津港东疆片区出发,顺利抵达曹妃甸综合保税区码头。这标志着,天

津港与曹妃甸港之间的首条外贸集装箱班轮航线正式投入运营,实现了天津自由贸易试验区功能向河北港口延伸拓展的重大突破,也为天津申建"京津冀自由贸易港"做出了先行先试的有益探索。天津港至曹妃甸综合保税区码头的新航线开通后,外贸进口集装箱可享受到天津自由贸易试验区、保税港区和综合保税区的多重政策叠加,实现了两港之间的货物自由流动,在津冀港口之间形成了"境内关外"的互联互通,极大地方便了外贸企业开展跨境业务。同时,强化了天津港集装箱干线枢纽港的地位,促进了津冀港口间集装箱干支联动和津冀港口协同发展,使港口由运输枢纽向"航运+物流+贸易+金融"的复合型业态转型发展,助力津冀港口加快建成以天津港为核心、以河北港口为两翼,布局合理、分工明确、功能互补、安全绿色、畅通高效的世界级港口群。

(二)进一步服务好京津冀协同发展,服务雄安新区建设

设立雄安新区是党中央深入推进京津冀协同发展而做出的一项重大决策部署,对于集中疏解北京非首都功能、探索人口经济密集地区优化开发新模式、调整优化京津冀城市布局和空间结构、培育创新驱动发展新引擎,具有重大现实意义和深远历史意义。天津自由贸易试验区作为沿海开发开放的先驱,应加快建立连接雄安新区与京冀及周边城市之间的交通设施网络,促进融合发展,密切合作、扎实工作,共同推进雄安新区规划建设发展的各项工作。

围绕雄安新区建设、更好地服务京津冀协同发展,天津自由贸易试验区关键要发挥好"四个作用":第一,区域发展的引擎作用。天津自由贸易试验区应坚持发展以先进制造业为核心的实体经济不动摇,推动产业向集群化、链条化、高端化迈进,打造全国先进制造研发基地、北方国际航运核心区、金融创新运营示范区,进一步发挥天津自由贸易试验区在区域产业转型与升级中的示范与引擎作用。第二,深化改革的示范作用。天津自由贸易试验区应继续突出国家制度创新的"试验田"作用,持续优化营商环境,完善市场运行机制,为京津冀乃至全国积累经验。第三,扩大开放的窗口作用。扩大开放是有序疏解北京非首都功能、推进京津冀协同发展的重要动力。天津自由贸易试验区地处环渤海经济带,是亚欧大陆桥最近

的东部起点，腹地经济辐射500万平方千米，具有以开放促发展、以合作促协同的独特区位优势和功能优势，有条件率先构建开放型经济新体制。第四，创新驱动的样板作用。要促进自由贸易试验区科技与经济对接、创新成果与产业对接、创新项目与生产力对接，努力实现向创新要动力、要活力、要竞争力。

（三）积极融入"一带一路"倡议，强化合作

天津自由贸易试验区应发挥区位和产业优势，加强与"一带一路"沿线国家和地区的全面合作，支持自由贸易试验区企业根据相关规则申请援外项目实施资格，鼓励企业通过参与援外工作开展承包工程、劳务、对外投资合作以及人员培训交流，带动企业、产品、技术和服务"走出去"。持续完善"一带一路"投资合作项目库，强化重点跟踪与服务，加快实施一批重大项目。深挖与沿线国家和地区的合作潜力，在开放的制度环境上不断取得新突破，使天津自由贸易试验区在融资租赁、航运物流、高端制造、金融创新、服务贸易等领域获得更多的发展空间。作为京津冀地区的开放窗口，京津冀三地区合力打通国际贸易和国际物流大通道，利用海陆空优势实现联动发展。

发挥融资租赁优势，通过融资租赁推动优势产业"走出去"，加强租赁公司与海外施工企业合作，为"一带一路"沿线基础设施建设和设备投资提供配套服务。同时，发挥金融创新优势，与沿线国家和地区银行、主权基金展开合作，为制造业企业"走出去"提供全方位、多层次的金融服务。要尊重规律、强化服务，充分发挥市场在资源配置中的决定性作用和企业的主体作用，积极推动建设"一带一路""走出去"服务中心。

（四）继续深化政府职能转变、贸易与投资管理创新、金融开放创新

天津自由贸易试验区将深入推进行政审批职能与流程优化，全面推进行政审批和行政服务标准化，实现全程电子化登记和电子营业执照管理。创新海关、检验检疫综合监管模式，探索开展电子围网监管模式，探索开展货物状态分类监管试点工作，推进服务贸易便利化，继续探索跨境电商、

平行进口汽车新型贸易发展。

在金融开放创新方面,积极有序实施"金改30条",推动落实资本项目可兑换政策;扩大金融业开放,放开单一股东20%限制,合计25%限制;探索与发展相适应的账户体系,NRA(non-resident account)/OSA(off shore account)扩大开户主体、赋予利率、结算、跨境双向业务等更多功能,探索建立国际金融资产交易平台、国际债券发行交易中心;积极培育新兴贸易金融业态。

进一步巩固融资租赁业发展优势,加快建设国家租赁创新示范区,发挥辐射带动作用,率先推进融资租赁业监管、财税、外汇管理、投融资等方面的政策制度和体制机制创新。构建多元租赁机构体系,增强集中集聚效应。加快推进全国性租赁资产平台、全国性租赁行业协会等行业基础设施和组织落户自由贸易试验区。引进设立租赁产业引导基金和投资基金,推动银行、保险、证券公司的租赁专营中心和评级公司等专业融资服务机构进行管理经营创新,优化行业发展模式。鼓励发展专业突出、特色鲜明、错位有序的融资租赁发展模式。研究两家以上金融租赁公司共同设立项目公司开展租赁业务。支持租赁公司通过开展租赁物和二手设备交易增加余值收益。推动产品服务创新,加大服务实体经济力度。大力发展创新型租赁产品服务(无形资产租赁),加大对经济结构调整和产业转型升级的支持力度。支持租赁公司境内外上市,发行债务融资和资产证券化工具。支持租赁公司扩大外债使用规模,积极发展融资租赁产业引导基金和飞机租赁投资基金。

(五)加强法治保障,培育法治化营商环境

自由贸易试验区建设过程中,法治保障不可或缺。《中国(天津)自由贸易试验区总体方案》对天津自由贸易试验区的战略定位中出现了"健全法治保障体系""建设法治化营商环境""法治环境规范"等关键词,坚实的司法保障必不可少。目前,天津自由贸易试验区的大多制度仍然停留在政策方面而没有上升到法律层面,天津自由贸易试验区在立法进程上可先行先试,可以由京津冀地区人大联合将这些制度法治化,从立法上对京津冀协同发展进行体制机制创新突破。在国家立法保障的指引下,地方立法保障需及时跟进，同时司法保障和仲裁等法律服务保障需齐头并进。

此外，在自由贸易试验区全面推进依法执政，建立自由贸易试验区行政决策专家论证制度、重大决策行政听证制度和听取意见等制度。严格规范行政执法程序，健全行政许可、行政处罚、行政强制、行政监察等执法行为的全过程记录制度。完善行政处罚裁量基准制度，严格规范自由裁量权。打造国际化的法律服务体系，提高国际贸易、国际投资和海事海商等涉外经济法律事务的处理能力。

第十一章　中国（福建）自由贸易试验区建设成效与深化改革开放方向

黄茂兴[*]　王珍珍[**]

一、引言

2015年3月24日中共中央政治局召开会议，审议通过广东、天津、福建自由贸易试验区总体方案。2015年4月8日，国务院批准《中国（福建）自由贸易试验区总体方案》。2015年4月21日，中国（福建）自由贸易试验区福州片区、厦门片区、平潭片区正式挂牌。挂牌运行三年来，福建自由贸易试验区按照《中国（福建）自由贸易试验区总体方案》（以下简称《总体方案》）的要求，围绕改革创新"试验田"、两岸经济合作示范区以及21世纪海上丝绸之路沿线国家和地区开放合作新高地的战略定位，在福建省委、省政府和国家相关部门的领导下，立足于体制机制创新，通过先行先试，不断推进改革开放，较好地完成了试验任务，在政府职能转变、投资管理体制改革、贸易发展方式转变、率先推进大陆与台湾地区投资贸易自由、推进金融领域开放创新、培育平潭开放开发新优势方面进行了积极有益的探索，取得了一系列显著的成效，营商环境持续改善，形成了大量可复制的可推广经验，为开放型经济体系建设探路，在深化两岸经济合作、建设"21世纪海上丝绸之路"中发挥了引领和促进作用。

---

[*] 黄茂兴，男，福建师范大学福建自贸区综合研究院院长、经济学院院长、教授，主要从事区域经济、技术经济和国际经济研究。

[**] 王珍珍，女，福建师范大学福建自贸区综合研究院综合组召集人、副教授、硕士生导师，主要从事物流与供应链管理、国际贸易问题研究。

二、福建自由贸易试验区三周年成效分析

（一）加快政府职能转变，大幅改善营商环境

1. "放管服"改革进一步深化

福建自由贸易试验区对标国际贸易新规则，纵深推进"放管服"，立足打造法治化、国际化、便利化的营商环境，大幅精简下放审批事项，2015年7月，省政府把253项省级行政许可事项下放到3个片区实施，省里只保留了60项不宜下放的行政许可事项，并取消了64项前置审批，从而大幅提升了政府服务效率和服务水平，有效激发市场主体活力和社会创造力。通过建立经营异常名录制度、主体失信联合惩戒制度、税务联合惩戒机制、自由贸易试验区企业送达信息共享机制，推出国地税一窗联办、税控发票网上申领、电子签章服务等一系列简政放权和管理创新措施，基本建立了适应国际化、市场化要求的行政服务体系。通过实施"一表申报、一口受理、一照一码"登记制度，使得企业方仅需在自由贸易试验区综合服务大厅一个综合窗口提交一套资料，最快0.5个工作日即可完成登记。调查显示，福建自由贸易试验区营商环境较试验区设立前有大幅改善，对当前营商环境的总体满意率、政府服务的总体好评率、自由贸易试验区政策的总体满意率均超过96%。

2. 政府服务效能大幅度提升

福建自由贸易试验区三片区现已完成全责清单梳理公布工作，并实行动态调整，实现了行政审批和公共服务标准化。通过建立大数据平台，充分运用互联网、大数据等信息化手段，打破部门藩篱和信息孤岛，运用大数据服务和监管市场主体，形成事中事后综合监管和专业化监管合力，推进监管信息共享"一张网"建设，在全国率先提出第一张自由贸易试验区风险防控清单，加强外商投资融资租赁、商业保理、文化、互联网等敏感行业的监测和风险防控。自由贸易试验区内76592户企业已经通过国家企业信用信息公示系统（福建）向全社会公示行政许可、行政处罚、抽查检查等信息。通过实施税控发票网上申领、电子签章服务、移动税务平台等创

新举措,95%的办税事项实现全程网上办理,提升了政府服务水平。

(二)持续深化投资管理体制改革,有效激发企业创新创业活力

1. 实施境外投资备案制度

福建省自由贸易试验区始终坚持问题导向、需求导向、效益导向、服务导向和创新导向,着力打造扁平化审批体制,创新建立条块结合、协同推进的管理架构,聚焦行政管理体制机制改革。通过编制合并版《工程可行性研究报告+》、实施产业用地"先租后让"模式和电力保障服务便利化等创新举措,提高了商事主体信息化、便利化、规范化水平,有效提高了投资领域依法行政水平。通过对企业营业执照与外商投资企业备案证明实行"二合一"、实行投资项目审批"一站式"服务等创新举措,不断优化企业设立和项目审批的工作效率,其中平潭投资体制改革"四个一"审批模式已经被国家列为自由贸易试验区改革创新最佳实践案例,也是唯一一个入选的投资体制改革的经典案例。从平潭片区试行成效来看,该举措能优化投资项目审批办理流程,精减90%以上行政审批申请材料,社会投资核准项目的审批办理时限压缩到93个工作日以内,备案项目压缩到88个工作日以内,整合中介服务资源,效率提速将近3倍。

2. 改革外商投资管理模式

福建自由贸易试验区对外商投资实行准入前国民待遇加负面清单管理模式,贯彻实施《自由贸易试验区外商投资准入特别管理措施(负面清单)(2017年版)》,以"负面清单"管理制度为基础和起点,探索了从企业等级到项目投资审批、企业经营服务、企业注销推出的全链条便利化措施,投资管理体制改革的持续深化对企业产生了虹吸效应,截至2018年3月底,福建自由贸易试验区新增企业69183户,注册资本14870.2亿元。

(三)积极培育新型贸易业态,有效转变贸易发展方式

1. 新型贸易方式有效拓展

福建自由贸易试验区积极培育新型贸易业态和产业,跨境电商、保税展示、服务外包、商业保理等一批新业态蓬勃发展,国际商贸、航运服务、现代物流、文化创意、旅游会展、社会服务、高端制造等产业发展迅速。通过推动与"海丝"沿线国家和地区的合作，打造了海丝商城、利嘉商贸城、夏商风信子进口商品展示中心、新丝路跨境交易中心等30多个"一带一路"国家的进口商品展示馆，引进泰国、马来西亚、日本、斯里兰卡等"海丝"沿线国家和地区商品6万多种。通过推出"拓展保税租赁制度功能""创新监管模式""互联网+保税展销"模式等保税创新举措促进贸易新业态的发展。通过国际平行进口汽车保税交易中心，不断拓展与中东地区的汽车平行进口业务。通过建设利嘉保税直销中心、海丝商城、世创跨境电商产业园、海峡智贸城等大型综合性进口商品展示交易平台，象屿、邮政 EMS、海沧3个跨境电商产业园，极大地促进了跨境电商的发展，目前跨境电商的商品涉及六大洲40多个国家，包含进口酒类、休闲食品类、母婴用品类、冷链生鲜类等。厦门通过发展航空维修产业，目前已经初步形成了以飞机结构大修为龙头，以发动机、航空电气以及其他飞机零部件维修、制造和航空技术培训为辅助的"一站式"航空维修基地，2017年实现产值132.6亿元，同比增长9.14%。

2. 航运服务能力大幅提升

福建自由贸易试验区积极开拓与"一带一路"沿线国家和地区的航运合作。中欧（厦门）国际班列实现常态化运营，开通德国纽伦堡、荷兰蒂尔堡和波兰罗兹三个欧洲终点站，并列入中欧安全智能贸易首条铁路线试点，通过海铁联运将班列延伸至中国台湾地区，并推进与马来西亚、印度尼西亚等东盟国家物流对接，把我国东南沿海、中西部、台港澳地区与东盟、中亚及欧洲相连，形成一条跨越海峡、横贯亚欧大陆的国家物流新通道，实现"海丝"与"陆丝"的无缝对接。福建海事部门积极贯彻落实省政府《关于支持海事工作促进港航经济发展六条措施》，出台了一系列有效的服务措施，促进福建航运经济的发展，福州港、厦门港加速对外合作，"海丝"航线达到18条。

3. 通关机制创新成效明显

福建自由贸易试验区在通关方面不断进行体制机制创新，海关和国检部门通过出台"船舶进出境'一单四报'和数据共享""入境大宗工业品联动检验检疫新模式""口岸检疫处理前置模式"等一系列全国首创的通关便利化创新举措，实现"三互合作"（信息互换、监管互认、执法互助）常态化，有效打造福建自由贸易试验区便捷的大通关体系，极大地提升了贸易便利化水平。国际贸易"单一窗口"和"关检'一站式'查验平台+监管互认"被商务部评为自由贸易试验区"最佳实践案例"，其中国际贸易"单一窗口"是海关总署全国口岸"互联网+自主报关"首个试点，被国家质检总局向全系统复制推广。目前，平台报关率99%，报检率100%，企业报关报检录入数据申报简化率达32.7%，出口通关时间由4个小时减至5～10分钟。厦门海关、厦门检验检疫局共同启用关检"一站式"查验场，通过联合执法，优化监管执法流程。对海丝沿线国家和地区非处方（over the counter，OTC）药品、非特殊用途化妆品实行备案管理，促进与海丝沿线国家和地区的贸易往来。中国－东盟海产品交易所对会员企业实施"信用监管+风险管理"，加快施检放行速度，推动海产品交易规模不断做大。福建检验检疫通过实行审单放行通关新模式，最短可以在2分钟内完成通关，单个集装箱最高可节约2500元，节约了企业成本，优化了工作流程。"简化CEPA以及ECFA项下货物进口原产地证书提交需求"，突破了对无纸正本原产地证书的提交规定，实现了台港澳原产地证书的无纸化通关，平均每票节省时间1～2天，节约成本约8%。平潭针对"台平欧"班列，强化与货物途经检验检疫部门"三互"，在入境口岸一次性完成检验检疫全部申报手续，实现"一次申报、一次查验、一次放行"全程无障碍通关。

（四）加快推进与台湾地区投资贸易自由，闽台深度融合发展

1. 探索闽台产业合作新模式

在新的形势和开放格局下，福建自由贸易试验区进一步扩大对台优势，积极推动台湾的先进制造业、战略性新兴产业和现代服务业在自由贸易试验区内积极发展，形成两岸产业融合发展新模式。鼓励两岸在研发创新、品牌打造、标准制定方面加强合作。2018年，福建省为了进一步深化闽台两岸文化交流，制定了《福建省促进闽台文化产业合作发展实施方案》，有效推动了闽台两岸的文化产业合作发展。福州片区依托科立视公司成立了两岸先端材料研发合作中心，引进了15名台湾科研人才，成功地研发了国内首个拥有自主知识产权的抗菌超薄玻璃，通过建设两岸物联网应用示范

中心、两岸智慧城市研发中心暨中试基地，推动了两岸的物联网产业合作。

2. 扩大对台服务贸易开放

福建自由贸易试验区已对台开放了建筑、医疗、旅游、金融等服务业领域。通过对台企试行"台商协会总担保制度"，台资企业在股比、经营范围、投资领域等方面的限制已大幅减少，台湾投资融资租赁、电子商务、旅行社等服务行业的资质、门槛要求已可比照大陆企业办理。获批试点经营赴台游的3家合资旅行社，至2017年9月已组团50个，共有1206人次赴台旅游。新设立3家台资人力资源机构，培训发证、推荐就业1万多人。福州片区的福建严复纪念医院、福州三江口医院、福州仁安医院正加快建设进度。平潭片区获批设立的4家台湾专科医院从开业至今，门诊接诊量已达4000人次以上。总体而言，福建自由贸易试验区逐步形成具有福建特色的自由贸易试验区产业格局和对台服务业开放平台，推动福建经济规模壮大、质量优化和活力提升。

3. 推动对台货物贸易自由

福建自由贸易试验区实现了货物通关的全流程、全商品、全链条的监管创新，大大降低了闽台货物通关成本，两地货物自由贸易的局面已经形成。通过简化两岸货物进出境准入机制，对台湾部分地区输入自由贸易试验区食品、农产品、化妆品，率先实行"源头管理、口岸验放"快速通关模式，平均放行时间缩短至1～2天。通过率先单方采信台湾地区认证认可结果和检验检测结果，可为企业节省大量的产品检测费用，检验检测时间由原来的90天左右缩短到现在的1天。

4. 促进两岸往来更加便利

随着闽台经济产业合作的深化，两岸的文化融合也在逐步深化，通过建设两岸青年创新创业创客基地、云创智谷等国家级海峡两岸青年创业基地，吸引台企入驻和台湾青年创业就业，为台湾青年来大陆就业创业开辟技术、人才、资金等资源对接新渠道。福建自由贸易试验区平潭片区通过试点引进台湾村里长担任村居（社区）委员会执行主任，参与指导并实施村容村貌改善建设，引进台湾社区治安巡守、医疗照护等方面的经验做法，进一步提升社区管理服务水平，促进两岸基层交流、交往、交融，完善社区整体发展规划，目前融合试点村均组建了志工队伍，总人数达到200多名，常态化开展志愿服务活动，全年举办了"拗九敬老""垃圾不落地""守望相助"等30多场次社区公益活动。福建自由贸易试验区厦门片区通过建设自贸园创新社区，建立社区工作站、企业政务服务中心，为台商企业提供"一站式"服务。

（五）推进金融领域开放创新，金融服务实体经济能力显著增强

1. 扩大金融对外开放

已实施的有五项改革举措，包括：简化跨境贸易和投资人民币结算业务流程；推进自由贸易试验区内企业和个人跨境贸易与投资人民币结算业务；放宽自由贸易试验区内法人金融机构和企业在境外发行人民币和外币债券的审批和规模限制；完善人民币涉外账户管理模式，所筹资金可根据需要调回区内使用；探索自由贸易试验区内设立单独领取牌照的专业金融托管服务机构。在中国人民银行、国家外汇管理局等相关实施细则的支持下，已取得显著成效，有利于推动区内企业和机构跨境投融资便利化，调整负债结构，降低融资成本。代理清算群辐射"海丝"沿线，17个国家和地区在厦门开立79个人民币代理清算账户。

2. 拓展金融服务功能

福建自由贸易试验区充分立足自身的发展实际，在扩大金融开放、拓展金融服务功能上进行了特色创新。例如，率先在大陆建立跨海峡人民币代理清算群，使之成为两岸金融机构开展结算、清算、融资、担保等综合性、全方位金融合作的通道；发行全国首单农村消费信贷资产证券化产品等。推动金融支持厦门东南国际航运中心建设等具有独创性的试点任务也取得了显著成效。区内企业开展对外直接投资和跨境并购活动较为活跃，以"海丝"沿线的中国香港、中国台湾、新加坡、马来西亚等地区和国家为主，凸显了福建自由贸易试验区作为"海丝"核心区建设重要战略支点的作用。据统计，截至2017年12月底，平潭金融业（不含类金融）实现增加值为15.59亿元，占GDP总量的6.8%，增长了6.7%，有力地带动了第三产业的发展。

3. 推动两岸金融合作先行先试

大力支持发展对台离岸业务，新台币直购两岸直航船票创新举措的实施不仅践行了福建自由贸易试验区对台先行先试的战略，进一步拓展了两岸产融合作的深度，便利了台胞在闽台的往来，也有效降低了中小企业的资金压力、跨境融资成本和时间成本。两岸跨境直贷有效引导了自由贸易试验区内银行与台湾金融机构合作，为在自由贸易试验区注册的企业或项目向台湾地区银行直接借入人民币贷款，突破了以融资性保函方式引入境外资金的传统金融模式，由台湾地区银行直接为境内企业发放跨境贷款，简化了境内审批手续，提高企业业务办理效率。截至 2017 年 12 月底，两岸特色金融集聚区共有金融以及类金融企业 1717 家，较 2014 年年底新增了 1595 家，增长了 13.18 倍。类金融等新型金融产业迅速发展，正逐步形成了以基金、创投、资产、资本等为主的特色金融产业集聚区。

（六）推进平潭国际旅游岛建设，平潭开放开发新优势成效显著

1. 国际旅游岛建设有序推进

2016 年 8 月 28 日，国务院发布了《国务院关于平潭国际旅游岛建设方案的批复》，围绕国际旅游岛的功能定位，全面推进规划设计、产品体系、基础设施、产业发展、开发合作、品牌形象等关键环节的建设工作，初步探索和构建了富有平潭旅游特色的新路子、新格局。2017 年，财政部发布了《关于调整平潭和大嶝对台小额商品交易市场商品经营范围的通知》，批准平潭对台小额商品交易市场免税商品经营范围内增加部分商品种类；财政部、税务总局也下发了《关于平潭综合实验区企业所得税优惠目录增列有关旅游产业项目的通知》，规定自 2017 年 1 月 1 日起至 2020 年 12 月 31 日，在平潭综合试验区企业所得税优惠目录中增列七类有关旅游产业项目。这些措施的落地促使坛南湾旅游综合体、邓丽君文旅村以及国际南岛语族考古研究基地项目加快推进。截至目前，平潭对台小额商品交易市场共签约落户 310 个商铺，从业人员千余人，其中台胞约 300 人。平潭持续加快打造北港村文创、杨武楼咖啡村、白沙海钓村及风韵古村特色主题村旅游品牌，其中北港文创村被评为四星级旅游经营单位和福建省首批优秀创意旅

游产品。2017年平潭累计接待游客387.22万人次,旅游总收入29.04亿元,分别同比增长27.2%和46.6%,增速位居全省首位,其中,接待入境游客1.42万人次,同比增长31.8%,旅游外汇收入638.6万美元。进一步完善了自由贸易试验区依法治理体系,为平潭国际旅游岛的建设提供了保障。五部门共同研究出台了《关于司法服务保障平潭国际旅游岛建设的工作意见》及《旅游纠纷人民调解委员会工作细则》,有效地推动了非诉讼纠纷解决方式与诉讼纠纷的有序衔接。

2. 总部经济基地运作成效显著

福建自由贸易试验区平潭片区现已有神州租车、东兴证券、天福茗茶等13家总部经济企业在区内注册48家子公司,2017年总部经济企业已入库税款14.54亿元,占全区税收收入的33%,比上年同期增长16%,新增地方财政收入6.19亿元,财政优惠政策体系引领地方财政收入增长效果凸显。区内金融机构由挂牌前的26家增至42家,增幅为61.5%;类金融企业由挂牌前的92家增至1675家,增幅为1720%。逐步形成以基金、创投、资产、资本等为主的特色金融产业集聚区。

(七) 深化改革试点任务,创新举措复制推广成效显著

1. 创新举措在全国位居首位

福建自由贸易试验区充分发挥"政策优、体制活"的优势,优化创新举措的组织、报送、评估、通报、成效跟踪的整个流程,挂牌三周年来,福建自由贸易试验区共出台了11批285项创新举措,在投资制度、贸易方式、行政管理体制改革、事中事后监管、对台先行先试等领域不断改革创新,形成了一批全国领先的改革试点经验。在285项创新举措中,全国首创的创新举措有103项,复制拓展的举措有92项,复制的举措有90项,分别占创新举措总数的36.1%、32.3%、31.6%。

2. 对台创新举措独具特色

福建自由贸易试验区紧紧围绕国家战略,立足于深化两岸经济合作,积极探索两岸经济社会融合发展新路径。福建自由贸易试验区制度创新对台先行先试特色鲜明,这些创新举措把对标国际高标准和现实可行性紧密结合,使得两岸货物贸易更加自由、开放领域不断拓展、合作平台逐步搭

建、闽台往来更加便利，凸显了"深化两岸经济合作示范区"的引领示范作用，成为与台湾投资贸易最自由、最便利的地区，充分发挥了自由贸易试验区对台的"窗口"作用，有力地推动了两岸共同家园建设。

福建自由贸易试验区围绕《总体方案》认真落实重点试验任务，在推出的 285 项创新举措中，对台先行先试的有 48 项，占总数的 16.8%，其中全国首创 30 项，复制并拓展 9 项，复制 9 项，部分创新举措已在全省乃至全国复制推广，见图 11 - 1。

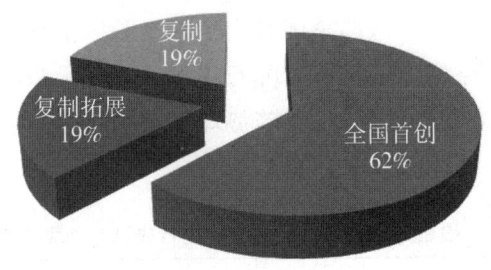

图 11 - 1　福建自由贸易试验区对台先行先试创新举措创新性情况

48 项创新举措主要涉及扩大对台服务贸易开放、推进货物贸易便利化、促进闽台往来便利化和推动两岸融合发展等方面，见表 11 - 1。

表 11 - 1　福建自由贸易试验区 5 批复制推广创新举措的分类　　　　单位：项

批　　次	第一批	第二批	第三批	第四批	第五批
投资管理体制改革	1	0	2	1	0
行政管理体制改革与事中事后监管改革	8	3	12	9	16
贸易方式转变与便利化	7	8	6	9	14
金融开放创新	1	0	0	1	3
法治化改革	0	0	0	0	4
其他（保险、创新创业创客基地、闽台往来自由等）	1	1	0	0	3
总　　计	18	12	20	20	40

3. 创新举措复制推广明显

福建自由贸易试验区推行"边试点、边总结、边评估、边推广"的工作模式,已有110项改革创新成果分五批在福建全省及福建省内部分区域有序复制推广,具体见表11-2和表11-3,这些创新成果彰显了自由贸易试验区改革红利效应,成为我国自由贸易试验区的一大亮点。福建自由贸易试验区创新成果在全国产生了很大的影响,目前已有18项创新举措在全国复制推广,如打造"一照一码"的全国范本。国际贸易"单一窗口"、投资管理体制改革"四个一"入选全国自由贸易试验区最佳实践案例。福建自由贸易试验区创新举措充分发挥了先行先试、改革示范的带头作用,有力地推动了福建省形成符合国际发展趋势和具有国际竞争力的制度环境,辐射带动效应不断显现。

表11-2 福建自由贸易试验区对台先行先试创新举措分解情况

领　　域	数量（项）	占比（％）
扩大对台服务贸易开放	8	16.7
推进货物贸易便利化	18	37.5
促进闽台往来便利化	17	35.4
全力建设两岸共同家园	5	10.4

表11-3 福建省推广自由贸易试验区可复制创新成果一览

名　　称	项目数（个）
在全省复制推广的创新成果	59
在海关特殊监管区域复制推广的创新成果	9
在福建自由贸易试验区内复制推广的创新成果	40
在厦门大嶝对台小额商品交易市场复制推广的创新成果	2

三、福建自由贸易试验区建设中存在的问题

经过三年的探索建设,福建自由贸易试验区在试验任务落实、创新举措以及运行成效等方面取得了一定成效,显示出了改革创新的活力,但通过调研可以发现,当前在实施过程仍然存在如下问题。

(一)与国际高标准投资贸易规则仍有差距

目前,福建自由贸易试验区的开放试验和制度创新与国际高标准投资贸易规则仍然存在较大差距。例如,在离岸业务、境外股权投资、知识产权的税制安排、改革创新等方面缺乏跟踪研判,部分领域的改革深度和广度不足。又如,自由贸易试验区的改革创新缺乏系统集成,缺少重大载体和平台,导致特色产业、新兴产业的聚集效应不够明显,风险压力测试明显不足。

(二)深化对台合作任务艰巨

总体方案中提出了两岸双向合作、双向互动项目,但在实际操作过程中往往得不到台湾方面的回应,导致创新任务难以落地。例如,现行自由贸易试验区发展政策中涉及对台旅游产业发展的内容较少,支持力度不大。台资旅行社经营大陆居民赴台旅游业务名额少,影响了其他台资企业在自由贸易试验区投资的积极性。台湾导游领队持福建省自由贸易试验区专用导游证执业范围仅限于自由贸易试验区,吸引力有限。台湾户籍居民报考大陆导游资格证考试难,符合条件者有限,报考人员较少。受台湾当局的政策限制,大陆车入台自驾游等对台交流合作存在一定阻力。再比如,由于思维习惯不同,平台所在地基层干部和民众对台湾较为先进的基层治理理念尚不能立即接受。对台金融合作缺乏特殊政策支持。如受限于宏观审慎管理的要求,"金改30条"中的绝大部分政策和总体方案中提出的金融创新措施,尚未完全落地。

（三）已有的产业基础制约明显

相对于上海、广东、天津而言，福建自由贸易试验区总体的体量较小，导致一些政策的溢出效应不明显。例如，金融创新缺乏服务对象，实际运营企业总体偏少，特别是大型制造企业、外贸型企业以及综合供应链企业少，难以跟踪企业诉求进行金融创新，多数金融创新政策无实施载体。另外，部分自由贸易试验区的试验任务与市场需求脱节，与现有的一些产业定位和功能要求不符合。

（四）法制法规制约有待于进一步突破

福建自由贸易试验区尚无立法权限，无法自行出台与自由贸易试验区发展实际相符合的地方性法规和地方政府规章。由于受到法律效力位阶和立法权限的限制，一些涉及部委规章、规范性文件的规定无法突破，一定程度上限制了福建自由贸易试验区的建设。部分试验任务因国家支持政策未出台或批复而导致无法推进。在行政审批制度改革中，法律法规的清理和建设总体上滞后于改革的需要，一些亟待取消或者可以改为事中事后监管的行政审批、中介服务和收费项目，因有法律法规规章规定而无法清理。例如，台湾医生可以在大陆地区开展执业活动，但在台湾的药品器械进出口方面尚未取得实质性突破，"医"与"药"政策的不同步导致在对台医疗合作推进面临政策性障碍，台资医疗机构无法在平潭顺利落地。

四、进一步深化福建自由贸易试验区改革的方向

党的十九大报告中指出要加快实施自由贸易区战略，争取自由贸易试验区更大的改革自主权，进一步提升开放度。我们将深入学习党的十九大精神，坚持以习近平新时代中国特色社会主义思想为指引，贯彻落实习近平总书记对福建自由贸易试验区建设的重要批示精神，不断提高自由贸易试验区建设质量，努力打造自由贸易试验区建设升级版。

（一）进一步完善投资管理体制

推进市场准入负面清单制度改革。以国务院印发的《自由贸易试验区外商投资准入特别管理措施（负面清单）》为依据，探索地方差异化的负面清单管理制度，结合福建产业发展实际，继续减少禁止和限制外商投资行业的数量，有针对性地采取最惠国待遇、业绩要求、高管和董事会等限制方式，形式上应与国际标准对接，包括六大核心要素：部门、子部门、行业分类、保留条款的类型、政府层级、措施。结合新出台的《企业境外投资管理办法》（国家发改委令第11号）的要求，进一步简化境外投资备案方式及流程，下放对台投资备案权限，做好境外投资的指导和服务。

（二）进一步深化行政管理体制改革

系统梳理推进福建自由贸易试验区"放管服"改革下一阶段待实施的举措清单。进一步完善从企业准入到推出全链条商事登记制度，加强"走出去"平台建设，引入和培育有实力的专业服务中介公司，加大信息化平台建设力度，利用政府、商会、企业、金融机构、中介组织等渠道，及时发布相关政策，提供市场需求、项目合作等信息资源，为区内企业"走出去"提供包括信息服务、融资方案、税收优惠等一系列服务。全面推行"互联网＋政务"服务模式，实行"一号申请、一窗受理、一网通办"，最大限度地实现网上办理、网上反馈，继续在简政放权方面取得更大突破。

（三）进一步推动贸易通关便利化

以"一线放开、二线安全高效管住、区内自由"为目标，扩大国际贸易"单一窗口"使用范围，促进海关、检验检疫、海事等部门协同创新，建立跨部门的沟通交流平台，对涉及多部门的改革事项进行联动协调，以加强部门政策之间创新机制的联动性、协同性、配套性。加强信息共享和服务平台的信息整合、服务整合、监管整合功能，整合各部门服务资源和流程，强化"一站式"对外服务和公共参与互动，推动跨部门协同联合监管和服务。建议进一步深化自由贸易试验区内外区域一体监管制度改革，完善自由贸易试验区海关监管区域的统筹监管机制、监管模式和实际操作流程，建立统一的海关监管机构，整合统一海关代码；优化自由贸易试验区内自行运输的运作机制和管理机制，尽快扩大推广，真正实现各区域间无障碍自行运输；积极探索与区外海关特殊监管区域的监管联动，切实发挥自由贸易试验区的辐射带动作用。启动港口物流公共信息平台建设，有效整合社会物流信息资源，运用"互联网+"推动贸易便利化。

（四）进一步推动金融开放创新

进一步加大与中央就金融开放措施进行协调的力度，推动试验任务尽快全面落地。针对自由贸易试验区之间试点政策不平衡、区内外政策倒挂的情况，建议实行"优先试点，自动试点"政策，对新推出的金融开放新政优先在自由贸易试验区试点，并允许各自由贸易试验区对其他自由贸易试验区已推出的政策在条件具备的情况下自动试点。此外，针对福建民营企业量多体小的实际情况，建议适当降低或取消部分金融试验任务准入门槛。福建自由贸易试验区内的金融机构应结合福建的产业发展特点，积极开拓具有区域特色的跨境金融业务，打造内外联通的金融服务链，重点开展中小企业跨境人民币综合金融服务、跨境供应链金融服务和境内外一体化贸易金融服务，鼓励金融机构实现综合化服务、专业化经营，支持打造具有福建特色的跨境综合金融服务提供商，重点支持面向"海丝"沿线地区的跨境综合金融业务，提高金融开放创新的实施成效。争取发展离岸金融，参照上海自由贸易试验区设立自由贸易账户，试行符合国际通行做法的金融、外汇和投资管理制度，在探索人民币资本项目可兑换、扩大人民币跨境使用、深化外汇管理改革方面重点突破。积极开拓两岸特色金融业务，加大企业服务和引导力度，提高资金配置效率。两岸产业金融综合服务的发展和双向投融资通道的建设，将加速两岸产业链整合，促进台资企业和金融机构在闽落地生根。

（五）进一步深化两岸融合发展

加强政策对接与沟通，推动金融机构与台湾地区银行之间开立新台币同业往来账户，办理多种形式结算业务，试行新台币区域性银行间市场交易。争取对台医疗器械（二、三类）、食品、保健品、药品、中药材审批权限下放福建自由贸易试验区，增加处方药药品和医疗器械种类。推动建设两岸健康养老示范区、两岸冷链物流中心、两岸音乐艺术中心等若干对台标志性项目。归纳总结福建自由贸易试验区优惠政策，并通过举办两岸学术交流会、两岸企业交流会、赴台宣讲等方式，向两岸企业和广大民众宣传福建自由贸易试验区的优惠政策。充分发挥福建自由贸易试验区在两岸经贸合作中的各方面优势，通过加大改革开放的先行先试力度，以成功项目和实实在在的收益吸引广大民众对深化两岸交流合作的关注度，进而增强认可度和信心。加强与中央事权部门之间的沟通，加快实施细则的制定落实；对于存在意见分歧的任务措施，加强、加深与中央事权部门的协调，在充分权衡利弊、评估风险的基础上形成政策共识，推进政策落实。

（六）进一步健全保障机制

出台更多支持自由贸易试验区发展的配套政策措施，自由贸易试验区的相关法律法规需要加快完善或者调整，有的则需要从国家层面加快立法进程，为重点实验任务和创新举措的实施提供合法性依据。加强与台湾方面在建设国际化、高素质的仲裁员队伍上的合作，通过共同举办研讨班等学术交流活动，推动两岸高校开展法律学术交流活动。依托大学智库建立涉台法规咨询平台，定期举办自由贸易试验区法治保障研讨会，提升自由贸易试验区法治保障能力。对接涉台研究机构，建立台胞联系网络和信息库，建立台湾知名人士、行业精英、企业家名录库，为联络工作发挥桥梁和纽带作用。完善服务区体系，建设台胞公寓，开通台胞热线，成立台湾人才服务中心，形成集创业就业补助、财税、住房、交通、教育、医疗等于一体的全方位、可操作的服务保障体系。

（七）探索建设自由贸易港

深化自由贸易港的研究，统筹梳理分解自由贸易港各子课题，加强与智库共同探讨自由贸易港的研究，加强与财政部、商务部、海关总署、质检总局等国家部委的沟通汇报，及时掌握国家有关自由贸易港设立的相关工作部署，提前做好谋划工作，待条件成熟及时向组织报批。研究自由贸易试验区设立自由贸易港区有关航运自由事宜，加大航运对外开放力度，积极发展现代航运服务业，以厦门东南国际航运中心为载体，大力发展航运金融、保险、海事仲裁、信息、航运交易等现代航运服务业务，延伸航运服务产业链。进一步完善港口基础设施建设，构建现代化港口航运服务体系。

参考文献：

[1] 林珊，林发彬．贸易投资便利化与全球价值链需求的对接——以福建自由贸易试验区为例［J］．亚太经济，2017（5）：130－136．

[2] 黄建忠．福建自由贸易试验区深化两岸经济合作的成效与政策创新方向［J］．国际贸易，2017（6）：19－23，28．

[3] 黄启才．福建自由贸易试验区社会事业试点创新与影响分析［J］．东南学术，2017（1）：214－223．

[4] 张蕙，王珍珍．福建自由贸易试验区建设能力提升的路径选择与学习策略——基于三大片区协同发展的演化博弈视角［J］．福建师范大学学报（哲学社会科学版），2016（6）：2－10，168．

[5] 俞姗．福建自由贸易试验区金融开放进展与问题透视［J］．福建师范大学学报（哲学社会科学版），2016（6）：11－19，168．

[6] 余兴．福建自由贸易试验区企业转型的机遇与挑战［J］．福建师范大学学报（哲学社会科学版），2016（6）：20－26，168－169．

[7] 林涛，林珊．福建自由贸易试验区贸易便利化措施及其评估［J］．亚太经济，2016（6）：57－62．

[8] 王利平．地方制度创新的困境与路径——以福建自由贸易试验区建设为例［J］．中共福建省委党校学报，2016（10）：67－72．

[9] 王建文，蔡勇志，陈新．福建自由贸易试验区跨境电子商务发展对策研究［J］．中共福建省委党校学报，2015（12）：44－50．

[10] 伍长南．福建自由贸易试验区产业发展研究［J］．东南学术，2015（5）：104－110．

[11] 黄梅波，陈冰林．福建自由贸易试验区成立下两岸金融合作的探讨和展望［J］．东南学术，2015（5）：111－118．

[12] 张蕙，黄茂兴．福建自由贸易试验区与21世纪海上丝绸之路核心区

的融合发展分析[J]. 福建师范大学学报(哲学社会科学版), 2015 (4): 1-7, 14, 170.

[13] 陈仁芳. 福建自由贸易试验区社会治理创新及风险防控研究[J]. 福建论坛(人文社会科学版), 2017 (11): 114-120.

[14] 王明惠. 福建自由贸易试验区视域下闽台高校联合培养金融人才研究[J]. 教育评论, 2017 (10): 40-43.

[15] 陈东, 陈夏诗筠, 邵李津. 福建自由贸易试验区协同发展机制研究——基于集成论的视阈[J]. 林业经济, 2017, 39 (8): 93-96.

[16] 邵李津. 基于集成力模型的福建自由贸易试验区协同发展对策研究[J]. 林业经济, 2017, 39 (4): 16-21.

[17] 伊馨. 福建自由贸易试验区贸易便利化的制度创新[J]. 开放导报, 2017 (2): 110-112.

[18] 钟惠芸, 郭其友. 福建自由贸易试验区与台湾自经区现代服务业对接研究[J]. 福建论坛(人文社会科学版), 2017 (3): 167-171.

[19] 冯碧梅. "一带一路"视角下福建自由贸易试验区供给侧改革的契机与对策[J]. 经济研究参考, 2017 (8): 41-47.

[20] 阳建勋. 论自由贸易试验区金融创新与金融监管的互动及其法治保障——以福建自由贸易试验区为例[J]. 经济体制改革, 2017 (1): 50-56.

[21] 彭向升, 祝健. 新区域主义视角下福建自由贸易试验区深化两岸金融合作研究[J]. 福建论坛(人文社会科学版), 2016 (12): 182-187.

[22] 肖长培. 福建自由贸易试验区旅游的特色、瓶颈与路径创新[J]. 福建论坛(人文社会科学版), 2016 (11): 187-190.

[23] 杨楷, 胡滨. 福建自由贸易试验区与两岸经济合作的路径探索[J]. 中国社会科学院研究生院学报, 2016 (5): 41-47.

[24] 郑秋锦, 孔德议, 许安心. 福建自由贸易试验区人才培养研究[J]. 福建论坛(人文社会科学版), 2016 (2): 187-192.

[25] 彭海阳, 詹圣泽, 郭英远. 基于厦门前沿的福建自由贸易试验区对台合作新探索[J]. 中国软科学, 2015 (8): 72-88.

[26] 林晓伟, 李非. 福建自由贸易试验区建设现状及战略思考[J]. 国际

贸易，2015（1）：11-14，35.

［27］黄茂兴，等. 中国（福建）自由贸易试验区发展报告（2015—2016）［M］. 北京：社会科学文献出版社，2016.

［28］黄茂兴，等. 中国（福建）自由贸易试验区发展报告（2016—2017）［M］. 北京：社会科学文献出版社，2017.

［29］黄茂兴，等. 中国（福建）自由贸易试验区发展报告（2017—2018）［M］. 北京：社会科学文献出版社，2018.

［30］福建自由贸易试验区挂牌三年吸金效应强劲 新增企业近7万［EB/OL］. 中国新闻网，2018-04-12.

［31］福建海事局. 主动融入地方 靠前服务航运转型升级［EB/OL］. 东方头条，2015-12-05.

［32］苏洪民，李永东. 福建审单放行通关新模式效果凸显［N］. 国际商报，2018-03-02.

［33］福建自由贸易试验区福州片区管委会. 中国（福建）自由贸易试验区福州片区建设三周年总结报告［R］. 2018-03-06.

［34］福建省制定新措施 促进闽台文化产业合作发展［N］. 经济日报-中国经济网［N］. 2018-01-17.

［35］李序拓. 福建平潭力争2018年接待游客480万人次，旅游总收入超40亿元以上［N］. 平潭时报，2018-03-06.

· 区域编 ·

第十二章 中国（辽宁）自由贸易试验区建设成效与改革路向

靳继东[*]

一、辽宁自由贸易试验区的改革任务

2017年3月15日，国务院正式印发《中国（辽宁）自由贸易试验区总体方案》（以下简称《总体方案》）等7个新增自由贸易试验区总体方案，为我国自由贸易试验区战略增添了新的内涵和维度，标志着我国自由贸易试验区建设形成横贯东西南北、联动各大区域的"1+3+7"新型格局，以扩大开放所引领的中国自由贸易试验区改革从上海"一枝独秀"、粤闽津"齐头并进"发展为"多点绽放"的梯度布局、协同推进的制度创新集成体系。辽宁是东北地区唯一设立自由贸易试验区的省份，承担着国家赋予的东北振兴和自身改革发展的双重任务。《总体方案》指出，辽宁自由贸易试验区要"加快市场取向体制机制改革、推动结构调整的要求，着力打造提升东北老工业基地发展整体竞争力和对外开放水平的新引擎"。这既是对辽宁自由贸易试验区的战略定位，也是对辽宁乃至东北地区体制机制、产业结构、经济结构问题的准确把脉，以及倒逼体制机制改革和推动结构调整的要旨所在。

自由贸易试验区建设作为国家战略，是我国为适应经济全球化和全球经济重构的新趋势所采取的以开放促改革的重大举措。自由贸易试验区建设的核心不是索取特殊优惠政策，而在于推行政府改革和制度创新。李克

---

[*] 靳继东，男，东北财经大学辽宁（大连）自贸区研究院院长，主要研究方向为公共政策、预算过程、政府规制。

强总理曾强调:"自由贸易试验区不是政策洼地,而是改革高地。"称之为"试验区",就意味着对改革的探索。在《总体方案》中,指导思想明确了"……进一步解放思想、先行先试,……为全面深化改革和扩大开放探索新途径、积累新经验,发挥示范带动、服务全国的积极作用",发展目标提到"努力建成高端产业集聚、投资贸易便利、金融服务完善、监管高效便捷、法治环境规范的高水平高标准自由贸易园区"。从制度创新的角度看,辽宁自由贸易试验区与其他自由贸易试验区在本质上是相同的,都需要承担起为全面深化改革和扩大开放进行改革试验的历史使命,归根结底还是顶层设计层面的制度创新。

《总体方案》赋予了辽宁自由贸易试验区两项专项改革任务:通过体制机制改革为东北老工业基地提供可复制推广的经验,成为经济发展新引擎;通过进一步扩大开放促进与东北亚全方位经济合作,成为对外开放新高地。从细分任务看,切实转变政府职能、深化投资领域改革、推进贸易转型升级和深化金融领域开放创新是国家给予11个自由贸易试验区普遍性的任务;加快老工业基地结构调整和加强东北亚区域开放合作则是国家根据辽宁乃至东北的特定禀赋和发展问题寄予的责任和使命。

近年来,辽宁经济增长乏力,2016年成全国唯一负增长省份,市场化水平不仅低于东部省市,而且低于很多中西部省区。这不仅反映了辽宁市场活力和增长动力的缺失,现实困难突出,也反映了辽宁各个领域的体制机制问题和矛盾更加突出。因而,辽宁自由贸易试验区对于规定动作的改革要更加深刻到位,高标准完成政府职能、投资、贸易和金融等领域的改革任务,以破解辽宁深层次的体制机制矛盾。

《中共中央国务院关于全面振兴东北地区等老工业基地的若干意见》(以下简称《若干意见》)指出东北当前面临的主要问题和挑战,市场化程度不高,国有企业活力仍然不足,民营经济发展不充分以及产业结构和产品结构不适应市场变化等,这些矛盾和问题归根结底是体制机制问题,是产业结构、经济结构问题。面对辽宁现存问题,《总体方案》又结合辽宁基础条件和区位优势,给予辽宁特有的任务作为自选动作。结构调整既是国家的任务,又是辽宁乃至东北的诉求,《总体方案》与《若干意见》一脉相承,指出了结构调整的方向,通过深化国资国企改革、产业升级调整等措施,为东北老工业基地振兴发展探索路径。

辽宁拥有得天独厚的战略位置和发达的陆海空交通体系,是东北地区唯一既沿海又沿边的省份,同时还是拥有陆路交通枢纽的省份,又恰好处于东北亚、中蒙俄等经济走廊重要节点上,特殊的地理位置将老工业基地与东北亚和欧洲经济圈紧密联系在一起。因此,"加强东北亚区域开放合作"就自然成为辽宁自由贸易试验区的任务。辽宁应以自由贸易试验区建设为契机,加快融入"一带一路"建设,以中俄蒙经济走廊建设、日韩朝经济合作为抓手,构建东北对外开放的大通道、大平台、大格局。

3个片区的功能各有侧重,大连片区重点发展港航物流、金融商贸、先进装备制造、高新技术、循环经济、航运服务等产业,推动东北亚国际航运中心、国际物流中心建设,形成面向东北亚开放合作的战略高地。沈阳片区重点发展装备制造、汽车及零部件、航空装备等先进制造业和金融、科技、物流等现代服务业,建设国家新型工业化示范城市、东北地区科技创新中心和具有国际竞争力的先进装备制造业基地。营口片区重点发展商贸物流、跨境电商、金融等现代服务业和新一代信息技术、高端装备制造等战略性新兴产业,带动区域性物流中心和高端装备制造、高新技术产业基地发展,构建国际海铁联运大通道的重要枢纽。

二、辽宁自由贸易试验区建设进展

挂牌建设一年以来,辽宁自由贸易试验区以体制机制改革和制度创新为核心,以突出辽宁特色为重点,扎实推进自由贸易试验区建设各项工作,实现了良好开局。共新增注册企业近2.5万家,注册资本3626.1亿元。首批上报商务部29个改革创新案例,向全省推广的有25个创新案例。

根据《总体方案》的任务,辽宁自由贸易试验区在深化"放管服"改革、深入试点负面清单管理模式、加快推进贸易便利化措施、推进金融领域开放创新、积极服务国家战略、健全法治保障等方面均取得了阶段性成果。

沈阳片区基本完成顶层设计和制度安排,具有"四梁八柱"性质的改革框架基本构建,政策支撑体系逐步健全,载体功能不断完善,制度创新成果初步形成，企业集聚效应持续显现，新注册企业突破1.5万户，占全省自由贸易试验区新增企业的60%以上，注册资本超过1500亿元人民币。一年来，沈阳片区出台两批共200条政策清单，全面复制推广上海等自由贸易试验区改革经验，推出首批12项创新案例。深入推进"放管服"改革，率先实现26证合一、网上企业注册登记，率先启动"证照分离"改革和"集报集缴"通关改革。

大连片区共新增注册企业6920家，注册资本930亿元人民币。其中，外资企业104家，注册资本6.43亿美元。大连自由贸易试验区共复制推广166项前两批自由贸易试验区的改革创新经验，完成97项总体方案确定任务，占任务总量的82%，出台了225项支持自由贸易试验区发展的政策措施，形成了134项制度创新成果，向商务部上报20项创新成果，其中"保税混矿"成为商务部最佳实践案例，15项创新在全省复制推广。

营口片区按照国务院、商务部要求，复制推广上海等地先进经验109项，经毕马威公司评估认定，已落地事项102项，占比93.6%。辽宁自由贸易试验区建设总体方案123项工作任务，已落地96项，占比78%；形成创新典型案例30项，其中5项属全国首创，6项案例将在全省复制推广。营口片区新增注册企业3189户，注册资本金合计1211.63亿元人民币。

三、辽宁自由贸易试验区制度创新成效

（一）积极复制落实上海等自由贸易试验区先进经验

辽宁自由贸易试验区建设之初，就明确提出要在自由贸易试验区建设开局之年，以复制落实上海等自由贸易试验区经验为重点，初步建立以负面清单管理为核心的外商投资管理制度、以贸易便利化为重点的贸易监管制度、以资本项目可兑换和金融服务业开放为目标的金融创新制度，为国有企业改组改制提供创新试验平台，打造领军东北地区的法治化、国际化、便利化营商环境。经与毕马威、普华永道、商务部研究院等第三方评估机构交流了解到，辽宁自由贸易试验区经过一年的发展建设，实际运营企业获得感有所增强，投资贸易便利化、金融创新、事中事后监管等各项指标

事项均为优良以上，辽宁自由贸易试验区的营商环境在东北地区处于领先地位。

（二）深化"放管服"改革，探索建立现代化服务型政府管理模式

1. 积极推进向自由贸易试验区赋权工作

按照"需求导向，依法合规"的原则，积极推进向自由贸易试验区赋权工作。一是坚持依法赋权，凡是法律法规未禁止、国家部委规章未限制的行政职权事项，优先赋予自由贸易试验区实施。二是坚持按需赋权，由沈阳、大连、营口3个片区管委会依据发展实际先行提出需求清单，省级有关部门对照清单提出赋权意见，基本满足自由贸易试验区建设发展需要。三是坚持应赋尽赋，省级各部门坚持把放权作为支持自由贸易试验区建设最为重要的举措，围绕辽宁自由贸易试验区的战略定位和创新发展，做到"能赋则赋、最大限度赋权"；坚持有序赋权，充分考虑现阶段自由贸易试验区发展急需，采取分期分批赋权的方式，对片区有需要、能够有效承担、没有法律障碍的省级行政职权先行赋予。辽宁省政府出台《关于赋予中国（辽宁）自由贸易试验区各片区管委会第一批省级行政职权的决定》，赋予辽宁自由贸易试验区各片区管委会第一批省级行政职权133项。进一步增强辽宁自由贸易试验区对经济社会管理的统筹协调、自主决策和公共服务能力，提高自由贸易试验区经济建设和社会管理水平。在公布的行政职权目录中，按职权类别统计，行政许可83项，行政确认4项，其他行政权力46项；按赋权方式统计，下放90项，委托下放36项，转变管理方式由自由贸易试验区直接向省直有关部门申报7项；按赋权对象统计，沈阳片区123项，大连片区131项，营口片区133项。

2. 加强对重点区域"放管服"改革指导

辽宁省政府出台《关于在中国（辽宁）自由贸易试验区和沈抚新区先行先试深化简政放权放管结合优化服务改革的指导意见》，省、市政府充分赋予自由贸易试验区经济社会管理权限，对暂不具备承接条件的开辟绿色通道。进一步清理规范行政审批事项和涉及行政审批的中介服务，能取消的一律取消。将申请"辽宁"行政区划的企业名称预先核准管理权限予以

自由贸易试验区管理机构,通过推行"多证合一、一照一码"登记制度改革、探索推进"证照分离"改革和全程电子化、电子营业执照试点,以及在线刻制公章和在线申领发票等,力争1个工作日内可以完成企业注册。出台《关于印发中国(辽宁)自由贸易试验区"证照分离"改革试点方案的通知》,通过在辽宁自由贸易试验区开展"证照分离"改革试点,进一步清理和取消一批行政许可事项,推动一批行政许可事项由审批改为备案,推动一批行政许可事项实行告知承诺制,加强事中事后监管,推进信息互通共享,进一步破解"办照容易办证难""准入不准营"等突出问题,提高办理行政许可事项的透明度和可预期性。

3. 不断提高政府服务效能

3个片区都建立了权责清单制度、行政审批管理目录制度,成立了综合服务大厅,推行"一口受理"。沈阳片区优化服务流程,实行"一口受理""一窗通办",开通网上企业注册登记和重大投资项目审批绿色通道,实现"26证合一",国地税业务"一窗通办"。建立综合服务"单一窗口",可为到沈阳进行商务活动的外籍人员、归国创业人才、外籍专家、外籍工作人员及其家属子女就签证、工作、生活、教育、就医等问题,提供咨询管理"一站式"便捷服务。大连片区推动实施"多规合一""多图联审"等改革,推进"区域评估评审""行政审批告知承诺制"等改革,制定《关于进一步做好市政府取消下放行政职权事项承接落实工作的实施意见》等一批立足长远的改革保障措施。并优化行政审批服务,建成并投入使用自由贸易试验区综合服务大厅,首创企业注册微信核名制度,实现企业注册最多跑一次。实施便利的办税措施,推进国地税办税一窗化、办税业务自助化、税款缴纳多元化、出口退税无纸化、税银征信互动化等办税举措,研发全国首个智能出口退税综合服务平台,退税进度提速47%。出台服务人才措施,自由贸易试验区各单位的外国人工作许可在自由贸易试验区内即可办理。对长期在自由贸易试验区工作经认定的外国高端人才,实行"绿色通道"和"容缺受理"服务。缩短9类外籍人士居停留证件申请办理时限,开通外国人驾驶证换证业务。营口片区在全国首创"46证合一",将原来企业需要跑23个部门,填写4套共86页材料、65天才能办完的手续,转变成现在只需要填写一套共27页的材料,2天即可拿到带有动态二维码的营业执照的创新模式。优化建设项目审批,实施流程再造3.0版。一般建设项目审批流程的全链条总时限控制在15天,比之前节省时间3个月。首推实施"16+X"集成化监管执法模式,由一个部门集中行使原来16个部门行使的446大项,共1469小项的行政职权,减少检查、评比、验收,为执法体制改革开辟了新路径。

(三)推进投资便利化措施实施,建立与国际通行规则相衔接的投资管理制度

1. 建立了投资准入放宽与外资管理模式

在自由贸易试验区实行《自由贸易试验区外商投资准入特别管理措施(负面清单)(2017年版)》,对外商投资企业实施准入前国民待遇加负面清单管理,外商投资项目和外商投资企业设立及变更实行备案制管理;境外投资实行以备案制为主的管理方式,对境外投资一般项目实行备案制。加强对区内企业投资项目监管,配合国家商务部、发展改革委开展外商投资国家投资安全审查和经营者集中反垄断审查。

2. 探索建立投资便利化体制机制

率先试行企业投资承诺制,并在此基础上,探索外商投资承诺制改革。深化商事制度改革,实现审批标准化。推行"政银合作""26证合一""一照一码"等便利措施。实施"互联网+政务服务",上线"网上办事大厅",打造24小时电子政府。实行企业登记简易注销,企业注销审批时间压缩2/3,材料数量减少2/3。

3. 初步建立事中事后监管体系

推进"双随机,一公开"监管的全覆盖,抽查企业和抽查人员做到了100%随机,检查结果录入辽宁企业信用信息公示系统,全面向社会公开。实行涉企信息归集和联合惩戒,严格经营异常名录管理,积极构建"一处违法,处处受限"的信用监管格局。依托食品生产加工领域,试行政府采购第三方专业机构监管服务。

（四）加快推进贸易便利化措施，探索形成与国际通行规则接轨的贸易监管制度体系

1. 加快国际贸易"单一窗口"建设

上线国际贸易"单一窗口"2.0版，开通国际贸易"单一窗口"自贸专区板块，包括货物申报、运输工具申报、资质许可、综合查询等九大领域的相关业务信息化服务功能，实现与海关、检验检疫、海事等口岸部门的"无缝对接"，基本覆盖了口岸通关流程中的各个业务节点。2017年年底，通过国际贸易"单一窗口"实现报关率达40%、报检率达100%、船舶申报率达100%、舱单申报率达89%，综合申报率在全国沿海省市中排名第二。

2. 积极建立贸易监管制度体系

大连海关、沈阳海关、辽宁检验检疫局、大连海事局等监管部门纷纷出台支持自由贸易试验区建设创新举措。积极推进"三互"大通关建设，协同推进"单一窗口"建设，实现信息互换；构建通关一体化管理格局，实现监管互认；建立健全口岸联合防控机制，实现执法互助；提高监管资源使用效能，实现资源共享；提高大连空港口岸对外开放水平；加强统计监测预警和进出口商品质量分析，为地方政府提供信息服务等。强化跨部门合作、跨地区协作、国际合作，东北地区全方位、立体化、网络化的互联互通格局正在逐步形成。大连片区口岸监管部门推行"双随机+风险预警+失信惩戒"的"三位一体"的监管模式，处理好快速通关与风险防范二者的关系，引入企业社会信用管理机制，提升口岸监管力度。

3. 多措并举促进贸易便利化

沈阳海关、大连海关两关货物通关效率均居全国海关前列。沈阳片区依托海关特殊监管区域（场所）系统功能和政策优势，将"批次进出、集中申报"与汇总纳税政策叠加运用，开展"集报集缴"改革试点工作，实现了两类政策的优化组合，对内陆属地型特殊监管区域（场所）通关便利化改革进行了积极探索，使通关时间压缩70%以上；并以装备制造业发展需求为导向，改革现有检验检疫通关模式、监管模式、服务模式和业务流程，从生产准备、创新研发、加工生产、国际认证、运输物流、跨境贸易、

维修服务 7 个关键环节整体优化创新，打造检验检疫支持装备制造业全流程管理服务模式，形成全国首创性、系统集成性创新经验。

大连片区建立"海关归类智能导航"数据库，已完成 112 万条进出口商品数据的清洗整理，将覆盖大连地区 95% 以上进出口商品目标。建设"多式联运海关监管中心"，促进中欧班列增量提速。推动特殊监管区域制度创新，实现简化申请人备案手续、原产地签证"一体化"和便捷签证服务。深入推进"内部三互"大通关，通关流程进一步简化。在部门协作方面，口岸部门之间实现信息互换、监管互认、执法互助，使管理资源和通关流程能够有更高层次的优化整合。在作业流程方面，放宽对出口货物提前申报的限制，推进"提前申报、货到验放"；对具备条件的监管场所，取消报关单纸质放行签章模式，改为电子化自动放行；推广预裁定（价格、归类、原产地），减少通关过程中的争议；全面实行贸易许可证件通关作业无纸化和原产地证无纸化；80% 的检验项目实现网络报关报检即审即放的"秒通关"，通关成本平均降低 10%，国际贸易线下办理手续时间缩减 1/3。建立海关"企业协调员"制度，构建新型关企合作伙伴关系。引入专业中介机构辅助开展海关稽核查工作。推行船舶检疫申报无纸化，按照"风险评估，分类管理"的原则对出入境（港）船舶实施卫生检疫及监督管理，对进境动植物检疫审批实施负面清单制度。结合企业特点和需求，叠加利用"分送集报""保税货物区域结转""自行运输"等创新监管制度，使英特尔公司货物流转速度提升 20%，每年节省 2 万小时通关时间，减少申报近万次，创造了英特尔世界工厂投产新项目最快的纪录。

营口片区实现原产地证签证检企"零见面"，检验检疫部门创新"1＋2＋3"改革："1"是指产地证签证全省实现一体化；"2"是指产地证备案和产地证签证无纸化；"3"是指产地证签证推行代理签、快递签、预留签等多种便捷签证方式。打破传统签证模式，以提高原产地证签证效率为原则，促进签证便利化为目的，通过上述签证方式改革，实现"无纸申请、网上审核、预留单据、快递传送"，使企业人员无须再到前台排队，减少了企业往返次数，提高了签证效率，开启了企业足不出户、检企"零见面"模式。

（五）推进金融领域开放创新，探索实体经济金融支撑服务体系

1. 推动金融领域开放创新

鼓励3个片区自主开展区域特色开放创新，支持沈阳建设"金融岛"、大连建设小窑湾金融城、营口申报国家级物流金融综合改革试验区。中国工商银行、中国建设银行、中国银行、浦发银行、招商银行、兴业银行等金融机构，借鉴上海自由贸易试验区金融改革经验，推出新的跨境金融系列产品和解决方案，为辖区企业拓展了融资渠道，提供了低成本境外资金，为"走出去"企业提供了更加多元的金融服务。

人民银行沈阳分行和省外汇管理局先后出台支持自由贸易试验区的36条金融举措和16条外汇举措等。沈阳片区规划涵盖"一小镇、两中心、三基地"的金融岛，吸引新兴金融业态，新注册金融类企业达253家，注册资本249.4亿元，其中融资租赁企业138家，注册资本183.27亿元；举办"金融岛"投融资研讨会暨项目对接会，50家银行机构、90多家基金机构及100多家先进制造业企业参加，达成融资意向2.3亿元。

大连片区完善自由贸易试验区金融服务体系，制定《中国（辽宁）自由贸易试验区大连片区金融创新工作方案》，确定"一个示范区、两个中心、三个平台、四大板块、五大方向"的目标，重点打造"小窑湾金融城"。人民银行大连市中心支行出台开展本外币跨境融资、拓展专用账户的服务贸易跨境收付和融资功能、支持银行为自由贸易试验区内企业的大宗商品衍生品交易提供结售汇业务等16条金融创新政策。构建金融支持政策体系，公布实施两批16项人民银行支持自由贸易试验区建设的措施，制定了六个方面44项金融创新计划；系统梳理和优化了银行业金融机构市场准入流程，取消部分审批事项；取消自由贸易试验区内保险支公司高管任职资格事前审批，支持保险机构和保险资金服务于自由贸易试验区建设；推出跨境电子商务贸易融资便利化10项措施。围绕服务实体经济积极探索金融创新。全国首创"自贸金融在线服务平台"，实现新设企业即时开立账户，即时纳入征信管理系统，即时办理外汇企业名录登记，即时实现融资对接，将原来至少7日完成的业务实现当日办结、立等可取。围绕大宗商品

国际交易，与大连商品交易所签订战略合作协议，开展大商所铁矿石期货国际化、黄大豆2号交割、金融技术服务及航运期货上市等项金融创新工作。

营口片区创新账户核准业务机制，制定出台《营口自由贸易试验区"一窗受理"银行结算账户核准业务创新试行办法》，依托自由贸易试验区行政审批服务平台，将企业基本账户开户申请纳入自由贸易试验区"多证合一"窗口受理，与工商营业执照"一站式"办理。自由贸易试验区内企业开户流程由原来至少到开户银行两次减少到只需一次办结面签即可获账户核准，人民银行开户核准由原来的两个工作日缩短为面签通过即时核准，真正实现"让数据多跑路、企业少跑路"。

2. 建立辽宁自由贸易试验区跨境资金流动风险联合监管工作机制

建立自由贸易试验区银行业监测报表制度，监测银行业务发展情况和风险管理状况，为前瞻预判可能存在的区域性、系统性风险隐患提供依据，切实防范异常资金跨境流动风险。

（六）健全法治保障，探索建立公平、透明、规范的法治环境

研究起草《中国（辽宁）自由贸易试验区条例》，现已纳入2018年全国人大常委会立法计划。《中国（辽宁）自由贸易试验区仲裁规则》2017年10月1日正式实施，并构建与司法、仲裁、调解相辅相成的多元化国际法律体系。沈阳片区国际仲裁院（国际调解中心）获批，正在建立公共法律服务平台。大连片区颁布实施《大连自由贸易试验区管理办法》，出台《大连市中级人民法院关于为中国（辽宁）自由贸易试验区大连片区建设提供司法服务保障的实施意见》《大连市人民检察院服务保障中国（辽宁）自由贸易试验区大连片区建设的意见》，成立自由贸易试验区法院审判庭、自由贸易试验区司法研究中心。筹建大连自由贸易试验区检察院、大连自由贸易试验区知识产权仲裁院，制定《大连自由贸易区建设律师法律服务工作方案》，制定下发"支持企业积极应对国际贸易摩擦"工作办法。营口市法院组建了自由贸易试验区案件合议庭。

四、辽宁自由贸易试验区发展特色与亮点

(一) 辽宁自由贸易试验区发展特色

1. 深入服务"一带一路"

以自由贸易试验区为重要平台,推进建设辽宁"一带一路"综合试验区、中国—中东欧"16+1"经贸合作示范区。2017 年,中欧班列开行 1123 列,占全国 1/3,实现货运量 9.1 万标箱。沈阳开通"沈阳—德国杜伊斯堡"双向中欧班列。大连加快推进国际物流大通道建设,开通国内首条直达斯洛伐克的中欧班列,"俄罗斯新西伯利亚—大连"回程班列常态化运行,全市过境班列完成 2.3 万标箱,同比增长 121%。全年海铁联运完成41.2 万标箱,位居全国之首。大连港与招商局集团积极合作"走出去",在非洲吉布提港投资建设自由贸易园区和物流园区。筹建和在建的海外仓有 30 多个,探索集加工、物流、贸易、电商等功能于一体的跨境合作新模式。营口坚持自由贸易试验区与营口港"双引擎"联动发展,加快推进以营口港为起点,经满洲里出境,直达俄罗斯等欧洲国家的"辽(营)满欧"大陆桥发展,进一步拓展开放空间,目前已开通运营 12 条"中欧班列",成为全国沿海开通中欧班列最密集的港口,满洲里出境货物 60% 以上来自营口港。已打通"辽蒙欧"通道,将建立"辽蒙新"大通道。

2. 借力自由贸易试验区建设推进国有企业提质增效

沈阳片区以东北制药集团作为国企改革试点单位,积极推动东北制药构建两级市场化运行体系,针对机构设置、权责管理、流程设计、干部考核、工作纪律等进行了一系列的制度改革,并推出"数字化流程再造倒逼国有企业体制机制转型""市场化债转股推动国有企业改革"等创新举措。大连片区首开国内港口股权整合先例,完成大连港集装箱码头整合,推进港航功能提升和转型发展。大连港先后与中远海运集团、日本邮船、新加坡国家商务集团合作,成立三家专业化集装箱码头公司,打造出现代化、国际化的集装箱枢纽港,建成国际一流的集装箱码头,作业效率及服务质量得到世界主要航运企业的高度认可,为大连东北亚国际航运中心建设发挥了重要作用。

3. 扩大面向东北亚的开放

大连东北亚国际航运中心建设、营口港海铁联运和沈阳跨境铁路通道建设、沈阳港建设、多式联运体系不断完善。面向东北亚地区组织自由贸易试验区专题招商引资活动。目前,已有80多家东北亚地区外资企业入驻自由贸易试验区,合同外资额2.6亿美元。

(二)辽宁自由贸易试验区发展亮点

1. 融合信息化电子化智能化先进技术手段

辽宁自由贸易试验区大连片区多数创新案例与信息化、电子化、智能化等技术手段相融合,先进技术成为创新案例的载体。如,出口退税综合服务平台、自贸金融在线服务平台是转变政府职能、金融开放制度创新过程中研发的技术服务平台,将出口退税、自贸金融的诸多功能集于信息服务平台,在缩短退税、开户时间和提升贸易便利化水平方面发挥了重要作用。又如,企业远程自助放行模式就是将贸易便利化理念与信息化技术相结合而研发的智能化放行系统,企业通过网络在自助设备终端自助申请签发"无纸化通关"指令,实现企业足不出户办理通关放行手续,24小时全天候通关,以信息化技术提升通关便利化水平,使其成为构建高水平对外开放平台的有效载体。再如,"无人机+检验检疫"工作新模式是大连出入境检验检疫局以提升通关效率、促进贸易便利化为目标,为克服人工检验检疫不精确、个别监测点无法到达的缺陷,大胆尝试将无人机应用于水尺计重和杂草疫情普查工作中,实现检验手段现代化、检验过程可追溯、检验结果客观化的创新举措。

2. 立足东北地区优势资源和特色产业

辽宁自由贸易试验区在制度创新过程中以东北地区优势资源和特色产业为基础,或通过制度创新提升贸易便利化水平从而促进产业发展,或通过制度创新将引入的新资源与原有特色产业相结合,激发创新活力,提高产业竞争力。沈阳片区利用自身在装备制造领域的产业优势,依托自由贸易试验区平台,围绕构建装备再制造综合服务体系进行了一系列的探索,提出了多项制度创新成果,为老工业基地整体竞争力提升开辟了新路径。沈阳片区利用"海外设备回购+入境维修再制造+再销售业务"全新的商业模式，打通支持入境维修再制造产业的政策链条，构建与装备制造业，特别是与大型装备制造业产品入境维修再制造要求相适应的综合服务体系。大连出入境检验检疫局的粮食全流程监管制度创新，就是在北良港创建全国粮食示范港过程中创新检验检疫工作模式，在极大地提升进口粮食贸易便利化的同时，提高粮食港口竞争力，促进下游粮食加工产业提升盈利能力，推动具有东北特色的粮食产业形成集聚态势。大连出入境检验检疫局和大连海关的"保税混矿"制度创新，也是将东北地区的优势资源铁矿石及由此发展起来的钢铁产业与巴西的优质铁矿石相结合，极大地促进东北地区钢铁产业的发展，增加了大连港矿石码头的吞吐量，带动了地方经济发展。

3. 注重和推进执法的横向纵向联动

辽宁自由贸易试验区的制度创新注重监管部门间的横向信息互通、执法联动，以及系统内部纵向联通和互动。"三互大通关"制度创新，不仅实现检验检疫、海关、海事、边检等部门的信息互换、监管互认、执法互助，还实现了辽宁、吉林、黑龙江、内蒙古四省区六城市的检验检疫、海关的深度联通和纵向合作，制度创新向更大空间范围扩展，将贸易便利化水平提升到新高度。大窑湾出入境检验检疫局行政执法全过程记录制度创新，同样构建了内外执法联动体系。在执法体系内部，实现执法突发应急事件分支局、直属局、质检总局远程联动指挥；在执法体系外部，构建大连检验检疫与海关、港口等职能部门联动平台，加强关检"三互"和"单一窗口"建设，实现联动执法。

五、辽宁自由贸易试验区发展面临的问题与挑战

（一）制度创新还需进一步加大力度

目前，3个片区和省中直各部门都开展了很多创新工作，形成了一些创新经验，但还缺乏系统总结、高度提炼，没有形成完整的创新经验体系。3个片区和一些省直部门的创新工作参差不齐，一些部门还没有把自由贸易试验区的工作摆到应有的重要位置，还没有做到主动作为。特别是结合东

北老工业基地创新上还需要新的突破。国家《总体方案》确定的国资国企改革、东北老工业基地振兴等重点任务，还没有取得突破性进展。尤其是沈阳、大连在推进国企混合所有制改革、先进装备制造业基地建设、产业升级上，仍需加大力度。创新更多集中于贸易便利化方面，切实转变政府职能、金融开放创新方面的创新案例较少，取得的实质性进展不大。

（二）制度创新中的"天花板"效应无法突破

通过制度创新形成可复制可推广的改革经验是自由贸易试验区的根本任务。但是，辽宁自由贸易试验区在"大胆试、大胆闯、自主改"的过程中遇到上位法的"天花板"效应，一些制度创新与现有法律、法规相抵触，无法有效突破，在风险可控的前提下致使一些能够显著提升通关效率的创新措施无法在现有法律框架下推进。自由贸易试验区运用新技术、提高行政效能促进贸易便利化、降低通关成本的创新案例占多数即是例证。因新技术手段的运用、行政效能的提高大多不涉及对上位法的突破，制度创新阻碍较小。对于制度创新中遇到的法律法规障碍，目前尚无有效破解途径。

（三）制度创新中政府和监管部门间的联动不够

辽宁自由贸易试验区各监管部门的创新意识较强，能够根据自身业务并充分利用高新技术手段进行自主创新，各监管部门之间，特别是口岸各部门已经尝试进行跨部门合作，有效提高了监管的协同性。相比之下，涉及自由贸易试验区工作职责的政府部门与监管部门的横向联动较少，未能在制度创新中很好地发挥引导作用。片区间、区市间、港区间等协同发展机制还有待完善，区内外改革创新经验相互融合、相互促进的机制还没有建立起来。3个片区都成立了管理机构，但在机构和职能上还要进一步整合，部门之间互联互通、信息整合共享还不够，工作合力有待提高。监管部门在制度创新中遇到阻碍时，没有有效的沟通机制和解决途径。

（四）企业对自由贸易试验区的认识需要进一步提升

投资主体对自由贸易试验区的认识仍存在误区，寄希望于有更多的土地、税收、资金补贴等优惠政策。企业对自贸需求不够旺盛。自挂牌以来，辽宁自由贸易试验区积极复制推广现有自由贸易试验区可复制可推广的金融创新政策，以激发区内存量及新增企业的经营活力。但从自贸业务运行情况看，区内企业运用自由贸易试验区独享的金融创新政策开展贸易及投融资活动的较少，出现了金融创新政策"水土不服"的情形。从辽宁总体方案的123项任务来看，涉及人民银行并已落地的22项任务中有包括支持区内企业境外母公司在境内发行熊猫债、区内融资租赁企业收取外币租金、放宽跨国公司外汇资金集中运营管理等8项任务，均出台了相应的支持政策，但无相应市场主体的需求。

（五）政府职能的转变力度仍有待进一步加强

"单一窗口"的功能较少，只有最简单的四个功能，只是口岸几个部门参与，由于上线运行比较缓慢，企业对此还不是很认同。"数据多跑路，企业少跑腿"的目标还没有完全实现，行政审批改革和商事制度改革还有待进一步精准化、精细化。行政审批、商事登记集中于行政服务大厅，只是初步实现了企业设立"一门受理"，但职能部门之间信息阻隔，互不连通，至今未实现串联式审批向并联式审批的转变，企业仍然需要在各个窗口间递送材料，审批时限仍存在较大压缩空间；基础性欠账较多，配套性制约突出。例如，事中事后监管中的"双随机、一公开"，因市场主体名录库不完备、执法检查人员业务素质跟不上，只能做到"一公开"，仍未做到"双随机"；企业诚信管理、信用监管体系构建因企业基础信息库建设滞后、信息孤岛的制约而推进缓慢。

六、加快辽宁自由贸易试验区创新发展的方向

（一）加强制度创新的前瞻性引导

制度创新是探索改革红利的有效途径，围绕《总体方案》，结合自由贸易试验区所涉及的管理部门职责，对制度创新进行前瞻性规划和方向性引导，增强监管部门制度创新的目标性和针对性，为辽宁自由贸易试验区扩大开放、深化改革进行先行先试探索，并快速形成可复制可推广的改革经

验，将改革经验复制到更大范围，使其通过复制推广分享改革红利。

(二) 争取自由贸易试验区更大的改革自主权和先行先试权

积极贯彻党的十九大"赋予自由贸易试验区更大改革自主权，探索建设自由贸易港"的决策精神，争取在自由贸易试验区进行更多的先行先试探索。一是借鉴国际先进经验，深化管理体制和机制改革，探索建立集贸易、行政等多功能于一体的集约化管理模式，建立以"一线放开、二线安全高效管住"为核心的监管制度，实施高度开放的货物进出境管理。进一步探索优化"先进区，后报关""区内自行运输""批次进出，集中申报"等通关便利化的改革举措。二是争取更大国际中转改革自主权，突破现有启运港退税政策，实施辽宁区域内港口为离境港的启运港退税政策。三是根据新版负面清单"减法"所形成的产业投资和布局的正面"清单"指引，尽快抓紧研究适应辽宁产业实际的产业开放和投资目录，并以服务东北老工业基地产业结构升级、产业高端化发展为目标，积极与国家发改委沟通协调，寻求下一版负面清单中纳入东北产业发展需要的投资开放的突破点。

(三) 加快探索辽宁面向东北亚，面向日本、韩国开放合作的新内容、新平台和新机制

辽宁作为全国重要的老工业基地和欧亚大陆桥东部的重要节点，在区位、交通、产业及人文等方面具备综合优势。"加强东北亚区域开放，推进与东北亚全方位经济合作"是《总体方案》中的重要任务之一，也是我国新增设的自由贸易试验区中最具有国际区域开放特征的建设要求，这将是辽宁自由贸易试验区建设中不容忽视的潜在的和特色的优势。日本、韩国两国本来就是辽宁对外合作的传统国际市场，中国、日本、韩国经济合作在辽宁具有深厚的基础和共赢的优势，是我国东北地区对外经济合作的重要方向，也是辽宁自由贸易试验区重要的攻坚任务。具体可重点从产业对接、多边合作两个方向进行突破创新。产业对接方面，推动日本、韩国、俄罗斯等国先进制造业、战略性新兴产业、现代服务业等产业在自由贸易试验区内集聚发展，根据负面清单下的产业领域开放变化，重点关注和规划对日本、韩国、俄罗斯等国优势产业的对接与合作。多边合作方面，不

断扩大和丰富东北亚区域合作内涵，全面融入中国、蒙古、俄罗斯经济走廊建设，立足日本、韩国与俄罗斯、蒙古、欧洲的国际合作需求，建设具有国际影响的区域性多边合作平台。

（四）加强自由贸易试验区与科技创新的联动

坚持自由贸易试验区与自主创新示范区联动发展，建立"双自联动"机制，促进科技、金融、投资、贸易、产业多维融合，放大功能集成效应。一是积极引进高端创新资源。充分发挥自由贸易试验区和沈大国家自主创新示范区政策叠加优势，促进研发资源向区内集聚，加强财政支持和创新激励政策。加强与京津冀和东北亚创新资源对接，推进协同创新网络建设和产业链、创新链融合，形成辽宁特色创新机制。二是开展科技项目联合研发。协同国内知名科研机构、高校和企业，与周边国家和发达国家科技资源对接，推进与国内先进地区在科技研发和成果转化等方面的合作，采取共建联合实验室、技术创新中心、工程技术研究中心等方式，开展高水平研发合作，加强联合技术攻关。三是完善科技创新金融服务体系。开展科创企业投贷联动等金融政策试点工作，健全适应自主创新、适应各类企业特别是中小微创新型企业需求的融资体系。

（五）对标国际营商环境标准，建立与国际接轨的市场监管体系

结合辽宁自由贸易试验区的发展基础和发展现实，按照国际化、市场化、法治化要求，推动"放管服"改革，实施"证照分离"改革，改革审批方式，让"数据多跑路，企业少跑路"。加强综合监管，打造更加便捷高效的市场准入环境，建立大连自由贸易试验区企业登记专属市场主体库和统计指标体系，深化跨部门信息共享机制建设，全面启动信用信息管理和事中事后监管系统建设，实行"六个双"监管方式。加快推进投资建设项目多规合一、多图联审、多评合一、联合勘验、联合测绘、联合验收和区域性联合评价试点工作。简化外资企业设立程序，实现商务备案与工商登记"一口办理"。扩大税务同城通办业务范围、自助办税范围。大力推进综合执法机构机制改革，着力解决多头多层重复执法问题。加快推进政府信息系统互联互通，打通信息孤岛。

·区域编·

第十三章 中国（浙江）自由贸易试验区建设成效与改革路向

黄先海[*] 陆菁[**] 陈航宇[***]

首先对中国（浙江）自由贸易试验区的战略定位、发展目标、空间布局和任务安排进行梳理，对一年以来浙江自由贸易试验区转变政府职能、推动油品全产业链投资便利化和贸易自由化、拓展新型贸易投资方式、推动金融管理领域体制机制创新、推动通关监管领域体制机制创新五大领域的建设进展进行了归纳总结，并对浙江自由贸易试验区的改革成效与亮点进行了分析。研究发现，浙江自由贸易试验区在建设过程中存在系统集成型能力需进一步提升、国际高标准规则借鉴能力需进一步提升、相关配套保障能力需进一步提升三大问题。研究还认为，浙江自由贸易试验区下一步的改革创新主要有两大方向，一是利用赋予自由贸易试验区更大改革自主权这一契机，完善产权制度，推进要素市场化配置；二是对标与引领国际高标准贸易投资规则，探索建设中国特色自由贸易港。

一、基本情况

自2013年9月以来，国务院先后批复成立了三批共计11个自由贸易试验区，形成了"1+3+7"的自由贸易试验区格局，而浙江自由贸易试验区

---

[*] 黄先海，男，浙江大学教授、博士生导师、经济学院院长、长江学者特聘教授、中国（浙江）自贸试验区研究院院长，主要从事国际贸易、产业经济、自由贸易港等领域的研究与教学。

[**] 陆菁，女，浙江大学经济学院教授、博士生导师，中国（浙江）自贸试验区研究院副院长，主要从事国际贸易政策、国际区域经济一体化、自由贸易港等领域的教学与科研工作。

[***] 陈航宇，男，浙江大学经济学院博士后、助理研究员。

则是2017年3月国务院批复设立的第三批7个自由贸易试验区之一,"是党中央、国务院做出的重大决策,是新形势下全面深化改革、扩大开放和提升我国资源配置全球竞争力的重大举措",也是第三批中最具特色的自由贸易试验区之一。

(一) 战略定位

《中国(浙江)自由贸易试验区总体方案》中明确指出,浙江自由贸易试验区的战略定位为,"以制度创新为核心,以可复制可推广为基本要求,将自由贸易试验区建设成为东部地区重要海上开放门户示范区、国际大宗商品贸易自由化先导区和具有国际影响力的资源配置基地"。

从第三批7个自由贸易试验区总体方案中的战略定位来看,除了"制度创新"和"可复制可推广"两大共性之外,七大自由贸易试验区因地制宜,基于其改革发展现状分别提出了不同定位,但部分自由贸易试验区在其总体方案的战略定位中仍提及相似内容,如河南、陕西、重庆均提到了"一带一路"建设,陕西、重庆均提到了西部大开发,河南、湖北、陕西、四川均提到了内陆开放。而辽宁和浙江自由贸易试验区在其战略定位的提法上,除了两大共性外,还展现了其所独有的特性,其中浙江自由贸易试验区所提出的"东部地区重要海上开放门户示范区""国际大宗商品贸易自由化先导区""具有国际影响力的资源配置基地"三大战略定位均为其独有,并且与《浙江舟山群岛新区发展规划》(以下简称"舟山新区规划")中的"东部地区重要的海上开放门户""长江三角洲地区经济发展的重要增长极""海洋综合开发试验区"等一脉相承。

(二) 发展目标

《中国(浙江)自由贸易试验区总体方案》中明确指出,浙江自由贸易试验区的发展目标为,"经过三年左右有特色的改革探索,基本实现投资贸易便利、高端产业集聚、法治环境规范、金融服务完善、监管高效便捷、辐射带动作用突出,以油品为核心的大宗商品全球配置能力显著提升,对接国际标准初步建成自由贸易港区先行区"。

"以油品为核心的大宗商品全球配置能力显著提升"是浙江自由贸易试

验区发展目标中的重中之重,也是舟山新区规划中"大宗商品储运中转加工交易中心"的具体体现。之所以选择油品全产业链为浙江自由贸易试验区建设的突破口,在于在自由贸易试验区获批前,舟山有能力在保障国家能源安全上做出更大贡献,满足国家建立90天以上石油储备的需求。2015年,舟山油品储备能力超过1950万吨,获批在建1000万吨,预期"十三五"末将成为全球规模最大、最具竞争力的石油仓储物流基地。

(三)空间布局

《中国(浙江)自由贸易试验区总体方案》中提到,"自由贸易试验区的实施范围119.95平方千米,由陆域和相关海洋锚地组成,涵盖3个片区:舟山离岛片区78.98平方千米(含舟山港综合保税区区块二3.02平方千米),舟山岛北部片区15.62平方千米(含舟山港综合保税区区块一2.83平方千米),舟山岛南部片区25.35平方千米"。

目前,11个自由贸易试验区的实施范围均在120平方千米左右,除上海自由贸易试验区外,其他10个自由贸易试验区均为3个片区。浙江自由贸易试验区也不例外,但除上海、天津、重庆三大直辖市自由贸易试验区外,其他8个自由贸易试验区中,7个自由贸易试验区的3个片区均分布于3个不同城市,只有浙江自由贸易试验区的3个片区全部聚集于舟山,浙江自由贸易试验区的示意图见图13-1。

(四)任务安排

根据总体方案,浙江自由贸易试验区的主要任务主要集中在五大领域,共16项具体措施,具体为切实转变政府职能领域下的深化行政体制改革、建立统一开放的市场准入和高标准监管制度、提升利用外资水平,推动油品全产业链投资便利化和贸易自由化领域下的建设国际海事服务基地、建设国际油品储运基地、建设国际石化基地、建设国际油品交易中心、加快石油石化科技研发和人才集聚,拓展新型贸易投资方式领域下的建设国际矿石中转基地、建设舟山航空产业园、加强现代贸易投资合作,推动金融管理领域体制机制创新领域下的扩大金融服务领域开放、拓展金融服务功能、积极发展融资租赁与保险业务、建立健全金融风险防范体系和创新通

图 13-1 浙江自由贸易试验区示意图

资料来源：http://www.china-zsftz.gov.cn/article/8110。

关监管服务模式。

二、一年来的建设进展

浙江自由贸易试验区挂牌后，迅速成立了高效的组织管理机构，省政府成立了由省长任组长的中国（浙江）自由贸易试验区建设领导小组，并设立中国（浙江）自由贸易试验区管委会，由舟山市委书记任管委会主任，与舟山市人民政府、舟山群岛新区管委会合署办公，实行"三块牌子一套班子"。自由贸易试验区管委会依托浙江大学、浙江海洋大学，共同组建了浙江自由贸易试验区研究院，为浙江自由贸易试验区建设提供了重要智力支撑。2017年9月17～19日，由浙江省政府主办、省自贸办与自由贸易试验区管委会承办的首届世界油商大会在杭州成功召开，世界前十石油公司中的6家，前三十石油公司中的14家，五大国际石油巨头，全球五大油品交易商，五大大宗商品交易所以及"中石油""中石化""中海油""中化"国内四大石油巨头均派出董事长、总裁或区域总裁级别高管参会并实地考察浙江自由贸易试验区，进行投资洽谈和项目对接。

（一）转变政府职能领域

1. 建立"一窗受理，集成服务"的"一站式"服务模式

依托实体、网上综合政务服务平台，实行审批和服务事项"前台综合受理、后台分类审批、审批限时办理、统一窗口出件"的模式，推进行政审批资源协同化、服务标准化、信息共享化。申请人办理企业投资项目审批时，立项、用地、项目报建3个阶段同步进行，中介服务与关联审批事项打包限时办结，全流程的审批时限可缩减至48个工作日，取消116份重复性递交的企业投资项目审批申报资料。

2. 创新海域使用权、国有建设用地使用权出让模式

出台规范性文件，实施海域使用权和土地使用权联合招拍挂，多项工作采用并行模式，国土部门与海洋部门紧密配合。企业在获取海域使用权和土地使用权时的审批效率大大提升，如新奥LNG项目单在审批环节就累计缩短200天左右，使整个项目工期提速10%。

3. 建立企业投资项目"一三六"高效审批机制

在《舟山市企业投资项目高效审批实施办法（试行）》的基础上，搭建投资项目在线审批监管平台、网上联审联办平台、技术中介服务管理平台，实现少环节、少评审、少材料、少收费、少僵化、少跑腿六大目标。

（二）推动油品全产业链投资便利化和贸易自由化领域

1. 制定油品新标准

《中国（浙江）自由贸易试验区国际航行船舶保税油经营管理暂行办法》的制定填补了国内保税油行业的制度空白，国内首先统一和放开各类企业准入的条件和标准，精简准入程序，允许不同性质的市场主体进入保税燃料油供应市场，调动国有、外资和民营企业投资积极性，打破几十年来只有"5+1"企业垄断经营的"坚冰"；研究实施统一的江海联运船型、信息、能耗、排放、安全、船员配置及市场准入等航运规范，助推交通运输部先后制定出台《特定航线江海通航船舶建造规范》《特定航线江海通航船舶法定检验暂行规则》《交通运输部海事局关于加强特定航线江海直达运输发展的意见》《特定航线江海直达船舶船员培训、考试和发证办法》《关于特定航线江海直达船舶最低安全配员标准》等"5+1"系列文件，为江海直达运输奠定了法规和技术基础；制定全国首个保税燃料油供应业务操作规范，《中国（浙江）自由贸易试验区国际航行船舶保税燃料油供应业务操作规范》于2017年7月28日正式发布，以新加坡SS-600（2014）、TR-48业务规范为蓝本，参照国家标准GB/T 25346—2010《船舶供受油程序及检测方法》，填补了国内该行业在业务操作规范领域的空白；出台船舶燃料油加注系统计量技术规范，该规范在编制时参考了新加坡TR 48：2015《质量流量计技术参考》和OMIL R117.1—2017《非水液体动态测量程序第一部分：计量和技术要求》，参照GB 17411—2015《船用燃料油》、GB/T 31130—2014《科里奥利质量流量计》等现行国家标准，全面对标国际标准的同时又符合中国国情。

2. 培育油品优势企业

创新保税油供油企业信用监管模式，搭建分析信用管理模式，建立供油企业"诚信管理"管理制度，根据信用等级不同实施差别化管理，将海事信用评价接入海事信息化系统，促使供油企业变被动监管为主动监管，共同参与诚信建设；开展原油非国有贸易进口资格企业试点，如商务部2018年2月24日发布的《中国（浙江）自由贸易试验区企业申请原油非国有贸易进口资格条件和程序》中，明确原油非国有贸易进口贸易企业申报要求和运作方式。

3. 搭建油品服务平台

通过确立无纸化审批法律依据和优化两仓联网监管系统，实现保税燃料油出库"最多跑一次"，为企业节省申报时间约80%，提升舟山口岸保税燃油供应能力；建设保税油统一调度服务平台及专用锚位，组建运行了保税油调度服务中心，委托国内海事大学进行专题研究、业内专家联合评审，开展保税油加注"专用性＋标准化"锚位建设，调度及协调保障保税油加注业务持续开展；完善江海联运综合服务平台，结合智慧港航二期项目和港口电子数据交换系统，利用其交换、交易、服务三大功能，与长江航运物流公共信息平台实现港口、船舶、货物等12项数据交换共享。

4. 创新油品业务

舟山海关在全国首创保税燃料油跨关区直供模式，节省供油企业的二次中转成本，已陆续开展与宁波、南京、上海关区的跨关区保税燃料油供应业务，将保税燃料油的供应时间从两天缩短为4～5小时；允许同一商品编码（10位）项下（5-7#燃料油）不同品质的保税油品在保税监管场所（特殊监管区域）内，进行保税物流项下混兑；允许从事国际航行船舶保税油供应的企业采用"先供油，后报关"模式开展业务，以实际供油量直接报关，极大地减少了供油企业通关所需的时间成本；创新外锚地供油加注模式，大幅减少外轮靠泊港口、码头所需的船舶吨税及路途时间和燃油成本，假设船舶选择5个外锚地进行加注，可节省原有6～8小时到内锚地的航程，减少燃油成本，同时减少进入内锚地产生的1～2元/吨的船舶吨税；允许从事国际航行船舶保税油供应企业的单艘承运船舶在一个作业航次内对多艘国际航行船舶供应保税油；允许同一公用型保税仓库同时存储多家供油企业的保税油，供油企业可利用公用型保税仓库开展保税油供应业务。

5. 整合油库功能

将保税仓库和出口监管仓库进行功能叠加，通过"油库功能整合"业务，使指定仓库同时具备保税仓库和出口监管仓库的功能，不再需要将成品油进行实质性转仓作业。此外，将保税油存放在有出口监管仓功能的油罐内，实现两种油品可以同时混合存放。

（三）拓展新型贸易投资方式领域

1. 实施"投资项目承诺制+标准地"改革试点

建立内资项目负面清单管理制度，推行"区域评价+区块标准"制度，联合制定个性化承诺清单，完善事中事后监管体系，为企业节约审批时间20个工作日以上，节约各类中介费用10万元以上。

2. 创新进口铁矿石作业监管模式

全国首创进口铁矿石"直卸直装"作业监管模式，对进口铁矿，在外轮卸货时，允许其经自动取制样系统取样后，直接通过装船输送带进入国内二程转驳船只进行转运，不再需要进入港区堆场储存等待检验结果，提高港区货物堆场有效使用率，加快进口货物流转。

（四）推动金融管理体制机制创新领域

建设自由贸易试验区企业融资监测导航体系。以自由贸易试验区企业名单为索引，深入挖掘分析银监内部系统数据，跟进监管引领措施，构建以"联动共享—数据分析—监管督导"为主线的自由贸易试验区企业融资统计监测制度，推动金融服务与自由贸易试验区内企业融资需求的匹配。

（五）推动通关监管体制机制创新领域

1. 搭建监管平台

建设保税燃油加注"一口受理"平台，仓储、供油、货代等企业通过平台一点接入、一次性提交满足海关等口岸监管部门要求的格式化单证和电子信息，口岸监管部门审批结果通过该窗口反馈给申报人（企业），最终实现企业保税油出库、加注核销等环节，同时加快推动受油船舶进出境"一单四报"功能的实现，最终达成全流程只需跑一次窗口的目标。

2. 创新监管模式

将"空检地放"模式应用到化妆品领域，与传统模式相比至少缩短75%以上的时间；创新进境保税油检验监管模式，采用预检验、第三方采信、相邻批次指标结果采信等便利化措施，如预检验制度平均每批次节省企业时间48小时以上；创新进境保税金属矿产品检验监管模式，简化保税金属矿产品品质检验和数量、重量鉴定查验程序，采信第三方数重量鉴定结果，对入区后复出区的保税金属矿产品不予检验，大幅缩短通关时间，如实施预检验措施，每批次可为企业减少一个月通关时间；实现国际航行船舶进出境通关全流程"一单四报"；创新进口铁矿石"直卸直装"作业监管模式，全国首创进口铁矿石"直卸直装"作业监管模式，对进口铁矿，在外轮卸货时，允许其经自动取制样系统取样后，直接通过装船输送带进入国内二程转驳船只进行转运，不再需要进入港区堆场储存等待检验结果。

3. 简化通关流程

实现国际航行船舶进出境通关全流程无纸化，凡通过国际贸易"单一窗口"标准版运输工具申报系统进行申报和电子数据核放的船舶，除船员出入境证件、临时入境许可申请名单外，口岸监管部门不再要求企业申报提交其他纸质材料；实行运输工具申报全流程无纸化审批模式，代理企业通过国际贸易"单一窗口"标准版向海事提出申请，并上传相关附件，待海事审批端审批通过后，代理企业便可通过"单一窗口"获得海事回执，且可自行打印"国际航行船舶进口岸申请书""船舶进口岸手续办妥通知单""国际航行船舶出口岸许可证"等文书，全流程实现无纸化，无须再提交任何纸质材料；推进口岸港航通关服务一体化"4+1"模式特色应用，对船舶代理企业办理国际航行船舶进出境通关手续、港务调度、引航申请等业务在内的全业务流程申报数据实行"一次录入"，通关物流信息充分共享，打造通关监管和港口业务网上一体化服务。

三、改革成效与亮点

一年以来浙江自由贸易试验区建设成果颇丰。累计复制推广119项前两批自由贸易试验区改革试点经验和"最佳实践案例"（共123项），其中在全国范围和海关特殊监管区推广的111项全部复制。2018年以来，舟山口岸企业"单一窗口"申报覆盖率迅速上升，运输工具、舱单、货物申报覆盖率分别达100%、94.8%、98.9%。在特色创新方面，浙江自由贸易试验区在深化行政体制改革、创新通关监管模式、推动投资便利化贸易自由化、建设国际海事服务基地、创新通关监管模式等十个方面先后探索形成了2批共 40 项制度创新成果和 40 个创新案例，经第三评估机构评估，其中属于全国首创的有 20 项，占 50%。

从浙江自由贸易试验区的战略定位和发展目标来看，油品是浙江自由贸易试验区建设的核心内容，其最大的改革亮点均围绕油品全产业链进行建设。如保税燃料油出库"最多跑一次"、举办首届世界油商大会、保税燃料油跨关区直供、同商品编码下保税油品混兑、保税油"一船多供"和"一库多供"供应模式、原油非国有贸易进口资格企业试点、跨港区船舶供受油作业一体化监管试点、整合油库功能、创新保税燃料油供应服务船舶准入管理模式、创新保税燃料油先供后报监管模式、创新外锚地供油加注模式、创新外锚地保税燃料油加注监管模式、出台国际航行船舶保税油经营管理暂行办法、出台全国首个保税燃料油供应业务操作规范、出台船舶燃料油加注系统计量技术规范等，这些均为浙江自由贸易试验区为推进油品全产业链而形成的全国首创制度创新成果。

而从改革成效上看，2017 年浙江自由贸易试验区实现油品贸易额 657.6 亿元，成品油贸易交易突破 1000 万吨，完成保税燃料油交易 378 万吨，天然气交易 186 万吨，加快集聚国内外油品供应商、贸易商、交易商，引进油品贸易企业近千家。注册资本 110 亿元的浙江省石油股份有限公司落户自由贸易试验区，首家原油非国有贸易进口企业注册成立。《中国（浙江）自由贸易试验区国际航行船舶保税油经营管理暂行办法》自出台以来，已有两批共 5 家企业获得浙江自由贸易试验区国际航行船舶保税油经营资质，分别为中国华信集团下属华信国际（舟山）石油有限公司、浙江省能源集团有限公司下属舟山浙能石油化工有限公司、中油泰富船舶燃料有限公司、和润集团下属舟山港综合保税区能源化工有限公司以及舟山港国际贸易有限公司。在油品储备领域，浙江自由贸易试验区完成国际油品储运基地规划编制，按照"一次规划，分步实施"原则，启动开发建设黄泽山、双子山和小衢山等国际油品储运基地，规划总存储量达到 5500 万方。完成黄泽山项目一期 151 万方储罐主体工程建设，二期 104 万方项目加快推进，750 万方地下洞库项目和北部 650 亩围垦工程顺利启动。双子山一期围垦项目正式开工。同时，全力推进 LNG 产业发展，千万吨级新奥 LNG 项目一期即将完工，年接卸能力达 300 万吨，二期项目和管道建设加快推进。启动开展 LNG

建设规划布局研究，计划在相关区域谋划布局大型 LNG 项目，远期达到 1 亿平方米的接卸能力，着力解决我国 LNG 短缺和清洁能源发展问题。

在通关便利性上，2017 年浙江自由贸易试验区特殊监管区进出口平均通关时间较上年分别减少 38.78% 和 56.79%；深化检验检疫模式改革，推行国际航行船舶无疫申报放行、无纸化报检和无纸化放行检疫模式，入境船舶检疫现场登轮检查率降低 20%，每年节约通关时间 6.4 万小时以上，为企业节约费用 500 万元以上。同时，试行国际贸易"单一窗口"国家标准版，在全国率先实现船舶、货物、舱单等报关功能全口岸覆盖，先后创造了运输工具申报总量第一、原始舱单和船舶进境动态申报率先首票申报成功、船舶全流程首次尝试申报成功"三个全国第一"，成为全国船舶进出境"一单四报"功能的唯一试点地区。自 2018 年 2 月 6 日开始试点以来，截至 2018 年 4 月 11 日，浙江自由贸易试验区船舶代理企业已通过国际贸易"单一窗口"标准版运输工具（船舶）申报系统申报 14001 票，其中完成"一单四报"业务的船舶达 522 艘次，企业办理船舶进出境通关全流程所有业务环节的系统录入、校对、申报的平均时间从 5 小时压缩到 2 小时以内。

四、存在的问题

浙江自由贸易试验区经过一年探索，完成了《总体方案》确定的 90% 以上任务，取得了不错的成效，为我国自由贸易试验区建设积累了大量经验，但仍存在以下问题需要进行深入研究和探索。

（一）系统集成型能力需进一步提升

虽然一年来浙江自由贸易试验区在转变政府职能、推动油品全产业链投资便利化和贸易自由化、拓展新型贸易投资方式、推动金融管理领域体制机制创新、推动通关监管领域体制机制创新五大领域的探索上取得了丰硕的成果，但创新成果较为碎片化，缺乏一个统一的系统集成型改革框架。例如，浙江自由贸易试验区目前已开展原油非国有贸易进口资格企业试点工作，有助于打破我国成品油流通市场领域油源垄断的局面，但在成品油批发经营上仍存在一些隐性阻碍，如企业必须具备"1 万立方米成品油油库和接卸成品油的配套设施"等一系列条件,这使得外资企业和民营企业面临巨大的进入成本,无法在油品全产业链中某一具体领域形成"浙江自由贸易试验区闭环"。除此之外,系统集成型能力不足所带来的另一问题是改革成果的可推广性不足,将改革成果推广至其他领域需要进行更多重复性探索,不利于资源有效配置。

(二)国际高标准规则借鉴能力需进一步提升

自由贸易试验区的核心在于以开放倒逼改革,而其中的内在机理便是通过对标国际高标准规则来推进国内相关领域改革,例如,在大宗商品交易领域,国际现货交易市场的通行做法是,允许现货交易市场开展连续竞价、电子撮合、匿名交易、做市商等业务,而目前浙江自由贸易试验区还未对国发〔2011〕38号、国办发〔2012〕37号文件进行突破,这导致浙江自由贸易试验区在培育打造具有国际影响力、竞争力的大宗商品交易平台上受限,不利于浙江自由贸易试验区以油品为核心的大宗商品交易发展。

(三)相关配套保障能力需进一步提升

浙江自由贸易试验区全部区域均位于舟山,而舟山经济总量较小,还存在战略要素保障、集疏运体系、人才供给、城市品质等诸多发展不平衡、不充分的瓶颈制约。2016年,舟山全年户籍出生人数6515人,人口自然增长率为负,全市地区生产总值也仅为1228.51亿元,并且舟山市是全国300多个地级行政单位中还没有通火车的13个地区之一,总体配套服务能力不足,尤其是在人才领域,浙江自由贸易试验区以油品全产业链投资便利化和贸易自由化为重点,鲜明的油品特色使得自由贸易试验区建设过程中大量首创性成果需要高端人才的支撑,而舟山人才基础差、底子薄,特别是精通油品等大宗商品贸易交易、国际金融、离岸贸易等方面的人才专家更是严重缺乏,无法为浙江自由贸易试验区全产业链建设提供有效支撑。

五、下一步的改革创新方向

党的十九大报告中提出,"赋予自由贸易试验区更大改革自主权,探索建设自由贸易港",这为所有自由贸易试验区下一步的改革创新指明了方向,而浙江自由贸易试验区也不例外,在此框架下结合浙江自身的优势以及发展情况,探索新路径。

(一)利用赋予自由贸易试验区更大改革自主权这一契机,完善产权制度,推进要素市场化配置

党的十九大报告指出,"经济体制改革必须以完善产权制度和要素市场化配置为重点,实现产权有效激励、要素自由流动、价格反应灵活、竞争公平有序、企业优胜劣汰"。赋予浙江自由贸易试验区更大改革自主权,同样也应以完善产权制度和推进要素市场化配置为核心。

1. 完善产权制度

完善产权制度主要包括完善市场准入机制,不仅包括外资的准入问题,也包括民营经济的准入问题,其核心在于竞争中立。所谓的竞争中立,是指竞争不应受到市场以外的因素干扰,通过竞争发挥市场对资源的配置作用。这意味着政府在市场准入、补贴、税收豁免以及政府采购等方面上应无差别对待私营企业、外资企业和国有企业,避免市场扭曲,为各类经济主体创造公平公正的市场竞争环境。竞争中立的核心在于破除国有企业在资源配置上的垄断地位,与要素市场化配置相辅相成。因此,浙江自由贸易试验区在更大改革自主权背景下,应进一步梳理相关领域下不满足竞争中立条件的具体措施,如成品油国内批发经营资质、原油运输资质等相关问题,探索更大改革自主权下的冲击影响以及责任承担机制。

2. 推进要素市场化配置

推进要素市场化配置的核心在于促进要素自由流动,一些领域虽然市场准入限制较少,但仍存在部分领域审批效率低等问题,导致市场对要素的配置能力受限,如在药品审批上,2014年中国1.1类新药、3.1类新药及6类新药的平均审评时间分别为42个月、42个月和25个月,申报临床的平均审评时间分别为14个月、28个月和28个月。相同情况下,2003—2013年间,美国、欧盟、日本新药申报生产获批时间依次为304天、459天和487天。因此,浙江自由贸易试验区在更大改革自主权背景下,应进一步梳理国内外要素流动面临的问题,并促进要素自由流动。

（二）对标与引领国际高标准贸易投资规则，探索建设中国特色自由贸易港

习近平总书记在庆祝海南建省办经济特区30周年大会上提出，"党中央决定支持海南全岛建设自由贸易试验区，支持海南逐步探索、稳步推进中国特色自由贸易港建设"，而舟山与海南一样，在自由贸易港的建设上具有得天独厚的优势，具体而言，有着以下三大优势。

1. 以保障我国能源安全为核心的产业特色鲜明

从国际自贸港的发展历程来看，产业支撑是自贸港发展成功的基础，小而精、特色鲜明的产业体系是国际主要自贸港的共性之一，如香港的金融服务业和新加坡的石油产业。目前，舟山以石油全产业链为核心的产业结构不仅特色鲜明，而且和国家能源安全息息相关。浙江自由贸易试验区是我国所有自由贸易试验区中唯一一个以油品为核心的自由贸易试验区。储备上，预计到"十三五"末，舟山地区总石油库容可接近4000万吨，成为全球规模最大、最具竞争力的石油仓储物流基地；加工上，舟山正在按照"国际一流、产业集群、绿色环保、混合经济"定位，在大小鱼山岛打造具有国际竞争力的绿色石化产业基地；交易方面，目前舟山具备成熟的大宗商品交易平台和庞大的油品交割需求，建设舟山自由贸易港对于我国石油战略储备制度的完善以及国家经济战略安全的维护意义重大。

2. 以防控试验风险为核心的离岛资源丰富

稳中求进是我国新一轮改革开放的主旋律，对于自贸港建设而言，风险防控至关重要，建设自贸港不能给国家带来较大的风险，因此"离岛资源丰富"是我国发展自贸港的基础条件之一，而舟山则完美契合。舟山有1390个岛屿，南北成列、东西成群，不少岛屿距离国际航道只有10多海里，这一离岛资源在我国沿海省份中是独一无二的。对于自由贸易港建设而言，离岛便于有效监管、高效运作，并且舟山人口主要集聚在本岛上，离岛区域人口、经济总量相对较小，建设自由贸易港风险可控。

3. 以支撑离岸经济发展为核心的岸线资源优越

岸线资源是自贸港发展离岸经济的基础，与货物、资金、人员等要素相比，岸线资源不可流动，无法转移，因此"海岸线长"也是我国发展自

贸港的基础条件之一，而舟山的岸线资源在全国独一无二。舟山群岛地处我国东部"黄金海岸"与长江"黄金水道"的"T"字交汇处，深水港口资源得天独厚，通江达海的区位优势显著，处于亚洲主要港口釜山、长崎、高雄、香港等构成近 500 海里等距离的扇形海运网络的"基点"位置，引领亚洲乃至世界主要自由港。深水岸线资源丰富，适宜开发的深水岸段占全国的 18.4%，宁波—舟山港的货物吞吐量已稳居世界第一。

结合浙江自由贸易试验区自身优势、国家战略需求以及借鉴国际经验，浙江自由贸易试验区在探索建设中国特色自由贸易港的功能定位如下：

1. 发展以大宗商品为核心的离岸经济

离岸经济是当前国际主要自贸港的产业支撑，也是"境内关外"的真实体现。从舟山的产业特色、岸线资源、离岛资源等基础优势出发，以大宗商品为核心的离岸经济无疑是浙江自由贸易试验区探索建设中国特色自由贸易港的核心。

2. 建设港产城一体化的离岛型、综合型自由贸易港

随着国际经济形势变化，自由贸易港功能从单一向综合化转变（如中国香港与新加坡），结合舟山离岛资源、港口条件、港城联动等优势，打造港城一体化、兼具贸易、加工、商业、金融、旅游等多种功能的综合型自由贸易港，是浙江自由贸易试验区探索建设中国特色自由贸易港的最佳发展模式。

3. 打造对标与引领国际高标准贸易投资规则的"试验田"

目前，我国区域经济合作中所实施的贸易投资规则虽然在 WTO 框架下有了质的提升，但相对于国际高标准贸易投资规则而言还有一定差距。据测算，"一带一路"合作框架若采用现行贸易投资自由化标准，GDP 提升程度在 2% 以下，若采用高标准贸易投资自由化全面与进步跨太平洋伙伴关系协定（如 Comprehensive Progressive Trans-Pacific Partnership），GDP 提升程度在 3% 以上。浙江自由贸易试验区探索建设中国特色自由贸易港以先行先试国际高标准贸易投资规则为目标，进行风险压力测试，打造开放层次更高的开放新高地。

4. 打造虚实经济深度融合的海洋大数据服务中心

随着当前社会的快速发展，如何利用大数据是赢得竞争的关键，目前

大数据与海洋经济的结合度较低,而舟山作为全国首个以海洋经济为主题的国家级新区,应大力发展海洋大数据服务以及海洋信息服务产业,并贯彻党的十九大精神,"推动互联网、大数据、人工智能和实体经济深度融合",浙江自由贸易试验区要通过探索建设中国特色自由贸易港提供优质的海洋大数据服务,打造营商环境更优的开放新高地。

5. 打造海陆内外联动与东西双向互济的战略枢纽

作为"一带一路"建设"六廊六路多国多港"主体框架中的关键一环,浙江自由贸易试验区应利用背靠长三角广阔经济腹地,与东北亚及西太平洋一线主力港口釜山、长崎、高雄、香港等构成近500海里等距离扇形海运网络的区位优势,通过探索建设中国特色自由贸易港引导"多国多港"的开放式港口合作网络,打造辐射作用更强的开放新高地。

参考文献:

[1] CAPPBIANCO A & CHRISTIANSEN H. Competitive neutrality and state-owned enterprise: challenges and policy options [M]. OECD Publishing, 2011.

[2] 朱萍. 药品审批20年:从两万件"堰塞湖"到对标国际化 [EB/OL]. 21世纪经济报道, 2018-04-21.

第十四章　中国（河南）自由贸易试验区建设成效与改革路向

耿明斋*　李燕燕**　邵阳子***

中国（河南）自由贸易试验区属国家第三批自由贸易试验区之一，规划总面积119.77平方千米，包括郑州、开封和洛阳3个片区，面积分别为73.17平方千米、19.94平方千米和26.66平方千米。2017年4月1日正式挂牌，至今运行正好一年有余。

一、基本情况

（一）方案提出

2015年2月28日，河南省政府向国务院上报了《河南自由贸易试验区申建请示》。按照国务院、商务部要求和省委、省政府部署，省商务厅会同商务部研究院对河南自由贸易试验区的区域范围、功能划分、发展目标、重点产业、改革诉求、试验内容等进行了深入研究论证。2016年8月31日，党中央、国务院决定在河南设立自由贸易试验区，明确河南自由贸易试验区战略定位主要是落实中央关于加快建设贯通南北、连接东西的现代立体交通体系和现代物流体系，着力建设服务于"一带一路"建设的现代综合交通枢纽。根据中央战略定位要求，河南省对片区范围划定、总体方

---

*　耿明斋，男，河南大学中原发展研究院院长，教授、博士生导师，主要从事国民经济学、区域经济学研究。

**　李燕燕为执笔人。***邵阳子为执笔人，洛阳片区资料由河南科技大学经济学院张纪、龚颖超提供。

案反复认真修改后,10 月向国务院报送了《总体方案》。经过国家部委反复征求意见和修改完善,12 月 14 日,再次向国务院上报了《设立中国(河南)自由贸易试验区及其总体方案(送审稿)的请示》。2017 年 3 月 15 日,国务院批复设立中国(河南)自由贸易试验区。2017 年 4 月 1 日,中国(河南)自由贸易试验区正式挂牌。

(二) 战略定位

以制度创新为核心,以可复制推广为基本要求,加快建设贯南通北、连接东西的现代立体交通体系和现代物流体系,将自由贸易试验区建设成为服务于"一带一路"建设的现代综合交通枢纽、全面改革开放的"试验田"和内陆开放型经济示范区。

(三) 发展目标

经过 3～5 年改革探索,形成与国际投资贸易通行规则相衔接的制度创新体系,营造法治化、国际化、便利化的营商环境,努力将自由贸易试验区建设成为投资贸易便利、高端产业集聚、交通物流通达、监管高效便捷、辐射带动作用突出的高水平高标准自由贸易园区,引领内陆经济转型发展,推动构建全方位对外开放新格局。

(四) 区位布局

郑州片区:

河南自由贸易试验区郑州片区面积总计 73.17 平方千米,范围涵盖经开区块 41.22 平方千米、郑东区块 31.67 平方千米和金水区块 0.28 平方千米。

郑州片区将统筹和指导经开区块、郑东区块、金水区块依托现有发展基础和优势,开展各有侧重、各具特色又紧密联动的改革试验,见图 14-1。

其中,经开区块依托经开综保区、中欧班列、跨境电商和高端制造企业聚集等优势资源,重点探索以促进交通物流融合发展、投资贸易便利化、特色口岸功能提升等为主要内容的体制机制创新,探索枢纽经济创新发展的新模式、新路径。

郑东区块依托金融总部和高端服务业集聚优势,重点探索投资制度改

·区域编· FTZ

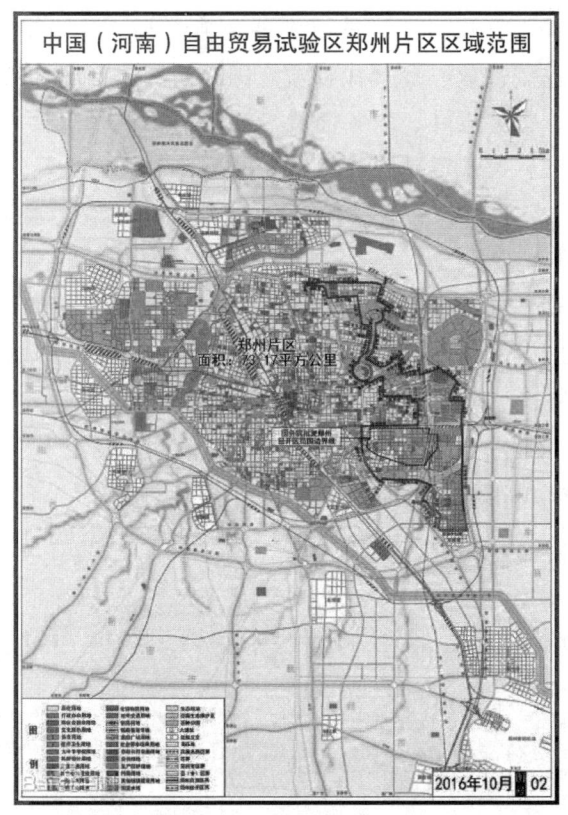

图 14-1　郑州片区示意图

革、金融开放创新、要素市场建设、完善事中事后监管体系、知识产权综合管理改革等。

金水区块依托服务外包、科技创新优势，重点探索服务贸易领域、知识产权综合管理改革、"双自联动"体系等创新发展。

经开综保区等海关特殊监管区域重点探索以贸易便利化为主要内容的制度创新，开展保税加工、保税物流、保税服务等业务。

航空港区作为河南自由贸易试验区"两体系一枢纽"功能的重要组成部分，承接畅通国际交通物流通道、完善国内陆空集疏网络、开展多式联运先行示范、扩大航空服务对外开放、推进内陆口岸经济创新发展等重要任务。

在区位布局上,郑州片区重点发展智能终端、高端装备及汽车制造、生物医药等先进制造业以及现代物流、国际商贸、跨境电商、现代金融服务、服务外包、创意设计、商务会展、动漫游戏等现代服务业,在促进交通物流融合发展和投资贸易便利化方面推进体制机制创新,打造多式联运国际性物流中心,发挥服务"一带一路"建设的现代综合交通枢纽作用。

开封片区:

中国(河南)自由贸易试验区开封片区实施范围19.94平方千米,位于郑汴两城之间,以郑开大道为轴心两侧布局,处于国家级开封经济技术开发区及开封城乡一体化示范区的核心区域,见图14-2。

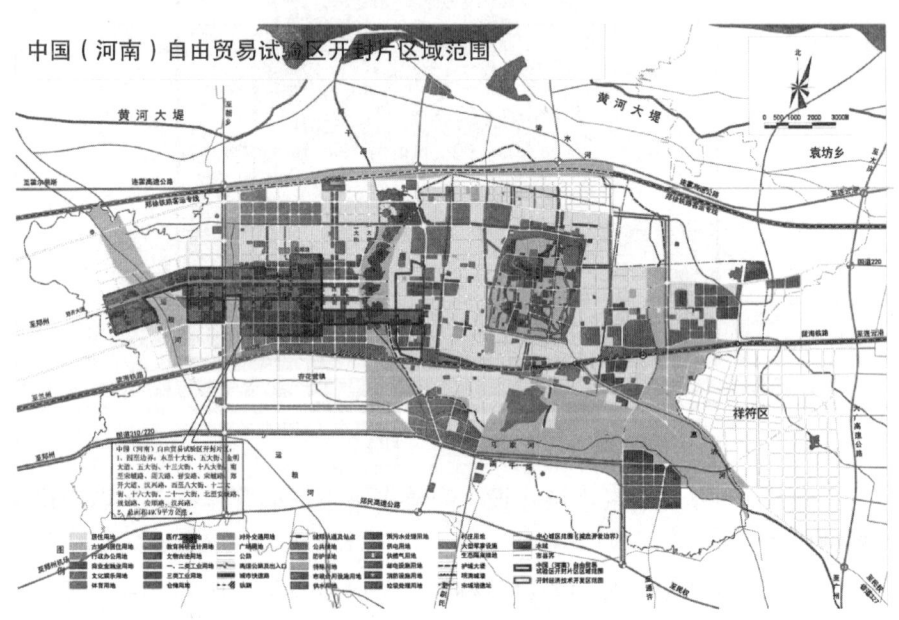

图14-2 开封片区示意图

开封片区重点发展服务外包、医疗旅游、创意设计、文化传媒、文化金融、艺术品交易、现代物流等服务业,提升装备制造、农副产品加工国际合作及贸易能力,构建国际文化贸易和人文旅游合作平台,打造服务贸易创新发展区和文创产业对外开放先行区,促进国际文化旅游融合发展;

围绕功能定位，自由贸易试验区开封片区在空间上划分为"一中心六功能分区"，即 CBD 和自由贸易试验区管委会一个中心、文创及文化传媒、高端制造及战略性新兴产业、高科技产业园、国际贸易及现代物流、高端商务及国际会展、文化旅游及医疗健康 7 个功能分区。

洛阳片区：

洛阳片区位于洛阳市区核心区，涵盖洛阳国家高新技术开发区和涧西区部分区域，规划面积 26.66 平方千米，其中高新区面积 18.88 平方千米，涧西区面积 7.78 平方千米，见图 14-3。

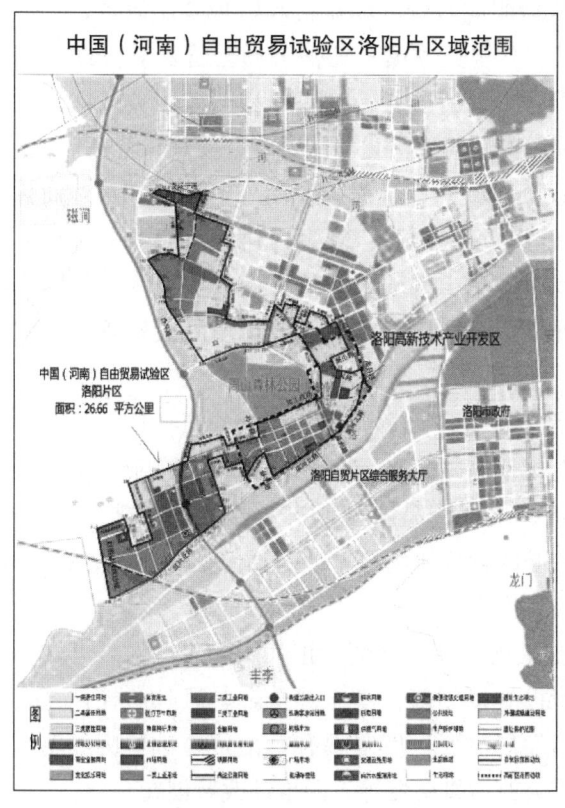

图 14-3 洛阳片区示意图

洛阳片区重点发展装备制造、机器人、新材料等高端制造业以及研发设计、电子商务、服务外包、国际文化旅游、文化创意、文化贸易、文化

281

展示等现代服务业，提升装备制造业转型升级能力和国际产能合作能力，打造国际智能制造合作示范区，推进华夏历史文明重要传承区建设。

（五）主要试点任务和措施

1. 主要试点任务

在主要任务措施上，河南自由贸易试验区重点提出了政府职能转变、投资、贸易、金融、增强服务"一带一路"建设的交通物流枢纽功能五个方面的试点内容。

（1）加快政府职能转变。深化行政管理体制改革，进一步推进简政放权、放管结合、优化服务改革，完善市场监管机制，推动政府管理由注重事前审批向注重事中事后监管转变。提高行政服务效能，完善行政部门权力清单和责任清单，营造法治化、国际化、便利化营商环境。

（2）扩大投资领域开放。提升利用外资水平，对外商投资实行准入前国民待遇加负面清单管理制度，着力构建与负面清单管理方式相适应的事中事后监管制度。进一步减少或取消外商投资准入限制，提高开放度和透明度。构建对外投资合作服务平台，改革境外投资管理方式，支持企业境外投资。

（3）推动贸易转型升级。围绕统筹内外贸一体化发展、推进贸易方式转型升级和营造规范高效的贸易便利化环境，完善外贸发展载体，拓展新型贸易方式，积极培育贸易新型业态和功能，形成以技术、标准、品牌、质量、服务为核心的竞争新优势。创新通关监管机制，提高通关通检效率，切实严密防范质量安全风险。

（4）深化金融领域开放创新。扩大金融对内对外开放，拓展金融服务功能，推动跨境投融资创新，建立健全金融风险防控体系。结合跨境电子商务、多式联运发展需要，借鉴现有自由贸易试验区经验，重点在引进境外金融机构、扩大跨境投融资等方面推动改革创新。

（5）增强服务"一带一路"建设的交通物流枢纽功能。围绕完善交通物流体系、促进多式联运发展和服务"一带一路"建设等关键环节，畅通国际交通物流通道，完善国内陆空集疏网络，开展多式联运先行示范，扩大航空服务开放，推进内陆口岸经济创新发展，创新国际医疗旅游产业融合发展。建立健全与"一带一路"沿线重点国家的合作机制,培育合作交流新优势。

2. 各片区的路径措施

郑州片区:

郑州片区将坚持扩大开放与体制改革相结合、制度创新与功能创新相结合,充分调动多方积极性,加快推进"四大领域的制度创新"和"四大功能的持续提升"。

四大领域的制度创新主要指政府治理能力和行政效能的制度创新、投资便利化及高效监管的制度创新、贸易便利化及便捷监管的制度创新和金融开放及有序监管的制度创新。

郑州片区将对外商投资实行准入前国民待遇加负面清单管理制度,允许符合条件的境外投资者自由转移其投资收益,将自由贸易试验区建设成为企业"走出去"的窗口和综合服务平台。推动金融服务业对符合条件的外资和民营资本有序开放,探索建立与自由贸易试验区相适应的本外币账户管理体系,确保自由贸易试验区内金融机构风险可控。

同时,四大功能的持续提升包括综合交通枢纽功能持续提升、枢纽经济引擎功能持续提升、国际要素聚合功能持续提升和区域经济带动功能持续提升。

结合自贸片区发展基础和现有规划,围绕国家对自由贸易试验区的定位和要求,郑州片区希望通过3～5年的努力,在开放型枢纽经济的重点领域和关键环节取得突破,培育形成一批具有国际竞争力的现代服务业和高端制造业产业集群,使自由贸易试验区经济总量和质量迈上新水平,将郑州片区打造成为内陆开放型经济示范区。

开封片区:

开封片区以高起点创新制度支撑发展,实施"四个五"链条式行政审批创新机制,走在全国前列,打造出开封"放管服"改革特色亮点。在准入阶段,突出"放",放宽准入门槛,能放尽放,放宽经营范围限制、实行名称自主选用、"一址多照、一照多址"注册、住所集中地注册等,推行"许可默认备案制、信用承诺即入制、证照脱钩助推制、特色套餐便捷制、专家团队帮扶制"五大类商事制度创新举措。

同时，在准建阶段，突出"快"。在投资建设项目审批方面，实施"一口受理、一体审查、一文批复、一链监管、一网运行"，为保障项目快速建设，实施"以规划代立项、多规合一、整体评勘、联合图审、统一验收"五大项保障性措施，实行"帮办服务""缺席默认、超时默认"、容缺预审、联合踏勘、二次退件报告五大项服务措施。通过审批流程再造，精简行政审批申请材料75%以上，整体压缩审批时间50%以上。

在准营阶段，突出"服"，实施服务式监管，通过实行综合监管、双智能监察、双告知推送、双随机抽查、联合惩戒、信息互通共享等"六大创新举措"，减少对企业生产经营的干扰，保障监管公平、透明、高效。

另外，开封片区还将以高层次谋划产业发展空间支撑发展。目前，在自由贸易试验区核心区，现有51%的预留空置土地，可供企业投资建设发展，这是开封片区最大的优势。CBD和自由贸易试验区管理中心已建成29栋大楼，承载能力近100万平方米，可供总部经济、金融创新、电子商务等业态企业拎包入驻。

此外，开封片区还将高标准出台相关产业政策。将全市优势资源集中向自由贸易试验区倾斜，助推开封片区发展。在文化产业、金融产业、全域旅游、医疗旅游、服务外包、国际贸易等领域分门别类推出"产业扶持30条"。自由贸易试验区人才引进享受郑洛新国家自主创新示范区相关优惠政策。出台财税政策支持自由贸易试验区发展行动计划，最大限度为企业让利。同时，启动综合保税区申建工作，建设海关特殊监管区，先期筹建保税仓，开展保税物流、保税仓储等业务。

洛阳片区：

洛阳片区将结合洛阳实际，重点在投资管理、贸易管理、金融监管创新和政府职能转变等领域先行先试，建立与国际通行规则相衔接的基本制度，实现对市场"放得更活，管得更好，服务更优"的目标。

在促进投资贸易便利化方面，推进国际贸易"单一窗口"建设，完善一类航空口岸功能，加快申建一类铁路口岸，打造中西部地区交通物流枢纽；推进海关特殊监管区申建，创新海关、检验检疫监管制度，打造中西部地区交通物流枢纽；推进海关特殊监管区申建，打造跨境电子商务新平台。

在扩大投资领域开放方面，实行"准入前国民待遇加负面清单"管理模式，将政府主要精力从现在由企业成立前审批转向对企业成立后与经营过程中的审查与监管，创造新的商业和服务模式，探索"网上并联审批"，实现"一窗受理、内部流转、同步审核、信息互认、多证合一"。

在提升产业发展水平方面，以"军转民"和"民参军"为突破口，构建军民产业纵深融合机制；做大做强高端制造业，建设全国重要的智能装备制造、新材料、机器人产业基地等。

在深化金融领域开放创新方面，允许境内企业在符合相关规定的前提下使用外币结算，鼓励区内银行开展项目融资、土地融资等与洛阳片区开发、建设、运营相关新业务；发展离岸贸易，推进以人民币离岸业务为重点的离岸金融业务发展；推动金融服务业对符合条件的民营资本有序开放，允许本地法人银行发起设立消费金融公司、汽车金融公司和基金公司等；推进内资融资租赁企业试点工作；支持跨境投融资业务；允许洛阳片区内符合条件的企业、金融机构按照有关规定从境外自主融入本外币资金，拓宽境外资金回流渠道。

在提高政府监管能力和服务水平方面，深化政府职能转变，最大限度减少行政审批事项，推行"互联网+政务服务"，深化"互联网+税务"；加快社会信用体系建设，完善企业信用体系，建立"一处违法，处处受限"的联合惩戒机制；构建与负面清单管理方式相适应的事中事后监管制度；提高政府监管效率，建立集中统一的综合行政执法体系。

在构建政策激励和法律保障体系方面，实施"河洛英才计划"；落实土地优惠政策；提升知识产权服务水平，建立高效的知识产权综合管理体制；构建多元化纠纷解决机制，健全司法机构，受理和审理与洛阳片区内注册的企业相关的民商事、行政及刑事案件。

二、一年来的建设进展

（一）制度创新措施密集出台

从2017年4月1日河南自由贸易试验区挂牌运行算起，刚好一年时间。

在过去的一年时间里,郑州、开封、洛阳 3 个片区相继出台了一系列规章制度,探索形成了一批改革创新举措。郑州片区积极推进"一次办妥"改革,实行一窗受理、多件分发、统一反馈的"一网通办"服务。此外,融资租赁、跨境电商、航空维修等业态蓬勃发展,256 项改革创新任务逐条落地实施,形成包括原产地证书、"信用签证""政银合作直通车""多式联运一单制"等在内的 30 多项创新案例。开封片区建立了综合审批和综合监管平台,形成了"四个五"行政审批服务新模式;开展了"企业投资项目承诺制";完成了"多规合一";启用了"事中事后综合监管平台";实行了国地税三网融合办税等。洛阳片区总体方案规划的 160 项改革试点任务已完成 91 项。推出"多规合一"信息化平台、中小企业信用体系建设等 15 项创新案例,开展了对上海、前海自由贸易试验区 137 项创新案例的研究和学习。企业通过网上办事大厅、手机办事大厅、微信办事大厅办理业务,办理时限缩短 2/3 以上。

(二)入驻企业每天新增百家

自 2017 年 4 月 1 日挂牌至 2018 年 4 月 1 日,河南自由贸易试验区新增注册企业 23622 家,全省占比 82.1%,超出既定目标 136%,而且每天新增企业约 100 家。其中,郑州新注册企业达 17793 户,全省占比超 75%。新增注册资本为 2695 亿元,全省占比 74%。挂牌后新注册企业数占辖区注册企业总数的 45.5%。开封片区新注册企业 2500 多家,是挂牌前的 13.8 倍,新增注册资本 542 亿元。洛阳片区一共吸引中外企业达 3797 家,注册资本总额 557.35 亿元;新入区企业 2189 家,新增注册资本 330.9 亿元;新入区外资企业 21 家,合同外资总额 11522.32 万美元。吸引院士、"千人计划"专家、长江学者等专家领衔的创新创业团队 143 个。

自由贸易试验区入驻企业投资领域主要涉及现代物流、国际商贸、科技研发、综合服务、加工制造、信息和软件服务、金融服务等,基本契合各片区功能定位和产业需求。全球四大会计师事务所齐聚郑州片区,格力电器智能制造产业示范基地、珠海银隆新能源汽车、恒大童世界、绿地中部创客天地、台湾友嘉实业集团全球金融结算中心、宝能集团郑州金贸中心等一批投资额大、带动力强的项目落户片区。大批外企也纷至沓来,在此落地生根。开封片区在空间上布局为"一心四谷两港",即中央商务中心、文创艺谷、健康乐谷、高新智造谷、创智孵化谷、国际物流港、国际商务信息港,同时积极构建四区联动发展大格局。洛阳片区格力电器总投资约 150 亿元,预计建成后年产值超 300 亿元;总投资 150 亿元的银隆新能源汽车整车生产基地建设正酣,投产后有望实现年产 1 万辆纯电动商用车、5000 辆纯电动特种专用车、5000 辆新能源环卫车;网来云商整合覆盖全球 128 个国家的 200 多家主流电商平台和其他各类营销渠道,首批上线企业 40 家;军民融合产业园首批 15 个项目已进驻。

各类企业带动河南自由贸易试验区进出口总额突破 500 亿元、税收超 150 亿元。

(三) 交通物流综合枢纽地位进一步提升

建设自由贸易试验区,国家给河南的定位是"着力建设贯通南北、连接东西的现代立体交通体系和现代物流体系,建设服务'一带一路'建设的现代综合交通枢纽"。河南自由贸易试验区挂牌运营一年时间以来,河南省国际国内集梳网络越来越密,多式联运体系建设加快推进,现代物流体系加快发展。

郑州和国外重要枢纽城市协同联动的国外"双枢纽"城市数量不断增加,郑州—卢森堡双枢纽战略进一步强化,郑州—台北跨境电商全货机航线正式开通,在郑州机场运营的货运航空公司 21 家,开通航线 34 条,通航城市 37 个;客运航空公司 44 家,开通航线 175 条,通航城市 97 个,形成了横跨欧美亚三大经济区、覆盖全球主要经济体的枢纽航线网络布局。郑州机场 2017 年货邮量突破 50 万吨,入围全球各大机场货邮量 50 强,位居国内各大机场货邮量第 7 位。客流量突破 2400 万人次,跃居国内各大机场第 13 位。

中欧班列(郑州)实现"八去八回"、往返满载的常态化运营,形成"境内境外双枢纽、沿途多点集疏"格局,网络遍布欧盟、俄罗斯及中亚地区的 24 个国家 121 个城市;桂郑欧班列将打通中原腹地至西南的出海通道,形成 21 世纪海上丝绸之路和丝绸之路经济带有机衔接。洛阳片区开通了中亚国际货运班列,首趟班列 60 个集装箱发往哈萨克斯坦。

（四）投资贸易便利化水平迅速提高

从挂牌至今，进驻河南自由贸易试验区的外资企业有 72 家，得益于河南省贯彻落实"准入前国民待遇加负面清单"外商投资管理新体制，及时开通郑州、开封、洛阳片区外商投资网上审批备案管理端口，按时执行自由贸易试验区外商投资 2017 版负面清单，负面清单以外统一实施备案管理。

河南自由贸易试验区建设还积极推进"多规合一、多评合一"，率先实施投资项目承诺制试点，企业在一个窗口提交一套材料即可办妥业务，提交材料压缩 80%，政府审批服务时限缩短 90%。成功争取国家"单一窗口"标准版第二批试点，实现与国家标准版货物申报、运输工具申报、舱单申报、企业资质办理、产地证书申领、许可证申领 6 项功能对接。

此外，自由贸易试验区建设依托河南跨境电商综试区，积极发展新型贸易业态和商业模式，落实海关特殊监管区内自行运输、工单式核销等新模式，实施"通报、通检、通放""进口直通、出口直放"等新举措，大通关机制不断完善。目前，河南省跨境货物通关效率由每秒两单提高至每秒 100 单，峰值通关能力可达每秒 500 单。消费者下单至收到产品的时间由原来的平均两周缩短为现在的 48 小时，物流成本降低 70%。

洛阳片区通过对接省"单一窗口"平台，实现了"清单核放，汇总申报"的"一站式"通关。据统计，洛阳海关出口通关时间平均为 1.5 小时，进口通关时间为 22.4 小时，与改革前相比缩短 69.8% 的时间。

（五）金融服务实体经济能力显著增强

据河南省自贸办数据，自挂牌以来，入驻自由贸易试验区的银行、保险、证券、期货、基金、融资租赁等金融及类金融企业有 74 家，77 家省级以上金融机构已有 42 家入驻自由贸易试验区。

郑州商品交易所白糖期权、棉纱期货上市交易，苹果、红枣期货立项获批。中国银行形成了"在线供应链融资"业务新模式，帮助企业筹组 9 亿美元跨境并购银团贷款。初步探索了自由贸易试验区信贷统计制度，已经建立了跨境人民币业务非现场预警监测机制及重点、可疑业务现场检查机制并稳定运营。洛阳片区通过开展"科技贷"业务，新增小微企业科技贷款2.7亿元。

目前，河南自由贸易试验区着力构建一体化金融服务和管理体系，提高金融管理法治化和金融风险处置市场化水平，构建多元融资、服务高效、一体联控的金融服务体系。

从成绩看，河南自由贸易试验区已实现A类企业外汇收支程序简化；跨国公司外汇资金集中运营管理准入门槛降低，由上年度涉外收支1亿美元降低为5000万美元；允许境外企业参与原油期货交易；外资在自由贸易试验区注册股权投资和创业投资基金公司已无政策障碍；保险子公司高级管理人员任职资格由事前审批改为事后备案。

河南的跨境电商一直走在全国前列，在试验区内，跨境电商可采用人民币结算，经常项目集中收付汇、轧差净额结算业务，经常项目收结汇、购付汇手续已可办理。

三、改革成效与亮点

（一）切实转变政府职能

《中国（河南）自由贸易试验区郑州片区政务服务体系建设实施方案》构建以"一次办妥"为核心，以"一窗受理、一表申请、一网通办、一次办妥"为主要内容的政务服务体系。方案围绕统一政府服务平台建设、行政审批制度改革、商事制度改革、市场监管机制创新等重点领域，不断提升政府服务效能，为"一次办妥"政务服务提供支撑和保障。洛阳片区搭建则通过"互联网＋政务"服务平台，着力推进"一次办妥"政务服务体系、自贸大厦信息网络体系建设，实现与省政务服务平台、省自由贸易试验区网上大厅、市政务服务平台及网上大厅有效对接。以此服务平台为支撑，建立"一次办妥"综合服务窗口，真正实现所有的办理和审批事项都可在一个窗口完成，节约时间，提高效率。

（1）服务平台建设方面。设立郑州片区综合服务中心，集成运用实体办事大厅和网上办事大厅两个渠道，集中行使省、市、区三级经济管理权限或办理涉及不同层级权限事项，集合优化跨部门办事流程、数据和系统，进一步健全"一口受理"机制,实现前台综合受理、后台分类审批、统一窗口出件,让市场主体在郑州片区综合服务中心最多跑一次即可办结企业全生命周期的所有经济管理事项(需分阶段办理的事项除外)。目前,已设置67个窗口,进驻了17个部门211个事项,其中一口受理149项,占全部事项的71%。

(2)行政审批制度改革方面。严格执行"先证后照"审批程序,缩短办理时间;积极做好"证照分离"改革试点各项对接工作。明确责任分工,积极与各部门对接,确保省级权限下放事项顺利过渡和承接。例如,洛阳片区顺利承接省市下放权限区,为普莱柯首发"兽药生产许可证",审批时间从60天缩减到4天,审批效率提高93%。如洛阳片区通过对入驻事项进行分类和梳理,简化入驻事项,取消许可类审批5项,审批改备案2项,实行告知承诺40项,优化流程近130项。如今在洛阳片区办好工商营业执照后,直接向自由贸易试验区行政审批局出具食品经营许可证相关材料进行备案即可,无须再经过审批。洛阳片区还试行企业投资项目承诺制。制定了《企业投资项目承诺制实施办法》《洛阳自贸片区企业投资项目承诺制操作细则》,使得企业申请资料由153项减少到15项,审批服务事项由17项精简至2项,大幅优化审批服务流程。银隆新能源、卓阳耀滨科技园、泰盟机械等9个项目作为试点已经先行开展承诺制。

(3)商事制度改革方面。推行"三十五证合一",将发改、公安、财政、住建、商务、食药监等17个部门的30个证照整合到营业执照上,实行"三十五证合一、一照一码",办理营业执照的时间从一个月到三天缩减,解决创办企业过程中各类证照数量过多、"准入不准营"、简政放权措施协同配套不够等问题,以"减证""推动""简政",激发了市场活力、优化了营商环境;全省范围内实施企业登记全程电子化,企业可在线申请办理相关业务,无须再到登记窗口提交纸质材料;首推政银合作直通车服务,率先实行"政银合作"代办工商登记"直通车",将工商登记注册服务窗口延伸到银行,通过全省工商网上登记系统,一次办妥企业登记注册的全部手续。强化落实注册登记便利化政策,允许企业"一照多址""一址多照",放宽企业名称和经营范围限制等。

(二) 加快形成高效便捷的监管新模式

（1）创新航空进出口货物通关监管模式。对活动物和大宗单一商品货物实行"随到随报、随报随验"快速通关模式。

（2）原产地证书"信用签证"监管服务模式。转变原有签证模式，签证工作流程从"领空白产地证—电子审核—办事窗口签证—使用"变为"领已签字盖章的空白产地证—电子审核—自行缮制—使用"，避免了企业频繁往返签证的麻烦，简化了办事程序，大幅提高了签证效率。

（3）探索"一点通关、分拨全国"模式。中国电子检验检疫主干系统（E-CIQ主干系统）已正式上线运行，实现报检信息共享和执法结果互认，打破时空和地域限制，促进了"通报、通检、通放""进口直通、出口直放"，实现了检验检疫全国一体化。

（4）实施"多模式综合监管"模式。充分利用现有监管场所、出入通道、卡口以及查验分拣线等硬件措施，在海关特殊监管区域或保税物流中心（B型）内，依托信息化系统和新技术，通过分别设立账册和分类管理，实现网购保税进出口、直购进出口、邮件、快件、国内电商等不同业务模式的综合监管。

成立洛阳片区综合监管局，联合高新区工商、质监、食药监、价格四个部门进行信息共享并通力协作，协调各个部门的职能工作，统筹各相关部门执法力量，发挥综合监管合力，实行"市场综合监管+专业执法"，落实"一支队伍管执法"。为了监督企业依法诚信经营、遵守法律法规以及营造自由贸易试验区公平竞争的市场环境和法治化、便利化的营商环境，洛阳片区通过综合监管信息平台，运用随机抽取检查对象、随机选派执法检查人员、全面公开抽查结果的抽查方式，对自由贸易试验区内市场主体实施跨部门"双随机，一公开"联合抽查。

（三）建设一流的国际交通综合枢纽

（1）航空物流通道物集聚能力不断提升。截至2017年年底，在郑州机场运营的卡车运输企业达30多家，卡车航班网络覆盖北、上、广等全国30多座大中城市，2017年卡车航班量近3万班，集疏货源近20万吨；进驻郑州机场开展业务的货代企业达130多家,其中国际货代企业70多家;在郑州运营的货运航空公司21家(国内6家,国际地区10家),通航城市34个,周计划航班量100班。在全球前20位货运枢纽机场中已开通15个航点,货运运力、全货机航线数量、航班量及通航城市均居全国第4位。自2017年6月习近平总书记明确提出支持建设郑州—卢森堡"空中丝绸之路"以来,这一国家战略已基本形成横跨欧亚美三大经济区、覆盖全球主要经济体的枢纽航线网络,目前已覆盖国内97个城市,以及卢森堡、德国、英国、比利时等主要欧洲国家的重要区域,基本形成了以郑州为中心,"一点连三洲,一线串欧美"的航空国际货运网络。

(2)多式联运探索有了新突破。围绕河南自由贸易试验区"两体系一枢纽"的核心定位,郑州国际陆港全国首创"一票式"全链条"门到门"运营模式,形成完善的一体化服务体系。

(四)培育高能级产业集群和贸易新业态

(1)跨境电商蓬勃发展。允许区内试点电商企业将网购保税进口商品在区外特定实体店铺进行展示展销,消费者到店体验并完成线上下单,海关放行后即可当场提走。2017年,跨境电商进出口包裹量超过6000万单,占全国33.45%,交易额46.89亿元,同比增长76.16%。

(2)海外贸易网络快速建立。通过自主物流运输与贸易有机融合发展,河南自由贸易试验区成为丝绸之路经济带上重要的国际物流中心和国际货物分拨中心。2013年7月18日,往返于郑州和德国汉堡的中欧班列(郑州)首次开行。2017年8月21日,郑欧班列郑州—慕尼黑新线路出境班列测试运行。截至2017年9月29日,中欧班列(郑州)总累计货值40.89亿美元,货重39.44万吨。

(五)大力吸引国际创新要素集聚

(1)金融机构不仅数量增加,而且服务范围扩大。交通银行和平安银行利用其总行离岸金融业务优势,积极开展跨境直贷、跨境联贷和离岸结算;中原银行获批在全国银行间债券市场公开发行不超过15亿元的中西部地区首单"双创"金融债券,专项用于大众创业、万众创新领域企业贷款投放。

（2）郑州市出台"智汇郑州"人才政策。吸引领军人才，以及对高校毕业生、职业（技工）院校毕业生、留学归国人员和技能人才实行"零门槛"落户，加大创业孵化载体平台建设。

（六）增强区域辐射带动功能

"空中丝绸之路"建设取得进展良好。河南贸促会与卢森堡大公国商会、河南航投与卢森堡货航分别签署合作谅解备忘录，同时河南部分企业界代表分别与卢森堡企业代表进行对话和洽谈。"空中丝绸之路"增加了中欧人员往来，近年来河南赴欧旅游人数逐年递增，赴欧签证业务需求量不断增加，卢森堡（郑州）签证服务中心入驻郑州。

"陆上丝绸之路"建设成效显著。郑州开行直达欧洲的中欧班列（郑州），实现每周"去程八班，回程八班"高频次常态化运营，如今已覆盖中国3/4的省份，境外覆盖24个国家121个城市，合作伙伴1700多家。中欧班列（郑州）速度也越来越快，从时速80千米到120千米；集货范围从500千米到1500千米，覆盖了全国3/4的省份，运载货类达1300多种，包括汽车整车、飞机材料及零部件、IT产品、机电产品、医疗器械、高档食品、化妆品等。中欧班列（郑州）是国内唯一实现一体联动、信息速达、满载去回、冷链业务常态化的"数字班列"，加速了向国际商品展示交易集散中心迈进的步伐。

"海上丝绸之路"建设初显成效。依托中欧班列（郑州），郑州构建陆海通道打造国际物流大枢纽，由内陆腹地走向开放前沿。中欧班列（郑州）沿着丝绸之路经济带一路向西，并对接海上丝绸之路实现陆海相通，打造铁海联运班列，畅通铁路、港口联运通道。

洛阳片区积极开展区域合作，构建"内地＋沿海"开放发展模式。与深圳前海片区签署合作备忘录，在投资便利化、贸易便利化、金融改革创新、事中事后监管、政府职能转变等领域开展战略合作；高起点编制"多规合一"综合规划，先行先试"集群注册"登记，率先推出"容缺受理"、实行无纸化自助网上办理、申办资料邮寄送达等。

四、存在的主要问题

(一) 部门联动协调机制还需进一步理顺

自由贸易试验区在作为政策执行主体还是制度创新主体功能上定位模糊。作为制度创新示范区而言,自由贸易试验区应属上层建筑顶层设计,但其行政层级属郑州市职能管理层级,由于层级关系(平级部门)等原因,协调多个牵头部门,或协调有关配合单位、部门存在一定难度;同时,在少部分试点任务推进中,牵头部门之间对各自的职责分工仍不明晰,或者部分牵头部门认为不属于自己职责范围内,从而影响了任务的落实与推进。

跨部门工作对接与信息共享方面需进一步完善。比如,在"证照分离"改革、省级权限下放等工作推进过程中,涉及诸多创新之处,部分改革事项需要进一步对接。如工商与食药监部门的信息推送、变更材料就仍存在一定障碍。此外,个别政府部门与片区管委会的工作关系存在不一致的意见,尤其是省级权限下放事项,还需要进一步对接。

跨区域协同联动机制仍需要探索推进。河南自由贸易试验区郑州、洛阳、开封3个片区目前仍然是各做各的,并未形成联动协同,也就是说郑州、洛阳、开封3个片区的协同共享机制并没有实质运行。中国(河南)自由贸易试验区的3个片区,不仅在地理上没有靠近,而且在行政隶属关系上也分属于3个不同的省辖市,统一协调难度大,经济上的联系也不是特别紧密。郑州片区的辐射带动、引领示范效应还未有效释放。

(二) 法律法规与权限落实仍存在阻力

由于目前河南自由贸易试验区尚未出台相关条例,对自由贸易试验区法律法规适用问题未做出相关规定,因此,部分部门在推进落实改革试点任务过程中仍面临法律法规制约,需要对一些事项涉及的现行法律法规进行调整。如,境外所得税抵免的税收政策、人民陪审制度等,还需要进一步健全相关法律依据。又比如,部分准入、审批、监管等权限在上级部门或中央层面,其权限受到上级部门的严格约束,缺乏创新的空间与渠道。

还有个别情况是部分业务受理权限已下放到下级部门,但签批发证的权限仍然在上级主管部门。另外,事中事后监管体系与综合执法体系尚未有效建立。

(三)对国际创新资源吸引力不足

受产业基础、市场环境、政策环境等多方面因素影响,对外资、外企、高端外国人才等国际创新资源或主体的吸引力较弱。在郑州片区内就业、创业的外籍高端人才也相对偏少。从具体试点任务推进来看,由于对外资人才等创新资源的吸引力不足,涉外任务的落实难度相对较大,如引进外国金融机构等。

(四)满足企业发展诉求需求仍存在很大空间

在前期虽然集中在商事制度改革上,但是企业的发展不仅仅需要注册的便利化,还需要完善的、多层次的金融体系的支撑。一个多层次的资本市场可以保证企业在不同的发展阶段,针对不同的融资需求,可以选择不同的金融服务。

五、下一步的改革创新方向

(1)完善"管委会与属地"两级管理体制,明确两级管理机构的职责分工和决策权限。进一步完善片区管委会与牵头部门、配合部门之间的联系与对接工作机制,建立顺畅、高效的沟通渠道。同时,重视探索跨区域协调推进机制。

(2)在河南自由贸易试验区工作领导小组统一部署下,探索通过地方立法,建立与试点要求相适应的自由贸易试验区管理制度。推动建立考核机制和改革容错机制,设置改革试错免责条款,鼓励改革创新、允许试错,激发改革创新活力。完善事中事后监管机制与综合执法体系。在人员配置方面,建立一支综合执法队伍,对综合执法人员开展专业化培训,加强一线执法力量,避免基层行政执法力量分散。

(3)自由贸易试验区的重要使命之一是制度创新,应当更加关注制度或改革的系统集成。一方面，以政务服务、监管服务、金融服务、法律服务、多式联运五大专项服务体系为抓手，深入、系统地推进专项领域改革，使制度创新向纵深领域发展。另一方面，着力破解创新举措碎片化问题，推进形成制度创新链，比如，有序推进企业从注册登记到项目建设、对外投资、经营服务、注销退出等全链条的便利化措施，加快完善和拓展国际贸易"单一窗口"功能，实现国际贸易业务全流程覆盖；又如，在推进一项改革创新举措的同时，统筹推进与创新举措相配套的其他举措同步落地，确保创新举措的可操作性与有效性。

（4）以企业诉求为引导开展改革创新。针对企业调研发现的市场需求与实际问题，提出针对性的解决路径或方法；研究跨境电商、多式联运等优势产业领域，结合不同行业企业特点，精准施策。形成"发现需求－探索试验"这一系统性的制度创新机制。同时，重视外向型投资贸易需求，提高对外开放与资源集聚水平。对于负面清单缩减的限制性措施，全部取消相关限制，并制定相应的准入配套措施，进一步提升开放度、透明度。无论在"引进来"，还是"走出去"方面，都需要调整政策措施，营造适应高端的生产要素和创新资源聚集的开放环境。

（5）加快创新政策制定和落地实施。加快招商引资、招才引智优惠政策等专项支持政策的落地，在政策、资金、用地等方面，向自由贸易试验区倾斜，给予充足的财力、物力、人力保障。

第十五章 中国（湖北）自由贸易试验区建设成效与改革路径

陈 波[*]

一、引言

自由贸易试验区的建立是我国当前经济发展所遇到的"内忧外患"的产物，目的在于进一步推动区域经济与贸易自由化、消除国际贸易保护，同时以开放倒逼我国经济改革，形成良性竞争的市场环境，促进产业转型升级。

我国目前已建立了11个自由贸易试验区，其中就包括2017年4月1日正式落成的湖北自由贸易试验区。此次中央交给湖北自由贸易试验区的主要任务是以制度创新为核心，以可复制可推广为基本要求，立足中部、辐射全国、走向世界，努力成为中部有序承接产业转移示范区、战略性新兴产业和高技术产业集聚区、全面改革开放"试验田"和内陆对外开放新高地。

作为中部地区，湖北既没有沿海地区参与国际分工的便利和基础，也没能享受西部大开发的政策优惠。目前，湖北全省的贸易额甚至远远比不上苏南的一些地级城市，外商直接投资的投资项目和额度与沿海地区也相距甚远。湖北的制造业还是以大中型国企为主，民企、外企比重较低，服务业、金融业发展缓慢，政府管理的效率相对低下。因此，湖北自由贸易试验区开放与创新面临着比沿海自由贸易试验区更多的挑战。

---

[*] 陈波，男，华中科技大学经济学院教授、楚天学者，光谷自贸区研究院院长，从事国际贸易、跨国公司等研究与教学。

按照《中国（湖北）自由贸易试验区总体方案》精神，湖北自由贸易试验区沿着"开放先导、创新驱动、绿色引领、产业集聚"的总体思路，创造性地学习自由贸易试验区的四大制度创新，即"以负面清单管理为核心的投资管理制度、以贸易便利化为重点的贸易监管制度、以资本项目可兑换和金融服务业开放为目标的金融创新制度、以政府职能转变为导向的事中事后监管制度"，希望经过3～5年改革探索，对接国际高标准投资贸易规则体系，力争建成高端产业集聚、创新创业活跃、金融服务完善、监管高效便捷、辐射带动作用突出的高水平高标准自由贸易园区，在中部崛起战略和长江经济带建设中发挥示范作用。

湖北自由贸易试验区的实施范围为119.96平方千米，共涵盖3个片区，见图15-1，武汉片区70平方千米，重点发展新一代信息技术、生命健康、智能制造等战略性新兴产业和国际商贸、金融服务、现代物流、检验检测、研发设计、信息服务、专业服务等现代服务业；襄阳片区21.99平方千米，重点发展高端装备制造、新能源汽车、大数据、云计算、商贸物流、检验检测等产业；宜昌片区27.97平方千米，重点发展先进制造、生物医药、电子信息、新材料等高新产业及研发设计、总部经济、电子商务等现代服务业。

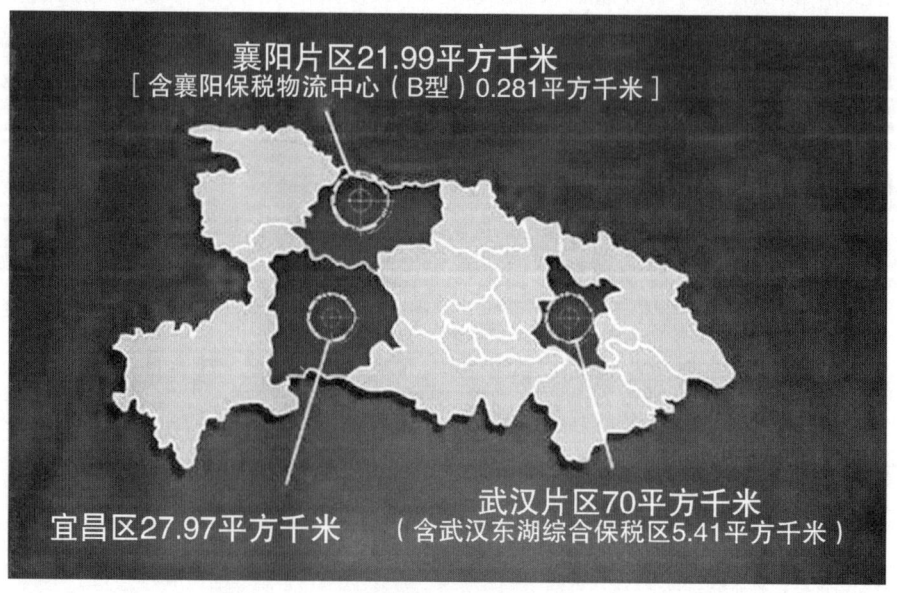

图15-1　湖北自由贸易试验区分布

二、一年来的建设进展

在过去的一年中，湖北自由贸易试验区以及各片区按照既定目标，展开了各项改革开放的创新尝试。

首先，作为湖北自由贸易试验区的统筹管理部门，湖北省商务厅牵头，重点强化了以下六个方面的改革。第一，深化商务领域"放管服"改革。比如，进一步下放省级商务经济管理权限，完善事中事后监管制度，提升行政服务效能。第二，推进招商引资和外资管理工作。实施外商投资准入前国民待遇加负面清单管理模式，完善招商引资相关政策，开展专题招商引资活动，建设国际合作产业园。第三，推动内外贸新业态加快发展。积极发展跨境电子商务，大力培育外贸综合服务企业，创新发展融资租赁业务，支持开展商业保理业务。第四，促进服务贸易创新发展。搭建服务贸易促进平台，推动发展技术贸易，加快发展服务外包，探索与服务贸易特点相适应的监管模式。第五，提升贸易便利化水平。加快建设国际贸易"单一窗口"，支持湖北省内口岸、海关特殊监管区域与湖北自由贸易试验区联动发展。第六，推动企业"走出去"。鼓励企业创新对外投资合作方式，加大对外投资合作主体培育力度，搭建"走出去"公共服务平台。

根据这些自由贸易试验区改革方针，湖北省工商局出台了20项举措，从进一步简政放权、深化商事制度改革、支持自由贸易试验区产业发展、推进事中事后监管四个方面全力支持湖北自由贸易试验区发展。武汉、襄阳、宜昌市工商局按照"能放尽放"的原则，调整下放自由贸易试验区登记管理权限。对住所在自由贸易试验区的内资企业，全部委托片区登记管辖；对住所在自由贸易试验区的外资企业，支持片区工商部门完善条件，争取国家工商总局授权登记；暂未取得授权的，由省、市工商局委托登记，实现企业办理登记不出自由贸易试验区。同时以"网上通办、窗口即办、最多跑一趟"为目标，在自由贸易试验区率先实行"一次就办好"的服务清单管理模式。

武汉海关年初就开始认真贯彻落实海关总署、湖北省委省政府的工作要求，围绕国家赋予湖北自由贸易试验区的战略定位，从促进贸易便利化、改革加工贸易监管模式、支持新型贸易发展、完善事中事后监管、加强关企合作等方面，研究制定了具有湖北特色的和可操作性的 28 项创新举措，是挂牌后第一个推出创新举措的湖北省政府部门。武汉海关研究制定的创新举措分为六个方面（共 28 项），其中，行政审批类 1 项，即海关行政审批事项清单式管理；通关监管类 3 项，包括先放行后改单、船边直接验放和中欧班列（武汉）运单归并简化申报；关税征管类 3 项，包括减免税手续汇总办理、减免税申请电子数据批量导入、试行归类先例制度；加工贸易保税类 16 项，包括先出区后报关、账册变更审核电子化、保税仓库申报无纸化、便捷保税货物流转及海关特殊监管区域与口岸联动等；企业管理类 3 项，包括企业注册登记改革、行业自律及加强信用企业培育；综合服务类 2 项，包括电子口岸企业入网"一站式"办理和重大项目定制监管服务。经过一年的探索，28 项创新举措中有 12 项已积累了较为成熟的试点经验。根据《中国（湖北）自由贸易试验区总体方案》中的分类，在这 12 项创新举措中，有 7 项属于贸易监管制度创新，两项属于税收监管简化，其余 3 项属于加工贸易便利化。这些创新举措同时也支持了"一带一路"倡议、"长江经济带"建设等。值得一提的是，"内外贸同船运输货物智能放行"和"先出区，后报关"这两项创新措施已被海关总署推荐到国务院，可望全国推广。

湖北省国税局从科技研发、服务纳税人等五个方面，推行 17 项创新税收服务措施。同时，3 个片区的国税部门还结合本地实际开展了"自选动作"。武汉市国税局在东湖公共服务中心自贸专区设立"出口退税专窗"，实现全部出口企业出口退税事项"区内办、就地办、网上办"。

考察自由贸易试验区的改革开放政策效果，关键看落实，也就是一线片区如何根据湖北自由贸易试验区的改革方针，制定和落实切实可行的开放与创新政策。以湖北自由贸易试验区最大的片区武汉片区为例，在过去的一年中，武汉在自由贸易试验区建设上，一直走着"复制"加"创新"的路子。

武汉自贸片区 70 平方千米全域位于东湖高新区核心腹地，也就是嵌套在我国最早的四大科技自主创新园区之一——东湖高新园区内。这就决定了武汉自贸片区的主要改革和发展重点在于自由贸易试验区和科技自主创新园区的"双自联动",依托区域产业特色,注重突破和创新。因此,武汉自贸片区成立伊始,就围绕"双自联动",展开了"四制创新":即商事制度改革、投资贸易便利化制度改革、金融开放新制度、科技体制创新。比如,片区开展"28证合一"登记制度改革、企业经营场所登记改革,全面推行"企业身份证"制度,加快企业登记全程电子化和电子营业执照试点工作。集发改、建设、规划、消防等多部门监管信息于一体的"智慧光谷事中事后综合监管系统"已开发建成并投入使用。

片区实施2017版外商投资负面清单,推进投资自由化。建设"一带通"外贸综合服务平台,为企业提供商务认证、报关报检、订舱物流、保险退税等"一站式"进出口服务。同时,探索保税展示交易、跨境电商、国际检测维修、生物医药保税等贸易新业态,加快"东湖陆港"口岸作业区建设和指定口岸建设,湖北自由贸易试验区唯一肉类指定查验场地顺利通过国家质检总局验收。

在武汉自贸片区的大力推动下,大型国有商业银行的分行、支行纷纷入驻自由贸易试验区。全国首个"海外归国人员创新创业企业板"(海创板)在光谷联交所正式启动。通过光谷基金、光谷银行、光谷证券、光谷保险等金融机构的聚集,全力打造全牌照金融机构体系。

该片区在科技成果转移转化上,探索实施科技成果所有权混合所有制改革。武汉知识产权法庭的挂牌,实现了知识产权刑事、民事、行政案件"三审合一",一个知识产权服务集聚发展试验区正在形成。

在涉税事项网上审批备案方面,东湖高新区全省试点开发涉税事项网上办理系统;在第三方检验结果采信方面,将检测交由市场,加快了企业通检效率,减低了企业通检成本;在进口货物预检验方面,实现进口货物无障碍通检,极大地缩减了等待检测结果的时间,让进口货物做到了即报即放。这些举措极大地刺激了市场主体的井喷。

作为"一主两副"格局里的襄阳和宜昌自贸片区,在过去一年的改革创新中也做出了令人瞩目的成绩。例如,襄阳自贸片区认真学习借鉴上海自由贸易试验区经验,在行政审批、工商服务、市场监管、金融服务、对外开放等方面创新突破,"一局两委""三个一""三张清单""三零服务""先照后证""三证合一、一照一码"等制度创新领先全省乃至全国。下一步，我们将继续对接上海、福建、广东、天津自由贸易试验区创新举措，围绕打造与国际规则接轨的营商环境，深化体制机制创新，努力为国家提供可复制、可推广的内陆自由贸易试验区建设经验。宜昌自贸片区也在深入学习对接上海自由贸易试验区的基础上，先行先试，积极推动市场准入、投资准入、行政审批、社会信用、综合执法、行业自律"六大制度创新"，取得明显成效。商事登记"三证合一"制度，在全国复制推广；积极推行"网上注册"，在全国首创工商登记"一点通"自助服务系统；制定社会资本投资清单、项目管理负面清单，编制完善项目审批目录，大力推行投资审批"七大便利措施"和"双告知"制度，促进项目审批提速提质；推动海关通关一体化改革，实行"一次申报、一次查验、一次放行"的通关模式。同时，出台金融改革创新十条，积极构建财政投入、社会投资新机制。这些改革举措，极大地激发了市场主体活力，促进了投资贸易便利化，为宜昌片区建设发展打造了新的制度优势和环境优势。

此外，湖北省商务厅制定了《中国（湖北）自由贸易试验区建设规划》（以下简称"规划"），为湖北自由贸易试验区未来三年的发展制定了改革路径。《规划》根据《总体方案》，明确了湖北自由贸易试验区将沿着"开放先导、创新驱动、绿色引领、产业集聚"的总体思路，积极开展以负面清单管理为核心的外商投资管理制度创新、以贸易便利化为重点的贸易监管制度创新、以更好支持实体经济为目标的金融制度创新、以政府职能转变为导向的事中事后监管制度创新，同时立足湖北实际、凸显湖北特色，积极开展以科技体制机制创新为抓手的创新驱动探索，以高端产业和高端生产要素集聚为目的的产业转型升级探索。《规划》提出的主要建设目标是：湖北自由贸易试验区经过3～5年改革探索，对接国际高标准投资贸易规则体系，力争建成高端产业集聚、创新创业活跃、金融服务完善、监管高效便捷、辐射带动作用突出的高水平、高标准的自由贸易园区，既服务"一带一路"建设、长江经济带发展和中部崛起等重大战略，为国家试制度、出经验，又补足湖北开放不够的短板，推动湖北经济转型升级，为地方谋发展。

三、改革成效与亮点

(一) 自由贸易试验区改革成效评价

为客观、真实地了解湖北自由贸易试验区在建设进展中统筹协调、产业集聚、金融支持和绩效评估等方面取得的成效,华中科技大学和武汉大学专家团队协同湖北省商务厅自贸办联合设计了2套调查问卷,即《湖北自由贸易试验区建设政府工作人员调查问卷》和《湖北省自由贸易试验区建设工作企业调查问卷》,于2017年下半年通过问卷星网站,针对相关省级职能部门和各片区参与湖北自由贸易试验区建设的政府工作人员以及片区企业分别开展网上匿名调查。

本次调查问卷完全通过互联网完成。省自贸办将网上调查问卷链接地址发送至相关省级职能部门和3个片区管理机构,并通过片区管理机构转发给当地政府相关部门和片区企业。政府工作人员和片区企业在规定期限内自觉、自愿、匿名填报,最终回收政府工作人员有效问卷404份,企业有效问卷202份,见表15-1。

首先,问卷统计的结果表明半数调查对象对自由贸易试验区简化行政审批表示认可。其中,51.24%的政府工作人员认为自由贸易试验区明显减小了企业审批难度,见表15-2;49.01%的企业人员表示在办理公司注册或项目审批时与政府部门沟通次数减少,见表15-3。

表15-1 调查对象构成

项　　目	政府工作人员调查	片区企业人员调查
参与调查人数	404人	202人
调查对象构成	A. 省级职能部门:108人 B. 武汉片区:54人 C. 宜昌片区:106人 D. 襄阳片区:136人	A. 制造业:97人 B. 批发和零售业:21人 C. 金融、保险、房地产业:40人 D. 住宿餐饮业:11人 E. 运输、仓储业:19人 F. 其他:14人

表15-2 政府工作人员对自由贸易试验区减少企业审批难度的认可度

选项	小计	占比
A. 没有减少，反而增加了	12人	2.97%
B. 无明显变化	49人	12.13%
C. 略有减少	136人	33.66%
D. 明显减少	207人	51.24%
调查对象人数	404人	

表15-3 企业办理公司注册或项目审批时与政府机构沟通次数

选项	小计	占比
A. 变多	30人	14.85%
B. 变少	99人	49.01%
C. 不变	40人	19.80%
D. 不清楚	33人	16.34%
调查对象人数	202人	

自由贸易试验区改革很大程度上是一项系统集成性的综合改革，因此，在推进湖北自由贸易试验区建设过程中，涉及跨部门协调合作事项非常普遍。超过七成的政府工作人员认为，本单位在落实湖北自由贸易试验区工作任务时需要同3个或3个以上单位协调合作，见表15-4。

表15-4 落实湖北自由贸易试验区工作任务时需要协调合作的单位数量

选项	小计	占比
A. 1~2个	65人	16.09%
B. 3~5个	159人	39.36%
C. 6个及以上	128人	31.68%
D. 不清楚	52人	12.87%
调查对象人数	404人	

总体来说，政府相关部门在推进湖北自由贸易试验区建设中保持了较好的协调合作关系。约85%的政府工作人员对于同其他单位配合情况给予了积极评价，见表15-5。近2/3的调查对象对跨部门协同办理事项涉及的办事材料互联互通、互认共享程度表示认可。其中，超过71%的政府工作人员和约66%的企业人员认为跨部门办事材料互联互通、互认共享非常畅通或较为畅通，见表15-6。

表15-5 政府部门在推动自由贸易试验区建设时与其他单位配合情况

选项	小计	占比
A. 配合默契	170人	42.08%
B. 基本配合	173人	42.82%
C. 难度很大	25人	6.19%
D. 不清楚	36人	8.91%
调查对象人数	404人	

表15-6 跨部门办事材料互联互通、互认共享程度

选项	政府工作人员		企业人员	
	人数	占比	人数	占比
A. 非常畅通	106人	26.24%	46人	22.77%
B. 较为畅通	181人	44.80%	87人	43.07%
C. 一般	104人	25.74%	62人	30.69%
D. 几乎互不承认，需要分别提交	13人	3.22%	7人	3.49%
调查对象人数	404人		202人	

当然，这些政策革新通过政府部门协同管理与服务体现出来的效果还必须得从市场主体，也就是从企业的感受度来评价。问卷结果表明，约65%的企业人员认为，目前湖北自由贸易试验区推出的各项改革创新措施之间具有较高或很高的相互协调性，见表15-7。

表15-7 企业对湖北自由贸易试验区改革创新措施协调性的认可度

选 项	小 计	占 比
A. 很高	46人	22.77%
B. 比较高	85人	42.08%
C. 一般	66人	32.67%
D. 缺乏相互协调	5人	2.48%
调查对象人数	202人	

问卷结果也显示自由贸易试验区内的创新驱动发展环境较好。近六成政府工作人员对自由贸易试验区创新驱动发展环境给予肯定,见表15-8;超过83%的企业重视或非常重视创新工作,见表15-9;研发投入在年营业收入中的占比达到6%及以上的企业约占46%,研发投入占比1%~5%的企业达到1/3,见表15-10。

表15-8 政府工作人员对湖北自由贸易试验区创新驱动发展环境的评价

选 项	小 计	占 比
A. 好	238人	58.91%
B. 一般	144人	35.64%
C. 不清楚	20人	4.95%
D. 不好	2人	0.50%
调查对象人数	404人	

表15-9 企业对创新的重视程度

选 项	小 计	占 比
A. 非常重视	109人	53.96%
B. 重视	59人	29.21%
C. 一般	29人	14.36%
D. 不重视	1人	0.50%
E. 不清楚	4人	1.98%
调查对象人数	202人	

表 15-10 企业每年研发投入占营业收入的比重

选项	小计	占比
A. 1%以内	42 人	20.79%
B. 1%~5%	68 人	33.66%
C. 6%~10%	49 人	24.26%
D. 10%以上	43 人	21.29%
调查对象人数	202 人	

当然，当时诞生还不到一年的湖北自由贸易试验区也存在很多不尽如人意的地方。从问卷调查结果可以看出，产业配套政策和金融支持政策的效果还有待彰显。对于产业集聚发展的相关配套政策，多数企业认为湖北自由贸易试验区现有基础设施和产业配套能力仍有待提升。对区内基础设施和产业配套情况表示满意的企业人员仅占三成；64%的企业人员认为现有基础设施与企业发展部分匹配；57%的企业人员表示自由贸易试验区内的配套企业数量有限；不足 1/3 的企业表示其附近上下游公司和提供服务的公司较多，见表 15-11 至表 15-13。

表 15-11 企业对自由贸易试验区现有基础设施与企业发展匹配程度的看法

选项	小计	占比
A. 完全匹配	63 人	31.19%
B. 部分匹配	130 人	64.36%
C. 严重不匹配	9 人	4.46%
调查对象人数	202 人	

表 15-12 企业所处行业在湖北自由贸易试验区中的配套企业数量

选项	小计	占比
A. 多	59 人	29.21%
B. 一般	86 人	42.57%
C. 少	30 人	14.85%
D. 不清楚	27 人	13.37%
调查对象人数	202 人	

表 15-13　企业附近哪类公司较多

选项	小计	占比
A. 与本企业同行业公司	87 人	43.07%
B. 本企业上下游的公司	45 人	22.28%
C. 为本企业提供服务的公司	21 人	10.40%
D. 与本企业毫无关系的公司	49 人	24.26%
调查对象人数	202 人	

而关于自由贸易试验区金融支持力度，政府工作人员和企业人员给予的评价高度一致，其中，积极评价占比仅为43%，中性评价占比均为37%，见表15-14、表15-15。

表 15-14　政府工作人员如何评价湖北自由贸易试验区对企业金融支持力度

选项	小计	占比	备注
A. 1	29 人	7.18%	
B. 2	48 人	11.88%	
C. 3	151 人	37.38%	数字越大表示支持力度越大
D. 4	66 人	16.34%	
E. 5	110 人	27.23%	
调查对象人数	404 人		

表 15-15　企业如何评价湖北自由贸易试验区对企业的金融支持工作

选项	小计	占比
A. 较好	87 人	43.07%
B. 一般	76 人	37.62%
C. 不好	17 人	8.42%
D. 不清楚	22 人	10.89%
调查对象人数	202 人	

此外，多数企业业务发展依赖金融机构支持，银行仍为主要融资渠道，直接融资渠道和投融资市场还未发展起来。超过74%的企业认为银行等金融机构在企业发展中起到非常重要或比较重要的作用，见表15-16；84%以上的企业主要通过银行融资，主要通过国有商业银行融资的企业超过60%，见表15-17。

表15-16 企业如何评价银行等金融机构的作用

选项	小计	占比
A. 非常重要	94人	46.53%
B. 比较重要	56人	27.72%
C. 有一定作用	45人	22.28%
D. 不重要	7人	3.47%
调查对象人数	202人	

表15-17 企业主要融资渠道

选项	小计	占比
A. 国有商业银行	122人	60.40%
B. 民营银行	38人	18.81%
C. 外资银行	10人	4.95%
D. 发行债券或股票	15人	7.43%
E. 其他	17人	8.42%
调查对象人数	202人	

（二）自由贸易试验区改革亮点介绍

在众多创新政策中，湖北自由贸易试验区也涌现出了诸多创新"亮点"。比如，"网上办、马上办、一次办"成为湖北自由贸易试验区最佳实践案例，受到了李克强总理的肯定；"内外贸同船运输货物智能放行"和"先出区，后报关"这两项创新措施已被海关总署推荐到国务院，可望推广;"国地税合办营改增试点"推进效果显著,国税总局拟将此试点作为案例,在全国复制推广。

在湖北自由贸易试验区成立之时,时任湖北省委副书记、武汉市委书记陈一新同志就提议武汉自贸片区以及武汉市率先实践"网上办、马上办、一次办"。"马上办",是落实习近平总书记的重要指示精神,以群众需求为导向,"当即申报、当即办理、立等可取",最大限度地服务群众;"网上办",是适应信息化时代的要求,以"云端武汉"为平台,打通"数据壁垒",确保凡是网上能办理的事项一律在网上办结,凡是后台能查询的信息绝不要求前置审查;"一次办",是顺应群众需要,通过"帮办""代办""快递"等多种服务形式,实现让企业、群众"最多跑一次",让更多的事项办理"一次都不跑"。

"内外贸同船运输货物智能放行"是武汉海关运用大数据、物联网、云计算等技术,结合武汉海关内外贸集装箱同船运输业务的特点,构建海关与运输工具负责人、监管场所经营人、理货部门之间互动的信息采集、共享和应用机制,依托信息化系统,实现海关与监管场所、卡口间无纸化作业,企业不再需要往返于海关与监管场所之间即可办理运输工具装卸、提货等手续,营造了"智能、便捷、严密、安全"的通关环境。企业可通过自动导入、人工录入等多种方式,向海关传输运输工具及内贸、外贸、空箱动态数据,待货物进出卡口时,信息化系统根据从海关业务系统订阅的数据、企业传输的数据、前端卡口采集的数据进行自动比对,触发卡口自动抬杆放行货物。

此项政策创新在长江内支线率先实现了对内外贸集装箱同船运输、转关监管船舶及货物的智能化管理,结合内河运输的实际情况兼顾了国内国外两个市场,有针对性地服务于长江经济带建设,同时,也对于将武汉建设成为长江中游航运中心,使之通江达海、辐射中部、面向全国,最终成为具有国际影响力的现代化航运中心这一宏伟目标具有重要意义。武汉海关根据自身业务特点,对智能卡口系统进行创新,扩展了信息采集来源,完善了风险参数,并制订了专门的监管方案,解决了以往海关同船运输内贸箱、空箱等智能卡口系统不能自动验放的问题,实现智能卡口对外贸、内贸、空箱智能管理的全覆盖,营造了"智能、便捷、严密、安全"的通关环境。

武汉海关"先出区、后报关"的创新尝试是指建立区域通关一体化，简化跨海关监管区域出境货物的报关流程，是一种海关特殊监管区域货物一线出境通关的新模式。它大幅度地减少了有转关出口需求企业的通关时间，有效降低了企业的运输成本。该举措主要的创新之处在于企业对海关特殊监管区域及保税物流中心（B型）内的货物出境时采用区域通关一体化方式申报；主管海关核准申报后，依托信息化辅助管理系统核放单证，允许其先出海关特殊监管区域；出境货物运抵出境口岸海关监管场所时，企业向主管海关申报出境；主管海关通过风险分析，对无查验的报关单实行即申报即放行。

"先出区，后报关"的创新点在于对采用一体化出口申报的货物，企业可以自行运输，取代了转关模式，降低了海关的通关时间，优化了一线出口货物的流程，提高了通关效率，降低了企业成本。相较于"先入区，后报关"的海关监管模式，本模式的创新之处在于出口端，主要在于优化出口中的海关监管环节。2017年1~9月，企业使用该模式申报一线出口报关单共6230份，已基本覆盖湖北自由贸易试验区海关特殊监管区域所有一线出口货物，反响良好。该模式创新的意义在于其简化了海关特殊监管区货物出境申报手续。该模式实施前，跨特殊海关监管区域出境，需要在转出和转入海关特殊监管区域间申办转关手续，经历录入转关数据、打印转关单、海关施封等程序。实行"先出区、后报关"海关特殊监管区域货物一线出口新模式后，企业只需在海关特殊监管区域辅助系统中申报出区即可，由企业自主安排车辆运抵出境口岸。这有效简化了海关特殊监管区内货物跨区域出境的程序。企业存放在海关特殊监管区内的货物，出区时只要在海关特殊监管区域辅助系统中申报后，运输车辆即可通过智能卡口出区。海关特殊监管区智能卡口根据海关特殊监管辅助系统比对申报要素后自动抬杆，最快过卡口仅需6秒。据测算，新模式下每票货物减少通关时间约0.3小时。该模式下货物在跨不同海关监管区转移过程中，可以使用社会车辆运输替代海关监管车辆。这使得新模式可以更有效降低企业运输成本。据测算，新模式下每单货物降低企业成本约150元。

此外，为了推进"国地税合办营改增试点"，湖北自由贸易试验区依托国地税深入合作，率先在武汉自贸片区试行"国地税一窗通办"，让纳税人平均办税时间较联办前缩短20%以上。所谓"一窗式"国地税通办服务，是指通过一台电脑整合安装国、地税办税系统，只需由一人受理并操作国、地税双重业务，实现办税服务的提质增速，最大限度地降低办税成本，为纳税人提供"简单、简约、简便"的办税体验。该项服务创新打破了原有的国地税分办模式，促进国地税深度融合，实现了信息的及时共享、问题的及时解决，为推进依法治税、深化征管体制改革扫清信息"孤岛"障碍，达到办税效率最大化、服务最优化、纳税人负担最小化的效果。

四、存在的问题

作为我国首批内陆型自由贸易试验区，在短短一年的改革创新建设期内显然会不可避免地出现很多的问题。总体而言，湖北自由贸易试验区的主要问题体现在以下四大方面：一是政策协调机制有待加强；二是产业聚集机制有待发展；三是金融支持机制有待培育；四是科学的绩效评估机制有待研议。

第一，在政府协调机制的形成方面，我们还面临着以下三大问题。

首先，自由贸易试验区工作的垂直管理和水平协作关系还有待进一步树立和明确。比如，在事后的监管和执法上缺乏必要的机构设置，需要市级和区级职能部门的配合，很多部门都有相对明确的细化建设工作任务，但由于原来条块分割、信息鸿沟等问题，实质性推进困难重重。其次，目前的政府行政监管改革偏重事前改革事项的推进，相对忽视了事中事后监管的创新。自贸片区目前在审批、登记等事前改革事项上都有重要的推进，但事中事后的监督管理却存在改革不到位，管理主体缺位、推诿等现象。最后，自由贸易试验区改革创新的相关人力资源支撑不足，考核容错机制还有待明确。目前，自由贸易试验区缺乏评估指标体系和考核标准，导致一线干部对于自己的改革创新的绩效心里没底。

第二，产业聚集机制的形成是湖北自由贸易试验区工作推进的重点之一，我们认为湖北自由贸易试验区在产业聚集机制方面还存在以下主要问题。

首先，重视重点产业扶植，忽视上下游产业链的配套。其次，自由贸易试验区新政的解释宣传工作还要继续加强，目前存在有些政策创新没有对应的足够的企业主体的窘境。许多企业对于自由贸易试验区的认识还比较肤浅，多数企业还在等待"政策洼地"的出现，而由于对新政不了解，造成它们对于"制度高地"的获得感反而不强。再次，创新驱动目前还缺乏人才、资金和市场的支持，尤其是有针对性的政策和落地的措施还跟不上发展的需要。最后，目前自由贸易试验区还欠缺自下而上的科技创新政策制定机制。当前，自由贸易试验区乃至整个湖北省内有组织和自发的科技成果转化力度不够。究其原因，主要在于省内很多项目的政策及细则是自上而下制定的，而在苏州、广州这些成果转化较快的先进地区则多数是自下而上的，并且这些地方的主管官员是专业型的，相关部门对相关项目技术有很深的了解。

第三，湖北金融机构对外开放程度不高，基础相对较差，在具体推进金融创新、更好为实体经济服务时仍存在很多问题。

首先，湖北自由贸易试验区的金融创新虽然在《总体方案》中有明确表述，但具体政策细则仍不明朗。其次，目前自由贸易试验区金融监管部门在业务牌照发放方面还显得有些保守。金融机构非常希望自由贸易试验区金融管理部门能够尽快学习复制现今自由贸易试验区的监管经验和政策，希望得到业务资格方面的政策支持，从而使自由贸易试验区内的金融机构能在有效监管的前提下展开充分竞争。再次，自由贸易试验区金融改革对于国家支持的资产证券化等直接融资的支持政策还没有很好地落实。最后，目前自由贸易试验区金融管理部门仍旧是区外的管理部门的延伸，而许多金融新政的落地需要各部门配合协调、宣传说明，因此，很多时候金融机构会遇到政策不明确、管理不协调的问题。

第四，自由贸易试验区进行改革开放的先行先试是非常明确的目标，但是如何评价干部和部门的改革开放新政效果，是广大一线干部比较关心的问题。

建立明确的考评体系和制度，一方面，这样的评价有利于一线干部评估改革新政的效果，可以应对自由贸易试验区的各类评估，尤其是年度的第三方评估；另一方面，也有利于他们了解目前具体的考核指标和努力方向。但是，目前自由贸易试验区缺乏评估指标体系和考核标准，导致一线干部对自己的改革创新努力心里没底。创新过程实际上也是一个试错过程，并非每一项创新政策在设计、执行时都是完美无缺的，改革者在实践习近平主席"大胆闯、大胆试、自主改"的同时也非常渴望上级提出明确的错误包容机制，只要是非自身主观怠政懒政造成的错误和疏失，就要有一定的错误容忍度，减轻处于改革一线的干部身上的压力，使他们能在开放创新中轻装上阵。

五、对湖北自由贸易试验区下一步改革的建议

针对湖北自由贸易试验区的四大主要问题，以及对湖北自由贸易试验区今后发展的思考，我们对湖北自由贸易试验区下一步改革提出以下四个方面的建议。

（一）关于建立政策协调机制的建议

1. 明确省自贸办的定位与改革权限

确立省自贸办作为省自由贸易试验区工作领导小组的常设组织协调机构，代表省领导小组行使开放创新的领导与监督职能，并应具有考核职能。

2. 切实发挥湖北自由贸易试验区建设的6个专题组的作用

强化各领域支持政策和改革试验任务的统筹研究和系统集成。一是要压实各专题组工作责任，强化牵头单位工作职责，建立健全专题组内部协调合作机制，建立定期与不定期协调会商工作制度；二是充分利用各专题组专业优势和资源优势，统筹做好各自领域重大改革事项的顶层设计，加强政策沟通与系统集成；三是从编制湖北自由贸易试验区改革试验任务实施计划入手，针对跨部门改革事项，相关部门和片区要主动沟通协商，共同编制、推进、落实改革试验任务的时间表和路线图。

3. 压实各片区管委会工作职责

充分调动管委会内部各职能部门和全体工作人员的积极性和主动性。3个自贸片区管委会与高新区管委会虽然设置为两块牌子、一套人马，但在实际运行中，管委会内部新设立的自由贸易试验区协调机构与高新区

管委会原有内设机构存在"两张皮"现象。事实上,作为我国第一个自由贸易试验区,上海自由贸易试验区管委会与浦东新区政府早已合二为一。

4. 灵活处理自由贸易试验区工作人员紧缺问题

新增的自由贸易试验区专职干部因为编制名额的限制,数量很少,因此工作量也非常大。建议政府部门在职能转变改革中注意做好加减法,在去除冗员、优化工作配置和权力下放中释放编制,转移给自由贸易试验区,使得自由贸易试验区工作在顺利推进的同时也不增加政府总体编制规模和支出。此外,可以参照深圳前海管理局模式,尽量把招商、开发、规划等原来的政府职能市场化,通过公司制运行,相应工作人员从市场招聘,不占用公务员编制。这样既可提高自由贸易试验区的行政管理效率,也可在很大程度上解决人员紧缺问题。

(二) 关于推进产业聚集的建议

做好产业聚集的思路主要是自由贸易试验区的政策需要贴近产业发展的各个节点,促进人才、资本、技术等要素在自由贸易试验区内自由流动,提升集聚和配置全球创新要素资源的功能。

1. 加快推进科技成果转化,保护知识产权

实施科技成果收益分配管理改革试点,鼓励高等学校、科研机构、检验检测机构、医疗卫生机构向区内企业发售技术许可或转让科技成果,所获收入可按市场通行的比例用于奖励科技成果完成人和为科技成果转化做出重要贡献的人员。

2. 利用好各类产业政策和配套支持

如自由贸易试验区产业基金、PPP产业引导资金、天使基金以及股权债券交易中心等,综合运用股权投资、基金、贴息、担保等方式,以财政资金为引导,吸引社会资本投入,形成覆盖研发创新、转化孵化、市场应用等各环节的资金支持体系。

3. 理解和落实负面清单的内涵和外延政策

既要放松对外资准入的要求和手续,也要打破民营企业的行业准入壁垒(如金融业),培育国企、民企和外企充分竞争的市场环境。

4. 除关注行业本身的发展外,还要重视产品销售市场的拓展和上下游产业链的完善

比如,应注重建立自由贸易试验区的国内外交易平台,通过区域协作、贸易便利化以及互联网推广等传统和现代市场营销手段,帮助行业建立起产品营销的国内交易中心。

5. 建立适应企业产品周期的各类配套平台

支持自主创新综合服务平台、多元化金融服务平台、人才公共服务平台、信用服务平台、公共技术服务平台、知识产权服务平台、科技中介服务平台、创业企业孵化服务平台的建设。

6. 支持企业面向全球吸引高端领军人才和高层次团队

建立全球人才延揽服务中心和网上信息平台,放宽相关条件,明确标准条件和办理程序,放宽外国高层次人才工作许可年龄限制。注意完善包括外国人在内的高层次人才在职称评审、子女入学、住房以及金融、税务、社保和医疗服务等方面全方位的支持政策,加强优秀人才归属感。

(三)关于建立金融支持机制的建议

金融支持是自由贸易试验区产业发展的关键之一。然而,湖北金融业态的发展水平相对滞后,许多在上海等自由贸易试验区开展的金融创新在湖北自由贸易试验区很可能无法迅速复制,许多拟议中的创新也不一定会有足够的业务作为支撑。对此,我们认为,湖北自由贸易试验区的金融服务提升应该基于两个关键词,即"协同合作"与"服务实体"。

1. 建立金融监管系统连接

以国有大银行为起点,与上海自由贸易试验区金融监管系统连接,接受其对自由贸易试验区的金融监管,为湖北自由贸易试验区企业提供类似于自由贸易试验区账户的金融创新服务。上海作为我国国际金融中心,在风险防控上具有相当完备的技术与制度。而金融监管的特殊性在于其电子化监管模式。也就是说,不论金融机构身处何方,只要接入其电子系统,接受其监管,就可以享受上海自由贸易试验区的金融创新而不必忧虑其所在地的监管能力。

2. 打造中部金融服务中心

大力引进各类知名度高、竞争力强的金融机构,争取引进外资、中外合资金融机构,引进和设立科技、医疗、健康养老等专业保险机构,鼓励引入保险经纪、保险代理等专业性保险服务机构,为保险业发展提供配套服务。整合政府投融资平台,争取参与发起设立地方资产管理公司或并购基金,提升资产管理效益。支持民营资本依法合规进入金融业,实现民营银行、财务公司、汽车金融公司、消费金融公司、融资租赁公司等民营金融机构的集聚发展。

3. 促进金融与科技结合试点,发展科技金融与金融科技

围绕新一代信息技术、新材料、生命健康、智能制造、新能源汽车、大数据、云计算等战略性新兴产业进行试点工作,在股权融资、债券融资、多层次资本市场融资、科技保险、科技金融服务体系建设等方面先行先试。完善自由贸易试验区内技术交易市场,允许外资参与投资。鼓励境外天使投资、创业投资等风险投资机构在自由贸易试验区内开展业务,鼓励设立并规范发展科技型融资担保公司。支持科技型企业通过外资金融机构开展海外上市、离岸并购、特殊目的的载体收购。建立知识产权质押融资市场化风险补偿机制,加快发展科技保险,推进专利保险试点工作。

(四)关于建立绩效考核体系的建议

为了能对自由贸易试验区的改革效果有一个客观准确的了解,需要考虑设计一套合理的自由贸易试验区营商环境评估体系,具体应该包括贸易便利化、投资便利化、政府行政监管效率以及法律执行力四个方面。

1. 设置贸易便利化指数

按照自由贸易试验区建设的目标,研究如何建立起"一口通关","事先报备,事中、事后监管"的有效衡量指标体系。

2. 衡量负面清单的外商投资管理模式的落实效果

从外商投资申请到落地的时间、所面对的政策要求数量、各类申请成本等展开评估。

3. 评估政府行政效率

如审批速度、网上办公、电子化处理等技术与效率的衡量等。

4. 衡量法律法规的执行力

如商业诉讼的处理时间、完成执行的期限、上诉投诉比例等，以这些执行力指标来衡量自由贸易试验区法治环境的成熟程度。

建议自由贸易试验区参照联合国贸易和发展会议（The United Nations Conference on Trade and Development，UNCTAD）和世界银行等研究机构的问卷内容以及上海等自由贸易试验区的统计指标体系，以企业调研和政府集成数据为基础，从数据中判断自由贸易试验区营商环境改善情况。这些指标既能帮助我们对比与国内外先进自由经济贸易区营商环境的差距，又能进一步衡量各政府职能部门之间协作策应、集约化管理的效率，从而为自由贸易试验区各相关部门进一步推动开放与创新政策提供重要的量化评估和参考。

此外，湖北自由贸易试验区在深化改革开放的同时，也应积极主动地研究湖北（武汉）自由贸易港。所谓"港"，广义上讲就是物资和运输工具的集散地，所以除了海港和河港，还可以指空港和陆港的功能区，也就是"无水港"。亚太经社委员会（Economic and Social Commission for Asia and the Pacific，ESCAP）于2010年时界定无水港的概念如下：所谓无水港，主要指的是为基于航空、海运、铁路和公路等相关运输途径的货物实现相对完善的海关服务以及仓储转运的无水港口。因此，现代港口，特别是无水港的良好发展基础在于多式联运、交通环境和集装箱技术的运用。在湖北设立自由贸易港，具有以下优势：一是无可比拟的地理区位优势，湖北地处我国中部，黄金水道穿城而过，遍布公路和铁路网线，具有良好的多式联运基础，一旦设立自由贸易港，其辐射作用将最大限度地发挥。二是外贸依存度低，可以充分发挥"试验"的作用，突破创新的影响面相对较小，更容易推动。三是可以起到良好的示范作用。对于自由贸易港，海关的监管和便利化措施应以世界银行的营商标准为指标，以新加坡、芝加哥、孟菲斯等国际顶级自贸港（园区）为参照，从企业的角度出发切实降低商品在运输、仓储、转驳等方面的等待时间和费用。

总体而言，在过去的一年中，湖北自由贸易试验区从无到有，从沿海发达地区的学习者转变为中国改革开放的带头人。自由贸易试验区在推进政府职能转变，营造更佳营商环境，结合区域产业发展，进一步完善创新创业产业生态、推动科技金融开放创新、深入实施对外开放战略等方面取得了一定成效。但是，湖北自由贸易试验区的很多改革还处于试点阶段，只有个别企业、个别行业感受度较高，成功经验应尽快复制推广到其他企业与行业。自由贸易试验区的最终目的，是建立国际化、开放高效的营商环境。因此，湖北自由贸易试验区虽然迈出了可喜的第一步，但是，为实现《总体方案》的要求，推进全面开放新阶段建设，还需做出更大的努力。

第十六章 中国（重庆）自由贸易试验区建设成效与改革路向

杨 柏* 陈银忠**

一、引言

2017年3月15日，国务院印发《国务院关于印发中国（重庆）自由贸易试验区总体方案的通知》（国发〔2017〕19号）。2017年4月1日，中国（重庆）自由贸易试验区挂牌成立。建立重庆自由贸易试验区是党中央、国务院做出的重大决策，是新形势下全面深化改革、扩大开放和深入推进"一带一路"建设、长江经济带发展、西部大开发战略的重大举措。

（一）战略定位和发展目标

战略定位：以制度创新为核心，以可复制可推广为基本要求，全面落实党中央、国务院关于发挥重庆战略支点和连接点的重要作用、加大西部地区门户城市开放力度的要求，努力将自由贸易试验区建设成为"一带一路"和长江经济带互联互通的重要枢纽、西部大开发战略的重要支点。

发展目标：经过3～5年改革探索，努力建成投资贸易便利、高端产业集聚、监管高效便捷、金融服务完善、法治环境规范、辐射带动作用突出的高水平高标准自由贸易园区，努力建成服务于"一带一路"建设和长江经济带发展的国际物流枢纽和口岸高地，推动构建西部地区门户城市全方

---

* 杨柏，男，博士，教授，重庆工商大学管理学院院长、重庆自贸区综合研究院执行院长，主要从事国际贸易理论、跨国企业管理等方面的研究。

** 陈银忠，男，博士，副教授，重庆自贸区综合研究院副研究员。

位开放新格局，带动西部大开发战略深入实施。

（二）实施区域与功能划分

1. 实施区域

中国（重庆）自由贸易试验区的实施范围为119.98平方千米，涵盖3个片区：两江片区66.29平方千米（含重庆两路寸滩保税港区8.37平方千米）、西永片区22.81平方千米［含重庆西永综合保税区8.8平方千米、重庆铁路保税物流中心（B型）0.15平方千米］、果园港片区30.88平方千米。具体见图16-1。

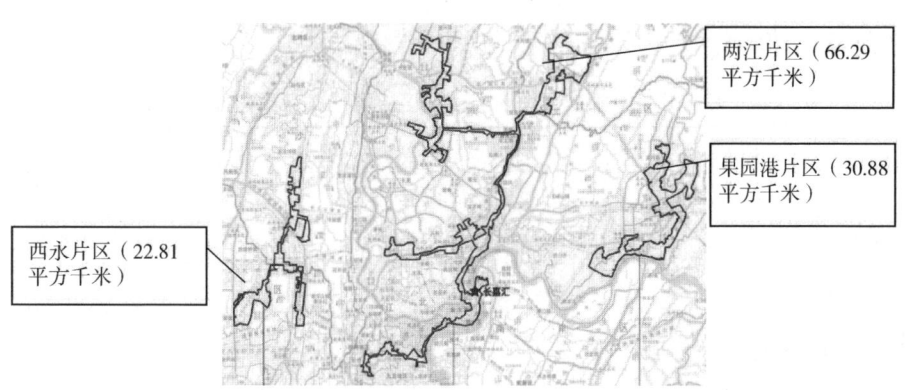

图16-1 重庆自由贸易试验区实施区域示意图

2. 功能划分

按区域布局划分，两江片区着力打造高端产业与高端要素集聚区，重点发展高端装备、电子核心部件、云计算、生物医药等新兴产业及总部贸易、服务贸易、电子商务、展示交易、仓储分拨、专业服务、融资租赁、研发设计等现代服务业，推进金融业开放创新，加快实施创新驱动发展战略，增强物流、技术、资本、人才等要素资源的集聚辐射能力；西永片区着力打造加工贸易转型升级示范区，重点发展电子信息、智能装备等制造业及保税物流中转分拨等生产性服务业，优化加工贸易发展模式；果园港片区着力打造多式联运物流转运中心，重点发展国际中转、集拼分拨等服务业，探索先进制造业创新发展。

按海关监管方式划分，自由贸易试验区内的海关特殊监管区域重点探索以贸易便利化为主要内容的制度创新，开展保税加工、保税物流、保税服务等业务；非海关特殊监管区域重点探索投资领域开放、投资管理体制改革、完善事中事后监管，推动金融制度创新，积极发展高端制造业和现代服务业。

3. 任务和措施

根据《中国（重庆）自由贸易试验区总体方案》，中国（重庆）自由贸易试验区建设的主要任务包括：建设法治化国际化便利化营商环境、扩大投资领域开放、推进贸易转型升级、深化金融领域开放创新、推进"一带一路"长江经济带联动发展和推动长江经济带和成渝城市群协同发展六大任务，具体措施有20项，见表16-1。

表 16-1 重庆自由贸易试验区主要任务和具体措施

主要任务	具体措施
建设法治化国际化便利化营商环境	①优化法治环境
	②深化行政管理体制改革
	③提高行政管理效能
扩大投资领域开放	①提升利用外资水平
	②构筑对外投资服务促进体系
推进贸易转型升级	①促进加工贸易转型升级
	②大力发展服务贸易
	③加快发展新型贸易
	④实施高效监管服务模式
	⑤推进通关机制创新
深化金融领域开放创新	①优化跨境金融结算服务
	②推动跨境人民币业务创新发展
	③探索跨境投融资便利化改革创新
	④增强跨境金融服务功能
	⑤完善金融风险防控体系

续上表

主要任务	具体措施
推进"一带一路"和长江经济带联动发展	①构建多式联运国际物流体系
	②探索建立"一带一路"政策支持体系
推动长江经济带和成渝城市群协同发展	①探索建立区域联动发展机制
	②区域产业转型升级
	③增强口岸服务辐射功能

注：根据《中国（重庆）自由贸易试验区总体方案》整理。

重庆自由贸易试验区挂牌一年来，在加快政府职能转变，推进体制机制创新，营造国际化、法治化、便利化营商环境，推动区域经济联动发展等方面取得不俗的成效，同时在推进重庆高质量发展上具有重大意义。以下将就重庆自由贸易试验区自挂牌以来的建设进展、改革成效与亮点、面临的主要问题进行全面深入的阐述，并进一步指出下一步改革创新的方向。

二、重庆自由贸易试验区一年来的建设进展

重庆自由贸易试验区启动建设一年来，紧紧围绕习近平总书记对重庆提出的"两点"定位和"两地"目标，以制度创新为灵魂，以项目落地为关键，务实推进各项建设工作。截至2018年2月，重庆有条件复制推广的前两批自由贸易试验区118项改革试点经验中，已落地111项；《中国（重庆）自由贸易试验区总体方案》涉及的151项试点任务中，已落地120项，31项正在抓紧推进。全域新增注册企业13055户，占全市同期新增注册企业的9.5%，其中，新增外资注册企业240户，占全市的23.3%；落户重大项目799个，协议投资总额达3086.5亿元，建设成果显著。总体来看，一年来重庆自由贸易试验区建设主要围绕着以下几个方面展开。

（一）以服务国家战略为中心，明确目标定位

认真贯彻落实总体方案，将国家赋予的战略定位具体化为"立足两点，打造四区"：立足实施"一带一路"和长江经济带连接点、西部大开发战略

的重要支点，打造投资、贸易、金融结算"三位一体"的综合试验区，开放型经济新体制的压力测试区，改革系统集成先行区，开放平台协同发展区。同时，将总体目标细化为建成"一枢纽三中心一基地"：以多式联运为核心的内陆国际物流枢纽，以货物贸易为基础的内陆国际贸易中心，以金融结算便利化为抓手的重要功能性金融中心，以互联互通为目标的现代服务业运营中心，以科技创新为支撑的国家重要现代制造业基地。

（二）以政策制度创新为灵魂，加快改革试点

1. 完善管理制度

制定重庆自由贸易试验区《管理办法》等3项规范性文件和12项工作制度，协调推动"一行三会"、海关、检疫检验、国税、公安等中央在渝机构和市级部门出台配套文件26个、支持措施400多项。

2. 强化复制推广

全面推进实施前两批123项改革试点经验，已落地111项，其余正抓紧推进，效率、质量显著提升。

3. 细化创新举措

确立以投资自由化和便利化、贸易便利化、金融服务现代化和结算便利化、深化"放管服"为核心的创新重点，由发改委、商务委、工商局、金融办等牵头出台141条细化措施。

4. 落实总体方案

建立151项改革试点任务台账，做到任务、主体、措施、时间"四个明确"，其中，已落地120项，31项正在推进。

5. 切实防控风险

科学进行风险等级评估，建立预警机制和应急管理联动机制，制定风险防控清单，确定38个风险防控点、54条防控措施和7项监管内容。

（三）以项目落地为关键，增强发展动能

1. 严格推行"两张清单"

"政策清单"对总体方案提出的所有改革试点任务，细化为具体的政策措施，"项目清单"对所有的政策和制度创新，列出对应的事项和项目，

"两张清单"相互匹配，按月更新和报送，以确保政策和项目落地。

2. 强化市、区两级自贸办招商属性

以"一带一路"为重点，坚持"走出去"与"引进来"并重，以开放性思维探索实行市场化运作，采取订单招商、专业招商、精准招商、金融支持招商等方式，培育产业新集群，形成发展新动能。

（四）以个性化探索为着力点，形成特色经验

1. 积极探索陆上贸易规则

重庆自由贸易试验区认真落实《中国（重庆）自由贸易试验区总体方案》中关于"探索建立'一带一路'政策支持体系""构建中欧陆路国际贸易通道和规则体系"等改革任务，确立了探索陆上贸易规则"三步走"工作思路，出台了《关于推进运单融资促进重庆陆上贸易发展的指导意见》，引导和鼓励商业银行围绕陆上贸易开展以运单为核心的金融服务和产品创新。

2. 形成一批典型案例

各部门、各片区积极探索，大胆创新，培育形成一批实践案例，其中8个案例已上报国务院自由贸易试验区工作部际联席会议办公室，6个为全国首创。这些政策、制度创新为企业节省了时间成本和资金成本，企业获得感较强，具有复制、推广价值。

（五）以协同联动为保障，凝聚发展合力

1. 争取商务部支持

商务部部长钟山、重庆市市长唐良智代表双方签订部市合作协议，商务部将在重庆深化自由贸易试验区制度创新等方面给予大力支持。

2. 建立运行机制

形成"自由贸易试验区工作领导小组＋投资、贸易、金融、事中事后监管、法治保障5个工作推进组＋自由贸易试验区办公室＋片区管理机构"的组织架构，高效运作，建立自由贸易试验区各片区（板块）现场观摩评议机制，形成"比、学、赶、超"的良好氛围。

3. 实施平台协同

整合国家级开放平台资源,推进协同发展,实现政策叠加;推动重庆自由贸易试验区和中新(重庆)战略性互联互通示范项目在目标定位、政策创新、产业发展、辐射带动、风险防控、工作机制等方面一体规划、一体推进。

4. 强化交流合作

加强与新加坡、中国香港的合作,密切与四川、浙江、上海等自由贸易试验区在货物组织、通关通检、物流分拨等方面的机制联动,共建通道,共享成果,推进东西双向互济。

5. 强化智力支持

重庆市市长国际经济顾问团会议第十二届年会邀请了31位世界500强领军人物,围绕"重庆自由贸易试验区——探索、开放和创新"主题开展讨论,提出81条建议。第二十届渝洽会期间举办中国(重庆)自由贸易试验区建设发展研讨会。邀请国内外相关行业领头人组建重庆自由贸易试验区智库,并筹备智库专家研讨会。与重庆工商大学合作筹建重庆自贸区综合研究院。引入普化永道等专业机构进行第三方评估。

6. 加大宣传培训

召开系列新闻发布会、政策宣讲会、专题推介会,通过报纸、电视、微信公众号等各类新闻媒体发布自由贸易试验区信息,扩大社会影响。广泛开展多种形式的政策解读和业务培训活动,扩大了自由贸易试验区的政策知晓度。在"百度"中国自由贸易试验区媒体搜索指数排行榜上,媒体关注度排名第三,在第三批自由贸易试验区中排名第一。

三、重庆自由贸易试验区一年来的改革成效与亮点

重庆自由贸易试验区自启动建设以来,紧抓制度创新这个核心,在个性化探索、投资贸易便利化、金融开放和创新、营商环境建设等方面成效卓著,亮点纷呈。例如,开立了全球第一份铁路提单国际信用证、获批全国唯一的检验检疫综合改革试验区等,在全国率先实现国家标准版"单一窗口"申报和完成国际转运业务实货测试、成立西部唯一的商标审查协作

中心等。主要改革建设成效具体如下：

（一）深化"放管服"改革，事中事后监管体系更加完善

1. "放管服"改革扎实推进

向自由贸易试验区下放33项市级管理事项，行政效能显著提升。实施大部门制改革试点工作，在两江片区开展机构整合和职能优化改革，设立一体化综合监管部门。各片区均设立行政服务大厅，实行"一口受理、同步审批"。深入实施"证照分离"改革，内容覆盖100项行政审批项目，解决"办照容易办证难""准入不准营"等问题。"多证合一"全面铺开，"二十证合一"覆盖率100%。其中，沙坪坝板块积极探索开展"三十一证合一"，大幅降低了企业的制度性交易成本。

2. 区域识别系统建成运行

建成运行区域识别系统，形成市场主体全景画像，提供面向政府管理和公众服务的范围查询、市场主体空间展示、区域识别三大功能，并与"网上行政审批系统"双向链接，推动网上快速注册登记。

3. 大数据监管信息平台正式上线

建设重庆自由贸易试验区市场综合监管平台，兼具内部业务工作和外部政企互动功能，实行全地域空间可视监管、全任务集中协同执行、全过程风险预警防控，建立数据共享机制，解决"信息孤岛"问题。

4. "十项税政"实现服务提质

依托电子税务局，推出智慧税务、一表申报、一票清税、税邮合作、全市通办、实名办税、升级热线、优化减免税流程、简化业务流程、国地通办这10项税政举措，实现了线上业务替代率上升、办税厅人流量下降、办税效率提高、纳税人办税体验感增强的目的，全域线上业务替代率超过60%，平均减少纳税人往返办税厅时间1小时以上。

5. 电子化登记和电子营业执照管理深入实施

开通全类型、全环节、无纸化的企业网上登记系统，区内企业均可通过互联网和窗口两种模式办理登记，并试行无纸全程电子化登记。并行发放电子营业执照，实现登记流程无介质、零收费。

6. 社会信用体系日趋完善

依托市公共信用平台建立信用"红黑名单"查询使用与触发反馈、联合奖惩系统。50多家市级部门和单位对照国家备忘录建立了信用奖惩应用清单和措施清单,并将查询使用"红黑名单"嵌入行政管理和公共服务办理流程,推动逢办必查、奖惩到位。共查询行政相对人信用信息近30万次,触发"红黑名单"并实施奖惩2万多次,"一处失信,处处受限"带来的社会影响力明显提高。

(二)提升投资自由化便利化水平,市场更加开放透明

1. 外资"准入前国民待遇+负面清单"模式全面落实

以"全面备案+有限核准"模式对外资项目进行管理。对"负面清单"以外的外商投资项目,除国家有明确要求的以外,已实现100%属地化备案。实行双向投资项目网上办理,项目管理在线运行及信息实时查询系统更加完善。

2. "五个一"改革促进审批流程简化

自由贸易试验区按照"一张清单管告知、一个图章管审查、一本报告管全域、一个标准管收费、一支队伍管执法"的原则,对企业固定资产投资项目提供高效、便捷的审批服务,使投资企业设立手续更加便捷。

3. 外资准入领域有序扩大

进一步降低教育、医疗、金融等领域准入限制,实现有序开放,成功推动新加坡本地最大私立医疗集团——莱佛士医疗集团在重庆自由贸易试验区投建中国第一所高品质外商独资国际综合医院,积极引进美国石溪中学等境外教育机构,航空产业逐渐壮大,美国铁路协会、新加坡新科宇航、广州飞机维修公司维修企业落户共建。

4. 对外投资结构更加优化

实施对外投资管理备案制,创新对外投资方式,对外投资规模持续扩大,2017年重庆对外直接投资15.3亿美元,排名中西部第一,对外直接投资带动进出口43亿美元,对外直接投资流向互联网和相关服务业、汽车制造业、土木工程建筑业的部分分别占同期总额的50.2%、27.6%、12.0%。小康、南商、北斗等企业通过收购境外优质资产,自身研发和创新能力得

到显著提升，品牌和专利优势进一步增强。

（三）深入推进贸易便利化，监管体系更加符合国际标准

1. 飞机租赁实现零突破

将江北机场停机坪划入海关特殊监管区并制订监管方案，出台鼓励飞机租赁业务的各项政策，完善异地委托监管机制。2017年12月22日，重庆首次以海关特殊监管区域特殊目的公司"保税租赁"方式引进的飞机，降落两路寸滩保税港区空港功能区指定停机位。截至目前，已落地完成保税租赁飞机2架，签约9架。成功开展波音737飞行模拟训练器的保税融资租赁业务，开出"保税＋融资租赁"第一单。

2. 国际贸易"单一窗口"建设取得阶段性成果

39项功能充分发挥作用，跨境e+功能完成首票在线付汇业务，初步实现了"四通"（申报直通、系统联通、信息互通、业务畅通）。截至2018年3月，重庆"单一窗口"报关、报检覆盖率已超过40%，重庆口岸实现通关环节优化30%以上，通关时间缩短10%以上，企业综合成本下降10%以上。国家口岸办称赞重庆国际贸易"单一窗口""理念先进，思路超前，处于国内先进水平"。

3. 加工贸易快速升级

完善"整机＋核心零部件＋研发设计＋品牌"的全流程产业链，促进传统笔记本电脑、打印机等优势产品加快向一体机、智能平板、分离式便携PC等高附加值衍生品换代升级。金泰克（香港）半导体公司在重庆打造全国单个品牌最大的内存生产基地。韩国SK海力士集团在渝建设年产9亿只晶粒的存储芯片封装测试项目。

4 服务贸易创新发展

通过鼓励总部经济、推动互联网与产业融合、发展高附加值产业以及对文化产业的深度培育，服务贸易产业逐步壮大，阿里巴巴中西部区域总部将落户，着力打造特大型智能城市；重庆泓艺九洲国际文化艺术中心成为全国第三个国际艺术品交易平台，开展艺术品保税展示、交易拍卖、仓储物流、保税托管、评估鉴定等业务。

5. 新型贸易加速崛起

依托"渝新欧 + 贸易功能区"的双重叠加优势，形成国内最大的咖啡交易中心。保税检测维修产业顺利起步，旭硕及仁宝相关业务、纬腾全球备件维修中心、纬创惠普备件全球维修中心等项目加快发展。总部贸易、转口贸易放量增长，新引进鑫海盛汇、中坤国际等一批 10 亿元级贸易企业。跨境电商、汽车平行进口规模不断扩大，2017 年通过铁路完成整车进口 3288 辆。

6. 高效监管模式效果初现

在海关特殊监管区域创新实施"四自一简"制度（即自主备案、自行确定核销周期、自主核报、自主补税、简化业务核准手续），货物进出区效率提升 20%，办理时间节约 70%，每年为每家企业平均节约成本 5 万元。在国内率先启动对多次进出境研发用产品申请免于办理强制性产品认证（即"3C 免办"）监管模式。截至 2017 年年底，区内企业通过此政策研发的新型打印机等产品出口数量达 718.11 万台，出口金额 7.01 亿美元，相关经验在国务院服务贸易发展部际联席会议上得到推广。探索实施"空检通放"监管模式，缩短进口大宗食品流程时长 80% 以上。搭建加工贸易废料交易平台，实现海关、环保、工商、商务部门与市场主体共管，2017 年下调废料保证金 50%，成交量突破 4 万吨，超 7000 万元，平均溢价率达 29.8%。在航空口岸顺利启用"联合查验，一次放行"系统，节省企业业务协调时间一半以上，减少查验货物移箱成本一半以上。

7. 通关机制创新成果丰硕

开展取消内销征税联系单试点工作，深加工结转审核时间缩短近 2/3。实施归类尊重先例制度，企业通关时间节省近 25%。推动关区经认证的经营者认证，95% 货物免于查验，货物通关时间由 3 天缩短为 24 小时，订单平均增长率高达 23%。实施自报自缴、汇总征税，无参数干预汇总征税报关单实现"秒放"。"7×24 小时"通关模式全面覆盖普通货物进出卡口、空运货物进出口、特殊监管区域已放行货物进出区、跨境电商已放行包裹自主出区等业务类型，压缩 1/3 的通关时间。

（四）加快金融领域开放创新，实体经济支撑更加坚实

1. 启动物流金融创新试点

明确了推进重庆物流枢纽及大通道建设、形成物流行业发展大数据、推进招商引资、基于国际贸易铁路运输提单为进口商提供融资增信四大试点任务，推动"铁路运单＋动产质押贷款""铁路运单＋仓单质押贷款"等融资创新工作。

2. 跨境结算效率提升

创新贸易结算支持措施，鼓励国际物流电子化结算，2017年重庆跨境人民币实际收付结算790.5亿元。截至2018年2月，通过便利化方式为16家企业办理跨境收支257亿美元，节省人力和资金成本超过70%。线上办理海运费境内外汇划转业务取得突破，累计办理金额折合1.9亿元人民币，办理时间由半天缩短至5分钟。

3. 促进新兴业态发展

大力推进跨国公司本外币资金集中运营，试点主体、资金规模同步增长。开展跨境电子商务外汇支付试点工作，试点机构成为中西部首家具有货物贸易、服务贸易全业务试点资质的支付机构。重庆国际电子商务交易认证中心运行顺畅。推出"美元快付"，打造用于境内结算美元海运费的线上结算平台。中保保险资产登记交易系统有限公司顺利落户，成为重庆首家全国性金融要素平台。截至2018年2月，企业跨国公司外汇资金集中运营资金收付117.8亿美元，全市跨境电子商务完成结算17.3亿美元，同比增长25.5%。

4. 跨境人民币汇率风险和汇兑成本实现"双降"

引导企业在与"一带一路"沿线国家和地区贸易投资中采用人民币结算，支持外资股权投资基金办理相关跨境人民币结算业务，支持自由贸易试验区内银行开展境外项目人民币贷款，推动境外企业在境内发行人民币债券，引导个人经常项下交易采用人民币结算。截至2018年2月，重庆"一带一路"沿线国家和地区跨境人民币结算总额201.3亿元，同比增长30.2%，外资股权投资管理机构和外资股权投资合伙企业办理人民币资本金汇入结算业务6.7亿元，累计办理境外项目人民币贷款共4亿元，首期熊猫

债券发行 20 亿元。

5. 跨境投融资领域拓展

深入推进全口径跨境融资宏观审慎管理，统一中、外资企业外债管理政策。截至 2018 年 2 月，重庆企业平均融资成本下降 0.3～0.5 个百分点，建设银行重庆市分行将 2000 万元存量贷款债权转让境外银行，成为全国首批、中西部首笔跨境债权转让业务。江北嘴国际投融资路演中心正式上线，金融服务实体经济能力进一步提高。

6. 跨境金融服务能力提升

星展银行等通过"房地产投资信托基金（REITs）+银团贷款"方式帮助本地企业赴海外融资，在 2018 年 3 月底成为中西部地区企业在境外发行的首单 REITs 产品。招商银行重庆分行推出自贸"双向贷""双向债""双向池"等专业服务，浦发银行重庆分行通过"银团保理+融资租赁"的方式引入新加坡 20 亿元离岸资金，组建丝路融资担保有限责任公司。

7. 知识产权质押融资创建新模式

搭建知识产权质押融资专业平台，为科技型企业开辟新的知识产权质押融资通道，促进专利转化实施和产业化发展，推动知识产权与金融资源有效融合，已成功为 16 家企业实现知识产权质押融资 7900 万元。

8. 科技金融创新亮点突出

探索"金融+科技+自贸"三位一体金融创新模式。"自贸金融云"跨境服务平台项目开发建设，促进"资金流、商品流、信息流"融合发展。马上消费金融构建覆盖"渠道—客户—产品—核心业务"的多层次互联网应用架构体系。重庆富民银行自主开发大数据管理平台初步具备身份验证、反欺诈、信用评估等功能。招商银行重庆分行运用区块链技术开展国际结算和跨境支付创新探索了有益经验。

（五）立足国家发展战略，"一带一路"和长江经济带联结更加紧密

1. 陆上贸易规则探索实现突破

组建重庆物流金融服务股份有限公司，为探索陆上贸易规则提供载体和技术支撑。创造性地开立了铁路提单国际信用证，实现了与海运提单相

同的控货功能、物权功能和金融属性，被国内外多家开证行和合作伙伴全面认同和采用。

2. 国际多式联运实现互联互通

重庆铁路口岸、汽车整车进口口岸以及保税物流中心（B型）等平台的集聚作用进一步发挥，实现中欧班列（重庆）运载货物附加值和辐射带动能力"双提升"。成功开展国际转运业务实货测试，从德国通过铁路将货物运输至重庆自由贸易试验区，再通过空运发往新加坡，开辟了中欧贸易新路径。组建"1+1"轻、重资产平台公司，实现水运、公路、铁路、航空等多种运输方式无缝对接。果园港与江北国际机场、团结村铁路口岸、南彭公路物流基地等重点物流节点间的通道建设加快，布局多式联运监管中心和国际物流分拨中心。

3. 开放通道网络更加完备顺畅

2017年"渝新欧"班列开行507班（去程303班，回程204班），开行频率为去程每周6~10班，回程每周3~4班，开行数量、货值、速度均保持中欧班列第一，成为"一带一路"和长江经济带建设的重要基础和支撑。"1+N"的物流分拨体系更加完善。中新互联互通南向通道（"渝桂新"铁海联运大通道）纳入国家"一带一路"重点项目库并实现常态化运行，比经长江航运出海缩短950千米，节省12天时间，形成"丝绸之路经济带"与"21世纪海上丝绸之路"的有机衔接。推进"渝甬（重庆团结村—宁波舟山港）""渝沪"铁海联运通道建设，缓解长江水运通航瓶颈，与宁波舟山港、上海洋山港良性互动，形成东西互济开放格局。

4. 开放平台体系更加健全优化

航空、铁路、内河港集交通枢纽、保税和口岸功能于一体的开放平台进一步完善。检验检疫综合改革试验区获批，建设申报受理、应急指挥、检疫处理、集中查验、快速检测、整车查验、辐照处理七大中心。获批汽车平行进口试点，推动汽车流通领域供给侧结构性改革。推动果园港增加保税功能，享受启运港退税政策，助力长江上游航运中心建设。获批金伯利进程国际证书制度，打通毛坯钻石进口全流程。形成进口肉类、水果、冰鲜水产品、食用水生动物、汽车整车、粮食、活牛、植物种苗、生物制品及药品、金伯利进程证书指定口岸体系。

5. 区域联动发展协同效应逐步显现

与广东自由贸易试验区前海蛇口片区、四川自由贸易试验区川南临港片区等签订战略合作框架协议，在平台协调、产业协作、通道共享、信息互通、政策共研等方面全面加强合作，推动协同发展。引导重庆银行业参与"一带一路"、长江经济带、西部大开发等国家重大战略落地实施。截至 2017 年，支持国家"一带一路"建设融资余额超过 1700 亿元，支持长江经济带发展融资余额 8620 亿元，支持中欧班列（重庆）配套建设和三大保税区融资余额约 705 亿元。

（六）强化法治保障工作，法治框架体系更加完备

1. 自由贸易试验区立法有序推进

《中国（重庆）自由贸易试验区管理办法》正式出台，地方性法规《中国（重庆）自由贸易试验区条例》加快制定。重庆市高级人民法院、重庆市人民检察院分别印发关于为重庆自由贸易试验区提供司法保障、服务保障的意见。

2. 优化对内对外统一的执法与司法机制

成立自由贸易试验区法治保障工作推进组。建立涉自由贸易试验区投资贸易等商事案件专业化审理机制。创新商事仲裁制度，成立重庆两江国际仲裁院，填补西部地区高质量、国际化仲裁机构空缺。设立自由贸易试验区商事调解中心、公证中心和涉外法律服务中介机构，建立自由贸易试验区诉讼与非诉讼相衔接的纠纷多元化解机制。

3. 知识产权保护力度加大

出台加强重庆自由贸易试验区知识产权工作的意见，制定 17 项举措为个人及企业知识产权保驾护航。成立两江新区知识产权法庭，加强两江新区知识产权服务中心建设。开展知识产权综合管理改革试点工作，从专利、商标、质押融资、信用贷款、专项基金等方面出台优惠政策和服务举措。成立重庆商标审查协作中心，建立自由贸易试验区重点产业专利导航制度。

（七）打造创新创业新业态，产业集聚效应更加凸显

1. 现代制造业产业集群加速形成

建设中德高端制造产业园，形成德国企业聚集区，致力于打造"德国工业4.0"和"中国制造2025"示范区。围绕运输航空动力产业，打造零构件、高温合金材料、航空内饰等产业集群，成功引进一批海内外高端人才，金世利高温合金钛合金、祥泰航空内饰研发制造等一批项目落户开工；围绕智能产业，大力引进海内外人才和团队，推进AI、车载电子系统、物联网等产业聚集发展，商汤科技人工智能、中科创达智能汽车等一批标志性产业项目成功落地；围绕健康产业，推进生物医药、新型医疗器械产业聚集，复星集团生物制药、博腾医药中间体研发等一批项目成功落地。

2. 现代物流产业集聚加快

强化中新合作示范项目与自由贸易试验区多式联运发展一体化，中新互联互通（重庆）物流发展有限公司和中新（重庆）多式联运物流发展有限公司相继落地。积极培育和引进具有国际物流网络资源的国际物流主体，新加坡丰树、维龙、普洛斯、嘉民等一批世界500强物流项目顺利落户。

3. 吸引高层次、专业化、国际化创新创业人才

《促进中国（重庆）自由贸易试验区人才发展的若干措施（试行）》出台，创新人才评价认定机制、加大人才引进集聚力度、优化创新创业激励政策、打造优质人才载体、完善便利往来和签证居留政策、强化人才综合服务等措施使招才引智力度进一步加强。出台14项出入境配套政策措施，让人才来渝更加便利。

4. 中小微企业综合服务平台试点深入推进

引入"八戒财云"，打造云端产业园，以企业自有资源整合能力和技术手段为基础，开发打造针对中小微企业搭建"一站式"全生命周期的综合服务平台，减少了企业在证明开具场地使用证明的时间，整体流程由一周缩减到1～3天。引进星河领创天下项目，建设运营创客空间、加速器，设立早期投资基金，引进一批国际一流创新资源。

四、存在的问题及下一步改革创新方向

(一) 存在的问题

重庆自由贸易试验区建设虽取得一系列显著的成效,但由于尚处在起步和摸索阶段,还面临一些实际困难和问题。

1. 对标高标准国际规则仍不够

建设高水平的投资贸易便利和货币兑换自由、监管高效便捷、营商环境优良的自由贸易试验区是重庆自由贸易试验区建设的着力点,虽然经过一年的建设,重庆自由贸易试验区在投资便利化、金融开放创新、营商环境等方面已取得不俗的成绩,但在短短的一年时间内完成对国际高标准自由贸易试验区的对标,是不现实的。另外,通过制度创新,截至2018年2月,已完成《中国(重庆)自由贸易试验区总体方案》涉及试点任务的80%左右,大规模的制度创新,使得制度创新的风险快速集聚,由于制度效应的发挥具有滞后性,因此,制度创新所带来的风险仍需要得到实践的进一步检验和测试。

2. 营商环境仍需进一步优化

随着"放管服"改革的深化、投资贸易便利化水平的提升、法治化建设的有序推进,重庆自由贸易试验区的营商环境不断改善。但由于重庆地处西部,与东部沿海城市相比,无论从开放还是开放推进的步伐来看,仍相对滞后。因此,在服务意识和服务水平、国际化营商环境建设等方面,重庆自由贸易试验区与上海、广东、天津、福建等自由贸易试验区仍存在差距。因此,重庆应充分借鉴上海、广东等自由贸易试验区在法治化、国际化、便利化等方面建设的成功经验,结合重庆自由贸易试验区建设的具体现状,加速在重庆的推广和复制,增强服务意识、提升服务水平,构建对标上海、广东等东部发达城市,甚至国际化大都市的法治化、国际化、便利化营商环境。

3. 高层次、国际化、专业化人才匮乏

高素质人才是推动持续创新的根本,为了吸引高层次、国际化、专业

化人才，中国（重庆）自由贸易试验区工作领导小组于 2017 年 12 月 15 日印发了《促进中国（重庆）自由贸易试验区人才发展的若干措施（试行）》，但由于人才引进政策出台时间短，目前高层次人才仍相对匮乏，专业人才集聚还未显现。随着自由贸易试验区高端人才的不断引进，以及各项创新创业激励政策的出台，预计未来 2～3 年，将进入人才引进的快车道，高层次、国际化、专业化人才的不断集聚将成为重庆自由贸易试验区建设的重要动力和新的增长极。

4. 改革系统集成不够

经过一年的建设，重庆自由贸易试验区在国际多式联运、开放通道网络、开放平台体系优化以及区域联动发展等方面的建设不断取得突破，但在多式联运的对接，"1+N"物流分拨体系建设，集航空、铁路、内河港交通枢纽、保税和口岸功能为一体的开放平台建设，以及区域协同发展等方面的系统集成仍不够，从而影响制度创新效应的发挥。为此，需要从顶层上推动通道建设、开放平台体系建设和区域协同发展等方面制度创新的系统集成。另外，由于制度创新涉及的部门众多，增加了部门间协同的难度，致使部门之间的创新协同不足，难以形成制度创新合力。

（二）下一步改革创新方向

一年来的建设和不断探索，不仅为重庆自由贸易试验区下一步改革创新积累了丰富的经验，而且明确了下一步改革创新的方向。重庆自由贸易试验区下一步将按照党的十九大提出的"赋予自由贸易试验区更大改革自主权"要求，坚持大胆试、大胆闯、自主改的原则，率先在重庆自由贸易试验区推动质量变革、效率变革、动力变革，提高全要素生产率。

1. 在打造自由贸易试验区升级版上谋突破

推动域内符合条件的综合保税区和保税港区探索试行自由贸易港政策，加快果园港 B 型保税物流中心的申报工作，进一步完善自由贸易试验区的口岸功能。加强风险压力测试，在风险可控的前提下，促进货物贸易、跨境投资自由化，推动更为自由的"自然人流动"管理，放宽"跨境交付"服务领域相关限制性措施，加大税费制度创新力度，实行更为优惠的符合国际惯例的税收制度。

2. 在注重改革集成上做文章

首先，依托中新互联互通南向通道和中欧（重庆）班列，构建"丝绸之路经济带"和"21世纪海上丝绸之路"有机衔接的国际物流大通道；其次，进一步完善开放口岸，打造口岸高地，通过国际物流大通道，实现水、铁、空等多种运输方式的无缝对接；最后，构建部门间和区域间协同联动机制，提升顶层设计、制度创新、试点政策的系统集成水平。

3. 在发挥集聚效应上下功夫

通过营商环境的不断改善，充分激活市场活力，着力培育市场主体，形成经济新动能。从市场主体角度出发，在改革外商投资管理模式、推动设立自由贸易试验区法律事务专业审理机关等方面上发力，全面提升投资贸易便利化水平，推动功能要素、产业项目、人才智力聚合聚集。

4. 在优化营商环境上添措施

进一步深化"放管服"改革，利用大数据监管信息平台，完善事中事后监管体系；深入推进和实施电子化登记和电子营业执照管理模式，实现无纸化全程电子化登记；继续推进法治化建设和加大知识产权保护力度，形成公平正义的法治环境、透明高效的政务环境、竞争有序的市场环境、和谐稳定的社会环境。

第十七章 中国（四川）自由贸易试验区建设成效与改革路向

姜玉梅[*] 邓富华[**]

一、四川自由贸易试验区基本情况

（一）实施范围

中国（四川）自由贸易试验区的实施范围119.99平方千米，涵盖3个片区：

（1）成都天府新区片区90.32平方千米［含成都高新综合保税区区块四（双流园区）4平方千米、成都空港保税物流中心（B型）0.09平方米］。

（2）成都青白江铁路港片区9.68平方千米［含成都铁路保税物流中心（B型）0.18平方千米］。

（3）川南临港片区19.99平方千米［含泸州港保税物流中心（B型）0.21平方千米］。

（二）战略定位

（1）以制度创新为核心。

---

[*] 姜玉梅，女，博士，西南财经大学国际商学院教授，博士生导师，西南财经大学中国（四川）自贸试验区综合研究院执行院长，主要从事国际贸易规则、跨国企业经营与管理等领域的研究与教学。

[**] 邓富华，男，经济学博士，西南财经大学国际商学院讲师，西南财经大学中国（四川）自贸试验区综合研究院院长助理，主要从事国际贸易与金融、国际直接投资等领域的研究与教学。

(2) 以可复制可推广为基本要求。

(3) 立足内陆、承东启西,服务全国、面向世界。

(4) 成为西部门户城市开发开放引领区、内陆开放战略支撑带先导区。

(5) 打造国际开放通道枢纽区、内陆开放型经济新高地。

(6) 成为内陆与沿海沿边沿江协同开放示范区。

(三) 发展目标

经过 3~5 年改革探索,力争建成法治环境规范、投资贸易便利、创新要素集聚、监管高效便捷、协同开放效果显著的高水平、高标准自由贸易园区,在打造内陆开放型经济高地、深入推进西部大开发和长江经济带发展中发挥示范作用。

(四) 功能划分

1. 按区域布局划分

(1) 成都天府新区片区。重点发展现代服务业、高端制造业、高新技术、临空经济、口岸服务等产业,建设国家重要的现代高端产业集聚区、创新驱动发展引领区、开放型金融产业创新高地、商贸物流中心和国际性航空枢纽,打造西部地区门户城市开放高地。

(2) 成都青白江铁路港片区。重点发展国际商品集散转运、分拨展示、保税物流仓储、国际货代、整车进口、特色金融等口岸服务业和信息服务、科技服务、会展服务等现代服务业,打造内陆地区联通丝绸之路经济带的西向国际贸易大通道重要的支点。

(3) 川南临港片区。重点发展航运物流、港口贸易、教育医疗等现代服务业,以及装备制造、现代医药、食品饮料等先进制造和特色优势产业,建设成为重要区域性综合交通枢纽和成渝城市群南向开放、辐射滇黔的重要门户。

2. 按海关监管方式划分

(1) 自由贸易试验区内的海关特殊监管区域。重点探索以贸易便利化为主要内容的制度创新,开展保税加工、保税物流、保税服务等业务。

(2) 非海关特殊监管区域。重点探索投资、金融、创新创业等制度改革,完善事中事后监管制度,积极发展现代服务业和高端制造业。

(五) 保障机制

1. 强化法治保障

自由贸易试验区需要暂时调整实施有关行政法规、国务院文件和经国务院批准的部门规章的部分规定的,按规定程序办理。

各有关部门支持自由贸易试验区在各领域深化改革开放试点工作、加大压力测试、加强监管、防控风险,做好与相关法律立改废释的衔接,及时解决试点过程中的制度保障问题。

四川省通过地方立法,建立与试点要求相适应的自由贸易试验区管理制度。

2. 完善税收政策

落实现有相关税收政策,充分发挥现有政策的支持促进作用。自由贸易试验区内的海关特殊监管区域范围和税收政策适用范围维持不变。

中国(上海)自由贸易试验区、中国(广东)自由贸易试验区、中国(天津)自由贸易试验区和中国(福建)自由贸易试验区已经试行的税收政策原则上可在自由贸易试验区进行试点工作,其中,促进贸易的选择性征收关税、其他相关进出口税收等政策在自由贸易试验区内的海关特殊监管区域进行试点工作。

此外,在符合税制改革方向和国际惯例,以及不导致利润转移和税基侵蚀的前提下,积极研究完善境外所得税收抵免的税收政策。

3. 加强组织实施

(1) 按照党中央、国务院统一部署,在国务院自由贸易试验区工作部际联席会议的统筹协调下,由四川省完善试点任务组织实施保障机制,按照总体筹划、分步实施、率先突破、逐步完善的原则加快实施。按照既有利于整体推进自由贸易试验区建设,又有利于发挥各片区积极性的原则,建立精简高效、统筹协调的自由贸易试验区管理体系。

(2) 各有关部门要大力支持,及时制定实施细则或办法。

(3) 创新思路、寻找规律、解决问题、积累经验。

(4) 充分发挥地方和部门的积极性,因地制宜、突出特色,做好对比试验和互补试验。

(5) 要抓好改革措施的落实工作,重大事项要及时向国务院请示报告。

二、四川自由贸易试验区总体形势

经过一年的探索实践,自由贸易试验区制度创新蹄疾步稳,改革红利加快释放,创新活力持续迸发,实现奠基性高位开局,不仅拉动了开放型经济增长,而且推动了思想观念、发展理念、体制机制、政务服务、法治环境等改革发展,带来强大的学习效应、开放效应和竞争效应,四川立体化的全面开放新格局正在加快形成。2017年自由贸易试验区新设企业2.2万家,注册资本3100亿元,新设外商投资企业204家,占全省总数的1/3,自由贸易试验区片区所在的成都、泸州两市2017年进出口增长49.1%。预计挂牌一周年时,累计新增企业3.4万家、注册资本近4000亿元,新设外商投资企业300家以上;成都、泸州两市今年1~2月进出口增长25.5%。

(一) 四川自由贸易试验区挂牌运行一年取得的成绩

1. 加快简政放权,切实转变政府职能

(1) 聚焦政府职能转变,降低制度性交易成本,不断改善营商环境。首批33项省级管理权限下放各片区,以释放自由贸易试验区在自主决策、制度创新、探索实践等方面的空间和活力。99项"证照分离"改革试点工作有序推进,其中完全取消行政审批5项、审批改为备案2项、全面实行告知承诺22项、提高透明度和可预期性37项、强化市场准入监管33项。推进相对集中许可权改革,川南临港片区组建行政审批局,审批效率提高80%,集中办理行政许可230项,其中160多项"最多跑一次"、20项"一次都不用跑"、26个许可事项1小时办结(青白江区、双流区已获批成立行政审批局)。依托"互联网+"实行商事登记异地直通互办,办证时间压缩至最快3个工作日。青白江片区"企业投资项目承诺制"实行一个部门集中审批,压缩项目开工前审批时间近140天(由197天缩短为60天),天府新区片区"大部制"改革将23个机构精简至16个。

(2) 优化法治环境,构建事中事后监管体系。全面推行"双随机、一

公开"事中事后监管改革,取消各类证明298项,探索国地税联合办税。青白江片区成立大市场领域综合执法机构,高新区块成立环境保护与城市管理综合执法局。在全国11个自由贸易试验区中率先获批设立自由贸易试验区人民法院,川南临港片区法庭正式挂牌。为满足自由贸易试验区市场主体对权利救济便利化和纠纷解决多元化需求,成立中国第一个由自由贸易试验区、法院、"一带一路"国际商事调解中心3家合作建设的项目——"一带一路"服务机制成都办公室、"一带一路"服务国际商事调解中心成都调解室。

2. 加强压力测试与风险测试,推进贸易便利化

(1)优化监管通关流程。一方面,推动海关通关一体化改革,优化通关作业流程,有效压缩通关时间。推广"一次申报、分步处置"的通关模式;深化以企业信用为核心的新型海关监管机制改革,落实差别化管理,大幅降低通关环节人工干预比例。实施关检联合查验区"一次查验"模式,"批次进出、集中申报"改革减少报关单量94%,成都关区进口、出口平均通关时间为7小时、0.6小时,较2016年分别压缩53.5%和49.6%,通关效率分别居全国42个关区的第3、第8位。另一方面,创新查验作业模式,提高查验环节作业效率。全面推行执法领域"双随机"机制,提高管理科学性,营造公开透明、公平公正、诚信自律的管理环境。全面推广应用查验管理系统,拓展查验无纸化作业覆盖范围。探索开展"顺势监管""先期机检"等改革,推广应用大型集装箱检查设备联网集中审像,试行机检优先作业模式,进一步提高海关机检比例,有效提升查验环节作业效率。

(2)助推外贸转型升级。首先,服务贸易创新成效凸显。2017年,全市服务贸易总额达968亿元,增长19.2%,离岸服务外包执行金额近100亿元。其次,跨境电商产业蓬勃发展。国家跨境电子商务综合试验区建设深入推进,成都口岸已具备开展全品类跨境电商业务条件,成功争取到网购保税备货政策。2017年,线上平台接入企业超150家,申报单量超过20万单。6个线下跨境电商产业园区加快发展,聚集跨境电商企业200多家,建成O2O体验店及进口商品展示中心6万平方米。最后,优化保税维修监管模式,推动保税维修产业集聚发展,积极探索保税维修业务延伸发展。开展境内外飞机发动机保税维修业务,解决了境外委托的境内航空公司的发动机"香港一日游"问题,每台发动机节省物流费用20万元,节约维修时间6~8天,截至目前已经入区待维修发动机22台,交付3台。围绕飞机发动、机载部附件等航空维修产业,积极打造保税航空维修中心。

(3) 创新口岸服务机制。优化税收征管作业方式,降低企业通关成本。推广"总担保"制度,提高"汇总征税"比例。扩大电子支付范围,目前,电子支付税单比例已达95%以上。推广预裁定,促进贸易安全与便利,推动营商环境优化。国际贸易"单一窗口"上线运行并拓展特色应用功能,首创海关"互联网+企业注册"服务。全面实施"审单放行",鲜活农产品现场查验比例下调至最低30%,实施"7×24小时"预约通关服务,做到货物随到、随检、随放。目前,双流航空港已拥有种苗、药品、冰鲜、食用水生动物、水果、肉类六大进境指定口岸,青白江铁路港建成汽车整车进口、肉类指定口岸,加快建设粮食指定口岸。综保区内保税维修境内航空发动机实现零的突破,铁路运邮(快)件试点试验项目落地,开出中欧班列多式联运提单21票,中欧班列(成都)集拼集运测试成功双向开行。泸州港获批启运港退税政策试点,泸州港、宜宾港获批国家临时开放口岸(期限至8月13日),允许外贸船舶临时进出,正加快推进正式开放手续。中国—欧洲中心启动运行,成为国家部委和欧盟大力支持的国家级对欧合作平台。

(4) 促进服务要素自由流动。首先,下放管理事权,出入境政策更加合理。新政策下放权限,允许符合条件的自由贸易试验区各片区的县级公安机关出入境管理机构办理出入境签证部分环节;允许自由贸易试验区企事业单位提供口岸签证代申请服务;允许获得四川省人才主管部门认定的外籍高层次人才就近为其子女办理国籍申请和出入境通行证。其次,简化办理流程,出入境政策更加务实。发挥口岸签证的便利性政策,外籍技术人才和高级管理人才可在成都口岸签证机关申请相关签证入境。同时,自由贸易试验区各片区开设"TF"(Talent First,人才优先)窗口,提供外籍人才办理相关手续的快速通道。此外,通过新建出入境服务站、开通服务咨询电话专线、微信预约等手段,不断创新服务方式,延伸服务平台,提高服务水平。最后,放宽申请条件,出入境政策更加开放。放宽学历、工作经验、居留时间等限制,为外籍人员在华停留居留提供制度性便利措施,满足了中短期外籍人员在川工作、学习、生活的需求。创新工作居留向在华永久居留的转换渠道，满足了外籍高层次人才、外籍在川工作人员、外籍华人等群体在华长期工作生活的需求，有利于引进外籍优秀人才，吸引广大留学人员回国工作。

3. 对标国际规则，统筹双向投资合作

（1）优化投资环境。实施外商投资准入特别管理措施（负面清单），进一步放宽外商投资准入。外商投资企业备案与工商登记实现"一窗办理"，99%以上的外商投资企业实行备案管理，备案材料减少90%以上。成都高新自由贸易试验区实施"国际顶级科技园合伙人计划"，构建"业界共治（经济事务）＋社区自治（公共事务）＋法定机构（政府授权法定事务）"的协同发展架构，打造开放度更高、便利化更优的投资环境。截至2017年年底，四川自由贸易试验区新注册各类企业21788户，平均每天超90户企业注册落户；四川自由贸易试验区新设企业数、注册资本等主要发展指标位居7个新设自由贸易试验区前列，新设外商投资企业占全省新设总数的1/3。

（2）深化园区国际合作。中德、中法等国别产业合作平台加快建设，释放双向开放效应。德国赢瑞科技公司中国技术支持总部、德国IF设计分中心、川能投－法能集团合资的分布式能源项目、中法西南能源管理数据中心等一批带动型项目成功落户。威马中德新能源智能汽车研究中心、建安本特勒汽车底盘研发中心、戴卡凯斯曼成都汽车零部件有限公司等在蓉建成投产。

4. 围绕机制创新与通道建设，推进内陆与沿海沿边沿江协同开放

（1）创新体制机制，积极开展区域协同工作，提供政策支持。开展宜宾临港经开区参与川南临港片区协同改革专项行动，探索国家级经济开发区率先协同试验新模式，其中34项改革任务落地实施17项，协同引进智能终端等新兴产业，宜宾港成为国际贸易"单一窗口"标准版首批4个试点城市之一，发布川内首张"十五证合一、一照一码"营业执照。建立川粤自由贸易试验区合作机制，在五大领域15个方面深入开展合作。与广东等地的17个城市开展政务服务异地互办合作，与乌鲁木齐、兰州、西宁开展集拼集运联动试验，与昆明、六盘水共建无水港。

（2）加快通道建设，整合发挥"临空、临铁、临江"功能优势，提升互联互通水平。成都青白江铁路港片区利用中欧班列（蓉欧快铁），构建西向"三线并行"格局；实现北至俄罗斯、南至土耳其、中至波兰的三线闭环运行，形成涵盖欧洲14个主要节点城市的"国际网"核心布局；同时，畅通面向南亚、东南亚的南向通道，通过开通"蓉欧＋"东盟国际铁海联运班列，目的地延伸至越南、以色列等东盟和中东国家。双流国际机场国际航线达到106条，2017年跨境旅客流量突破500万人次，货邮吞吐量64万吨；成都国际铁路港国际班列开行1012列，稳居全国开行班列城市首位，进出口货值增长3.6倍；泸州港开通直达日韩、中国台湾、中国香港近洋航线，集装箱吞吐量超过55万标箱。

5. 激活创新创业要素

（1）积极引进国外智力，努力营造使外国人才"来得了、待得住、用得好、流得动"的良好引智环境。成都高新自由贸易试验区在天府一街1008号已设立外国人签证大厅，区内外国人办证不用再多跑路，在高新区即可办理出入境证件。

（2）对标国际一线城市，整合全球创新创业要素。成都高新自由贸易试验区启动全球招才引智计划，到2020年年底，成都高新区将累计投入50亿元人民币面向全球引才，并新增100亿元用于增强科技创新体系的竞争力。成都高新自由贸易试验区在全国首倡"全球顶级科技园区合伙人计划（TSPPP）"，促进全球技术、资本和产业链深度融合。成都高新区建立中德智能制造产业链集成共创体，在法兰克福、哥本哈根等地设立4个离岸基地海外站点。在中韩创新创业园内，已引进25家国内外知名新型孵化器，入驻科技创业企业和团队410家，员工2650人以上，储备项目113个。2017年，成都着力打造"西部对外交往中心"，引进长期在蓉工作外国人才1800人，并授予9名长期为成都市经济社会发展做出突出贡献的外国专家"金沙友谊奖"称号。2017年，成都当选为"魅力中国——外籍人才眼中最具吸引力的中国城市"。

6. "小步快走"，深化金融领域改革创新

（1）促进跨境投融资便利化。降低跨国公司总部外汇资金集中运营业务门槛，实现西部首个航空公司总部外汇资金集中运营管理资金池正式落

地，目前开展该业务的公司数达到 17 家，跨境人民币累计结算近 6000 亿元，业务覆盖近 4000 家企业，46 家商业银行的 536 个分支机构办理了跨境人民币业务，涉及 1739 家境外银行，交易辐射至 140 个国家和地区。扩大融资租赁业开放，出台支持金融机构入驻、融资租赁产业发展的实施办法，构建金融科技创新发展生态链。

（2）积极打造与自由贸易和投资相适应的金融新服务、金融新业态。推出全国首单银行间市场"双创债"，其"面向中小企业的'一站式'投融资信息服务"——盈创动力科技金融服务模式获全国推广。创新推出全国首款"互联网+"科创融资产品"创客贷"，推出全国首个"蜜蜂保险"，落地了飞机预付款融资、对外保函开立、跨境直贷等自由贸易试验区金融业务。引导保险机构创新开发科技保险产品，帮助企业转移在科研、技术交易、知识产权保护、生产销售、融资、环保、安全生产等环节可能出现的风险，先后认定 350 多款次的科技保险产品，累计服务 157 家（次）科技型企业，涉及保额超过 30 亿元。

（3）搭建金融创新平台，加快完善以"政府引导市场运作"为方向的科技金融服务体系。设立了自由贸易试验区专门金融机构，截至 2018 年 2 月，成都高新区已集聚超过 15 个细分领域的金融类机构 936 家。其中，保险及保险中介机构 146 家、银行 44 家、股权投资及其管理机构 529 家。同时，积极推动设立新型金融平台、发展股权投资基金，目前四川双创基金、中摩合作基金、中法航空制造基金、成都发展基金（一期）等落地自由贸易试验区，天府国际基金小镇已入驻基金企业 170 多家，管理基金规模 1200 亿元。

（二）四川自由贸易试验区制度创新情况

（1）始终抓住制度创新核心任务。中央赋予四川的 159 项改革试验任务全面启动，形成 200 多个实践案例，21 项典型经验上报国务院联席会议办公室，率先在全省复制推广。国际贸易"单一窗口"、多式联运"一单制"、中小科技企业"双创债"、中欧班列集拼集运等创新制度使企业获得感较高。紧紧抓住转变政府职能"牛鼻子"，制度创新"放管服"案例占 50% 以上，首批 33 项省级管理权限下放各片区，99 项"证照分离"改革试点有序推进。川南临港片区组建行政审批局，审批效率提高80%。青白江片区"企业投资项目承诺制"压缩项目开工前审批时间近140天。成都片区全面推行"双随机、一公开"事中事后监管改革，取消各类证明298项，仅保留15项。高新区块成立环境保护与城市管理综合执法局。在全国11个自由贸易试验区中率先获批设立自由贸易试验区人民法院，川南临港片区法庭正式挂牌。

（2）坚持把投资贸易便利化作为制度创新的重点。99%以上的外商投资企业实行备案管理，备案材料减少90%以上。2017年，成都关区进口、出口平均通关时间分别为7小时、0.6小时，较上年分别压缩53.5%和49.6%。泸州港、宜宾港获批国家临时开放口岸。

（3）着力推进内陆与沿海沿边沿江协同开放。开展宜宾临港经济开发区参与川南临港片区协同改革专项行动。建立川粤自由贸易试验区合作机制，与广东等17个城市开展政务服务异地互办合作，与乌鲁木齐、兰州、西宁开展集拼集运联动试验，与昆明、六盘水共建无水港。整合发挥"临空、临铁、临江"功能优势，提升互联互通水平。双流国际机场国际航线达到106条，2017年跨境旅客流量突破500万人次，货邮吞吐量64万吨；成都国际铁路港国际班列开行1012列，进出口货值增长3.6倍；泸州港开通直达日本、韩国、中国台湾、中国香港近洋航线，集装箱吞吐量超过55万标箱。

（三）各片区建设进展

1. 成都自由贸易试验区建设进展

（1）组织架构。成都自由贸易试验区设立领导小组，下设成都管委会，下辖投资体制组、货物贸易组、服务贸易组、金融创新组、简政放权组、监管治理组、法治保障组和宣传工作组。按照片区分设成都高新自由贸易试验区管理局、成都天府自由贸易试验区管理局、成都双流自由贸易试验区管理局和四川自由贸易试验区青白江片区管理局。

（2）推进时间表。自四川自由贸易试验区挂牌以来，扎实推进相关建设工作：于2018年5月8日召开成都自由贸易试验区建设工作专题会，会议审议并原则通过《成都自由贸易试验区2017年工作要点（送审稿）》；计划6月底前完成制定《成都自由贸易试验区2017年实施方案》；9月底前完成《成都自由贸易试验区三年行动计划》。2017年，四川自由贸易试验区成都区域全面启动了《总体方案》中的155项改革任务，重点推进了84项任务133个试验项目，形成"中欧班列多式联运一单制"等138个改革实践案例，其中，成都首创案例17个，"盈创动力科技金融服务"等3个案例在全国复制推广，9个案例上报国务院部际联席会并在全省复制推广。

（3）功能定位。紧紧围绕"四区一高地"功能定位，以供给侧结构性改革为主线，以制度创新为核心，以精简高效运行管理机制为保障，聚焦对欧开放和创新驱动两大试验特色，围绕服务贸易自由化和国际产能合作两大开放重点，以重点突破带动全局，打造内陆开放型经济高地的重要引擎，力争走在中西部自由贸易试验区前列。

（4）制度创新举措。四川自由贸易试验区按照"1+4+8"推进机制，对照《总体方案》实施项目责任制，强化目标督查、社会调查和第三方评估，形成"一把手抓一把手"，不断完善全市合力攻坚的推进机制。截至2018年1月2日，成都自由贸易试验区新设企业19156家，注册资本2948.7亿元。市自贸办全面推动了155项改革任务，重点推进了84项任务133个试验项目；形成中欧班列多式联运一单制等121个工作案例，其中，成都首创案例17个，9个案例上报部际联席会并在全省复制推广。基本实现2017年"开好局、起好步"的预期目标和年度试验任务。成都自由贸易试验区在推动贸易便利化、深化体制改革、提升政务服务水平等方面做出了诸多有益尝试：推进"大数据+人工智能+政务服务"、深化简政放权、"放管服"改革，全国首倡全球顶级科技园区合伙人计划，促进产业链、资本链、技术链深度融合，40项改革创新案例先行先试，其中"'一站式'投融资信息服务"获全国推广。制度创新的红利已经初步显现，开放空间不断扩展。

一是以"负面清单"管理为核心的投资管理体制。新版外商"负面清单"的运用，制度创新与政策优势的双重叠加，使得自由贸易试验区的改革红利不断释放，一批重大项目相继入驻，包括顺丰无人机总部基地、国家生物医学大数据产业园、四川国际飞机发动机保税维修基地、泰康西南医院、美国卡耐基梅隆大学研究院、马来西亚国家馆等。位于高新区块的中国首个对欧合作综合服务平台"中国—欧洲中心"的正式启用,开启了服务"一带一路"对外开放和中国西部对欧全面合作的新窗口,目前已有125家欧洲机构入驻申请,包括欧洲商业与创新中心联盟、奥地利联邦商会、德国北威州投资署、捷克技术中心等;全球顶级科技园区合伙人计划从融入全球价值链视角出发,促进生产要素跨区域、跨国界的有效互联互通,实现在技术、资本、产业链层面协作发展。

二是金融开放创新成果显著。探索建立与自由贸易试验区相适应的新型金融业态,形成了丰硕的成果——全国首单银行间市场"双创债"获国务院充分肯定,打破了银行间市场资金和"双创"的边界,拓展了联通二者的新渠道;盈创动力科技金融服务模式累计为超过4900家中小企业提供债券融资逾400亿元,为逾1.6万家中小企业提供投融资增值服务;全国首款"互联网+"科创融资产品"创客贷"、西部首个航空公司总部外汇资金集中运营管理资金池落地;天府国际基金小镇入驻基金180多家,管理基金规模1400亿元;创新金融制度的同时谨慎防范金融风险,在全国首创"创新信用券",创新性运用区块链技术,打造地方金融监管系统,对小额贷款公司、融资性担保公司等地方金融机构资金往来实现全流程监管。

三是协同开放格局深化。开通"蓉欧+"东盟国际铁海联运班列,蓉欧快铁形成"三线并行"格局,"蓉欧+"铁路联运通道联通新加坡、越南等东南亚国家,2017年中欧班列完成开行1000列目标,稳居中欧班列全国第一,双流国际机场获批国家级临空经济示范区,双流空港开通国际航线104条,通航城市220个,首创中欧班列城市区域合作模式,与深圳等12个国内枢纽城市实现班列的互联互通。成都自由贸易试验区与沿海沿边沿江协同开放,自由贸易试验区改革的"试验田"作用得到充分彰显,天府新区片区与广东深圳前海蛇口片区签署合作备忘录,与青白江铁路港区、川南临港片区签署战略合作协议,开展海关监管、物流联通合作。

四是法治保障不断加强。自由贸易试验区挂牌成立成都国际商事仲裁院、四川自由贸易试验区仲裁中心、"一带一路"法律联盟服务中心、自由贸易试验区专家咨询委员会、成都知识产权审判庭,在中西部率先成立律师综合信息系统。事中事后监管制度不断完善,推出营业执照"一站式"办理、政策在线导航+人工智能辅助决策系统、"双告知、一核查、证照联动"的"212"工作机制、"双随机、一公开"制度、知识产权的"三三制"模式,基于"大数据+人工智能","放管服"改革跑出了加速度。

五是政府职能转变有序推进。成都自由贸易试验区围绕简政放权、监管改革等领域探索出一批典型案例。对外公布了"仅跑一次"和"审批不见面"事项清单,涉及经济运行、税务、基层治理、社会事业等687项政务服务和公共服务事项;着力强化事后监管制度,率先试行"双告知、一核查、证照联动"的工作机制,着力解决"准入不准营"问题,全面推进"双随机、一公开",市场监管执法事项及其他行政执法事项实现全覆盖;构建知识产权"三管合一、三审合一、三检合一"模式,在全国首创知识产权刑事案件公检"双报制"。

2. 川南临港片区建设进展

经过一年的探索实践,川南临港片区19.99平方千米焕发生机,成为带动泸州外向型经济发展的重要引擎。2017年,泸州实现进出口贸易总额139.3亿元,增长5.8倍,其中,川南临港片区113.6亿元,占全市的81.6%;全市实际到位外资8.4亿元,增长68%,其中,川南临港片区4.1亿元,占全市的48.8%。

(1)组织架构。在川南临港片区管委会下设立口岸贸易工作局、金融工作局、投资促进局、办公室、政策研究局和行政审批局(下设综合服务中心),初步形成体系化的组织架构。

(2)制度创新思路。围绕贸易便利化,推出相对集中的行政许可权改革、"多证合一"改革和"单一窗口"等举措;围绕投资自由化,推出"负面清单制度"、增值税票"一站式"服务平台,成立跨境人才服务工作站;围绕金融国际化,推出港口航运配套金融服务和供应链金融服务,促进跨进融资发展,设立自由贸易试验区产业发展基金;围绕监管法治化,推出社会信用评价系统、相对集中综合行政执法改单、口岸联动执法互动机制和跨境资金流动风险监管管制。

(3)工作推进时间表。2017年4月1日,川南临港区正式揭牌;2017年4月17日,出台《四川自由贸易试验区川南临港片区2017年工作要点》;2017年5月17日,分别与广州南沙新区片区和深圳前海蛇口片区签订《战略合作框架协议》、合作备忘录;2017年5月26日,出台36项口岸贸易便利化创新政策；2017年7月9日，川南临港片区挂牌运行满百日，复制推广其他自由贸易试验区创新经验136项，自主创新30项；2017年9月14日，泸州港"天天直航快班"首航；2017年10月7日，经过半年挂牌运行，川南临港片区复制推广其他自由贸易试验区改革经验148项。形成创新经验成果60项，在泸州市范围内推广10项，上报四川省自贸办改革创新案例20项；2017年11月6日，自由贸易试验区川南临港片区检察室揭牌成立；2017年12月10日，自由贸易试验区川南临港片区举行泸州至上海升船机"五定"外贸直航班轮首发仪式；2017年12月30日，"泸州—广州外贸铁路班列"测试列开行。2017年1月4日，四川自由贸易试验区川南临港片区发出第一个电子营业执照；2017年1月9日，首台"泸州造"新能源电动汽车下线；2017年1月21日，湖北省襄阳市编办副主任潘明志带领自由贸易试验区襄阳片区同志考察自由贸易试验区川南临港片区并签订战略合作协议；2017年1月29日，中国（四川）自由贸易试验区川南临港片区"中介超市"揭牌运行。2018年2月5—6日，泸州市委副书记、市长刘强率泸州市党政代表团赴中国（重庆）自由贸易试验区，并签订战略合作框架协议；2018年3月20日，天府新区成都直管区与川南临港片区签订战略合作协议；2018年3月29日，四川自由贸易试验区川南临港片区法庭在川南临港片区挂牌成立。

（4）功能定位。川南临港片区，承接国家赋予四川的"实现内陆与沿海沿边沿江协同开放"试验任务，协同成都天府新区片区、成都青白江铁路港片区，全力助推四川打造内陆开放型经济新高地。

泸州港作为四川第一大港，发挥长江经济带与"一带一路"交汇节点、长江经济带、成渝城市群和南贵昆经济区的叠合区等区位优势，与成都青白江"铁路港"、成都双流"航空港"鼎立形成"水运、铁路、航空"三大开放口岸。

（5）制度创新成果。《中国（四川）自由贸易试验区总体方案》中涉及泸州的试验任务141项，一年中，川南临港片区推进实施138项，复制推广一、二批自由贸易试验区改革经验164项，形成创新成果120项，76项投资贸易便利化举措、15项金融国际化创新举措等，充分激发了片区产业集群集聚活力。平均每3天推出一项创新试验，包括投资便利类、口岸贸易类、金融服务类、事中事后监管类等，大大优化了营商环境，给企业和百姓生活带来了制度红利。"企业注册开户办税1小时办结制""出口退税预审快退"等16项制度全国领先。

一是推进通关便利、畅通国际的外贸开放通道建设，初步形成协同、开放、合作的国际贸易新格局。立足于服务川南，持续推进川南港口群合作，推出口岸通关"零费用"、保B仓库"零租金"等服务措施，开展政务服务互办、飞地园区共建、港口物流互通等合作模式。主动协同成都片区，推进无水港建设，创新发展平行进口汽车异地监管展销、跨境直邮、保税备货等新贸易业态。依托港口天然优势，不断深化沿海沿边沿江合作，打造长江东向出海通道，全力推进长江航道泸州段从三级航道升为二级航道，增加班列并力争压缩时间，打通"泸粤港"铁海联运南向通道，建立"直航快班"和"外贸直航班轮"制度，打造"泸粤港"铁海联运南向通道等，与11个自由贸易试验区（片区）建立合作关系，协同开放合作地区达30个。

二是创新高效便捷、特色突出的企业服务体系建设。推进行政审批制度改革，简化行政审批程序，提高办事效率。实施优化营商环境三年行动，推进行政审批"单一窗口"建设，集中办理行政许可，提高审批效率。搭建供应链金融平台，解决企业融资难题。积极实施人才新政，成立人才服务站，提升了开放度，拓宽了人才引进渠道。

三是稳步推进平台建设，不断完善口岸功能。成功获批临时开放口岸、启运港退税政策试点、进口非特殊用途化妆品备案试点，已获批建设进口肉类指定查验场、综合保税区、国家开放口岸、跨境电商综合试验区、检验检疫综合试验区以及进境水果、整车等指定口岸等争创工作有序推进，推动川南临港片区实现多口岸直通、多品种运营和做大口岸经济。

三、四川自由贸易试验区下一步展望

（一）总体展望

2018年是贯彻党的十九大精神的开局之年，是改革开放40周年，是自由贸易试验区建设深化之年。四川自由贸易试验区将认真落实习近平总书记来川视察时做出的"推动内陆与沿海沿边沿江协同开放，打造立体全面开放格局"重要指示精神，突出内陆特色，对标国际最高标准，努力闯出一条内陆自由贸易试验区国际化、法治化、便利化新路。

（1）高位推动"全面开发开放引领性工程"，召开全省性引领性工程建设现场会，制定出台推进引领性工程建设的《指导意见》，努力走在西部内陆全面开发开放最前列。

（2）加快构建"五大制度创新体系"，在现代政府治理、双向投资管理、贸易监管服务、金融开放创新、区域协同开放五个方面取得新突破。对多式联运"一单制"等具有牵引性的重大改革事项成立专项工作推进组。

（3）深入探索差异化试验路径，主动融入"一带一路"，加大南向开放，深化西向开放，打造国家西向南向开放的战略中心。对标国际最高标准，加强基础研究，探索建设内陆自由贸易港。加快打造国际立体开放经济走廊，推进中欧陆空联运基地和国际多式联运示范工程建设。开展"魅力自贸、开放四川"链动全球活动，发展更高层次开放型经济。

（4）构建多维度多层次协同开放格局，在省内推进"3区+N园"协同改革，探索建设一批自由贸易试验区协同改革先行区。在省外依托跨区域重大平台，建设一批协同开放示范区。

（5）建立完善统计监测、新型智库、全媒体中心、法治服务机构、督导考核信息化"五大支撑性平台"，建立营商环境评价体系，制定《中国（四川）自由贸易试验区条例》，强化自由贸易试验区运行保障。

（二）各片区下一步展望

1. 成都自由贸易试验区下一步展望

"2018年被确定为成都自由贸易试验区建设'攻坚年'。"成都市自贸办表示，要全面加快推进《总体方案》改革试验任务落地见效，努力完成80%的试验进度，创造一批成都特色改革案例和高质量制度创新成果，争取推出10项以上首创改革成果在全国复制推广，积极探索研究内陆自由贸易港。

（1）进一步优化体制机制。完善"清单制+责任制+督查制"工作推进机制，实现与省内地市州和沿海沿边沿江区域协同开放，建立健全与其他自由贸易试验区、重点口岸城市的互补试验、联动试验机制。

（2）全面提速实施重点突破。加快编制2018年工作要点和实施方案，完成210多项改革试验项目。制定自由贸易试验区改革试验任务"硬骨头"清单，争取在多式联运一单制、公共决策法定听证、供应链金融创新等领域形成更多首创案例和创新成果。

（3）推进改革试验成果加快转化。以中国—欧洲中心、中德、中法、中意、中英等国家级对欧合作平台为突破口，进一步扩大服务业开放和市场准入。加快建设中医药服务贸易大平台。加快组建自由贸易试验区招商推广中心，加大网络招商和全球投资促进力度。

（4）推进西部国际门户枢纽城市建设。加强航空港、铁路港功能升级和通道建设，推动联通亚欧、畅达全球的供应链体系建设。开展"一带一路"通关一体化和国际人员往来"单一窗口"等改革试验。

（5）积极探索内陆自由贸易港。以双流国际航空港、天府国际空港、青白江国际铁路港为载体，探索内陆航空港、铁路港便利化及扩大服务业开放新模式。对标中国香港、新加坡、迪拜等自由港，组建专家发动国内外智库积极开展内陆自由贸易港前期研究。

具体落地区域2018年做法：

（1）天府新区。将鼓励基金小镇开展金融创新，用基金小镇的资本推动鹿溪智谷、天府中心3个自贸试验板块联动。谋划区域联动发展，打造与自由贸易港紧密关联的内陆"无水港"。不断提升营商环境的法治化、国际化、便利化水平，构建营商环境支持体系、市场主体平等准入和有序竞争的投资管理体系、贸易转型升级和通关便利的贸易监管服务体系、金融开放创新和有效防控风险的金融服务体系、符合市场经济规则和治理能力现代化要求的政府管理体系。

（2）高新区。将推动2018年度各项试验任务落地，深入实施全球顶级科技园合伙人计划，积极推进中国—欧洲中心建设，加快融入"一带一路"建设。推动金融领域创新改革多点突破，探索通过资产证券化等方式盘活区内闲置存量房产。加快打造最优营商环境，加大对跨国企业总部、轻资产高能级项目招引力度，加快建设在线报建和协同审批平台，实现建设项目全生命周期数字化监管。积极推进在条件成熟的领域实施人工智能即时审批。加快中央活力区建设，加快建设国际学校、国际医院等。

（3）青白江区。对标自由贸易港，依托综合交通枢纽，利用边境口岸通关优势、辐射中亚区位优势，共同完善区域合作关系，实现自由贸易试验区制度共创、产业互动、协同发展，着力打造面向欧亚的进出口商品集散中心和转口贸易中心，推动枢纽经济发展，加快构建内陆地区开放型经济新平台。加快推进贸易便利化，促进新型贸易集聚发展。对标一流营商环境，切实转变政府职能。突出供应链金融创新，提升铁路港服务能力。突出差异化试验，构建供应链管理枢纽核心区。

（4）双流区。着眼港产城融合发展，探索建立内陆自由贸易港，力争实现主营业务收入1500亿元、进出口总额330亿元。坚持"以港强产"，提升自贸经济能级。大力发展民用航空产业、保税贸易产业和供应链综合服务，打造全国首个数字贸易产业园区。坚持"协同试验"，配合省市全面完成机场扩能改造，新增停机位52个；新开通国际直飞航线5条以上，客货吞吐量突破5300万人次、70万吨。坚持"规划引领"，全力塑造空港产业新城。

2. 川南临港片区下一步展望

川南临港片区将抓住"制度创新"这一核心要务和"搭建平台、服务川南、协同开放、产业发展"四个关键，努力提升开放范围和层次，让自由贸易试验区引领泸州走出国门、走向世界。协同青白江铁路港区，稳定运行"泸蓉欧"快铁和铁水联运班列，力争开通至中亚、俄罗斯班列，将泸州港打造成"蓉欧快铁"延伸第二场站，加快川南城际铁路、自贡至泸州港大件路等项目建设，推进泸遵高铁、渝昆高铁前期工作，确保泸州新机场7月建成投运，着力构建"水、公、铁、空"综合物流服务体系。积极探索内陆与沿海沿边沿江协同开放新机制，进一步完善港口功能，提升服务能力。推进大宗商品交易、进口商品分拨、出口商品集散、进出口加工等开放型经济业态集聚，培育发展总部经济、会展经济、保税贸易、跨境电商等新业态，确保2018年实现进出口总额168亿元人民币，加快打造沿江开放型经济新高地。

第十八章 中国（陕西）自由贸易试验区建设成效与改革路径

冯宗宪[*] 张 军[**] 成 哲[***]

一、前言

（一）建设陕西自由贸易试验区的重大意义

建立中国（陕西）自由贸易试验区是党中央、国务院做出的重大决策，是新形势下全面深化改革、扩大开放和加快推进"一带一路"建设、深入推进西部大开发的重大举措。

1. 西北内陆地区的首个自由贸易试验区

陕西，简称"陕"或"秦"，位于西北内陆腹地，横跨黄河和长江两大流域中部，是连接中国东、中部地区和西北、西南的重要枢纽。陕西南北狭长，由北向南可分为不同的三大地区：陕北、关中、陕南。陕西周边与山西、河南、湖北、四川、甘肃、宁夏、内蒙古、重庆8个省市接壤，是国内邻接省区数量最多的省份，具有承东启西、连接西部的区位之便。截至2017年9月，全省设10个省辖市和杨凌农业高新技术产业示范区，有4个县级市、74个县和29个市辖区。

随着第三批7个自由贸易试验区挂牌，标志着中国"1+3+7"的自由贸易试验区由沿海向内地梯度发展的格局初步形成，陕西自由贸易试验区

---

[*] 冯宗宪，男，西安交通大学经济与金融学院教授、博士生导师，"一带一路"自由贸易试验区研究院服务贸易中心主任，从事国际贸易壁垒战略、风险投资与管理等领域的教学与研究。

[**] 张军，男，西安交通大学经济与金融学院应用经济学博士，研究领域：自由贸易区与自由贸易港建设，国际贸易。

[***] 成哲，男，中国（陕西）自由贸易试验区杨凌片区管委会，研究领域：地方开放型经济研究。

作为西北内陆地区的首个自由贸易试验区，具有重要的历史意义和现实作用。

2. 陕西是古丝绸之路的起点，又是"一带一路"上中国区段重要的省份，建设自由贸易试验区有利于陕西扩大对外开放

长期以来，陕西经济外向度不高的问题一直存在。因此，建立自由贸易试验区是扩大陕西省对外开放、扩大内陆省份开放空间的一次重大机遇，对于促进陕西的改革开放，建设内陆改革开放新高地，特别是促进陕西更好地服务于"一带一路"建设，包括经济、科技、教育、文化的对外交流，都非常重要。同时，这也是进一步深入开放改革，打造西部强省、造福各族人民的重大机遇。

3. 陕西地处中国东西结合部，与资源丰富的西部地区和经济发达的东部地区都有良好的通达性

在铁路、公路、航空和信息通道上都是连接中国东西南北的重要枢纽。陕西的地理位置、历史渊源以及发展状况符合新时期国家战略所要求的作为我国打通向西开放的平台的基础条件，省会西安是全国铁路枢纽之一和高速公路网重要的节点城市，是全国第四大国际航空港，也是欧洲与中亚国家客流、物流进入中国的出入口和集散地，还有港务区和保税区等对外开放的平台等。西安国际港务区依托综合保税区、铁路集装箱中心站和公路港三大支撑平台，把沿海港口功能延伸到西安，构建起一个连接东西、通江达海的国际内陆港和辐射周边的物流中心。在丝绸之路经济带的建设中，陕西已具备成为欧亚大陆商品汇集平台的基本条件。

4. 建设陕西自由贸易试验区，可以利用陕西在古丝绸之路上的"起点"优势

对丝路沿线国家和地区采取更加开放的政策，创造便利化的营商环境，提升贸易投资便利化水平，促进我国与丝绸之路经济带上其他国家的进一步合作，加快"一带一路"的建设，实现"欧亚太梦想"。自由贸易园区建成后，将大大提高资源配置效率，促进我国经济升级，加速向西开放。一方面，以共建丝绸之路经济带为契机，促进东中西部联手向西开放，促进东中西部投资贸易更深层次合作；另一方面，促进陕西向西拓展投资贸易合作新领域，向东加强招商引资，形成东西合作、向西开放的互动格局，实现开放合作新突破。

（二）陕西自由贸易试验区肩负的历史使命

陕西自由贸易试验区肩负打造"内陆型改革开放新高地、'一带一路'经济合作和人文交流重要支点"的使命。

1. 陕西是"一带一路"开放发展的重要支点，是国家实施西部大开发战略的重要引擎和深化向西开放的战略依托

建设自由贸易试验区有助于扩大陕西对丝绸之路经济带和中西部地区的辐射影响，使得陕西成为连接中东部地区与西部地区和整个欧亚地区的重要桥梁和中枢纽带。建设自由贸易试验区还有助于提高陕西对外经济的开放度，有利于发挥陕西能源科技教育文化综合优势，加快"一带一路""走出去"和"请进来"的要素双向互动，让陕西走在西部乃至全国对外开放的前列。自由贸易试验区建设对推进西部内陆开放体制、机制的创新，营造更加国际化、市场化、法治化的营商投资环境，增强发展软实力，实现经济结构转变，推动区域长远发展都具有重大意义，也有利于加快形成地区统筹、陆海统筹以及东西互济、向西部拓展的全方位开放新格局。

2. 为实现中国（陕西）自由贸易试验区建设与"一带一路"建设的成功对接，需要通过有效服务国家战略进行支持

因此，中国（陕西）自由贸易试验区必须通过"先行先试"，大胆试验和创新。在建设中，应当根据本地特点，将东部沿海地区积累的成功经验嫁接到本地自由贸易试验区的发展过程中，在吸取上海、天津、广东、福建等自由贸易试验区成功经验的基础上，在本省和西部地区推广、普及、扩充和改进这些基础经验。

3. 自由贸易试验区要以"一带一路"沿线国家和地区为依托

不断完善自由贸易试验区网络，让更多的省份和国家参与进来，进而提高自由贸易试验区建设与"一带一路"建设的对接效率，从而为我国自由贸易试验区的发展创造更多的机遇，为我国经济社会发展提供新的动力和保障。自由贸易试验区之下，陕西面临着很多前所未有的机遇和挑战，要调整思维，使开放和改革并行发展，奋力追赶超越。陕西不沿边不靠海，建设自由贸易试验区必须要走出自己不同的路子。推进自由贸易试验区建设,不是只为谋陕西自身的发展,也不是只求一地一域的进步,必须以改革先行者的角色,站在全国发展战略格局的高度,全面提升对西部地区的支撑引领作用,带动西部其他省区产业转型升级和开放型经济发展,形成引领西部地区对接"一带一路"建设的新的增长极。

（三）陕西自由贸易试验区的战略定位、发展目标和实施范围

1. 陕西自由贸易试验区的战略定位

中国（陕西）自由贸易试验区的战略定位是：以制度创新为核心,以可复制可推广为基本要求,全面落实党中央、国务院关于更好发挥"一带一路"建设对西部大开发的带动作用、加大西部地区门户城市开放力度的要求,努力将自由贸易试验区建设成为全面改革开放"试验田"、内陆型改革开放新高地、"一带一路"经济合作和人文交流的重要支点。

2. 陕西自由贸易试验区的发展目标

陕西自由贸易试验区的发展目标为：经过3~5年改革探索,形成与国际投资贸易通行规则相衔接的制度创新体系,营造法治化、国际化、便利化的营商环境,努力建成投资贸易便利、高端产业聚集、金融服务完善、人文交流深入、监管高效便捷、法治环境规范的高水平高标准自由贸易园区,推动"一带一路"建设和西部大开发战略的深入实施。

3. 实施范围和功能划分

根据总体方案,陕西自由贸易试验区总规划面积约119.95平方千米,包括中心片区、杨凌片区和国际港务区3个片区。

（1）中心片区面积87.76平方千米,包括陕西西安出口加工区A区0.75平方千米、B区0.79平方千米,西安高新综合保税区3.64平方千米和陕西西咸保税物流中心（B型）0.36平方千米,含西安高新区、西安经济开发区和西咸新区沣东新城、秦汉新城、空港新城部分区域。中心片区重点发展战略性新兴产业和高新技术产业,着力发展高端制造、航空物流、贸易金融等产业,推动服务贸易促进体系建设,拓展科技、教育、文化、旅游、健康医疗等人文交流的深度和广度,打造面向"一带一路"的高端产业高地和人文交流高地。

（2）西安国际港务区片区面积26.43平方千米,包括西安综合保税区

6.17平方千米，含西安国际港务区和西安浐灞生态区部分区域；该片区重点发展国际贸易、现代物流、金融服务、旅游会展、电子商务等产业，建设"一带一路"国际中转内陆枢纽港、开放型金融产业创新高地及欧亚贸易和人文交流合作新平台。

（3）西安杨凌示范区片区面积5.76平方千米，包括杨凌示范区部分区域。该片区主要以农业科技创新、示范推广为重点，通过全面扩大农业领域国际合作交流，打造"一带一路"现代农业国际合作中心。

（四）陕西自由贸易试验区的主要任务、重要措施和保障机制

1. 主要任务和主要措施

第一，以深化行政管理体制改革为切入点，加快转变政府职能，改革创新政府管理方式。主要试验任务深化推进的基点是使市场在资源配置中起决定性作用；操作路径是依法行政框架内的清权、减权、制权；具体事项是完善事中事后行政管理体制，实施负面清单管理，完善"一口受理、综合审批、高效运作"的市场服务监管体系。推进政府管理由注重事前审批转为注重事中、事后监管。打造事前诚信承诺、事中评估分类、事后联动奖惩的全链条信用监管体系，建设适应法治化、国际化、便利化要求和贸易投资便利化需求的服务体系。

第二，坚持培育功能与政策创新相结合，深化推进投资、贸易便利化及金融开放创新建设。按照总体任务和措施要求，自由贸易试验区以企业需求为基点，培育功能与创新相结合，在风险可控条件下深化推进投资、贸易便利化及金融领域开放创新建设，适应进一步扩大开放和完善现代市场经济体制需要。具体事项包括进一步深化投资领域改革、推动贸易转型升级和深化金融领域开放创新等。

第三，对接国家战略，体现服务于国家战略的重要使命。按照总体方案紧紧围绕西部大开发以及与"一带一路"沿线国家和地区经济合作、人文交流的战略定位要求，以突出自由贸易试验区建设对西部大开发的带动作用为基点，重点在政策沟通、设施联通、贸易畅通、资金融通、民心相通等方面，探索构建与"一带一路"沿线国家和地区经济、人文交流的新模式。具体事项包括：①在扩大与"一带一路"沿线国家和地区的经济合

作方面,做到"三个创新",即"创新互联互通合作机制,创新国际产能合作新模式,创新现代农业国家交流合作机制";②在创建与"一带一路"沿线国家和地区人文交流新模式上把握"五个重点",即发挥陕西特色优势,以科技、教育、文化、旅游和医疗卫生合作为重点,创新机制、搭建平台、探索方式,全面加强与"一带一路"沿线国家和地区在人文领域的交流,扩大中华文明的影响;③推动西部大开发战略深入实施。以自由贸易试验区探索的体制机制创新经验,示范带动西部地区加快经济社会全方位改革步伐,承接沿海和东部地区产业转移,打造中国经济新的增长极。

具体内容上,复制现有4个自由贸易试验区《总体方案》的任务内容共84条,主要是为了拉平制度基础,并一体化深化推进制度创新;吸收国家在陕西省五大试点中涉及制度创新的任务内容6条;结合陕西省自由贸易试验区的特色试验任务,提出创新举措75条,这是重点,也是难点,已经过陕西省各部门与国家相关部委对接确认。

2. 保障机制

保障机制共有四方面内容,具体包括复制现有4个自由贸易试验区的试验内容,并结合陕西省实际,在"健全法治保障""完善配套税收政策""加强组织实施"和"总结推广可复制的试点经验"方面提出了要求。贯彻以法治为保障,推进法治化、国际化、便利化营商环境制度建设;充分发挥现有政策的支撑促进作用。

二、陕西自由贸易试验区一年来的建设进展

通过一年的努力,陕西自由贸易试验区在中央和陕西省委省政府的坚强领导下,以指导思想为指引,主动对接国家战略任务,坚持以制度创新为引领,对照最高标准,查找短板弱项,以政府职能转变、投资贸易便利化、金融创新开放、推动贸易转型升级为抓手,全力打造营商环境最优、开放程度最佳、国际合作突出、人文交流特点明显的自由贸易试验区陕西样本,有效推动了营商环境的改善、激发了市场活力,探索出了一批可复制、可推广的经验。

截至2018年3月底,陕西自由贸易试验区新增注册市场主体14811户,

其中，外资企业 164 户；新增注册资本 3478.05 亿元，其中，外资企业注册资本 9.56 亿美元。自由贸易试验区范围内进出口总额 1983.58 亿元，对全省进出口总额的贡献度超过 70%。

1. 全面推进试点任务落地，实施差异化改革

陕西自由贸易试验区自 2017 年 4 月揭牌以来，以《总体方案》为总纲，以试点任务为抓手，全面推进自由贸易试验区建设。

(1) 组建以省长为组长、常务副省长为副组长的高规格的自由贸易试验区建设领导小组，统筹负责自由贸易试验区顶层设计工作，并组建了金融创新、政府职能转变、贸易便利化、通关一体化等 8 个专题组，协同推进改革。

(2) 为了加速自由贸易试验区建设，按照试点任务要求，构建了省级—片区—功能区三级工作台账和责任清单，对试点任务实行全程项目化、目标化、动态化管理。目前，《总体方案》中确定的 165 项试点任务已经全面启动，并已有"多证合一""简化资金池管理"等 48 项任务基本完成。在试点任务复制推广方面，陕西自由贸易试验区积极复制上海等 4 个自由贸易试验区的 123 项改革试点经验，特别是在试点过程中注重了与本地要素禀赋的匹配，确保了试点成效。

(3) 采取差异化改革，以特色案例为依托，确保特色突出。围绕《总体方案》，陕西自由贸易试验区结合自身优势资源，实施以"案例+任务"的集成式改革探索，使得改革能够接地气。目前，已经探索出了 77 个创新案例，经第三方评估后，有 34 个特色案例具有可复制、可推广价值，并已分批报送国务院自由贸易试验区工作部际联席会议办公室。其中，"微信办照"创新案例受到李克强总理的肯定，被国务院作为典型经验进行了通报表扬，并向全国推广；杨凌片区积极打造"一带一路"现代农业国际合作中心的经验和陕西出入境检验检疫局、西安海关"创新推进中欧班列发展，推动西向国际物流通道建设的做法，由国务院自由贸易试验区工作部际联席会议办公室报国务院办公厅和国家相关部委，并印发给 11 个自由贸易试验区所在省市人民政府以供借鉴。杨凌示范区开展农业全产业链的生产经营模式被商务部作为自由贸易试验区创新亮点对外发布。

2. 推进"放管服"工作向纵深发展

陕西自由贸易试验区向各自由贸易试验区片区下放了213项管理事权，有效地扩展了片区管委会的事权界限，优化了市场主体。商事制度改革的推行力度大大提升，设立全面有效的"证照分离"试点，率先开创了全国范围内丰富的"多证合一、多项联办"的综合平台服务，纳入"人民银行开户许可"、企业工商、税务登记并且实现了全程电子化，全部事项办理的完结时限缩短至3个工作日。省国税局推出了"互联网+税务"等服务，从多个方面推进纳税服务便利化，同时强化税银信息互动，完善国地税全业务、全流程的"一窗办理"系统。扩展移动办税、自助办税、双语办税等现代化功能，大力支持陕西自由贸易试验区建设。陕西自由贸易试验区加强信息信用核实的互通互换，推广"双随机、一公开"监管制度，丰富风险管控体系，创设跨地区、跨领域的信用协同监管与联合奖惩机制。

3. 投资贸易便利化快速提升

全面落实外资准入负面清单管理模式，对外商投资全面实行准入前国民待遇+负面清单管理制度，对负面清单之外的外商投资实行备案管理。加快推行"多评合一""多图联审""一口受理、并联审批"等投资项目审批试点，审批时限大幅压缩。结合产业发展规划和功能定位，研究出台系列招商引资、招才引智、产业培育、产业扶持政策。借助重大涉外活动搭建交流平台，组建专业队伍，开展精准招商，策划组织了一系列以自由贸易试验区宣传推介为主题的招商引资推介活动，有效引进境内外资金。建立了企业"走出去""一站式"服务平台，可为全省企业"走出去"提供全流程一体化服务。不断完善境外资产和人员安全风险防范应急保障机制，制定《推进"一带一路"国家执法网络建设工作方案》《加强"一带一路"建设境外安全保障工作实施方案》，为企业对外投资提供全方位服务。融合了我省"通丝路"、出口水果电子监管及质量追溯系统两个特色应用服务功能的国家9个模块标准版国际贸易"单一窗口"上线运行，海关和检验检疫部门创新推出"货站前移""舱单归并"等24项监管服务措施，使通关效率提升30%以上。

4. 金融服务创新步伐加快

积极推进金融制度创新，出台36条金融支持自由贸易试验区建设一系列措施，向自由贸易试验区委托了小额贷款公司、融资性担保公司、交易场所审批和监管事权。着力打造"通丝路"跨境电子商务人民币结算平台，为市场主体在线提供人民币跨境结算、报关报检等10项"一站式"服务。研究制定《陕西自由贸易试验区基金产品参与内地与香港基金互认参考指引》，支持自由贸易试验区范围内符合条件的基金产品参与内地与香港基金产品互认，自由贸易试验区内企业首只2亿美元境外债券在香港成功发行。深化自由贸易试验区征信体系建设，形成了守信激励机制和失信惩戒机制。成立全国首家专注于资产证券化研究的社会团体法人研究院，为区内金融资产的交易、流转、资源共享提供专业化服务平台。将商业保理纳入自由贸易试验区"一口受理"范围，引进了中核工业、京东金融等商业保理企业。截至2017年年末，自由贸易试验区内共有各类银行业金融机构174家（其中，法人机构6家、一级分行13家、二级分行3家），全省跨境人民币结算达到339.23亿元，省内外2686家企业、31家商业银行的224个分支机构办理了跨境人民币业务，涉及境外银行1589家，交易辐射109个国家和地区。

5. 创建与"一带一路"沿线国家和地区人文交流新模式

积极推进信息丝绸之路建设，设立陕西省首家省级数字经济试点示范区，正在建设"丝路云"网上自贸综合服务平台、自贸产业园智慧园区，发起设立信息丝绸之路发展联盟，启动建设"丝路信息港"。积极培育"一带一路"科技创新合作主体，设立国际科技合作专项，围绕陕西省重点产业领域，组织实施了80多项省级国际科技合作项目。西安交通大学联合31个国家（地区）128所大学组成丝绸之路大学联盟，打造国际化高等教育合作交流平台。陕西省搭建全方位、多层次、宽领域的对外文化交流平台，成功举办第四届丝绸之路国际艺术节，推出以"国风·秦韵"为品牌的海外陕西文化周系列活动，全年组织演出团队赴12个国家和地区的31个城市举行演出49场，"文化陕西"对外新形象得以有力彰显。探索与"一带一路"沿线国家和地区在文化传播领域的合作，成立丝路城市广播电视媒体协作体，开播全国首家丝路频道，实现在多媒体环境下多种传播资源的融合，"一带一路"人文交流影响显著提升。成立"丝绸之路"文物考古中心，持续开展"中亚考古与文化遗产保护"项目。搭建旅游合作平台，建立旅游信息服务平台,实现景区、旅行社、星级饭店、导游员信息共享和动态化监管。扩大健康领域对外交流合作,开展人员培训、互访互学等交流合作。依托欧亚论坛、丝博会暨西洽会等展会平台,吸引"一带一路"沿线国家和地区在我省开展中医药交流合作、医疗体检、健康旅游。

三、改革的成效与亮点

经过一年的改革建设,自由贸易试验区营商环境明显提升,全面改革开放"试验田"、内陆改革开放新高地、"一带一路"国际合作和人文交流重要支点作用得以彰显,较好地发挥了引领示范带动作用,取得了阶段性成果。综观陕西自由贸易试验区一年来的建设,呈现出了许多亮点与成效。

1. 高标准谋划,突出了顶层设计的深度

陕西自由贸易试验区在建设初期就注重了顶层设计的安排,围绕先行先试与顶层设计、市场机制与政府角色、金融创新与投资贸易、金融开放与风险防控等方面,出台了陕西自由贸易试验区总体实施方案、产业规划,搭建自由贸易试验区建设的"四梁八柱"。特别是在顶层设计方面强化体制机制的革新,提出了要利用加减乘除展开制度要素的解构与重构,形成系列的制度创新点。比如,西安片区在自由贸易试验区建设中注重打破各部门的信息壁垒,以平台为依托,发挥数据流动功能,强化数据共享共建,在原有割裂审批的基础上,实现了并联审批,尽最大可能地减少了各类行政审批时限,方便了市场主体。为了有效推进自由贸易试验区建设,还搭建了"任务分解—承接—考核—修正"的动态闭环体系,促进了试点任务的扎实落地。为了做好自由贸易试验区的建设工作,陕西自由贸易试验区还在管理体制上不断探索,目前所搭建的"省级—片区—功能区"的管理体系,强调了"功能区的核心功能及省级—市级的协调支撑功能",同时在试点任务上,注重能够体现陕西优势和特色的重点改革创新任务,实现了自由贸易试验区建设的集成化、系统化、整体化和模块化发展。更为重要的一点是,基于陕西多年来发展的经验与教训,在自由贸易试验区的顶层设计中,首次在全国强调了避免资源内耗、无序竞争,实现协同、互补、错位、共享发展,形成合力。

2. 高标准对接，注重制度创新的质量

陕西自由贸易试验区在建设中始终围绕"构建最为优秀的营商环境"，对标国内、国际高标准要求，以主动服务企业为出发点和落脚点，以制度创新为核心，持续推动政府行政职能转变，积极打造"五星级店小二""马上就办""事不过夜"等政府服务形象，并且分步骤、有条不紊地在重点领域和关键环节不断改革创新。为了深化商事登记制度改革，除了在"多证合一""一口受理""电子政务"等方面展开有益探索外，还注重了服务体系的内延与外拓，西安片区大幅简化落户程序，推行落户电子化，吸引了众多人才落户自由贸易试验区，同时简化税务办理程序，全面推行"先办理后监管"的模式，并且在工程投资领域提高办事效率，实施审批环节压缩、并联，有效缩减了项目报建时间，减少了成本。另外，陕西自由贸易试验区还实施了综合执法体制的深度改革，设立了综合执法机构，逐步赋予相应的执法主体资格，搭建了新兴治理结构。在市场监管方面，建立了以清单监管制度为核心的市场监管体系，强化了信用约束的监管机制。陕西自由贸易试验区依托"秦云工程"，积极搭建信用平台，对市场主体和纳税人实施信用分类与预警管理，构建以信用监管为核心的市场监管体系，并注重失信行为的惩戒力度。在制度创新评价方面，委托第三方以世界银行关于营商环境的评价体系为基础，构建了符合陕西自由贸易试验区实际的评价体系，对各功能区的建设实施动态评价，并对各功能区的创新案例实施预评估制度，探索出了一批推广性极强的特色案例。

3. 促进高品质发展，实现贸易模式的量、质并进

陕西自由贸易试验区围绕贸易服务平台、贸易转型升级、贸易监管便利三大核心任务，不断培植贸易转型升级。在贸易便利化方面，自由贸易试验区对标国际自由贸易通关标准，联合西安海关以制度创新为核心，建立自由贸易试验区货物状态分类监管制度，开展特殊区域外集成电路研发检测企业全程保税业务试点工作，实施"联网监管+库位管理+实时核注"，实现了24小时通关便利。积极推进"货站前移"等系列监管服务创新，国际贸易"单一窗口"上线运行，通关效率提升30%～50%。为了不断壮大自由贸易试验区的贸易总量，陕西自由贸易试验区统筹开展国内国际贸易，通过内外贸一体化，构建贸易双向开放大通道，陕西自由贸易试

验区注重空港—陆港的联动机制,初步搭建了货物中转的运输集散功能。结合国际贸易发展最新特点和陕西要素禀赋,打造以高端制造业、现代服务业、航空航天、文化旅游、电子信息等为主的贸易和产业发展新格局,目前已经吸引了包括海航现代物流、华侨城"文化+旅游+城镇化"综合项目、世界苹果中心等重大项目和平台落户自由贸易试验区,加强了自由贸易试验区产业的集聚能力。

4. 高质量推进,持续扩大金融服务与开放功能

陕西自由贸易试验区在金融创新开放方面始终注重金融平台功能的塑造,先后出台了金融支持自由贸易试验区发展的若干政策意见,在本外币账户、跨境双向人民币"资金池"业务等基础上,积极探索跨境金融服务便利化,打造了"通丝路"人民币结算平台,将"互联网+跨境人民币"连接起来,建立了区块链跨境支付,极大地方便了结算的双方,保证了交易双方的资金安全,解决了金融跨境支付中的结算效率等痛点问题,有效支撑自由贸易试验区建设。同时,持续强化金融服务与开放功能的塑造,在做好传统金融发展的基础上,注重新兴金融的发展,如科技金融、绿色金融、互联网金融、融资租赁、农村金融、汽车消费公司、物流金融等,同时,积极探索信用金融、内保外贷、境外债等业务发展,搭建覆盖面广、种类齐全的金融发展业态。陕西自由贸易试验区还试点开通了"账户核准绿色通道",成立了全国首家专注于资产证券化研究的社会团体法人研究院,为区内金融资产的交易、流转、资源共享提供专业化服务平台,有效提升了金融服务功能。

四、陕西自由贸易试验区建设存在的问题及误区

虽然陕西自由贸易试验区成立一年来,取得了诸多成绩,但是与国家赋予改革的使命,承担的任务还有一定的差距,还没有达到预期的目标。要实现陕西自由贸易试验区更高质量的发展建设,提升其在"一带一路"中的改革作用,必须认真审视自由贸易试验区建设过程中的短板,并寻找有效的解决方案。

（一）存在的问题

1. 体制机制有待进一步完善

当前陕西自由贸易试验区最为显著的特点是各功能区都是在开发区的基础上设立的。体制机制的不顺畅依然制约着自由贸易试验区的良性发展。从陕西自由贸易试验区的管理体制来看，按照总体方案，陕西自由贸易试验区由中心片区、杨凌片区、国际港务区片区3个片区组成，其中中心片区包含西安2个开发区和西咸新区4个新城，国际港务区片区包含西安2个开发区。但在实际中，陕西并未设立中心片区管委会，而是分别设立了西安管委会、西咸管委会、杨凌管委会。西安管委会负责管理西安4个开发区所承担的自由贸易试验区建设任务。而目前西咸新区由西安市托管，但自由贸易试验区西安管委会却无法管理自由贸易试验区西咸新区各功能区，这使得各片区之间的管理出现断层，尤其是中心片区的发展由两个管委会在负责，导致了差异化不明显，联动机制不足，难以形成合力，出台的政策、管理体制、监管措施等方面会或多或少存在断层，制约了自由贸易试验区建设。

2. 陆港—空港与贸易联动不足

作为内陆型港口，陕西自由贸易试验区由于体制机制不完善，陆港—空港与"一带一路"互动较弱，集疏运体系不完善，空—铁—公联运机制未能有效形成，表现在：陆港与空港吞吐能力过剩、港口发展一体化、资源的深度整合和有效利用有待强化。同时，陆港—空港依托海关特殊监管区政策，理应大力发展"进出口贸易"。但由于政策限制，跨境贸易的监管办法、设立标准、退出机制等制度体系尚未建立，保税加工、保税物流、保税服务等功能有待完善，相应的基础设施、监管设施、金融服务以及信息化管理系统等未能集成，国际贸易"单一窗口"建设滞后，致使港口集成中转功能弱化、服务有限、辐射范围小，影响了贸易自由化的进程。另外，陕西自由贸易试验区国际贸易规模偏小，特别是服务贸易的发展规模低于其他自由贸易试验区，主要原因是传统贸易优势不强，服务业特别是生产性服务业发展相对滞后，而新兴服务贸易尚在加速培养过程中，贸易结构不尽合理；加之服务贸易促进体系不够完善，导致服务贸易国际竞争力相对较弱、规模较小。

3. 金融创新改革难度大

金融作为自由贸易试验区建设核心，创新难度与改革阻力非常大，在自由贸易试验区要逐步实现金融自由化的趋势下，要求金融体制改革、金融市场化改革、金融国际化进程同步推进。在利率市场化、人民币国际化、资产证券化的加速推进下，金融开放创新的力度跟不上自由贸易试验区建设的需要，当前陕西自由贸易试验区金融基础较弱，服务实体经济的能力不足，金融创新处于单一化、初级化和可复制化阶段，主要依托金融机构服务和产品创新，而深层次的金融改革仅仅依靠市级层面难以推动。同时，由于自由贸易试验区范围内金融结构失衡较为突出。大银行的金融组织体系与中小企业需求不完全匹配，中小金融机构仍然偏少、偏弱，支持服务实体经济的能力不足，创新能力和风险管理水平还不高，"融资难、融资贵"的问题没有从根本上得到解决。与沿海及内陆主要自由贸易试验区相比，金融改革政策扶持力度还不够，金融发展环境有待进一步优化。再者，陕西自由贸易试验区当前缺少金融改革创新高端平台，特别是缺乏辐射"一带一路"或全国性金融市场交易平台，在主动争取国家金融改革创新政策的先行先试方面仍需提升。更为重要的一点是，陕西自由贸易试验区金融机构多元化程度不高，金融市场生态尚不成熟，金融要素市场规模较小。外资证券机构、公募基金公司尚属空白，第三方支付、互联网金融等新兴金融业态较少，金融业中介服务机构发展不够，自由贸易试验区多层次资本市场发展相对滞后，上市公司少、融资规模小，金融与科技、产业融合度有待加强。

（二）转变几个观念的误区

当前陕西自由贸易试验区建设，必须扭转几个观念的误区：

（1）要扭转将自由贸易试验区看成类似于国家级新区、开发区、综改区的观念。自由贸易试验区不是"万能钥匙"，更不是"尚方宝剑"，不能够解决发展过程中的所有问题，自由贸易试验区更多的是"大胆试、大胆闯、自主改"，围绕制度创新做文章，其本质与国家批复的其他功能区、示范区有很大的区别。当前自由贸易试验区建设依然底子薄、基础差，各片区必须扭转传统开发区的思维，站在国家的高度，凸显自由贸易试验区的制度高地，以制度引领产业、贸易、投资、要素等自由化发展，提升自由贸易试验区的质量。

（2）要扭转自由贸易试验区内功能区的同质性竞争思维的观念。由于 9 个功能区目前在产业布局、项目引进等方面存在同质化、竞争性，致使经常出现"窝里斗"等现象，这对于各方发展都不利。因此，要注重差异化和错位发展思维，强化与各功能区、开发区之间的合作，实现双方或者多方的共赢，比如，可以联合起来共同招商，打造上下游产业链条等。

（3）要扭转先造城后产业的传统发展观念。基础设施的好坏对于招商引资、产业链构建都具有重要的作用，在自由贸易试验区建设过程中，应改变或者摒弃原有的模式，采取成熟一片开发一片的方式，将有限的资源集中起来，形成良性循环。

五、陕西自由贸易试验区下一步的改革创新方向

（一）探索内陆型自由贸易港建设

党的十九大提出要赋予自由贸易试验区更大的自主权，积极探索自由贸易港建设。当前陕西应抓住机遇，统筹陆港—空港资源，有效整合陆港—空港功能，探索建立内陆型自由贸易港，强化服务贸易加工、出口、物流集散中转功能和与"一带一路"的互联互通深度，提升高效综合服务和金融自由化程度，打造"一带一路"内陆集中港及区域金融中心、贸易中心，逐步向多功能、综合型、枢纽型方向发展。

陕西应围绕自由贸易港总体构想，借鉴国际自由贸易港建设经验及上海的初步方案，协调中央、省市有关部门，强化战略研究和工作对接，明确功能定位、管理架构、制度体系、实施路径、建设重点、改革需要、政策体系、风险防范及保障措施等内容，尽快形成系统性方案上报审批。进一步扫清体制性障碍，对金融领域继续松绑、创新金融服务功能与外汇管理制度，争取更大范围、更深程度的金融自由化，并在"一线放开"、贸易监管制度的创新、港口的开放程度与自由度、"一站式"海关贸易系统的建

设方面赋予更大的改革自主权。在此基础上，要强化陆港、空港联动，对各类保税功能区实施深度整合与合并，建立空港、陆港封闭式物流通道连廊，形成联动发展格局。强化内陆中转功能，打造对外开放新通道。依托西安地缘优势，提升虹吸效应与辐射效应，增加箱源、丰富航线，打造辐射周边的贸易、物流等中转功能；将空港、陆港的港口服务功能前移至周边省份，进一步提升货物中转效率；降低物流成本，开展内贸货物中转运输，外贸货物流通性简单加工和增值服务，全球采购和国际分拨、配送，转口贸易和国际中转等业务合作，提升自由贸易港的服务能力和水平，构建对外开放新通道。

（二）深化顶层设计，强化改革力度

围绕自由贸易试验区建设的要求，借势、借位、共享各方管理、资金、招商平台，联动发展，研判发展路径，提升发展空间，解决体制优势弱化、产业层次偏低、融合发展等问题，突出管理体制机制创新和产业布局优化，重点从空间、产业、体制、资源配置、协同发展、产城融合、投资贸易便利化、生态建设等方面协同发力，探索新常态下自由贸易港与各类开发区、自由贸易试验区发展新机制和新思路。坚持中央、省市联动的管理体制，改变目前机制不畅的现状，协调国家、省级政府，整合自由贸易港所在开发区与行政区的行政主体功能，赋予自由贸易试验区所在开发区法律主体地位，形成联动机制。突出市管为主、省级协调的开发原则，加强组织领导和配合联动，完善工作推进机制，广泛调动各方面的积极性。对西咸新区和西安市自由贸易试验区管理体制进行深度整合，减小管理难度，改变发展离散局面，提升自由贸易试验区各功能区相对独立、系统工作的地位，实行"实质性垂直管理"。探索权力清单、责任清单，并将各部门承接任务纳入考核、督查的工作范畴，建立任务分解—承载—落实—考核—兑现的闭环机制。研究制定落地政策和措施，制订年度工作计划和改革项目清单，提出可检验的成果，定期进行跟踪检查。按照既有利于整体推进自由贸易港建设，又有利于发挥各片区积极性的原则，建立精简高效、统筹协调的管理体系。建立功能区产业发展协调机制，共促资源和产业的合理布局，依托各自优势资源，形成产业链条互补发展新格局，推动各功能区充分发展。

(三) 构建具有产业特色的服务业开放空间布局

陕西自由贸易试验区应结合发展特点和产业特色，率先搭建集区域政策、服务功能、模式创新、成果转化于一体的服务贸易发展格局，注重离岸贸易与离岸金融的互通融合，引导服务产业按功能分类合理布局，推动在重点领域、关键环节先行先试，提升服务业发展的辐射力和带动力。同时，以合作共赢的理念，推进服务业跨区融合发展，依托国际港务区、高新区、空港新城等保税功能及较为成熟的产业基础，实施共享、共建，完善服务贸易政策体系、平台服务、监管措施等，在主导产业的基础上，深挖其各功能区服务贸易产业链，吸引配套服贸企业入驻功能区，共同探索服务业协同对外开放，进而形成协同开放的新模式。同时，要提升服务贸易发展规模与质量，大力发展国际贸易、现代物流、临港经济等产业，吸引物流、贸易企业集聚发展，大力发展离岸金融与离岸贸易，不断优化贸易结构与规模。

(四) 制度引领，量质并进，共促金融创新开放

(1) 加强对自由贸易试验区金融产业发展与金融创新开放的统筹协调力度。加强金融产业发展的顶层设计和制度性安排，汇聚整合各方金融资源，打造直接融资平台、产业基金平台、金融控股平台。

(2) 优化金融布局，强化集聚功能，形成差异化明显、特色突出的多层次金融产业空间支撑体系，促进高端要素集聚，形成专业性功能型金融集聚地。

(3) 构建自由贸易试验区新金融产业体系。吸引各类金融机构的区域性总部、外资类金融机构入驻，支持银行机构设立金融消费、租赁、基金管理公司，吸引保险、信托、证券、租赁、期货、第三方支付等持牌非银行金融组织集聚发展，突出互联网金融与电子商务、跨境贸易、信息服务、现代物流等领域融合发展，加快私募金融发展。

(4) 大力发展各类金融要素交易市场。争取人民银行在自由贸易试验区内设立人民币结算与清算中心，发展私募债市场，建设全国性专业化交易市场平台，探索开展大宗商品等场外衍生品交易试点工作。

(5) 营造良好的金融政策体系和生态环境。提高自由贸易试验区范围内金融监管协调功能，探索构建多方协作监管、统合监管、互助监管的新模式；提高金融支持实体经济发展的力度，强化金融监管力度和金融政策支持，建立金融风险预警指标和金融稳定监测指标体系，探索构建中央—地方双层监管体系，促进自由贸易试验区金融创新开放。

（五）强化人文交流和现代农业合作交流特色

陕西自由贸易试验区有别于其他自由贸易试验区最大的特点是，要突出"一带一路"人文交流和现代农业合作交流。但是，当前自由贸易试验区在人文交流与农业特色上亮点不足，需要强化人文和农业特色的相应的组合拳，提升资源整合能力，丰富承载人文交流、农业产品和服务内容，改变"大而不强、离散发展"的现状、"走出去"与"引进来"的质量与层次不高等问题。同时，陕西自由贸易试验区搭建具有影响力的平台，在农业领域、文化贸易等领域的外资准入实现突破。建立大范围、多层次的合作创新机制，比如，各功能区内强化创新合作与资源共享机制、资源协同机制、区域合作与驱动发展机制，在与"一带一路"沿线国家和地区，国际组织教育、科技、文化、体育、卫生等领域搭建起合作机制和有效渠道，使人文交流与农业合作交流的内容更加具体、精准、务实。